U0898142

贵州省三都水族自治县区位示意图

水各村区域示意图

通往村寨的盘山公路

干净整洁的乡村公路

水各村寨远景

水各村寨门

水各村民居

村民自酿的享誉省内外的水各村特色产品——九阡酒

水各村绣品——马尾绣

水各村妇女正在制作马尾绣绣品

水族织布机

水各村村民制作的迎接卯节的水书牌匾——人寿年丰

水各村村委会

水各村村务公开

水各村农家书屋

为村民充电的水各村农家书屋，村委会布置的农家书屋，藏有农业、科技方面的图书供村民免费阅读

水各村所获部分奖项

村民在科普学习室

水各村第一个农家乐——翠竹园

用于生产三合板的木材（水各村木材加工厂）

位于水各村的水族卯文化陈列馆

水族卯文化陈列馆外景

水各村迎宾队水族妇女在跳舞

迎宾队伍中的水族长者

水族妇女把煮熟的糯米
舀出来准备下一道工序

水各村妇女正在制作的
卯节食物——熏肉

水各村妇女正在织布

水族妇女在阁楼闲聊

水各村老人在稻田里耕作

调研组成员访谈木材厂经理

调研人员在木材加工厂办公室进行人物访谈

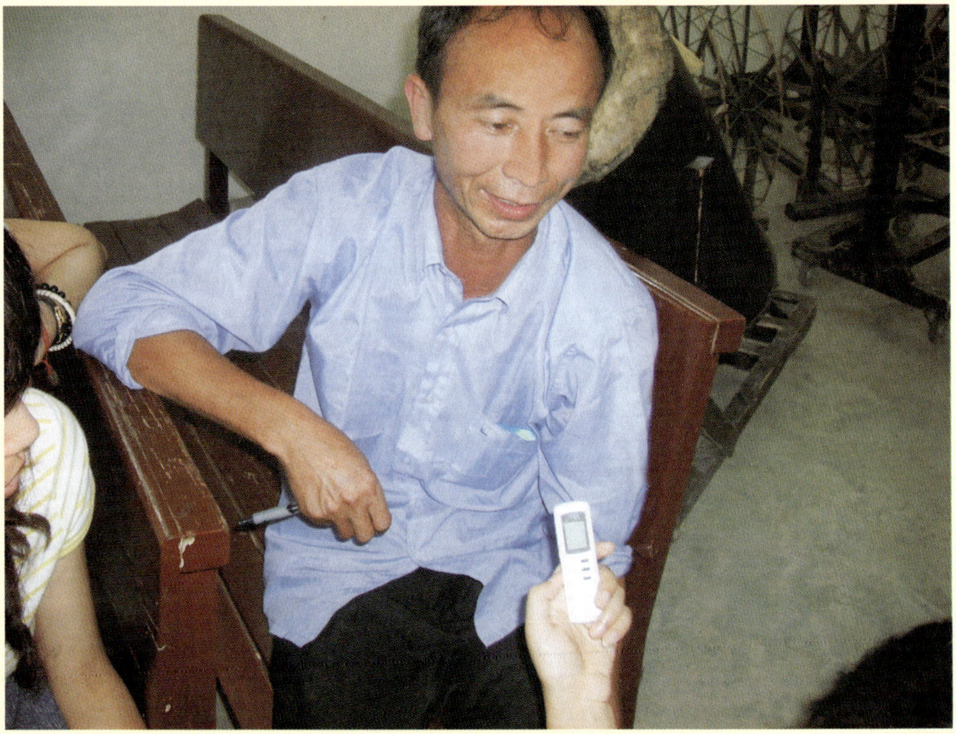

水各村村主任——蒙柄朝

水各村村妇女主任——冯琼

调研组成员正在对村民进行访谈

在妇女主任的陪同下访谈水族妇女

县领导、村长与调研团队成员

中国民族经济村庄调查丛书

水各村调查

（水　族）

党秀云　周晓丽　主编

北　京

图书在版编目（CIP）数据

水各村调查/党秀云，周晓丽主编．—北京：中国经济出版社，2010.3
（中央民族大学“985工程”中国民族经济村庄调查丛书）
ISBN 978-7-5017-9758-5

Ⅰ.①水… Ⅱ.①党…②周… Ⅲ.①乡村—水族—民族经济—社会调查—三都水族自治县 Ⅳ.①F327.773.4

中国版本图书馆CIP数据核字（2010）第030290号

出版发行：中国经济出版社（100037·北京市西城区百万庄北街3号）
网　　址：www.economyph.com
责任编辑：孙　岩（电话：010-68359418）
责任印制：常　毅
封面设计：张志伟
经　　销：各地新华书店
承　　印：河北省高碑店市鑫宏源印刷包装有限责任公司
开　　本：170×240毫米　1/16　　**印张**：19.25　彩插：18张　**字数**：315千字
版　　次：2010年8月第1版
印　　次：2010年8月第1次印刷
印　　数：3000册
书　　号：ISBN 978-7-5017-9758-5/F·8250　　**定价**：38.00元

中央民族大学
"211 工程"中国少数民族经济发展研究项目
"985 工程"中国民族地区经济社会发展哲学社会科学创新基地

本书写作分工

第一部分 一、刘敏、马体国；二、丁晓萍、庄阳；三、丁晓萍、庄阳；四、曹园园、王璐璞、许文、陈晓兵；五、蒋欢；六、李斌、刘晴；七、庞翠、杨继红；八、李楠楠

第二部分 党秀云、周晓丽、刘敏、曹园园、王璐璞、蒋欢、丁晓萍、李斌、庞翠、杨亚伟、饶应健、徐艳娇

第三部分 党秀云、周晓丽、蒋欢、曹园园、王璐璞、郭政、庞翠、刘敏、李斌、杨亚伟、韩瑾、付举飞

总　序

村庄，是农民的聚居地，也是农民生产和生活的社会形式。村庄形成于农业文明时代，在中国最为典型和普遍，迄今依然是中国基本的社会单位。所有中国人，或是生于长于村庄，或是父祖辈来自村庄。村庄是中华民族的根基，是我们走向现代化的立脚点和必须改变其内容和形式的地方。认知中国的现实和历史，一个重要环节，就是了解村庄。

中国的民族经济，包括以下层次：一是以中华民族为主体的经济，二是中华民族五十六个支民族的经济，三是少数民族地区的经济。不论从哪个层次的研究，都必须涉及村庄这个基本单位。以往的民族经济研究和行政管理研究，对于村庄的关注，主要是在总体性的统计及对策方面，鲜有对某一村庄的专注系统调查。这种情况使我们所从事的理论探讨总显得有些飘浮，言不及意，大而不当。反思许久，不能不下决心从小处做起，将村庄调查作为根基，扎实做去。恰“九八五”项目实施，经费有所保障，故组织本创新基地近百名教师带二百博士、硕士研究生和高年级本科生，结十五调查组，计划用六七年的暑、寒假，从五十六个支民族中各选一二典型村庄，深入调查，总百余村，每村一书，为中国民族经济三个层次研究，为政府行政决策，提供基础资料。

百村，不及中国村庄万分之一。我们的村庄调查虽只是抽样性质，但却是探根摸底，力求深入、真实、详细。二〇〇八年夏各组分赴河北、内蒙、宁夏、云南、广西调查点，历经一月左右，获初步资料。因为首次，困难颇多，思路和方法也要不断调整，秋、冬写作时又各自补充调查。时间虽短，但师生与村官、村民情谊颇深，既为调查提供条件，又为后续补充予以协助。各地党、政机构，对调查全力配合。无此，则调查难以进行。这套丛书，实为共同努力之成果，并赖中国经济出版社黄允成社长、孙岩主任鼎力支持，得以出版。本调查还要持续数年，望读者批评，我们再努力。

劉永佶

二〇〇九年三月十八日

前　言

为了了解民族地区农村以及村民的社会、经济和文化状况，中央民族大学“985”课题组选择贵州省三都水族自治县九阡镇水各村作为调研的目地地。这里是一个水族聚居的地方，据2000年全国第五次人口普查统计，全国水族总人口为406902人，分布在贵州省境内的有369723人，占全国水族总人口的90.86%。而贵州省境内的水族人口就集中分布在黔南州布依族苗族自治州的三都水族自治县，1990年第四次人口普查有164987人，占贵州水族人口总数的51.15%，占全国水族人口总数的47.98%。在这里我们可以充分体验到原汁原味的水族文化。

在三都县我们选择了九阡镇的水各村进行重点调查。水各村位于九阡镇的西南面，距镇5公里，南抵荔波县，西与本县周覃镇接壤，总面积20平方公里，这里山清水秀，民族风情独特，水族的重大节日——“卯节”的主要活动场所卯坡就坐落在该村的中心。水各村是三都县的新农村建设的试点村，也是“卯节”文化的主要发源地。

水各村在解放后经过几十年的发展，在农业、商业、手工业、科技等方面都已经取得了很大的成就。特别是在改革开放以来，全村人民在党支部和村委会的带领下，全村的经济发生了翻天覆地的变化，人们的生活水平得到了较大的改善，大部分群众已解决了温饱问题，其中部分群众已走上了致富的道路。

展望未来，前程似锦，在中华人民共和国成立60周年的喜庆日子里，本书通过对水各村村庄的组织、经济、文化风俗的调查，揭示了60年来我国水族经济、政治、文化的变迁，鼓励全村人民为水各村经济发展建设而不断前进，也为以后规划民族地区的社会经济发展提供依据。

本课题由党秀云教授，周晓丽副教授担任负责人，制订调研和写作计划，参与成员主要包括中央民族大学行政管理专业的研究生刘敏、丁晓萍、曹园园、王璐璞、郭政、李斌、蒋欢、庞翠、马体国、杨亚伟、李楠楠、庄阳、杨继红、刘晴、许文、陈晓兵和本科生韩瑾、徐艳娇、付举飞和饶应健等同学。可以说，本书的顺利完成，是全体课题组成员共同努力的结果。全书由党秀云、周晓丽统稿。

另外，课题组在调研过程中，得到贵州省三都水族自治县县委、自治县人民政府、自治县统计局、自治县民族研究所、自治县九阡乡水各村村委会等单位的大力帮助；在此，要特别感谢三都水族自治县县委书记唐官莹，三都水族自治县机关服务中心的潘政锋副主任、张庚仁、李永光、吴平娇以及三都水族自治县九阡镇水各村村委会的蒙炳朝主任和冯琼主任在调研工作中给予的大力支持、帮助和配合，在此特表示诚挚的感谢，并对他们高度的责任心和敬业精神致以崇高的敬意！

编　者

2009 年 9 月 25 日

目　录

第一部分　村庄 …………………………………………………………（1）

一、水各村概况 ………………………………………………………（1）

（一）区位概况 ……………………………………………………（1）

（二）人口状况 ……………………………………………………（1）

（三）环境与资源 …………………………………………………（3）

（四）水各村的变化 ………………………………………………（5）

（五）村庄组织结构 ………………………………………………（7）

（六）水各村发展思路 ……………………………………………（12）

二、土地制度 ……………………………………………………………（14）

（一）土地概况 ……………………………………………………（15）

（二）土地开发利用概况 …………………………………………（18）

（三）土地制度沿革 ………………………………………………（21）

（四）关于水各村土地制度的建议与思考 ………………………（26）

三、农业与农村经济发展 ………………………………………………（32）

（一）种植业 ………………………………………………………（32）

（二）畜牧业 ………………………………………………………（57）

（三）农村经济发展的战略措施 …………………………………（71）

四、传统手工业 …………………………………………………………（77）

（一）手工纺织和蜡染 ……………………………………………（77）

（二）酿酒业 ………………………………………………………（83）

（三）特色刺绣的发展与传承 ……………………………………（86）

（四）水各村手工艺——特色银饰 ………………………………（93）

五、农村改革与发展 ……………………………………………………（95）

（一）水各村新农村建设 …………………………………………（96）

（二）水各村招商引资 ……………………………………………（103）

（三）村庄经济发展方向与主要措施 …………………………（104）
六、科技教育文化 ………………………………………………（107）
（一）科技 ……………………………………………………（107）
（二）教育 ……………………………………………………（128）
（三）文化 ……………………………………………………（135）
七、相关政策 …………………………………………………（139）
（一）扶贫政策 ………………………………………………（139）
（二）农业补贴政策 …………………………………………（146）
（三）新型农村合作医疗制度 …………………………………（149）
（四）老年人养老体制 ………………………………………（153）
八、民族文化 …………………………………………………（154）
（一）水各村水族文化概况 ……………………………………（154）
（二）水族文化发展当前面临的困境 …………………………（173）

第二部分　农户 ………………………………………………（176）
九、种植户 ……………………………………………………（176）
（一）传统种植户——吴家群家 ………………………………（176）
（二）传统种植、养殖户——吴祖田家 ………………………（179）
（三）种植户——吴四家 ………………………………………（182）
（四）传统种植户——吴国明家 ………………………………（184）
（五）传统种植户——吴永奇家 ………………………………（187）
（六）作物种植户——邹秀萍家 ………………………………（190）
十、养殖、种植户 ………………………………………………（194）
（一）养殖、种植户——张国民家 ……………………………（194）
（二）养殖、种植户——饶之富家 ……………………………（196）
（三）种植、教育户——赵光正家 ……………………………（198）
（四）退伍军人——任胜利家 …………………………………（201）
十一、打工、种植户 ……………………………………………（204）
（一）打工、种植户——王连家 ………………………………（204）
（二）打工、种植户——吴小巴家 ……………………………（207）
（三）打工、种植户——王莫家 ………………………………（209）

（四）打工、种植户——李建国家 …………………………（212）
（五）打工、种植户——吴尼腊家 …………………………（215）
（六）勤劳致富的种植、打工户——吴兴松家 ……………（217）
（七）完全依靠打工户——吴贵伦家 ………………………（220）
十二、村中困难户 …………………………………………（224）
（一）村中贫困户——吴春照家 …………………………（224）
（二）村中五保户——吴勒叶老人家 ……………………（226）
（三）挽救孩子生命的特困户——吴岩瑞家 ……………（228）
（四）严重缺乏劳动力的贫困户——吴帅月、张雅家 ……（231）

第三部分　村民 ……………………………………………（233）
十三、致富带头人 …………………………………………（233）
（一）跑运输奔小康的年轻夫妇——莫万福、张义云 ……（233）
（二）水各村木材加工厂的领路人——刘志刚 …………（236）
（三）年轻有为的特色经营能手——冯兴荣 ……………（240）
（四）心怀梦想系全村的年轻夫妇——董岩国、戴冬 ……（243）
十四、村中能人 ……………………………………………（246）
（一）超市女能人——董艳 ………………………………（246）
（二）村中医生——彭燕 …………………………………（248）
（三）乡村女教师——冯晓 ………………………………（251）
（四）农机修配专家——吴启民 …………………………（253）
十五、服务乡亲的村干部 …………………………………（255）
（一）服务乡亲的水各村村委会主任——蒙炳朝 ………（255）
（二）巾帼不让须眉的村干部——冯琼 …………………（260）
（三）德高望重的退休老干部——李瑞林 ………………（263）
十六、民间艺人 ……………………………………………（265）
（一）亮相上海滩的民间艺人——张弄青 ………………（265）
（二）外出打工的手工艺人——吴翠菊 …………………（267）
十七、村中其他村民 ………………………………………（270）
（一）外出打工者——吴家明 ……………………………（270）
（二）勤劳朴实的木材加工厂工人——吴启住 …………（272）

（三）外出打工者——蒙泽威 …………………………………………（275）
（四）村中的孤儿——王培 ……………………………………………（278）
（五）憨厚老实的种地农民——老赣 …………………………………（279）

附录：水各村调查问卷选 ……………………………………………（283）
参考文献 …………………………………………………………………（295）

第一部分　村庄

一、水各村概况

（一）区位概况

水各村属贵州省三都水族自治县九阡镇，地处九阡镇西南端，位于东经107°55′～108°02′，北纬25°32′～25°38′之间，东邻白庙村，西与板拉村接壤，总面积22平方公里。距九阡镇政府驻地姑偿村4公里，距县城三都60公里，距荔波机场27公里，距州府都匀154公里，距省城贵阳307公里，是三都至九阡、荔波和独山的交通要塞，交通便利。水各村属低山丘陵缓坡地带，地势东高西低，平均海拔586.3米，属亚热带湿润季风气候，年平均气温15.4℃，年降雨量1538.2毫米，无霜期平均320天左右，主产水稻、小麦、包谷、油菜籽和辣椒，水果以“九阡李”最为出名，并且盛产闻名国内外的九阡酒。全村民房建设均为木瓦结构，布置合理，样式美观，村外四周群山环绕，山溪盘绕，山清水秀，绿树成荫，风光秀丽，风情独特，有自然奇观仙人桥、山河瀑布、石棺墓，是一个典型的水族村寨。

（二）人口状况

水各村下辖9个自然村，16个村民小组，其中水各大寨是该村最大的自然村，因此水各村又称水各大寨，全寨共有人口174户，648人，占全村人口的28.8%，是水族人聚居的中心。全村共有人口570户，2252人，其中男性1038人，占总人口的46.1%，女性1214人，占总人口的53.9%。

1. 从年龄状况上看，根据水各村2008年人口情况调查，截至2008年7月底，该村共有人口2252人，年龄状况为：0～14岁有603人，占人口总数的

26.8%，其中男性有238人，女性有365人；15~64岁（女性为59岁）有1473人，占人口总数的65.4%，其中男性为728人，女性为745人；65岁（女性为60岁）以上有176人，占人口总数的7.8%，其中男性为72人，女性为104人。

2. 从民族构成上看，全村人口结构中，水族有2139人，约占全村总人口的95%；布依族51人，约占全村总人口的2.3%；苗族25人，约占全村总人口的1.1%；汉族37人，约占全村总人口的1.6%。

3. 从经济发展程度上看，全村贫困人口482人，占总人口的21.4%；绝对贫困人口315人，约占总人口的14.0%；享受低保人数为295人，占总人口13.1%；房困难户数为122户，占总户数的21.4%。

4. 从劳动力的从业构成上看，2008年，全村农业人口数有2218人，其中乡村劳动力资源数占1442人，其中劳动年龄内人口数有1186人。按性别分，男性783人，女性659人；按照从事的产业分，从事第一产业的有1237人，从事第二产业的人口数有56人，从事第三产业的有149人。在全村从业人员中，外出劳动的从业人员有106人（常年在外务工），其中，大部分外出到广东、上海等发达地区务工。

5. 从历年人口自然变动情况上看，下表显示出20世纪六七十年代，水各村人口情况是高出生率高死亡率，而从80年代开始，出生率和死亡率比起六七十年代有了很大程度上的下降。出生率在2000年又有了较大的回升，但是，死亡率却保持在5‰左右。造成上述现象的原因与水各村社会经济水平的发展、医疗条件的改善等有着密切的关系。

下表根据水各村人口统计资料绘制：

表1-1　**水各村人口情况统计表**

年份	年初总人口（人）	年末总人口（人）	出生		死亡		自然增长	
			出生人口（人）	出生率（‰）	死亡人口（人）	死亡率（‰）	自增人口	自增率（‰）
1965	1009	1015	18	17.7	12	11.9	6	5.9
1972	1350	1383	53	38.3	20	14.6	33	24.1
1979	1611	1652	51	30.9	10	6.1	41	25.1
1986	1798	1800	19	10.6	7	3.9	12	6.7
1993	1932	1941	20	10.3	11	5.7	9	4.6
2000	2018	2057	49	23.8	10	4.9	39	19.1
2007	2132	2152	32	14.9	12	5.6	20	9.3

（三）环境与资源

水各村属低山丘陵缓坡地带，地势东高西低，最高海拔为932.5米，最低海拔为326.4米，平均海拔586.3米，耕地多为梯田。至2007年年底，全村共有耕地面积1850亩，其中水田647亩，旱地1203亩，所有耕地均为农用；林地面积5000亩；宜开发的荒坡地3000亩，药材种植150亩，水果种植800亩，生产的“九阡李”、“九阡酒”早已闻名遐迩。这里山奇水秀，民族风情独特，水族的“卯节”卯坡坐落在水各村中心。

1. 水力资源

全村年平均降雨量1538.2毫米，总降雨量3218.3万立方米，径流量1654.7万立方米，地下水为400.5万立方米，年拥水量共计3226.8万立方米。理论开发储能1.2万千瓦，水能资源拥有量列九阡镇第5位，开发潜力较大。

2. 矿产资源丰富

境内已发现的有用矿产有铜、铁、煤、汞、金、锑、硫、铅锌、磷、重晶石、稀土、金刚石、砷等，已开采的有硫铁矿、铅锌矿、重金石，铅锌矿已开采较长时间，其余的正在开发中。

3. 林产资源

境内拥有丰富的森林资源。主要树种有杉树、马尾松、油桐、油茶、麻栎、柏树、枫树、楠木、樟木、桫椤、楠竹、漆树、杜仲等，并有一定面积的原始森林和次森林。

4. 旅游资源丰富

水各村有着得天独厚的旅游资源：水族村寨、水族端节、“卯节”情歌、民族工艺品，梅采寨岜丢山九阡水族起义遗址、水各卯文化风景名胜区等。水各卯文化风景名胜区位于水各大寨，距九阡镇5公里，距荔波机场15公里。“卯节”有“东方情人节”之称，卯坡有“水族情爱第一坡”之誉，卯坡由情歌对唱场、石神台、树神台、如意瀑、如意潭、仙人桥、定情谷、鱼塘、水碾、水各大寨、龙凤井等组成。水各村依托资源优势，积极打造民族风情特色旅游品牌。在继续加大对水各卯文化风景名胜区基础设施建设的同时，加强对少数民族特色村寨的保护和开发，建成了水各民族文化保护村寨，同时也对民族服饰、民族饰品、民族歌舞进行深层次开发利用，使旅游商品走上社会化、市场化的轨道。2008年共接待游客10万余人次，同比增长50%，旅游收入达200多万元。

2005年，在政府的引导下，在水各村成功举办了“贵州·三都——中国水族卯文化风情之旅”首游活动，吸引了来自国内外的游客5万余人，节日当天，卯坡消费额达85万元，给水各村带来纯收入21.62万元，人均增收101元，地处卯坡最近的水各大寨节日期间人均纯收入达156元。除“卯节”之外，平时到水各村旅游的中外游客络绎不绝。2006年，世界乡村旅游发展大会在贵阳召开，世界乡村旅游组织官员和专家到水各村考察，对卯文化给予了很高的评价。副村长潘志业介绍：他十分看好水各村的风情旅游，并计划从明年起，挑几户农家从事旅游接待，让游客充分体验水族别具特色的民族风情。

5. 产业资源

“九阡李”系一种早熟精品水果，主产于水各村。其皮薄、肉厚、汁浓，是纯天然绿色食品，维生素含量高，果质醇香可口，鲜嫩脆甜，产品上市，供不应求，远销省内外，已成为水各村的一大特色品牌。多年来，在县委、县政府的积极引导和强力推动下，水各村积极发展壮大九阡李种植规模。至2008年，水各村九阡李种植面积已达4500亩。九阡李产业规模化已成为水各村农民增收的重要渠道。

“九阡酒”是水各村的又一重要品牌，系水族人民用传统工艺酿造而成，以本地糯米为主要原料，酒曲为民间配制，内含近百种中草药的窖酒，已有1000多年的酿造历史，属低度保健米酒。这种酒品在口中，沁人心脾，回味无穷，还可以防治多种病症，是毛主席曾盛赞过的“好酒”，也是黔南州政府指定的接待用酒。近几年来，九阡酒先后在北京人民大会堂举行了新闻发布会，代表贵州省参加了广州国际美食美酒博览会，与贵阳市合作举办了“法兰西节日管乐团贵阳新年音乐会”，并成为“多彩贵州”大型民族歌舞比赛的唯一指定用酒。

另外，水族的马尾绣、银饰品、牛角雕等也是具有很高的欣赏价值、实用价值和收藏价值。尤其是马尾绣，它是水族独有的一种奇特的民间刺绣工艺，用各色丝线缠绕在马尾上，然后绣到各种生活用品和工艺品上，绣成花、鸟、虫、鱼及龙凤、铜鼓、水书等各色精美图案，并制成背带、鞋子、时尚礼包、领带及匾额装饰品等，是水族的一大绝活，备受消费者青睐，尤其在水书和马尾绣与端节一起被列为国家首批非物质文化遗产后，其知名度和附加值都进一步得到提升。水族各色各类的银饰品精美别致，独具特色。以上这些，都是旅游购物的最佳上品。目前，九阡镇和水各村已逐步将其整合、打造，升级包装，使之逐步成为促进当地群众增收的一大产业。

（四）水各村的变化

在中国众多的少数民族中，生活在中国西南贵州省境内的水族是为数不多的既有本民族语言，又有本民族文字的少数民族之一。

热情好客的水族人民在迎接远方的宾客时，都要在村口设下拦门酒，以敬酒的方式表达对客人的欢迎。水各村有悠久的历史、独特的水族文化和秀丽的自然风光，这使得水族村寨成为贵州省重要的原生态文化旅游品牌之一。2006 年，作为水族文化缩影的水各村被列入贵州省新农村建设试点村，当地政府着力推进原生态旅游业。

“从 2005 年开始，在县委县政府的支持下水各村开始发展旅游，到今年已经三个年头了。水各村的变化可多了，主要是老百姓的生活。从生产发展、生活富裕、乡风文明、管理民主、村容整洁，水各村一天一个变化。仅是从老百姓住的房子上，我们就看到了水乡大地日新月异的变化。去年水各大寨的人均纯收入达到 1883 元，人均粮食 376 千克。开展旅游之后，进来的客人多了，消费多了，我们的接待能力提高了，收入也翻番了。”一位村委会领导如此介绍。

村领导冯琼女士说，两年的旅游开发使得水各村村寨的面貌越来越多地展现在人们眼前。独特的木瓦结构房屋、层层的梯田、象形文字“活化石”、悠扬的水族歌声、神奇的马尾绣等，都成为水族旅游的重要因素，吸引着越来越多的游客。而对那些没有出过大山的村民，在与游客的交流中，开始了解了外面丰富多彩的世界。更多的水族村民开始慢慢意识到，外界对于他们自己一些传统的东西非常感兴趣。于是，那些曾经被遗忘的民族音乐和舞蹈，在旅游业的带动下，焕发了新的活力。

旅游业的发展促进了水各村村民对自身传统文化的挖掘和保护，很多水族家长都亲自将流传下来的民族艺术传承给下一代，学校里也开设了像刺绣等专业的课程。就连那些外出打工的村民，也重新回到家中，拿起那些原本不经常吹的芦笙，跳起平时只有在过节时才有的舞蹈。水各村村民吴宏专说，民族文化的传承和民俗旅游业相互促进，丰富了村民的物质文化生活，使水族人沉浸在了旅游业为他们带来的喜悦中。

村民吴宏专说："村有迎接游客的迎宾组，共有50多个人，每星期至少要表演3~5次，我们也是农民艺术家了。"

实际上，水各村是贵州省近些年大力推进民族生态旅游和民族生态保护的缩影。在各级政府的领导下，贵州省各少数民族地区结合当地自身发展的优势，逐渐摸索出一条适合本村发展的路子。依托当地特色，开展原生态旅游，通过旅游带动当地经济发展，同时还挖掘和保护了本民族自身的文化，如今，水各村村民正走在致富的大道上。

村主任说："在强调保护环境的前提下，依托水各的青山绿水，依靠水各的自然风光和民族风情，把历史文化和民族风情结合起来，发展民族文化乡村旅游业。2006年旅游人数增长40%，农民在旅游中得到了很多的实惠。水各村连续三年旅游收入增长50%以上。"

目前，水各村已经成为贵州发展旅游业造福百姓的典型例子，而最大的受益者，当然是水族村民。现在的水各村家家都盖起了新木房，老人安享晚年，小孩快乐成长，老百姓的生活水平得到了很大的提高，仅2007年，水各村接待国内外游客10多万人次，旅游综合收入200万元人民币。村民蒙泽坤说："没有搞旅游的时候我是外出打工，一个月能挣1000元，现在开始搞旅游了，我就不出去了，我们全家人都在旅游协会，收入比以前好多了，现在光是搞旅游一个月就有2000块左右，我们还可以生产一些旅游的产品（工艺品）。"

旅游业的发展不仅促进了水各村的经济，更在无形中发掘和保护了水族珍贵的少数民族文化，水族人在看到外面的文明的同时，更加意识到了自身民族遗产的珍贵。说到从往昔到如今的巨大变化，水族人在言语中洋溢着感激之情，村民吴宏专告诉记者："我们对国家真心地感谢，对我们少数民族有这样的帮助，投入扶贫基金等，对我们水各、我们水族来说，每个人、每个少数民族公民都要支持党和国家。"

（五）村庄组织结构

目前水各村机构主要包括五大组织：分别是水各村党支部、水各村村民委员会、水各村农机服务队、村民小组和村社会治安综合治理委员会。

1. 村党支部

党支部设书记1名，副书记1名（村委会主任兼任），委员3名，共有党员43人，男性党员35人，女性党员8人，其中预备党员3人、入党积极分子6人。

村党支部的职责是贯彻党的路线、方针、政策和上级党组织以及本级党员大会的决议；讨论决定本村经济、社会发展中的重要问题，需由村民委员会和村民会议或集体经济组织按照法律和有关规定作出决定；领导和推进村级民主决策、民主管理、民主监督，领导支持和保障村民依法开展自治活动；领导村民委员会、村集体经济组织、团支部、妇代会、民兵连等群众性组织，支持和保证这些组织依照各自章程充分行使职权。村党支部的目标是培养锻炼一个“支好队伍”。

表1－2　**水各村党支部现任组织成员情况统计表**

姓名	职务	性别	出生年份	民族	文化程度	入党时间	任职时间
吴　伟	书记	男	1965	水	高中	1988.07	2002.03
吴永奇	副书记	男	1962	水	高中	1990.12	2002.03
冯　琼	委员	女	1971	水	中专	1992.07	2007.03
潘志业	委员	男	1973	汉	高中	1993.07	2007.03
吴永恒	委员	男	1958	水	高中	1984.12	2007.03

表 1－3　　水各村 2008 年“支好队伍”情况统计表

项目 名称	合计人数	性别		民族		学历				年龄				
		男	女	汉族	少数民族	中专	高中	初中	小学	25 岁以下	25～35 岁	36～45 岁	46～60 岁	61 岁以上
党支部	43	35	8	1	42	5	7	18	13	0	3	15	9	16
村委会	6	5	1	1	5	0	2	4	0	0	1	2	3	0
经济组织	3	2	1	1	2	0	1	2	0	0	0	2	1	0
团支部	1	1	0	0	1	0	0	1	0	0	0	1	0	0
妇代会	1	0	1	0	1	0	0	1	0	0	0	1	0	0
民兵连	1	1	0	0	1	1	0	0	0	0	0	1	0	0
党员	43	35	8	1	42	5	7	18	13	0	3	15	9	16

村党支部积极加强自身建设，对党员进行教育、管理和监督，负责党员的发展工作，积极开展党支部活动，并每年定期开展“双学”、“双培”“双带”活动，充分发挥了基层党组织的先进性。

表 1－4　　水各村党支部委员会“双学”、“ 双培”、“双带”活动情况统计表

项目 年度			2004	2005	2006	2007	2008
双学	举办期数		2	4	5	6	7
	培训天数		2	3	3	3	4
双培	参训人数	党员	33	35	38	41	43
		入党积极分子	2	3	5	6	8
		村级后备干部	2	3	3	3	4
		村组干部	21	21	21	22	22
		科技示范户人员	53	40	30	32	34
双带	村党员数		33	35	38	41	43
	开展活动党员数		33	35	38	41	43
	党员联系户数		25	20	15	28	24
	达到小康户数		18	16	30	35	42

2. 村民委员会

水各村村民委员会设主任 1 名，副主任 1 名，主任助理 1 名，委员 3 名，是村民进行自我管理、自我教育、自我服务的基层群众自治性组织，

实行民主选举、民主决策、民主管理、民主监督。其分工为：主任负责和主持村委会的全面工作；副主任协助主任工作，并完成所担负工作和主任安排布置的任务；主任助理协助主任完成工作，并负责文书和青年工作；吴昌信负责调解和普法工作；吴永恒负责村综合治理工作；吴家明负责治保和消防工作。

村委会的主要职责是：教育、组织村民认真贯彻执行党的路线、方针、政策，自觉遵守国家的法律、法规；向村民大会或村民代表会议负责并报告工作；完成镇政府布置的行政、经济等工作任务；维护村民的合法权利和利益，教育引导村民履行公民义务；组织实施本村的建设规划，兴修水利、道路等基础设施，指导村民建设住宅；做好本村生产的服务协调工作，促进本村生产发展；管理本村集体所有的土地和其他财产，教育村民爱护公共财产，合理利用自然资源，保护和改善生态环境；做好村内的安全管理工作，特别是外来人口的管理工作，制定和完善防范措施和应急预案，狠抓责任落实、工作落实，定期查找并认真整改事故隐患，坚决防止重、特大案件的发生；做好优抚抚恤、救灾救济、殡改火化、五保供养等社会保障工作，开展移风易俗活动；依法调解民间纠纷，协助维护本村的社会治安，向人民政府反映村民的意见要求和提出建议；发展文化教育，普及科技知识，促进村与村之间的团结、互助，带领群众开展社会主义精神文明建设；尊重村集体经济组织依法独立进行经济活动的自主权，维护以家庭承包经营为基础，统分结合的双层经营体制，保障村民、集体经济组织、承包经营户、联户或者合伙的合法财产权和利益；建立健全村务公开和民主管理制度。

表 1－5　　**水各村村民委员会成员情况统计表**

姓名	职务	性别	出生年份	民族	文化程度	入党时间	任职时间
吴永奇	主任	男	1962	水	高中	1990.12	2002.03
冯　琼	副主任	女	1971	水	中专	1992.07	2007.03
潘志业	主任助理	男	1973	汉	高中	1993.07	2007.03
吴昌信	委员	男	1965	水	初中	1993.12	2007.07
吴永恒	委员	男	1958	水	高中	1984.12	2007.03
吴家明	委员	男	1967	水	初中	1990.07	2007.03

3. **水各村农机服务队**

水各村为了发展现代农业，增加村民收入，加快村民脱贫致富奔小康，结合本村的农业生产特点，于2002年成立了水各村农机服务队。农机服务队由村委会管理，是全县首先使用耕作机械耕作农用的村寨，是贵州省社会主义新农村“试点村”之一。服务队服务9个自然村，现有成员14人，其中队长1名，副队长1名，队员12人，其中机耕操作手10人，其他农机操作手4人。拥有农用车变拖、小拖20台，手扶式耕整机8台，水田耕整机10台，加工机械100台（套），机械半机械脱粒机120台（套），排灌机械80台（套）。农机服务队成立后，主要开展机耕、加工、运输、排灌等农事作业服务，大大加快了水各村致富奔小康的步伐。

表1-6　**水各村农机服务队成员统计情况表**

姓名	职务	性别	文化程度	任职时间
吴永奇	队长（村主任）	男	高中	2002年
吴治体	副队长	男	高中	2002年
吴永现	队员	男	初中	2004年
吴国兵	队员	男	初中	2005年
吴永海	队员	男	小学	2004年
王金仁	队员	男	初中	2003年
吴启锋	队员	男	初中	2006年
吴仁辉	队员	男	初中	2003年
吴启平	队员	男	初中	2002年
吴启仁	队员	女	初中	2004年
吴家新	队员	男	小学	2005年
吴新旺	队员	男	初中	2006年
吴昌和	队员	男	初中	2006年
吴敬珍	队员	女	高中	2006年

4. **村民小组**

水各村村民委员会下设村民小组，共设16个村民小组，每个村民小组设一名组长，组长由村民小组所辖村民推选，其主要职责有：宣传和贯彻党的路线、方针、政策和国家法律、法令和法规；在村民委员会的领导下，贯彻执行村民会议和村民委员会的决定，完成村民委员会布置的工作任务，办好本组的事务，及时反映本组村民的意见、建议和要求；负责召开小组各种会议和组织全组村民的各项活动，并及时向村民委员会汇报；组织本村村民积极推进物质文明和精神文明建设；对村级财务、政务和公益事业等工作进行监督；提出相应的建议；参加村民会议或村民代表会议，为村子的建设献言献策。

5. 村社会治安综合治理委员会

水各村党支部和村委会为了建设“平安村”，狠抓村社会治安综合治理，于2006年成立了以党支部书记、村委会主任为主任（组长）的村社会治安综合治理委员会，并成立了相应的职能小组，小组成员由两委成员和村民小组组长组成，形成了村书记、村主任亲自抓，职能小组具体抓，成员全力抓的良好局面，为全村经济和各项社会事业和谐发展，创造了良好的环境。下表为村社会治安综合治理组织情况结构图：

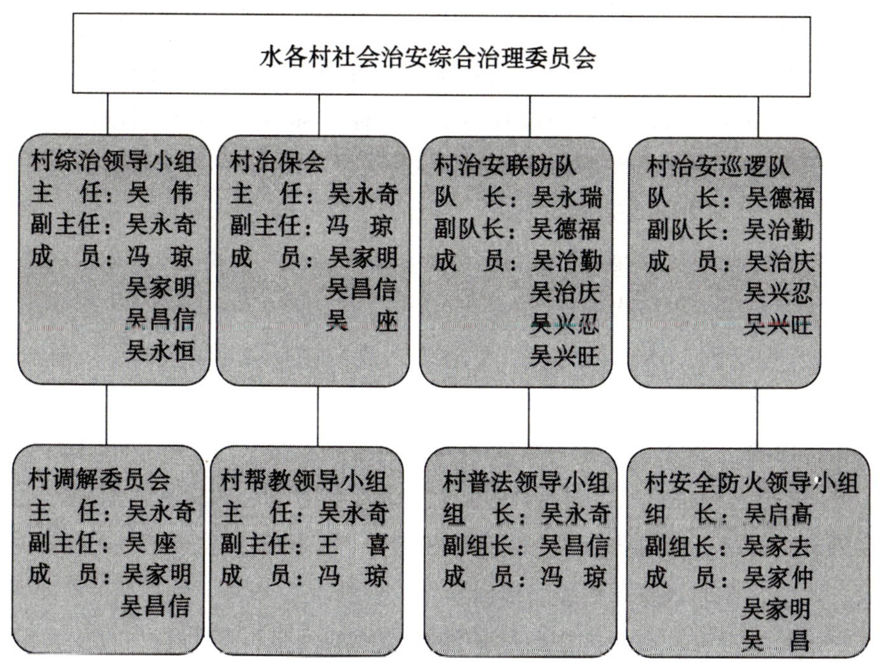

图1－1　水各村社会治安综合治理组织情况结构图

（六）水各村发展思路

改革开放以来，三都水族自治县九阡镇水各村通过政府引导，资源整合，市场运作，群众参与，精心挖掘、打造民族民间文化，走出了一条旅游带动群众增收致富之路，特别是近年来，在政府的引导下，在水各村成功举办了“贵州·三都——中国水族卯文化风情之旅”、“水乡窖酒献奥运揭酒大典”等重要活动，吸引了来自国内外的众多游客，加之2008年荔波机场通航后，水各村的民族文化旅游走上持续发展之道。

1. 继续发展和繁荣民族文化

勤劳智慧的水族先民在长期的生产生活实践中创造了自己独特的文明，拥有自己的语言、文字和历法，那类似天书的水书至今在水族民间仍在使用，是水族的“圣经”和“百科全书”，被称为象形文字的“活化石”。水书内容涵盖天文、地理、宗教、哲学等，其文化内涵博大精深，成为研究水族发展和水族文化的重要史料，也是水族文化的传承密码。端节和“卯节”是水族重要的传统节日。端节即是水族的大年节；“卯节”是水族青年人的歌节，号称“东方情人节”，蕴藏着古朴、丰厚的文化内涵。“卯节”是按“水历”每年的十月（即农历六月）择一卯日为节，即称“卯节”。寅日当晚，家家户户把屋子打扫干净，用最古老神秘的仪式祭祀天祖，水书先生身着长袍，诵读“水经”，驱邪祈福，并预示来年吉祥如意，人寿年丰。席间，邀请尊贵的客人，打开自家酿造并在地下藏窖多年的芳香四溢的“九阡酒”，伴着铮铮铜鼓声，饮酒作乐，尽情欢歌。

“卯日”这天，青年男女着节日盛装，成群结队去“赶卯坡”。时辰到了，先是卯坡脚下的千名妇女祭稻田，然后是村里的水族妇女身着盛装，围聚在稻田周围，手执“草标”默默守候，当祭师念完“水经”，千名妇女便挥动“草标”，唱祈福歌。与此同时，祭师将生猪放到稻田边的水塘中，水族青年男子纷纷跳下塘内戏猪，共同祝愿秧苗战胜灾害，茁壮成长，迎来丰收。接着，四面八方的水族青年男女涌向卯坡，卯坡上人如海、歌如潮、伞如花，女青年用花伞半遮脸面，含情脉脉地注视心中的阿哥，成千上万的青年男女在卯坡用歌声传情，结识朋友，交流心事，寻找意中人，互倾爱慕之心，最后结成终身伴侣。节日的卯坡热闹非常，山上歌声飞扬，风情万种；山下笙歌伴舞，铜鼓声声；山腰八角亭内的“卯”字碑前双双情侣相对誓约，私定终身。

水族的“卯节”文化为水各地区独有，其古老神秘而又传承千年，引起了中外学者和广大游客的普遍关注，知名度也逐步提高。水各村将在各级党委和政府的关心和支持下，继续发展和繁荣民族文化，着力发展民族文化和乡村旅游，使水各村的卯文化成为该村发展旅游经济的最大卖点。随着荔波机场的成功通航，水各已吸引了众多中外专家学者和游客的目光，越来越多的游客涌向水各，前来观光旅游、休闲度假、体验生活，了解水族的卯文化。

2. 以民族文化发展带动旅游发展

在当前，乡村旅游、民族风情游、民族文化体验游成为了一种时尚，体味返璞归真，崇尚美好自然，感受民族风情成为旅游的一大热点。水各村人民瞄准了这一大好时机，以当地特有的民族文化为依托，将在政府的引导下，积极行动起来。首先是搞好规划，聘请旅游专家和建设专家进行实地考察、设计，并请规划专家按照建设社会主义新农村的标准和现代游客的需求进行规划设计，使旅游产品既符合水族的传统文化，又融入现代人的欣赏需要，为旅游开发提供科学依据，制订实施方案，严格按照规划和方案开展工作，确保取得成效。其次搞好组织保障，制订实施方案。成立镇、村两级领导小组，明确专人负责，做好组织、协调和实施工作。建立村级农民协会，负责处理、协调村民自治各种事务。最后是对各种资源加以整合，对旅游产品进行包装。将传统朴实的思想文化与现代游客的审美需求进行有效嫁接，把水族的远古文明与发展现代旅游的理念进行有效联姻，着力打造民族文化精品。目前，极具民族特色的水族文化博览园、游客服务中心、农家乐饭店等相关设施已基本成形，民族风情歌舞表演也在提炼中，景区各项旅游功能正逐步完善，积极迎接各方宾客。全村道路硬化已达90%，“三改”工作已完成85%，一个社会主义新农村和民族文化旅游新村的雏形正在形成。

因此，水各村在政府的引导下，在村“两委”班子的带动下，积极性高涨，跑项目、要政策、找经费，投工投劳。他们认真搞好各项设施建设，大力发展和繁荣民族文化，以带动村旅游业。

3. 开发旅游商品，拓宽收入渠道

水各村发展旅游产业尚属起步阶段，产品建设、各项设施、接待功能等尚在完善之中，旅游一时还不能成为支柱产业，群众收入还不能单靠旅游支撑，种养殖业仍然是目前该村的主要经济来源。

因此水各村在认真搞好各项旅游设施建设的同时，还应该通过政策扶持、政府引导、群众努力等，积极开发与旅游业相配套的旅游商品，设法拓宽各种渠道，增加村民收入。

4. 坚持科学发展，发展社会主义新农村

水各村是被省委、省政府列为全省社会主义新农村建设试点村之一，始终积极按照新农村“二十字”方针的要求，在县委、县政府的统一部署下，重点围绕“三建”、“三改”、“五提高”的内容进行建设，因地制宜，科学规划，扎实推进，注重实效，理顺发展思路。

该村将积极贯彻和落实科学发展观的要求，按照新农村建设的要求和标准，并结合旅游业发展的需求，进一步加强对景区景点的各项设施建设，完善接待功能，提高接待能力。着力提升民族文化品位，对民族文化亮点再进行打造和包装，对村寨内的所有砖房进行改造和拆迁，使之保留水族建筑的传统风格，提升水寨的原始风味。对全村的厕所及周边环境卫生进行整治，建立卫生管理制度，增加垃圾处理设施，提高群众卫生意识，使之达到“村容整洁，环境美化，游客满意”。加强对旅游协会和从业人员的指导培训，让软硬件相互配套，共同提高，全力发展乡村旅游，努力使旅游真正成为当地群众的主要收入来源。

大力发展九阡李等特色产业和观光农业，利用国家的惠农政策，为农户购买农机、化肥、种子等，引导农户种植高效农业，积极扶持农业发展，拓宽增收渠道。积极推行村务公开，加强党的基层组织建设和村级班子建设，实现“村民自治”，组建相关专业协会，并充分发挥协会在新农村建设中的作用。努力提高群众素质，倡导科学健康的生活方式和文明向上的道德风尚，展示水族的精神风貌，迎接四海宾朋。在新的形势下，建设社会主义新农村，最终实现共同富裕。

二、土地制度

解放以来，水各村胜利地完成了土地改革，实现了对农业的社会主义改造，进行了大量的农业基本建设，采取了一系列发展农村经济的措施。特别是党的十一届三中全会以后，实行了改革开放的发展经济的方针，在农村实行家庭联产承包责任制，以及尊重知识、尊重知识分子的重大政策，有效地激发和调动了广大人民和知识分子建设社会主义的积极性，使全村的农村经济和农业生产得到了较快的恢复和发展，取得了很大成绩。

（一）土地概况

水各村的土地资源条件总体来说，在气候上，水、热丰富且同季，但灾害性天气也较多，对土地利用有利有弊；在地形上，山地多，平地少，区间差异明显，农业利用具有不同特点。

1. 水各村的土地结构

基于山地地形，水各村土地结构有两个基本特点：一是山地垂直差异大，山地一般具有常绿阔叶林、红壤、黄红壤带－常绿阔叶林间少数落叶树黄壤带结构。极少山体上具有常绿落叶林、阔叶混交林黄棕壤带。山体的这种垂直结构，直接反映了垂直带上的不同水热状况及土地生产潜力。二是本村红壤（黄红壤）地带、黄壤地带（包括垂直地带）普遍具有谷坝－低山－低中山结构，在布局上可采取种植业－经济林－林业图式配置。谷坝耕地分布多，可以发展以粮食为主的种植业。低山包括低山和低山丘陵，位于谷坝边缘的低山或为坝地中低坡，因接近农区，利用较方便，可发展适合该地带的经济林木。低山中上部配置部分薪炭林。低中山一般山高坡陡，距农区远，应以发展用材林为主。

2. 水各村的土壤类型

（1）水各村的风化物种类及特征

成土母质的类型与属性，是划分土属的重要依据。根据岩性及风化物特点异同，水各村的成土母质岩类风化物可划分为以下 9 类：

第一，黏土质岩类风化物，包括板岩、凝灰岩、页岩。该岩类中，板岩及局部凝灰岩占 70.5%，页岩占 29.5%，黏土质岩类风化物偏黏，土层较厚，呈酸性，矿质养分较多，普遍发育为地带性土壤。

第二，砂泥质岩类风化物，包括砂质页岩、砂岩页岩互层、粉砂岩、冰碛砾岩及变余砂岩。其中，砂质页岩约占该岩类的 16.6%。该岩类风化物厚 40～80 厘米，质地中壤土－重壤土，矿质养分少，普遍发育为地带性土壤。

第三，石英质岩类风化物，包括石英砂岩、长石石英砂岩、硅质岩，该岩类风化物风化度弱，风化层厚一般为 30 ~ 50 厘米，质地砂壤土 - 中壤土，呈酸性，均发育为地带性土壤。

第四，石灰岩风化物，包括石灰岩、白云质灰岩、泥质灰岩、砂质灰岩、燧石灰岩。石灰岩风化物厚度、质地，因石灰岩种类不同而异。纯质灰岩，泥质灰岩风化物厚度，一般为 40 ~ 100 厘米，质地中黏 - 重黏土，含钙丰富，多形成典型石灰土类型。白云岩、砂质灰岩、燧石灰岩风化物厚度一般为 30 ~ 60 厘米，质地重壤土 - 中黏土，富含砾质，含钙一般，形成石灰土或地带性土壤。

第五，白云岩风化物，包括白云岩、泥质白云岩。白云岩风化物厚度较石灰岩风化物较薄，质地重壤土 - 轻黏土，富含砾质，含钙少，呈中性或弱酸性，多形成石灰土类形。

第六，碳酸盐岩、灰砂页岩风化物，多见在中泥盆系以后地层，该类风化物为石灰岩（白云岩）、砂页岩混合风化物。风化层较厚，质地多为重壤土，呈中性，发育为石灰土或地带性土壤。

第七，紫色岩类风化物。风化层厚 60 ~ 80 厘米，质地轻黏 - 中黏土，富含钾素，形成紫色土或脱紫形成地带性土壤。

第八，江河冲积物。河漫滩为砾石、砂土冲积层，多形成新积潮土。一、二级阶地为砂质、砂泥质冲积层，厚 100 ~ 300 厘米，垦前为草甸土，耕垦后绝大部分形成渗、潴、潜潮泥。三、四级基座阶地为壤质或黏质冲积层，厚 80 ~ 500 厘米，未垦的为地带性土壤，水耕后多形成潴育、侧渗水稻土。河谷两侧一些距河面 60 ~ 85 米的残丘，台地和山地包上的冲积物，为砂黏质土层，厚 100 ~ 150 厘米，形成的土壤基本同三、四级基座阶地。

第九，第四纪红色黏土，即老风化壳。风化层厚达数百厘米，心土淡棕色，有铁质，呈酸性，矿质养分缺乏，未垦的为地带性土壤，水耕后，经岩溶地区灌溉水的复盐基作用，多形成次生石灰性水稻土。

（2）水各村的土壤种类及特征

水各村属于山地村，所处的地壳因历史上多次抬升、夷平和下切，使原来海相沉积的灰岩、砂岩、白云岩、页岩等在垂直向上和水平向上变得错综复杂，导致土壤母质交替分布，地带性土壤和岩成性土壤成插花性出现。加上水各村的风化物种类和地形、气候、植被以及人为耕作活动的影响，使村内土壤类型丰富多样。经普查，三都县土壤种类共有 10 个土类，17 个亚类，

71 个土属，约 310 个土种，其中耕种土壤土种有 185 个。而水各村的土壤主要为自然土、水稻土和旱作土。其中，自然土有红壤、黄壤、黄棕壤、红色石灰土、石灰土、紫色土、潮土、灌丛草甸土、沼泽土等类型，具体特征如下：

红壤，是垂直地带性分布最低的酸性土壤，土壤 pH 5.0 左右，黏粒的 SiO^2/R^2O^3 在 2.0 ~2.2 之间，少数可达 2.4；黏土矿物以高岭石为主，但结晶不良，水云母次之。土壤有机质含量一般在 3% 左右，部分遭受侵蚀的红壤则不足 1%，具有黏、酸、瘦及缺磷等特点，缺乏养分和水分，适于种植油茶、油桐、柑橘等亚热带经济作物，宜栽农作物以水稻、玉米等为主。

黄壤，是垂直地带性分布较广的地带性酸性土类，在各个山地的垂直带谱中，黄壤的下部一般是红壤，上部则以黄棕壤为多。并且，黄壤带谱与区域性水湿条件有密切关系。在湿润条件下的黄壤垂直带带幅较宽，有的可宽达 1000 米；类型也较多，往往出现两个以上的黄壤亚类。黄壤中的有机质含量较高，普遍缺氮，严重缺磷，熟化度低。对分布于高原丘陵地区的黄壤，尤其是老红色风化壳或砂页岩发育的黄壤，如所处地形坡度较小、土层厚度在 1 米以上的则可发展农业和农林综合利用。丘陵下部缓坡和谷地可种水稻、玉米和麦类；丘陵中、上部可以发展果树、茶和油菜等经济作物和薪炭林。已耕种的黄壤为防治土壤侵蚀，宜进行以山、水、田综合治理为中心的农田基本建设，多施有机肥料和种植绿肥，并适量施用石灰和磷肥。

黄棕壤，是垂直地带性分布最高的土类之一，有机质与氮、磷、钾养分含量高，土质疏松。除山地外，此类土壤分布的地区已成为生产粮食和经济林木的重要基地。

红色石灰土，是垂直地带性分布在海拔 700 米以下的石灰岩低山丘陵区的中性及微碱性土类，养分含量较红壤高，但土层厚薄不一，颜色棕至淡黄棕色，质地重壤 - 轻黏，有机质含量 2% ~5%，钾素含量高，磷、锌含量低，保水性能差。

石灰土，是低热地区碳酸盐类岩石发育的一种中性及微碱性土类，多为黏质，土壤交换量和盐基饱和度均高，土体与基岩面过渡清晰，含钙丰富，熟化度高。

紫色土，是在紫色岩类发育的一种岩成土类，土层浅薄，通常不到 50 厘米，超过 1 米者甚少。一般含碳酸钙，呈中性或微碱性反应。有机质含量低，磷、钾丰富。由于紫色土母岩松疏，易于崩解，矿质养分含量丰富，肥力较高，是中国南方重要旱作土壤之一，除丘陵顶部或陡坡岩坎外，均已开垦种植。因侵蚀和干旱缺水现象时有发生，利用时需修建梯田和蓄水池，开发灌溉水源。开辟肥源以增加土壤有机质和氮的含量，也是提高其生产力的重要措施。

潮土，是在河流冲积物上发育的一种幼年土，地势平坦、土层深厚，呈酸性至中性反应，有机质含量高，但易漏水漏肥。潮土的性状良好，适种性广，其分布地区历来是中国重要的棉粮基地。但配套的水利工程和农田基本建设对于防治洪涝、干旱和盐碱化等不利自然因素仍属必要，并须辅以防风固沙、翻淤压沙、客砂治黏等改土措施。对处于低洼地段的潮土，应进行排涝治渍或改种水稻，以发挥土壤生产潜力。

灌丛草甸土，是垂直地带性分布最高的地带性酸性土类，有机质含量高，表土层呈黑褐色，富有弹性，土体较薄。

沼泽土，是在积水和地下水浸渍及湿生植物作用下形成的土类，其表层积聚大量分解程度低的有机质或泥炭，土壤呈微酸性至酸性反应。沼泽土底层有低价铁、锰存在。沼泽土可做农田、林地或牧场，但必须通过改良，以消除过多的水分和由此产生的不良性状。

另外，水各村的水稻土指的是由红、黄壤等各种地带性土壤，经过水耕熟化形成的一类土壤，分为 3 个亚类，30 个土属，121 个土种。其中：渗育型水稻土，发生层浅，质地较松，水分易渗透，肥力低，呈酸性，主要为寡黄红泥田、寡黄泥田、淡黄砂泥田，黄砂泥田等土种；潴育型水稻土，是以河流冲积物、第四纪红土和石灰岩、泥质沙岩沉积物为母质所形成，质地较重，不易透水，生产力较高，主要为潮砂泥田、潮泥田、大眼泥田、大眼黄泥田、灰砂泥田、红大眼泥田、红小砂泥等土种；潜育型水稻土，分布于地势较低的洼地，土体常年渍水或泡水，为排水不良的低产冷、烂、锈水田，以烂泥田、鸭屎泥田为主，而水各村的旱作土，是经过人为耕作施肥的熟化土壤。

（二）土地开发利用概况

1. 土地开发利用的特点

我国土地开发利用受到自然、社会经济、基础设施和人文特点等多方面因素的影响，不同的区位及条件各异，农业发展的目标、方向及要求也有差别，土地的开发利用也不同。就水各村而言，土地开发利用具有以下特点：

（1）地形垂直分布，土壤带种类丰富，土地开发利用差异性大

水各村地处西部云南高原向东部低山丘陵过渡的斜坡地带，因此，首先，地势起伏大，崎岖不平，土地分散，地块破碎，土地类型多，土壤类型复杂多样。由于水各村山丘广布、垦殖困难，因而在长期的农业生产活动中，人们选择了农林牧并重和农林牧结合的土地资源利用方式，是个典型的自然经济类型区。其次，气候差异大，全区属亚热带湿润季风气候区，但气候差异大，地貌以山地为主，相对高差大，气候垂直变化特征明显。不同的气候类型区域具有不同的水热条件，从根本上影响了人们对土地资源的利用方向及人们对作物的选择，使土地资源利用呈现不同的类型区域。再次，在复杂的地形、气候等因素的共同作用下，为水各村动植物生长、繁衍提供了良好的生态条件，产生并形成了数目繁多的植物种类和植被群落。由于气候条件差异和地形地貌差异，在全区形成了不同的植被群落。而植被类型的不同组合方式，在很大程度上决定了土地利用结构。

（2）土地开发利用程度低、难度大，开发潜力也大

由于水各村的地形、土壤和气候等因素，其土地开发利用在各区域间差异明显。在不同的地域，耕地、林地比例也不相同，开发难度也比较大，而且利用不充分，合理利用差。其中，土地利用粗放，利用率及产出率较低，土地资源开发利用不够充分，利用率不高；耕地较少且分散不利于大规模的机械化作业，更不利于一年实现多熟，使已利用土地的集约化利用程度低，中低产土地比重大；同时人增地减，人均耕地逐年下降，耕地后备资源不足，土地利用结构与布局不尽合理；优质耕地减少，山区耕地自然条件差，产出率低；不合理的土地利用方式还导致了生态环境的恶化，包括水土流失严重、土地质量退化、天然植被破坏和环境污染等，严重影响农业生产的发展。

以上种种情况，使得水各村的土地开发利用和农业发展受到很大影响和制约，特别是现有农业基础设施陈旧、落后，农业生产水平不高，农业规模化生产发展缓慢，水利设施陈旧落后，农业机械化水平低。而水各村的农业生产主要是以家庭为单位的个体耕作模式。但近年来，由于农民外出进城打工，大都将自己耕种的土地通过承包、租赁等方式逐步向拥有技术特长和经营管理能力的种植大户集中，各种农田道路、水利设施缺乏或不配套，即使拥有较好的农业技术，也很难推广，生产率很难提高，土地仍然是粗放的生

产管理模式。

但反过来看，这也证明水各村土地开发的潜力还很大。面对复杂的地形和气候条件，水各村的土地开发利用仍得以健康发展，农业建设有了较大进步，一些农业先进实用技术得在较大范围内得到推广，农民的素质得到提高，科技及信息意识得到增强，农业投入逐步增加，耕作条件不断改善，农业生产的徘徊局面初步被打破，贫困落后面貌有所改观，粮食生产稳定增长，农产品市场供求趋于平稳。

2. **土地开发利用的策略**

针对水各村土地开发利用的特点，应当因地制宜地制订具有可持续性和市场导向的开发策略，必须充分结合山地和水利资源实际，因地制宜地扩展农业山区机械化和水利化。通过土地开发整理，实施土地平整，完善田间道路和水利设施，改善农业的生产条件，促使农业向规模化方向集中，推动水各村的农业建设向产业化方向发展。具体而言：

（1）针对土地特点加以开发

在水各村的谷坝地区，应统一规划，合理布局，充分利用该地区优越的光热资源优势，加强农业基础设施建设，提高耕地复种指数，提高耕地单产，增加粮食产量，合理调整粮经比例，增加农民经济收入，加强基本农田保护，推广先进科学技术，提高山区农民文化素质，提高土地生产力，确保本区粮油高产、优质、高效，加强环境保护和生态建设，为农业持续发展增加后劲创造条件。在水各村的低山和低中山地区，要调整农、林、牧、渔业用地结构，充分利用本区优势，扩大生产规模，发展拳头产品，加强林业生态体系建设，合理有效地利用与开发林业用地，促进区域生态经济协调发展，同时推广先进科学技术，增加农民收入。

（2）针对开发问题加以治理

首先，根据水各村土地资源稀缺和土地利用效率低的实际，加强土地资源管理，科学规划，调整利用结构，做到用养结合，妥善处理保护与发展的关系，不断提高耕地质量。

其次，针对水各村土地集约化利用程度低和抛荒、浪费问题，增加对土地的投入，深化土地管理制度、土地产权制度、土地经营制度改革，针对水各村土地利用有机构成低的特点，要千方百计地增加农民收入，让农民在收入稳定的基础上，增加对土地利用的投入，提高机械化、水利化程度，搞好农田基本建设，增加化肥投入，提高肥力，做到少种、高产、多收。

再次，根据各地的水土资源条件和土地退化的类型，合理安排生产，按照保护性的林业、自给性和外部补偿性的种植业、发展性的畜牧业的农业整体协调安排的新思路，合理调整农、林、牧在不同区域的比例关系，使水土资源有效配置，全面提高农地利用水平。

最后，发挥区域比较优势，大力发展特色农业。充分利用水各村的地理气候多样性和生物资源多样化的特性，挖掘特色农业发展潜力，优化特色农产品区域布局，大力发展特色优质农产品，培育壮大优势产业。根据市场需求，在巩固传统优势特色农产品的同时，选择具有水各村特点和市场前景的特色农产品作为开发重点，形成有竞争力的特色农业产业体系，如大力发展九阡李等特色产业和观光农业。

（三）土地制度沿革

1. 我国农村土地制度沿革概况

土地制度是有关土地所有、使用、交换等过程中形成的一系列规则，包括政府颁布的正式安排和民间约定俗成的非正式安排，应当具有激励和社会保障的作用，并随着环境的变化而变化。我国的土地制度沿革，从古代起，绵延纵横几千年，从奴隶主所有、地主所有到农民所有乃至集体所有，不同的阶段经历了不同的变化。特别是建国后，1949—1953 年，我国农村土地制度实现了从封建土地所有制到农民土地所有制的变迁。1953—1955 年，在总结以往土地改革经验的基础上，为了与资本主义的农村土地制度相区别，为了实现由新民主主义社会的农村土地制度向社会主义社会农村土地制度的过渡，确立社会主义的土地公有制，防止在土地改革中出现土地兼并和新的贫富分化的现象，我国在农村土地制度的变迁经历了由农民土地所有制的农民分散经营的制度到互助经营和合作经营的变迁。1955—1978 年，这长达 23 年的时间之中，我国的农村土地制度经历了高级社和人民公社乃至“三级所有，队为基础”等阶段；“三级所有，队为基础”的农村土地制度阻碍了生产力的发展，必将为新的制度所代替。1978 年冬，以安徽省凤阳县小岗村农民的“包产到户”为开端，我国开始了又一次重要的土地制度变迁，即将高度集中的土地集体所有制变成为土地集体所有、农民家庭承包的所有权和经营权相分离的农地制度，通过家庭联产承包制给农村经济带来了生机。

2. **水各村的土地制度沿革概况**

水各村土地制度的变迁，离不开当时全国的大环境，也经历了从土改、合作社到人民公社以及家庭联产承包责任制等步骤。

1951—1952年的土地改革时期，水各村根据贵州省省委的精神和土地改革典型试验，具体地实施了土改，包括宣传党和人民政府的有关方针政策，组织发动群众，建立农民协会，对地主阶级进行斗争；发动群众，按照政策划分农村阶级成分；自报产量，查田评产，登记造册，没收地主的土地和其他财产；民主讨论，合理分配土地、牲畜、农具和其他财物；总结经验，组织农民发展生产，等等。水各村明确土地改革应注意不违农时，保证生产任务的完成；要注意保存富农经济，保护工商业，对小土地出租者，必须根据宜宽不宜严的精神，作出妥善处理，并根据中共贵州省省委和省人民政府的部署，分步进行土地改革。针对村内经济情况、生产条件悬殊大、社会条件复杂等因素，水各村采取慎重稳步的办法，至1952年年底止，全村基本胜利完成了土地改革，尽管任务繁重，时间较短，但基本上满足了贫雇农的土地和经济要求，没收了地主的土地、耕畜、农具、多余的粮食及其在农村中多余的房屋，使大量农民分得了土地、牲畜、农具、房屋和粮食。水各村土地改革的完成，使延续了几千年的封建土地所有制和封建剥削制度被彻底废除，收到了良好的政治和经济效果。政治上，解放前的水各村，不仅交通闭塞，经济文化落后，而且封建势力特别强大，土地相当集中，地租剥削十分严重。在封建土地制度下，地主、富农凭借所占有的土地等生产资料，对农民实行残酷的剥削。解放后，水各村彻底废除了封建土地所有制，各阶级占有土地发生了根本变化。照顾了中农的原耕地，维护了中农利益，地主也分得一份土地，解放了农村生产力，促进了农业发展。经济上，由于废除了封建地主土地所有制，极大地调动了广大农民的生产积极性，促进了水各村全村农村经济的恢复和发展。土改在随后几年农业增长中表现出巨大的制度绩效，村农业产值，粮食、棉花、油料、牲畜等的产量，不少超过历史最高水平，为百废待兴工业化的起步奠定了基础。水各村的土地改革不仅是改造水各村的经济变革，同时也是重新确定国家与农村社会关系的政治和社会革命。土地改革对农村各阶层经济和政治关系的调整，使水各村的权威和组织动员能力空前提高，并直接深入到农户，为后来进行的土地制度变革和大规模地动员社会资源奠定了坚实的基础。因此，在强制作用下，水各村选择农村土地私有制是一个必然。由于公平分配土地，实行土地私有，此时期农民的收入以及生活等各方面有了大幅度提高，应该说这次土地制度变迁是建国初期水各村农业快速增长的主要原因之一。但一家一户为生产单位的小农经济生产方式下，农户占地少，经济力量薄弱，进而排斥先进的生产技术，使规模化生产和农业现代化难以进行，无力抵御自然灾害的侵袭；同时，边际土地生产率和劳动生产率的差异引起了土地的买卖与再次集中，出现了新的两极分化。这些问题昭示着水各村又一次土地制度变迁的到来，集体化道路成为必然。

1951—1958 年，是水各村的合作化时期。建国初期的互助合作运动与土地改革具有密切的联系，从某种意义上说，正是土地改革为随之而来的互助合作提供了国家主导性这一条件，并为依据国家意志改变土地产权制度安排提供了便利条件。因此，水各村的互助合作运动一方面必须适应国家的经济发展战略，同时另一方面，它又是对农民个体土地所有权的改造。水各村正是通过农村微观经济组织从互助组、初级社、高级社过渡的合作化运动，逐步地改造着农民的个体土地所有制。第一，1951—1953 年，水各村一些农户因缺少生产资料或劳动力，被迫卖房卖地，出卖劳力，借高利贷，以解决生产生活上的困难。鉴于此，根据贵州省省委精神，水各村积极推动办好互助组，发展农业生产，并明确指示互助组的性质是生产资料所有权不变，私有财产不变，生产成果归农民个体所有。同时，发展农业生产互助组，要贯彻自愿互利、等价交换、民主管理等原则。随着农业合作化运动的发展，水各村的互助组 1956 年全部升级或合并为农业生产合作社。水各村的互助组生产管理，以互利为原则，以劳动力评工记分、耕牛评工记分、农具报酬等方法评计工分来计算报酬。水各村的互助组是农民在个体经济基础上按照自愿、互利原则组成的劳动互助组织，它并没有改变土地改革后形成的农村土地制度及生产资料的农民所有权，农村土地制度仍由农民私有、农民使用，主要变化是以一定程度的联合劳动取代完全分散的个体劳动，通过实行等价交换原则，解决私人劳动的交换、耕作顺序安排和耕畜、农具的互利问题，促进了人、财、物的合理流动，改善了资源配置效率。由于保证了农民私有的农村土地制度产权制度，因而保持了农民的生产积极性。同时，通过劳动互助使农户寻求规模效益而发生的市场交易行为，克服了生产中缺乏耕畜、农具的困难，提高了耕作水平，使农业生产得到了继续发展。第二，1953—1955年，水各村贯彻中央精神，积极建立初级农业生产合作社，实行土地入股，统一经营，耕牛大多实行私有私养，合作社租用，劳动普遍实行劳动日制，社员按劳动日数量计算报酬，农业生产按计划作业，收益分配在正常年景下保证90%以上的社员增加收入，并妥善处理合作社与社员私有的关系，正确确定分配比例。水各村的土地制度的私有制改为农民私有、集体统一经营使用的土地制度，这是土地改革后水各村土地制度发生的一次重大变革。水各村的初级社制度安排是按照自愿互利的原则，在承认水各村土地制度私有权的前提下，农民以土地、农具等生产资料入股，使用权由个人使用变为集体共同使用，社员对入社的资产不再享有直接的支配权、使用权和占有处分权，但并没有丧失财产的所有权。实行集体劳动、民主管理，按劳分配和按股分红相结合，推行劳动互助，在允许社员有小块自留土地的情况下，社员的土地必须交给农业生产合作社统一使用，合作社按照社员入社土地的数量和质量，获得农村土地制度收益。水各村的初级社与互助组相比具有更大的优势。与互助组相比，虽然农民对土地等生产资料的产权并非是完整的，各个农民对土地等生产资料的所有权与使用权也不像在互助组时期那样可以统一起来，而是“两权分离”了，但是，在初级社组织内，作为土地的使用者并因此而支付农民相应报酬的合作社仍然是由这些让出生产资料使用权的农民所组成，换言之，初级社内的农民仍然不仅在初级社范围内占有着土地而且也使用着土地。因此可以说，初级社内的产权制度安排应当是在建国初期水各村落后的农业生产技术条件下，较为有效率的产权制度。第三，1955—1958年，初级农业生产合作社统一经营，集体劳动，同土地和其他生产资料私有之间存在着矛盾，土地入股、参加分配，不能充分调动劳动者的积极性。为了解决这个矛盾，水各村建立了高级农业生产合作社，取消土地报酬，实行各尽所能，按劳分配，基本实现农业合作化。与初级社相比，水各村在高级社的土地所有制下，社员加入高级社后土地转为合作社公有，取消土地报酬；私有耕牛按当地全年平均价格折价入社，通过向社员征集股金，家里生产股份基金和公有化股份基金进行周转，其征集数量一般按劳动力或按劳动力和土地的比例来确定；统一经营，分级管理，以生产队为单位组织劳力进行生产，生产队下再划分固定或临时作业组，普遍实行劳动定额管理；收益分配以兼顾国家、集体、个人三者利益，保证90%以上的社员以增加收入为原则。水各村的高级社坚持集体产权制度，社内农村土地制度和其他生产资料由这个劳动者群体的成员无差异地共同占有、使用和收益；组建稳定的生产队，实行“统一经营、分级管理”的制度，一定程度上克服了高级社规模过大带来的监督难题。因此，水各村的高级社有利于农业生产条件的进一步改善，劳动生产率进一步提高，集体经济开始得到发展。但是水各村的高级社日益显出它在制度安排上的内在缺陷。与初级社相比，水各村的高级社最重要的特征是土地无偿转归公有，并取消土地报酬。其结果是，农民在失去占全部收入较大部分的土地报酬的同时，也由此失去了对土地的经营决策权，农民因土地私有权的控制而进行的对合作社行为的监督与约束也由此受到削弱。不仅如此，农民由于土地报酬的丧失还同时失去了因为对土地收益的关心所引致的生产积极性，这也就降低了合作社土地产权制度安排对农户行为的激励，农民积极性下降，在生产上出现了浪费劳动力的现象，大多数的农户减收。

1959—1984 年，水各村开展了人民公社运动，公社实行工农兵学商相结合，政社合一的体制。公社是国家政体的基层单位，既行使政权职能，又行使经济管理职能，把公社定为基本生产和核算单位，上级下达生产任务和指标，生产队没有自主权，粮食分配实行基本口粮和劳动工分相结合的办法。这一体制在水各村从建立人民公社开始，到 1984 年年底政社分开，共持续了 26 年时间。水各村贯彻中共中央精神，参与实行公社、生产大队和生产队三级管理体制。接着在农业学大寨，普及“大寨县”运动中，一些地方变更以生产队为基本核算单位的体制，向以生产大队为基本核算单位过渡。人民公社建立的原因，在于政府为了巩固政权，企图借助强制性的意识形态灌输，加强对农村的控制，也是为国家的工业化发展战略和大规模的水利工程等群众性生产运动动员劳力，而不是从农业本身出发。因此，人民公社制度的低效率是不争的事实，水各村在期间农业生产力遭到破坏，粮食产量急剧下降。农民没有退社自由，使人民公社具有容纳过剩劳动力的组织特征，其劳动分配制度、产品流通制度、产权配置制度等问题严重。

1978 年至今，是水各村实行家庭联产承包责任制的时期。贵州是最早全面实行家庭联产承包责任制的省份之一，在此背景下，水各村也较早地实行了家庭联产承包责任制。1978—1980 年，水各村从“三级所有，队为基础”发展到“包产到户，包干到户”。根据中共中央和四川省委的精神，水各村实行了以组核算，一些地方还萌发了包产到劳、包产到户、包干到户等不同的责任制形式。包干到户，责任明确，利益直接，方法简便，深受农民欢迎。与之相配合的，水各村转变观念，有领导、有步骤地放宽农业政策，调整农村生产关系，适当调整生产队规模，允许多种多样的经营管理形式存在，使“双包”责任制迅猛发展。1980—1982 年，水各村的包干到户责任制逐渐建立与完善，改革取得突破性进展，包干到户被作为实现社会主义农业现代化的一个新起点。1982—1984 年，水各村统分结合的双层经营体制逐渐确立，在政社分开的基础上，逐步建立起以农户分散经营与集体统一经营相结合的双层经营体制。这个过程中，“产权分割”解决了搭便车和监督问题，大大降低了制度强制性成本，既保障了国家、集体的利益，也使剩余权机制在生产中的激励功能得以发挥。这种制度安排解决了农村土地制度集体经营的监督和激励无效等外部性问题，产生了巨大的经济效益和社会效益，促进了水各村农业生产的持续发展。1984 年以后至今，是水各村家庭联产承包责任制以后农村土地制度的发展时期。水各村是山区农村，土地贫瘠，耕地破碎，人均土地资源相对量小，人均占有耕地水平低，现在的土地是农民最主要的生产资料，是农民最大的一笔财富。因此，在推进农村土地制度变革和创新过程中，如何稳定农村经营制度，具有重大的经济和政治意义。而水各村通过 1984—2003 年的努力，将有关土地承包、流转、利用等内容在内的土地基本制度最终确定下来。实践已经证实了家庭联产承包责任制呈现出巨大的制度绩效，但是必须认识到当前水各村土地制度仍然存在着许多问题，包括土地产权不明晰，造成产权虚化，农户土地承包经营不稳定，引发农民短期行为，缺乏有效的土地流转机制，不利于土地的合理利用，土地经营规模太小，难以形成规模效益等在内的问题，都要求水各村继续寻求土地制度在坚持稳定和完善土地承包关系、明确界定土地承包权的性质、推进农民土地使用权合理流转等方面的改善和提升。

（四）关于水各村土地制度的建议与思考

纵观水各村的土地制度沿革历史，我们发现水各村现今的土地制度如上所述是需要调整的。这次调整应从水各村的具体实际出发，既要尽快实现农业产业化、现代化的发展，尽快打造农业可持续发展的长效机制，同时又要长期保证耕者有其田的土地制度，这是我们思考的着力点。

1. **水各村土地制度存在的问题**

水各村土地制度的宏观现状是，农村土地制度经营规模越来越小，人地关系逐渐紧张，土地分配明显体现平均原则，无法实现规模经济，科学技术的推广受到限制，农业仍停留在以家庭生产为主的小农经济上，与现代化农业的差距较大。在现行制度中，村集体拥有土地所有权的主体地位，享有土地所有权的法律权利，对全村土地的调整、分配、转换和负担等享有决定权。其随意操控土地流转，损害了农民的合法权益，影响了农民对土地投入的积极性、稳定性和长期性。同时，强行进行“反租倒包”，侵占农民利益。尽管中央反复强调农村土地流转必须依法、自愿、有偿进行，但在利益驱动下，村集体利用权力剥夺农民自主决策权，搞硬性流转，或以“反租倒包”名义低价强行“租用”农民承包地。具体而言：

第一，水各村土地产权归属安排不当、权责混乱。水各村现行农村土地制度对于土地产权在不同主体间的归属安排不当，造成各项权利主体对土地的权利、义务、受益、责任不能明确，权责混乱，是水各村土地经济关系多重矛盾产生的根源。首先，水各村农民集体作为农村土地的所有者，实践中难以充分行使土地的所有权，土地权益受到多方侵蚀。一些农村干部利用集体土地发包权为自己谋取私利，侵害农民的土地权益，集体所有制关系被极度扭曲，而农民个体对土地的掠夺式经营造成土壤肥力下降，一些农民受利益诱导变相违规私下转用农村土地制度或超占宅基地。其次，水各村对农村土地的管理，体现的是国家作为全民利益的代表对农村土地的所有权职能，但国家却没有成为农村土地的所有权主体。农村土地制度利用中出现的一些状况，对农户来说可能是理性的，但对整个社会来说是无益的甚至有害的行为，如土地抛荒、随意建房、农村土地制度非农化等。对农村土地的这些管理，实质上体现的是国家作为全民利益的代表对农村土地的所有权职能。然而现实中，国家应该却没有成为农村土地的所有权主体，真正代表国家利益管理农村土地的组织体系不健全，农村土地管理工作薄弱。再次，水各村集体土地的经营管理者自身角色混乱，权利和义务不对称，既是一个经济组织，负责管理农村土地，又被视为地方政府在农村基层的延伸，兼具行政管理色彩，又是村民自我管理、自我教育、自我服务的基层群众性自治组织，这是典型的角色混乱。

第二，水各村农民无偿或低偿使用农村土地，土地的所有权不能在经济上得到实现，弊端丛生。土地资源不合理利用，浪费严重，土地作为重要的生产资料难以做到科学有效地配置，农民无论有无稳定的农业外的就业收入，都不愿放弃承包地，从而极大地限制了土地的流转，无法有效地实现农民与土地的分离，延滞了农民转变为市民的进程。

第三，水各村的土地制度中的一些老问题仍然存在，诸如土地制度存在法律矛盾，乡（镇）、村、社共享土地所有权的制度安排模糊，土地分配关系不稳定；土地流转制度不健全，农户承包的土地少而分散和国家土地政策的不确定性因素严重阻碍了土地资源的优化配置，影响了土地经济效益；土地所有权与使用权分离不彻底，引起了土地所有者不合理地干涉土地使用者权利的问题，对农民土地自主经营权的干涉无疑会引起农民反对，影响农民的正常生产经营活动和农村经济的发展；土地使用价格形成机制不合理，严重损害了农民的合法利益，土地所有者利用其特殊身份垄断了土地使用价格的决定权，许多农民把庄稼种在地里了还不知道当年承包费是多少，甚至有时农产品都要出售了，农民还不知道生产农产品的土地成本是多少，农民也没有自由选择土地使用权及其各项附属义务的权利，这不能不说是土地所有者对农民利益的掠夺；土地收益分配制度不合理，土地所有者不仅获得了绝大部分土地收益，而且还强制参与分配农民从土地之外获得的合法收益；土地使用费收入在乡（镇）、村、社各个土地所有者之间分配不合理、不公平，乡（镇）政府侵占村、社集体资金的现象普遍存在，村社缺乏足够资金来改善农业生产条件、兴办农村公益事业，只能通过向农民筹集资金来解决尽职的资金问题，这无疑会增加农民负担。

第四，具体而言，首先，针对水各村的土地集体所有制，除承包使用权按份分割之外，其他土地权利没有明确界定属于个体的权益，存在模糊性和代理的风险性，这使得集体所有权的有效实现受到约束。国家全民所有权制约集体土地所有权，限制农村土地进入一级市场，集体并不能凭借土地所有权获得相应的市场地位。同时集体土地所有权制约农民土地承包权，使农民不愿以个体的代价为集体权益的监督付出成本，集体所有权主体名存虚置，削弱了对代理人的约束，一些代理人在土地发包、土地被征用转让过程中，往往假借集体损害农民利益。另外，在土地集体所有制框架下，农民身处集体之中拥有土地承包权，若要退出，却不能转移承包权，则“人走权失”，集体成员权利不能得到有效保障。其次，针对水各村的土地承包制度，土地承包经营权不完整且模糊，制约了土地财产价值的充分实现，增加了主体关系的摩擦。因为，土地的处置涉及国家、集体、个体承包户、承包权流转对象等多方利益，在多方利益的博弈中，各种关系互相制约，尤其是国家、集体、个体之间权力的不平等，导致国家、集体对农民个体利益的侵害。同时，土地承包权使用范围仅限于从事农业生产。若转为收益较高的非农用地，则要经由政府审批转为国家所有土地后，再由国家出让，农民土地发展权受到制约。再次，针对水各村的土地征用制度，涉及国家所有权、集体所有权、土地使用权等多种权利关系，其复杂性引发了诸多问题。对于土地征用用途、程序缺乏约束，使国家征地更加自由，土地资源浪费严重。另外，城乡二元结构的土地制度，形成了农村土地制度转为非农用地之间的巨额差价，导致公权大于私权，公权侵犯私权，严重危及了农民权益。

2. 水各村土地制度改革的建议

自改革开放以来土地承包责任制已经推行了20多年，极大地释放了农村的生产力。但是由于中国土地问题的特殊性和敏感性，其制度变迁充满了曲折。许多学者认为，当前土地问题的焦点主要是由于农村土地制度的不完善所造成的，承包责任制在土地使用权属上是不充分的，或者说产权是有缺陷的。就现行农村土地制度如何进行改革，学术界和官方有不同的观点，有的主张农村土地私有制，认为这可以解决目前各级政府的财政困难，增加财政收入，可以减低和简化复杂的税收制度，可以增加制度改进，而且土地在中国收益的增长也都是中国社会的收益增长。有的主张土地国有化，认为这符合社会主义公有制的传统理论，避免了土地私有化可能带来的意识形态方面的争论，相对降低了改革的政治成本，也强化了国家对土地的宏观调控权，可更加有效地遏止土地产权市场化改革后出现的土地兼并等社会问题。还有的主张在现行的土地承包法基础上完善土地承包经营责任制，认为现阶段农村土地对大多数农民来说，既是从事农业生产的生产资料，又是他们安身立命的基础，必须既考虑土地作为生产要素如何提高它的使用效率，又要考虑土地作为农民的社会保障如何确保农民的生计。相对于土地的使用效率而言，确保土地对于农民生存的基本保障作用，是农民更为基本的权益，也是现阶段整个社会对于土地制度的一种倾向。从这个方面讲，对于水各村土地制度方面的问题的改革建议，有以下几个方面：

首先，从目前水各村的实际情况来看，第一，要考虑水各村农民的切身利益，土地具体制度应当有利于提高农民的生活水平，立足于解决“三农”问题。第二，要考虑水各村所处的发展阶段，要妥善处理人地矛盾，促进水各村的可持续发展。第三，要考虑水各村发展的长远目标，以保持稳定为主要导向，将土地制度发展目标分为短期、中期和长期目标，循序渐进地运作。第四，要提倡土地股份合作制，从土地折股方式、土地股权分配、产权界定、分配方式、管理形式上介入，这样就兼顾了公平与效率的原则，有利于农村和谐社会的建设，充分考虑了制度的延续性，降低了制度变革的成本，建立了集体与农户之间的新型土地产权关系，一部分归集体所有，一部分归社员所有，由此建立了一种集体和社员共享的土地产权制度，有利于集体组织集中土地，形成适度的土地规模经营，建立良好的约束和激励机制，有利于社员关心社区的生产经营活动，便于形成自我发展、自我积累、自我调节、自我约束的良好机制。

其次，要从创新土地制度的角度对水各村的土地制度加以改革，这主要包括土地管理制度的创新方式和征地制度的创新方式。第一，在土地管理制度的创新方式方面，水各村的土地制度要明确集体土地制度框架下农民土地的物权权利，使农户合理享有、占有、使用、收益和处分权统一的承包经营权，可依法排除他人对其行使物权的干涉，进而保护农民的土地财产不被侵害。实现土地物权应从有效限制集体对农民承包土地的随意处分着手，可建立有效、准确、可行的针对农民土地权利的登记体系。一套有效的登记体系可降低土地转让的交易费用和交易风险，使土地权利趋向更加明晰、更有保障和更加自由，也可以增强各级组织土地决策的责任与透明度，限制集体权力滥用。同时，推进水各村土地制度使用权流转，赋予承包权在一定承包期内的抵押权，允许抵押将使农民更充分地实现与土地权利相联的潜在经济机会，加强市场要素建设，建立水各村的土地市场服务中介机构，促进土地区域流转，建立健全水各村的信贷制度和社会保障制度，从而为土地市场的发育创造良好的经济和社会环境。第二，在征地制度的创新方式方面，水各村要积极谋求协调，通过运作改善城乡土地二元制度的消极影响，并对征地进行合理限制，以法律的形式确认农民在征地关系中的权益，对征用不公正的监察也应建立相应的机制，保障土地征用后出现问题有解决的渠道。同时，确保补偿充分，过程公平、公开，增进补偿的公平性，积极谋求改进征地补偿形式，切实地使土地征用补偿行之有效，才能使被征地农民享有真正的、长远的生活保障。

再次，从具体方式上来看，水各村应当明确一些相关制度。第一，建立水各村单一主体的土地所有者制度，明晰土地所有者的权利和义务，保证无论是哪种所有制下的土地所有者，在使用权上是平等的，不得有任何形式的歧视。土地所有者有权在自己的土地上依法进行自由经营活动，土地所有者有权处置拥有的土地，可以对土地使用权进行出租、股份合作、抵押，甚至转让，而国家只在国土意义上有权对土地实行最终支配。第二，恢复水各村土地的生产要素性质，提高土地分配的经济效率。土地是一种财产，更是一种生产要素。在农业生产经营活动中土地首先应当承担其经济使命。过多强调土地的社会政治使命，忽视土地的经济使命，会造成土地使用效率低、土地经济效益差。土地使用权分配过程中，水各村的土地所有者要把提高土地分配的经济效率放在首要位置，把实现土地资源优化配置、提高土地使用效益作为土地分配的首要任务。发展经济是社会稳定的最重要基础，提高土地利用效益、发展农村经济、增加收入是稳定农村的最好办法。第三，建立水各村市场化的土地使用权分配制度，完善土地使用权流转制度，改变土地小规模化、分散化经营、土地使用效率低、土地资源浪费严重等问题，避免有经济实力、技术实力和管理能力的经营者得不到足够土地，引起资金、技术和管理资源的浪费。水各村实现土地资源最优配置，最有效地利用好土地及相关的社会经济资源，是现代农业经济发展趋势的必然要求。第四，建立健全水各村土地收益分配制度，有效保护农民合法利益。农民认为土地承包费应该以土地收益为分配对象，按实际承包土地数收取承包费，土地所有者无权以财产所有者身份参与农民来自土地以外的其他收入分配，以此保障农民的合法利益。第五，探索水各村土地国有化与土地使用权市场化的新制度，实现土地资源的优化配置，增加农业收入，更好地促进农业生产与宏观经济的协调发展，有利于土地使用者通过土地使用权的转让、抵押、入股等方式筹集农业生产经营所需资金，更好地发展农业经济。

3. 克服传统思想在水各村土地制度中的影响

中国传统文化的各家流派，无论是儒、佛、道，还是后来的宋明理学，虽然彼此间分歧很大，争论不休，但有一点是共同的，即都提倡“制欲、寡欲、禁欲、均产相安”的均平思想，以平均、均等、大同作为“修身、齐家、治国、平天下”之本。而从水各村的家庭承包责任制中，我们不难发现平均主义思想仍在影响着人们的思维和行为方式。就其对承包地的处理而言，平均主义起着很大的作用。例如，它按照平均主义原则处理人地关系，按人口、按劳动力或按人劳比例分配土地，在承包地质量分配上人人均等，按平均主义原则维持人地对应关系，即在承包户人口数量发生变化后即对其承包的土地进行调整以始终维护平均主义。而随着时间的推移，稳定农村土地制度承包政策带来的收益大于调整土地的成本逐渐被越来越多的农民认识到，当这种外在制度的优越性被大多数农户发现并接受以后，农民的平均地权的思想便随着政策的实施有了明显的减弱。因此，进一步完善水各村土地制度的改革，非常重要的一点是要重视平均主义思想等非正式制度和传统思想对农村土地制度变迁的作用，通过正式农村土地制度变革来促进农民平均主义思想的变革，去消除和克服各种消极的阻碍，进一步更新人们的观念，也可以通过引进外来成功的制度，产生与新制度相适应的新的文化因素，以促进改革的发展，推动水各村土地制度的创新与变迁。

改革开放以来，中国农村土地制度发展迅速，土地产权的明确界定和保护越来越受到重视，市场机制在土地资源配置中发挥着越来越重要的作用，政府对耕地的保护政策和措施不断强化，土地的法律框架逐步得到完善和加强，政府对土地利用的调控能力也不断提高，在推进土地政策改革过程中，各地在实践中也进行了不少探索和创新。但若想实现土地制度的良好运作，水各村还需要不断学习和探索。只有从水各村的具体实践出发，不断推进制度创新，才能使土地制度运作更好地协调，从而切实保障农民的土地权益，提高农村土地的利用率。

三、农业与农村经济发展

水各村是一个典型的山区农业村，农业生产是村民的主要收入来源，当地农民收入主要来源于种植业和畜牧业。随着农业制度改革和农业产业化的进一步发展，水各村在其传统的农业发展上也面临着如何把握优势、规避劣势、统筹布局、提升质量、抓住机遇、迎接挑战的问题。

（一）种植业

三都水族自治县种植业覆盖范围较广，除了粮食作物（如水稻、玉米、小麦、薯类、豆类）以外，还有油料作物（如花生、向日葵、芝麻）、纺织原料作物（如棉花）、副食作物（如蔬菜类、水果类）、林副产品（如生漆、油桐、油茶、五倍子、天麻、杜仲、川芎）等经济作物。而水各村的农作物种类则比较少，而且由于交通不便，农作物的商品率很低，直接影响到了农民收入的提高。

1. 水各村种植业资源概况

（1）农作物

①粮食作物

水各村的粮食作物有14种，分为秋粮和夏粮。秋粮品种有水稻、玉米、红薯、小米、大豆等，夏粮有小麦、洋芋、大麦等。

1950—1957年，在完成土地改革和农业合作化后，三都县的生产力得到解放，农民生产积极性高涨，粮食作物播种面积扩大，单产和总产都直线上升。1957年，粮食作物播种面积达到298048亩，单产148千克，总产50050吨，比1950年的播种面积扩大93352亩，总产量增长72.1%，年平均递增7.02%，亩产提高18.31%。1958—1960年，在“人民公社化”运动和“大跃进”中，出现“左”的失误，加之连年自然灾害，粮食减产。1960年粮食总产量急剧下降到118.6吨，比1958年减产65.7吨，下降55.4%，亩产下降到99.5千克，减少45千克，下降31.14%。1961年，贯彻中央关于国民经济“调整、巩固、充实、提高”的八字方针和《农村人民公社工作条例》，纠正了“一平二调”等错误，在全县农业普遍推行“三包一奖四固定”的经营管理形式，粮食生产开始回升。在1963—1965年国民经济调整时期，村内粮食生产逐年增长，粮食总产量1964年比1963年增长29.16%，1965年又比1964年增长9.91%。1966年文化大革命开始，农业生产受到影响，产量下降。1969年降到123吨，比1965年减产20.19%。1970年以后，开展“农业学大寨”运动，使粮食生产得以回升，1971年粮食总产达到158.8吨，比1969年增产29.04%。1972年，全县遭受历史上罕见的旱灾，造成粮食大减产，总产量比上年下降45.25%，是历史上产量下降最严重的年份。1973年以后，开展大规模的农田基本建设，兴修水利，扩大双季稻种植面积，粮食生产逐渐恢复。1977年，粮食亩产达到211.5千克，总产量达到203.7吨。1980年年底，县内全面推行以农户为主的家庭联产承包责任制，实行了农业大包干，加上各地推广良种、调整作物布局和改进栽培技术等，及1982—1985年，党中央连续下发了针对农业生产发展的4个一号文件，都极有力地推动了农业生产的发展。1987 年，粮食总产量达到 204.4 吨，比 1980 年增产 36%。[①]

在县政府的领导与支持下，水各村也积极推广新技术、新品种，粮食生产取得了较大发展，粮食作物以水稻为主，其次为小麦、玉米、红薯。具体的农作物种植情况如下：

首先是水稻。水稻是水各村最主要的粮食作物，栽培历史悠久，唐朝时期已经种植，宋代则“种稻似湖湘”。随着农业新技术的推广使用和种子更新，良种普及面积占水稻播种面积的 98.7%，单位面积产量增长量很大。目前，水各村水稻平均单产达 407.6 千克，比建国初平均单产的 185.3 千克，提高了 222.3 千克，增长了 1.2 倍。

民国时期至解放初期，水各村的水稻种子以地方性品种为主，主要有小广谷、大红谷、大白谷、小红脚、拐龙米、撒拉红米、麻谷糯、黑壳糯等 72 个品种，其中黏米有 55 个，糯米有 17 个。这些地方品种虽然对本地的自然条件有一定的适应性，但都存在节间长、茎杆高、株型松散的特点，导致不耐肥、易倒伏、分蘖少、抗逆性差，一般单产只有一二百千克，尽管国民时期也推广黔农 2 号、黔农 4 号等改良品种，但实际上只比地方品种增产几千克。20 世纪 50 年代中期，根据“自选、自繁、自留、自用、辅之以调剂”的种子工作方针，水各村有选择地组织群众串换和种植本地优良品种八月白、撒拉白谷、撒金、冷水红、大广、二广、长安大广、大白谷、麻谷、早麻谷、烂杆麻、拐龙米、大糯、黄壳糯等 24 个品种，其中糯米有 7 种，单产从解放初期提高到 220 千克左右。1958 年农业部门开始引进黔农 5782、八百粒、五百粒进行试种和推广。1966 年为提高水稻单产，水各村进行了水稻品种结构的调整，把高秆品种改为矮秆品种。首先从广东引进了珍珠矮、11 号籼稻良种，同时在温凉地区重点推广了川大粳、西农 175、农育 1744 的“三粳”良种等，均具有耐肥抗倒、优质高产的特点，并从广东、江苏、浙江等省请来了农民技术员指导种植。到 1967 年，水稻矮秆良种的推广面积已达 40%。文化大革命期间，良种推广工作受挫。1971 年，水各村以试种推广双季稻为突破口，新引进青小金、铁谷矮、朝阳 1 号等早熟早稻矮秆良种。到 1972 年，全村矮秆良种的种植面积恢复提高到 50% 左右。1975 年后，还引进了沱沱

① 《三都水族自治县志》编纂委员会编．三都水族自治县志．贵州：贵州人民出版社，1992：424.

米、农革7号、珍珠1号、黄金糯、先锋1号、北京糯、广谷粘、南特粘4号、南京11号、桂朝2号、双桂1号等55个品牌。1976年，引进杂交水稻南优2号，杂稻一般比常规稻增产50～100千克，比本地种增产100～150千克，表现出省工、省种、省秧田、产量高、米质好的特点，深受农民欢迎。20世纪90年代后基本普及杂稻生产，为村庄贫困农户脱贫越线作出了巨大贡献。水各村在水稻生产中运用了温室两段育秧、规范化宽窄行栽培、抛秧及免耕栽培、旱育潜育、规范化栽培、半旱式垄作栽培等技术。至2005年，水各村的水稻种植面积达67公顷，推广品种近40个。与此同时，村委会又积极配合县农业局引进推广“准两优”超级稻、优质香米等产量高、市场价格好的新品种，超级稻单产达707千克，显现出巨大的增产潜力。

其次是玉米。玉米生产是水各村粮食生产的重要组成部分。1959年以前，水各村的广大农户因粮食缺乏，均种植本地品种，主要有窝顶、黄九子、白九子、红九子、黄脚粒、黑粒、黄粒、白粒、紫粒等9个品种，产量较低，平均亩产40～50千克。1960年后，水各村引进黄马牙、白马牙、金皇后等品种，产量提高近一倍。由于以后连续种植没有提纯复壮，种性逐渐退化。1978年，水各村引进种植杂交玉米，1985年后大面积推广，其品种有旅丰1号、郑单2号、中单2号、丹玉13号、京杂6号、黔单3号、黔单4号等。20世纪90年代后，水各村通过引种试验、示范，引进了抗性好、高产稳产的杂交品种作为饲用玉米。通过广大农技人员的努力，水各村的玉米种植面积迅速扩大，尤其是杂交玉米，占玉米种植面积的一半左右，推广品种达50余个。

再次是小麦。小麦是水各村秋播面积最大的作物，在粮食生产中占有重要的地位，其播种面积仅次于水稻和玉米，位列第三，常年播面25.4公顷，单产90～120千克/亩。在种植的品种上，1958年以前，水各村种植的小麦都是本地品种，主要有红毛麦、光头麦、白毛麦、鱼鳅麦、六轮麦5种，产量较低，亩产只有50千克左右。1959年引进矮粒多、碧马1号、内湘5号代替本地种子。1964年水各村又引进阿夫、阿波等品种，平均亩产提高到180千克，比老品种增产100多千克。接着水各村又引进南大2419、平湖1号、大头黄、川麦8号、雅安早、豌豆麦、“5204”、合场45号等，更换碧马1号和内湘5号。1972年以后，水各村引进的种子有远辐2号、“301”、大山洞、泰山4号、毕麦5号、苏克斯、凡六、白泉565、墨阿、墨优。目前水各村主要种植的品种是阿夫、阿波、矮粒多、苏克斯、大山洞、本地红毛麦等。一般新品种均比老品种增产 80～100 千克。

最后是红薯。红薯营养丰富，适应性广，用途广泛，既是重要的经济作物，又可做饲料，同时还是贫困山区的粮食，是水各村粮食增产和农民增收的重要途径。经过近几年的发展，水各村红薯的种植面积已达 9 公顷，是秋季旱地作物中种植面积最大的粮食作物。1959 年以前水各村种植的都是本地品种大白薯、小白薯、红心薯、紫心薯。此后虽然引进南端薯，具有产量高、块茎集中、味甜、淀粉多、耐储藏等特点，但不耐旱、藤蔓少。而本地群众种红薯大多为解决生猪饲料，引进品种未能解决藤蔓少的弊病，所以种植面积不大。目前水各村种植面积较大的品种仍是大白薯和小白薯，平均亩产 180 千克。

②经济作物

经济作物在水各村内栽培历史较长，清代已相当普遍，田种稻麦（也有部分种油菜），地种杂粮（主要是玉蜀黍）、黄豆以及棉花、叶烟、花生、青麻等经济作物。民国时期，经济作物种植面积逐渐扩大。解放后，由于没有很好地贯彻因地制宜的种植方针，水各村对经济作物生产重视不够，使其种植面积长期徘徊不前，保持在 10% 左右。1980 年以后，随着农业政策的放宽，水各村调整农作物生产布局，经济作物在种植业中所占的比重上升到 15%～23%。水各村的经济作物有油料作物、纺织原料作物、副食作物、林副产品和商品辣椒等，以油菜、辣椒、九阡李和棉花为主，其经济作物在农业生产中所占比例小，在农户的农业收入中所占份额少，大部分经济农作物都是自产自用，商品化程度较低。具体包括：

第一，油料作物。油料作物包括油菜、花生、芝麻、向日葵等，而水各村的油料作物主要是油菜。1957 年以前，水各村种植的油菜品种都是本地的黄油菜、白油菜两种，生育期分别为 175 天和 170 天。1959 年后，水各村引进甘兰型品种胜利油菜、白菜型品种安徽大花和芥菜型油菜品种。1964 年水各村引进的有黔油 23、竹椏油菜，1978 年以后引入了军油 1 号、竹叶青 049、核桃油菜、湘油 5 号、西南 302、亚油 5 号、贵油 3 号、贵油 2 号、川油 2 号、云油 7 号、黔 09、湘油 2 号、钢油 1 号、74－35、矮夹早、黔油 9 号、凯油 9 号等品种。1984 年又引进甘兰型油菜良种怀油 819 和怀油 251。1985 年后，水各村对引进的怀油 23 进行了品种对比试验，平均亩产 90 千克，比本地品种亩产 40 千克提高 50 千克，因此认定为本村更换推广品种。目前水各村种植面较大的油菜品种为西南 302、湘油 2 号、黔油 23 号、川油 2 号、云油 7 号、怀油 819、怀油 251 等。[①]

第二，纺织原料作物。水各村内的水族人民有种植棉花的传统习惯，往往是自种自纺自用，种植面积不大，仅有 1.2 公顷。1958 年以前，水各村种植的都是本地品种山地棉，产量较低，单产只有 4～5 千克，而且这些棉花只能土纺土织和做棉絮用，不适用于工业上的精纺。1959 年，水各村引进岱字 15 号，平均亩产达 100 千克，但由于以后没有提纯复壮，种性退化，产量受到一定影响。

第三，副食作物。水各村的副食作物主要有李、柑橘和蔬菜。首先是李。李是水各村水果产量最多的种类，主要品种是九阡李。九阡李具有早熟、清脆、色美、香甜、产量高等特点，在省内外享有较高声誉。为了大规模发展九阡李生产，1985 年后，县政府决定以九阡为中心建立九阡李商品基地，目前已做育苗技术研究工作，而水各村则是重点发展地区。目前，水各村每年产李约 0.5 吨，占水果总产量的一半以上。水各村依据九阡李发展特色农业，将成为该村发展科技的重要方面。

其次是柑橘。柑橘在水各村的栽培历史较久，多属房前屋后零星种植，管理差，产量低。品种主要是金钱橘和懒皮橘。解放后，由于柑橘树木老化，未重视经营管理，产量下降。1976 年后，县农业部门引种推广温州蜜橘，并开始建立小果园规范化生产。目前，水各村柑橘主要品种有金钱橘、温州蜜橘（有尾张、弓川、新津等）、无核蜜橘、金橘。

最后是蔬菜。蔬菜主要有白菜类、根菜类、绿叶菜类、水生菜类、茄果类、豆类、瓜类、薯类、葱蒜类和其他菜类等 10 个种类。白菜类有白菜、青菜、莲花白、牛皮菜；根菜类有白萝卜、胡萝卜、地萝卜；绿叶菜类有芹菜、芫荽、菠菜、莴苣、韭菜；茄果类有番茄、茄子、辣椒；豆类有豌豆、胡豆、四季豆、豇豆、毛豆、八月豆等；瓜类有南瓜、黄瓜、冬瓜、丝瓜、葫芦瓜、苦瓜、佛手瓜等；薯类有洋芋、山药、生姜、芋头、洋姜、魔芋等；葱蒜类有大蒜、洋葱、大葱等；还有野生蔬菜，如竹笋、茭白、金针菜、蕨菜、菌类等。解放前，水各村蔬菜种类较少，品种单调。解放后，水各村十分重视蔬菜生产，为解决农户吃菜问题，专门划拨土地种植蔬菜。目前，水各村在

---

① 《三都水族自治县志》编纂委员会编．三都水族自治县志．贵州：贵州人民出版社，1992：423.

调整优化农业区域布局的过程中，充分利用资源优势，积极参与无公害大蒜项目、辣椒生产示范项目以及夏秋反季节蔬菜生产示范项目，努力实现果蔬商品生产。

第四，林副产品。水各村的林副产品主要包括油桐、五倍子、构皮麻、油菜、青杠籽仁、杜仲、食用菌、板栗、毛栗、棕片、烤胶原料、桔梗、松茯苓等，具体情况如下：

油桐，历来是外销产品。民国时期，三合、都江两县贸易仅百余担，但因三合镇和上江镇均不是桐油主要集散地，烂土一带的桐油流向独山，丰乐等地流向都匀，都江等地则船运至榕江出售，政府的统计数字以境内贸易税额为依据，远不能反映全貌。1949 年水各村生产油桐籽 1289 吨。此后，油桐籽多为国营部门和供销社收购，统计数较接近实际，1957 年产量升到 1605.7 吨。1958 年以后的 20 余年间，虽有新造幼林，但水各村垦复管理跟不上，年产量在 1000 吨以下徘徊。1983 年以后，农村山林权逐步落实，油桐产量回升，1987 年统计为 1365 吨。但因市场开放，大部分油桐籽由个人运销外地，此统计数已难以反映实际的生产水平。

五倍子，在水各村内山林的中上部，均有盐肤木生长，但多数五倍子蚜虫寄生，不能形成虫瘿，自生自灭，没有收益。人工培植尚无大面积推广，上市的五倍子都是自然产品，所以上市量一直不大。

构皮麻，民国时期仅三合镇皮纸厂收购，都江、周覃、九阡等地的资源尚未开发。1952 年后，各地供销部门收购，产量略有上升，但此项自然资源素来零星分散，后因资源枯竭产量锐减，近年来随价格暴涨，也少有上市。

油茶，水各村仅有少量栽培，且人工栽培面积少，原有油茶林又荒于垦复，产量下降，迄今仍然没有恢复到 20 世纪 50 年代的水平。

青杠籽仁，青杠林各区都有分布，都江、九阡两区较多。1958 年以前，水各村的青杠籽仅作造林用。1959 年饥荒，群众用青杠籽仁酿酒、做豆腐、做代食品。以后供销部门收购，用作烤酒原料，但水各村村民仅在村寨附近的山林中采集，边远林区因交通不便，无人问津。1981 年后，农村经济形势好转，青杠籽酒无销路，青杠籽仁已无人收购。

杜仲系野生资源，主要产地为九阡区。水各村村民采取砍树剥皮的采集方法，资源迅速下降，产量滑坡，到 1960 年已濒于枯竭，至今未恢复。

食用菌产品，水各村传统以香菇、木耳为主。1964 年以前，全属野生。

1965年河坪公社试种，伐倒杂木100余立方米，放种4000余瓶，1966年因春旱，基本无收，第一次试种失败。1972年县供销社试种，并在九阡地区召开现场会推广，同年收购量大增。到1987年为止，香菇生产仍使用人工野外放种，据查每立方米木材仅产干品10余千克，产量低，耗材量大。室内栽培，在九阡、三合等处有试验，未批量生产。木耳全靠野生，以后产量呈下降趋势。

板栗、毛栗，在水各村以野生居多，人工栽培少量，自1958年以来，产量变化不大，多未利用，仅个别地区有少量上市。困难时期，林区农民采集做代食品。

棕片系水各村村寨零星培植，供村民自用，上市量少。1983年农村山林权划定以后，棕榈栽植较多，棕片上市量有所增加。

烤胶原料，以青杠树为主，1956年供销部门开始收购，之后每年收购量数吨到数十吨，起伏较大，主要调往遵义、上海等地做烤胶原料，1981年水各村因资源显著减少停止收购。杨梅豆树皮，也是烤胶原料，主要产地在都江、九阡两区，但因水各村村民砍树剥皮，资源迅速减少，近年已停收。

桔梗，生于疏林地或荒坡，都江、九阡、周覃、三合等区产量较多，但因销售渠道不畅，时收时停。收购时，年上市量15吨左右，1982年达25吨。但局限于在距水各村村寨较近的山上采集，边远山区的资源未开发。

松茯苓，自1970年起，由县供销部门出资发展，人工栽培于松林。每年约栽2000余窝，1977年上市量达24吨。之后因价格较低，水各村栽培渐少。

（2）生产工具

新中国成立前，水各村的农田耕作基本靠人力、畜力，使用的是木质或者铁木结构的犁耙、木耙、锄头、挂耙、铁铲、扯田架等传统农具；灌溉提水用的是龙骨水车；收割用的是镰刀、扮桶等；稻麦加工用的是锥子、石磨、碓坑等工具；棉花加工用的是棉纺车、竹木弹弓、木织布机等；交通运输是肩挑人抬，用的是扁担、箩筐、轿子、牛车、马车等，劳动强度大，效率低，收益少，农民过着极苦的生活。

新中国成立后，中国共产党和人民政府，对农民十分关心，对发展农业生产非常重视，对发展农业生产投入了大量资金，组织大批农业科技人员研制生产适宜农业环节使用的改良耕耘的农具、稻麦棉花加工工具、灌溉提水工具、运输工具等。国家对推广发展农业机械制定一系列的方针政策，投入大量资金，从此农业机械由少到多、由点到面、由队到户，飞跃发展，农业机械的发展对促进农业生产、抗拒农业灾害起着巨大作用。而水各村的农业生产工具也在这个过程中发生了巨大的变化。

①传统农具

新中国成立前，水各村农民在农业生产、农产品加工、日常生活中，使用的是古老而传统的生产工具和加工工具。新中国成立后，历代农民沿用的落后的传统农具被先进的机械化技术装备取而代之。但是在中华民族5000年文明史中，在长期的农业生产实践中，传统农具有过不可磨灭的功绩，某些传统农具至今还在水各村继续使用，具体包括以下种类：

首先是耕耘农具，水各村的耕耘工具包括犁、耙、锄头、钉耙和扯田架子。

第一，犁，是铁木结构的翻田农具。犁尖有两种，鸡嘴犁，犁干田；鸭嘴犁，犁水冬田。使用耕牛拖拉犁翻耕稻田或者由2～3个人拖着扯田架子翻耕稻田。

第二，耙，分铁齿耙、木齿耙两种。铁齿耙耙碎干生坯，木齿耙耙烂冬田泥坯。稻田翻耕以后，由耕牛或者人力拖着犁、耙将泥坯耙碎、耙烂、耙平。耕田的方法，一般有横耙、直耙、团耙。木质齿耙又称出耙，即在稻田插秧前用耕牛或者人力拖着木质齿耙将田耙平。也有用楼梯做耙的，耙得更宽、更平。还有平田板，板系坚实的杂木板，将石头压在木板上放入水田，再由耕牛或人力拖着作业，将水田整平。

第三，锄头，铁木结构，主要由人力使用，用于挖土、翻田、整地、开沟、打眼、平地等。

第四，钉耙，铁木结构，有二齿、三齿、四齿、五齿、六齿、八齿的，人力使用，将泥土弄烂和拌浆、翻凼、坐田埂、撒杂肥等。

第五，扯田架子，木质结构，缺乏耕牛时，一般由2～3人操作，1个人扶着犁把手，1～2人拖着扯田架，犁耙稻田。

其次是灌溉提水农具，水各村的灌溉提水农具包括脚踏水车、手摇水车和筒车。

第一，脚踏水车，即龙骨水车，木质结构，由人坐架、水车槽子、叶片、大小车雷公（轱辘）等部件组成，由2个人坐在车水架上，双脚轮流踏大雷公上的巴爪，龙骨车叶转动，提水灌田。脚踏水车多用于车江水、塘水、河水。

第二，手摇水车，也属龙骨水车，木质结构，没有坐架。一种是由2个人站着，各使用一个木质车把手，摇动水车头部大雷公边的车水柄，来回转动车水。另一种是由2个人各站一边，用手握着水车上部大雷公旁的两边车手柄，来回转动车水。

第三，筒车，铁木结构，特点是节省劳力。由大木转动盘、转盘周边每隔30~40厘米装一个舀水竹筒，转盘中心装一铁轴，然后拦坝蓄水，将筒车安放于坝边流水口，流水灌进舀水竹筒，推动转盘转动，使所有舀水竹筒受水后，随转盘上升，下降时筒中随水倒入引水槽，流入稻田灌溉。

另外，在旱情极为严重或极为贫困的情况下，无抗旱器具的农民会使用水桶、脸盆、水瓢等，从井里舀水灌溉。

再次是稻麦收割工具。水各村的稻麦收割工具有镰刀、扮禾桶、撮箕、箩筐等，由人力使用作业，在扮禾时，由2~4个人同时各站一个扳桶角外边，手拿一把稻谷禾秆子，上下举动将禾一把一把向扮桶内扳，然后把扳尽了稻谷的禾秆扎成小捆，即叫菅草。割禾一般是妇女、儿童，扮禾和挑运稻谷是强壮的男劳力，一个收禾的班子有5~8个人不等，每人每天可收割水稻0.3亩左右。

再次是稻麦棉加工工具。水各村的稻麦加工工具主要有木推子、石磨、石碓坑、石碾子、摇筛、米筛、篮盘、团箱、簸箕等，种类繁多。

第一，木推子，竹、泥、木结构，有上、下两个大圆盘，圆盘内表面安有木齿，下圆盘为固定盘，安放在木坐架上，上圆盘为转动盘，盘边缘内安有固定木柄把手，把手开了一个圆洞，另做一个推谷木架子，木架子一头安装一个圆木把手，可放入上圆盘木柄把子小圆孔内，另一头安装了推谷手柄，由一人推动推谷木架子，来回推动，木推子上盘随之转动，稻谷壳破裂而出大米。

第二，石磨，由上、下两块石制圆磨组成，磨盘内表面均开了条形石细齿，上磨盘安装了木质磨把手，由人推动把手，旋转作业，将大米、麦子、荞麦、高粱磨出粉末。

第三，石碓坑，碓坑有舂米碓坑和踏米碓坑两种，舂米石碓坑将一块呈正方形的大石头，开一个直径1市尺或1.5市尺的大洞，将石碓坑放在屋内地面上，由人拿着木杵，使劲一上一下向石碓坑内舂米，将糙米舂出细糠，即成熟米。踏米碓坑，即将石碓坑安装在室内地面里，另做一个木质舂碓杆，一头由人力踏动，一头的碓杵在石碓坑内，一上一下往碓坑内舂，将糙米冲成熟米。

第四，石碾子，用杂木或石头制作圆形碾槽，另做一个铁木结构圆盘为碾盘，再做一个牵引碾盘的木传动架子，用人力或牛力拖着碾盘，旋转作业，将油菜籽、茶籽碾碎。

第五，摇筛，竹制品，圆形，用推子使稻谷破裂出米后，仍有一部分稻谷未破裂出米，即用风车将糠头米、谷壳车出来后，再用摇筛筛，米即筛出摇筛，而谷粒成团在筛子里，再用手将谷粒抓出来。

第六，米筛，竹制品，圆形，一般直径为0.5米，主要用于筛米。

第七，篮盘，竹制品，圆形，一般直径为1.5米，主要用于用摇筛筛米和晒稻谷。

第八，团箱，竹制品，圆形，一般直径为0.5米，一般用于筛大米谷粒之用。

第九，簸箕，竹制品，圆形，一般直径为1米，用于米筛筛米和依靠上下波动，簸出糠壳，也可作晒谷、米、豆、麦等用。

第十，风车，木制品，主要用于车谷，将尘土或糠壳车出来。

第十一，擂谷耙，木制品，主要用于翻晒稻谷。

第十二，耥耙，木制品，主要用于在晒谷坪推开成堆稻谷或收拢稻谷成堆。

第十三，撮箕，竹制品，主要用于装撮稻谷、大米、黄豆、高粱、小麦、油菜籽放入箩筐、谷桶内。

此外，还有主要用于储藏稻谷的木仓和木制的柜子，主要用于挑水的水桶，主要用于储备小量大米或麦子的小木桶，以及主要用于挑人粪尿下田或下菜地施肥的污桶。

再次是棉花加工工具。水各村的棉花加工工具主要包括木弹弓架子、木弹花机、棉纺车、木织布机。

第一，木弹弓架子，木制品，即用木材做成一个弯曲的长架子，架子一侧安装牛筋线，由人背着，另做一个木棰子，人拿着木棰敲打牛筋线，反复作业，将棉花弹出绒。该木弹弓架子主要用于加工棉被。

第二，木弹花机，竹木结构，主要用人力踏动，加工棉花。

第三，棉纺车，竹木结构，用人力纺纱，将棉花加工成棉线。

第四，木织布机，竹木结构，主要用人力操作，将棉纱织成棉布。

最后是运输工具。水各村的运输工具主要有禾枪、扁担、箩筐、绳子、背篓、粪箕等。

第一，禾枪，有木制品、竹制品，一般长度为1.2~1.5米，两头尖，用于挑柴草、稻麦等。

第二，扁担，有木扁担、竹扁担，长度为1~1.2米，主要用于挑水，挑各种农作物。

第三，箩筐，竹制品，主要用于挑柴、砖、瓦。

第四，绳子，棕丝制品或麻丝制品，主要安装在箩筐上挑东西，或单独挑东西。

第五，背篓，竹制品，是山区少数民族外出背小孩或小什物的旅行用具。

第六，粪箕，竹制品，农民常用之挑肥料下田或做挑运农作物的工具。

②农机具

水各村使用农机具始于20世纪50年代中期，在改良旧制农具的基础上，推广使用山地犁、7寸步犁、双轮双铧犁、脚踏翻斗式水车等半机械化农具。1958年全国在农村掀起了大搞农机具革新的热潮。1960年，三都县农具研究所自制成功“三都606水稻收割机”，由1牛牵引、2人掌握方能使用，因花劳力多，收割数量少，没有大面积推广。为了抗旱夺丰收，根据县内田高水低的特点，1962年三都县开始抓提灌机械的推广使用工作。首先在牛场推广内燃抽水机，接着在三郎、猴场、三合等地推广使用水轮泵提水。1968年，从外地引进Q581、176等汽油抽水机和10~40马力柴油机，并首次引入动力机械手扶拖拉机2台。这年全县共有42台不同型号抽水机具，其中内燃水泵16台、水轮泵13台、柴油机6台、汽油机7台。此后，三都县新式农具引进逐渐增多。1972年，引进农用大中型拖拉机3台60马力。1977年，引入农用汽车2部150马力。到1981年，三都县农机总动力由1971年261马力增加到12816马力，增长49.1倍。这段时期农业机械发展迅速，主要是国家对少数民族地区的大力扶持。从1973年到1981年的9年中，国家共补助全县农业机械资金73.3万元，占1982年年底农机累计拥有量总值的34.6%。[1]

---

① 莫时仁主编.《三都水族自治县综合农业区划》编写组编.三都水族自治县综合农业区划.贵州：贵州人民出版社，1990：108.

1981 年，农业推行联产承包责任制以后，农机管理出现集体所有联户承包、集体所有独户承包和户有户营等三种承包形式。各种农机专业户，由 1982 年的 250 户，到 1987 年增加为 1791 户，增加 6.16 倍，主要是农副产品加工机具和运输机械增加。原有专用耕作的各型拖拉机都停止田间作业，转向运输。配套的犁、耙和旋耕机丢弃置闲。1984 年，引入烘干机 2 台，专烘烤烟、辣椒。1987 年，增加 165 型柴油机抽水泵 111 台、水田耕整机 2 台。1987 年年底，共有农业机械总动力 25149 马力，其中：耕作机械有大中型拖拉机 10 台，小型拖拉机 47 台，机引农具 4 部。排灌机械有柴油机 503 台，电动机 93 台，农用水泵 107 台，收获机械 3 台。农产品加工机械有碾米、磨面机 954 台，轧花机 20 台，榨油机 89 台。牧业机械有 61 部。林业机械有 3 部。运输机械有农用载重汽车 39 辆。半机械化农具有胶轮大车 57 辆，胶轮手推车 966 辆。植保机械有人力喷雾器 6058 部。

水各村作为新农村“试点村”，在县政府的帮助下，也开始使用机械来耕作。水各村成立了农机服务队，并建立了相应的规章制度来规范其发展。农机队服务 9 个自然村寨，人口 2175 人，可机耕面积 1000 余亩，成立之初拥有农用车变拖、小拖 20 台，手扶式耕整机 8 台，水田耕整机 10 台，加工机械 100 台（套），机械半机械脱粒机 120 台（套），排灌机械 80 台（套）。农机服务队成立以后，主要开展机耕、加工、运输、排灌等农事作业服务。目前，全队拥有耕整机 18 台（套），排灌机械 40 台（套），其他机械 15 台（套），农机服务队人员 14 人，机耕操作手 10 人，其他农耕机操作手 4 人。这些机械对本村抗旱、运输、农副产品加工、防治病虫均发挥了积极作用。

（3）耕作方式

解放前，水各村的耕作方式简单落后，“刀耕火种”普遍存在。田的耕作，大多是二犁三耙，也有少数三犁四耙，耕层一般 4 寸左右。旱地的经营较水田更为粗放，山地的耕作，多系轮歇，因而收益较少，往往是种一坡收一箩。稻田的耕作制度有一年一熟和一年两熟两种，以一年一熟为主，一年两熟较少。旱地多为简单混作方式，如棉花地混种辣椒、芝麻，玉米地套种红薯、黄豆，少数冬作物多为大麦或荞麦，耕地复种指数较低。

1949—1951 年，水各村的耕作制度稻田仍以一年一熟为主，实行稻、炕冬或泡冬的约占 95%，稻、油或稻、麦两熟很少。旱地实行玉米、冬闲，玉米套种红薯或黄豆、冬闲。随着农业科学技术的进步和发展，刀耕火种和撒播现只存在于崇山峻岭中的个别地方的极少面积土地中。1952—1975 年，水各村稻田一年两熟制的面积有所上升。目前水各村稻田主要推行稻、油，或麦、绿肥的种植方式，养地作物油菜、绿肥等的种植面积有所增加。旱地逐步形成麦油、玉米套红薯或黄豆和分带间、套轮作的新格局。

①水各村的作物栽培

首先是水稻栽培。1953 年，水各村提倡撒稀秧育壮苗，分厢撒秧，厢宽 132 厘米，厢沟宽 16 厘米左右，每亩秧田撒种子 40 千克左右。为防止种子病害，提高种子发芽率，刺激秧苗健壮生长，还大力推广泥、盐水选种和小苏打浸种。1966 年，水各村开始大面积推广湿润秧田育秧，避免深水灌溉，以促进秧苗茁壮。1970 年，推广种植双季稻，采用塑料薄膜棚盖小苗育秧。1972 年，全县推广薄膜育秧技术的有 1200 多个生产队，始于塑料薄膜 5.5 吨。此后，推广使用温室无土育秧、土温床育秧、旱地育秧、水播旱管育秧等。同时还推广温室快速催芽、蒸汽快速催芽、稀株密植等新技术。经营管理提倡早薅秧，早追肥，从而改变了历史上栽“稀大窝秧”和“薅满月秧”等落后耕作习惯。1980 年后，水各村进而推广温室无土两段育秧、地膜育秧、旱地育秧新技术和技术性较强的旱地分带轮作栽培技术。1987 年，全县除在有水源的地方实行湿润秧田育壮秧 1 万亩外，还积极推行温室两段育秧，建立小温室 31 个，育种 574 千克，移栽面积 632 亩。地膜育秧 128 亩，育种 4096 千克，移栽 1024 亩。旱地育秧 255 亩，育种 8160 千克，移栽面积 2040 亩。

水各村水稻栽培使用地方品种，一般每亩栽秧五六千窝。从 1953 年起，县内各地推行稀株密植法，株行距 20 厘米 × 27 厘米，每亩栽秧密度提高到 1.2 万 ~ 1.4 万窝。随着中矮秆品种的推广，逐步改为以条栽为主。20 世纪 70 年代，水各村推广拉绳插秧以保密度。推广杂交水稻后，水各村逐步推行宽窄行条栽法，规格有（12 + 8）× 5/2（寸）、（10 + 6）× 5/2（寸）等。80 年代，水各村提倡水稻规范化栽培法，采取拉绳开厢定制栽秧。常规稻一般株行距 13 厘米 × 20 厘米，每窝 5 ~ 7 片。杂交稻株行距 13 厘米 × 17 厘米，每窝 2 ~ 3 片。[①]

---

①《三都水族自治县志》编纂委员会编．三都水族自治县志．贵州：贵州人民出版社，1992：431.

然后是玉米栽培。传统种植方法以打窝点播为主，一般行距 80 厘米，株距 50 厘米。1954 年起，水各村推广双株密植，行距缩短到 65 厘米。1980 年以后，水各村推广宽窄行播种，多为双株留苗。株行距（50 ×95） ×50/2 厘米。玉米行间多套种黄豆或红薯，也有套花生，净作较少。

再次是小麦。传统耕作方式法，一般是以犁开沟，用人工掏厢排水，碎土后撒播种植。每亩 5 ~6 千克，产量较低。1953 年后，水各村推广整厢开沟条播、打窝点播等新方法。开沟条播行距 25 ~ 30 厘米，播幅 10 ~ 15 厘米，点播行距 25 ~30 厘米，窝距 20 ~25 厘米，每亩用种量 8 ~9 千克。种子大多采用泥、盐水选种。1961 年后，水各村开始推广开厢宽幅条播，播幅 13 厘米 ×16 厘米，一般每亩播种 8 ~10 千克。

最后是油菜。油菜种植传统习惯是撒播，产量低。1935 年，水各村推广分厢种植，改撒播为点播。一般行距 33 厘米，窝距 23 ~27 厘米，每亩用种 0.3 千克左右。1970 年后推广密植法，行株距为 23 厘米 ×23 厘米和 27 厘米 ×10 厘米两种。水各村还推广宽窄行条栽，田间管理推广中耕和分季追肥。1980 年，水各村推广油菜育苗移栽技术，用种量降至 0.25 千克。[①]

②水各村肥料、农用薄膜使用

首先是肥料。水各村历史上，种植业的肥料主要是农家肥，民国时期，种植了一些绿肥。解放后，推广使用化肥。

第一，农家肥，是农作物的传统肥源，种类多。解放前，水各村积肥主要以人畜粪便、打秧青、铲草皮烧火土灰为主，耕作粗放。一般靠近村寨的田土能施肥，远离村寨的稻田多栽白水秧。据《水族社会历史资料稿》记载：“肥料一般亩施三四百（市斤），最高 1000（市斤），栽白水秧的也不少，其面积约占田土面积的 30% 左右。”解放后，水各村广辟肥源，推广高温堆肥、割草烧田、农作物秸秆还田、挖粪坑积清水肥、临田积肥、垃圾土杂肥等。同时，还使用桐子、菜籽饼肥。目前，稻田一般全年亩施农家肥 2000 ~ 3000 千克，其中大季施 1500 千克，小季施 1000 千克左右。旱地一般全年亩施 1000 ~2000 千克。水各村在部分偏僻地方，因肥源有限，远离村寨的稻田，仍有少量栽白水秧的现象。

---

① 《三都水族自治县志》编纂委员会编．三都水族自治县志．贵州：贵州人民出版社，1992：431.

第二，绿肥，主要品种有紫云英（俗称“阳雀花”）、苕子（又叫“肥田草”）、萝卜花（又叫“满园花”、“肥田萝卜”）、水葫芦（又叫“水仙花”、“水浮莲”）、红萍（俗称“红浮漂”）等，民国时期已经开始种植。据贵州省农业改进所民国三十四年年度《施政准则登记表》记载：当年全县推广绿肥2500亩，因管理不善，实际成活率不高。解放后，于20世纪60年代试验推广绿肥，1963年，试验种植绿肥200亩，获得成功。以后两年连续小面积试验推广。通过种植绿肥，不但增加了肥源，还能增加土壤有机质，改良土壤，保持水土，茎叶又可做养猪饲料。因此，1966年有了较大的发展，此后，水各村也开始年年种植。

第三，化肥，在1956年开始推广使用，包括硫酸铵、磷矿粉，但农民缺乏使用经验，推广使用效果不大。随着农业科学技术知识的普及，农民逐渐掌握了施肥方法，化肥使用量逐年上升。1970年后，每年施放化肥数千吨，主要品种有硫酸铵、尿酸、硝酸铵、碳酸氢铵、各种氮磷钾比例复合肥、过磷酸钙、脱氟磷肥、钙镁磷肥、磷矿粉、磷酸二氢钾、锌肥、钼肥、硼肥、氯化钾等。近年来水各村还推广使用一些微量元素，它们在农业生产中起到了一定的增产作用。

其次是农用薄膜。使用农用薄膜，系从20世纪70年代初期开始，主要用于温室育秧和湿润秧田，但使用范围及用量都很少。地膜是在80年代中期以后才开始使用，多用于早蔬菜的生产。在水各村的部分村和农户，采用地膜覆盖生产早辣椒、早豇豆、番茄等已收到显著效益。地膜覆盖生产技术，引起了农民的关注，将不断得到推广。

③水各村的作物保护

第一，水各村的病害，水稻有稻瘟病、白叶枯病、纹枯病、胡麻叶斑病、方形斑病、病毒病、恶苗病、赤枯病、稻绵腐病、稻曲病等，其中稻瘟病、纹枯病、白叶枯病危害较大；玉米有大斑病、小斑病、黑粉病等。油菜有白锈病、霜霉病、菌核病等；小麦有锈病、白粉病、赤霉病等，以锈病、白粉病的危害较重；蔬菜主要有霜霉病、白粉病等；水果主要有脚腐病、疮痂病、黑星病、炭疽病等。

第二，水各村的虫害，水稻有二化螟、三化螟、大螟、稻纵卷叶螟、飞虱、稻叶蝉、稻苞虫、稻负泥虫、稻象鼻虫、稻食根金花虫、稻蓟马、稻蝽蟓、稻眼蝶、稻潜叶蝇、粘虫、毒蛾、行军虫、稻蝗等，以二化螟、稻纵卷叶螟、稻飞虱、稻苞虫危害较大；玉米有地老虎（蛴螬）、玉米螟、大螟、粘虫等，以地老虎（蛴螬）、玉米螟、粘虫危害较大；小麦有麦蚜、粘虫、麦叶蜂等，以麦蚜危害较重；油菜有猿叶虫、菜螟、菜青虫、潜叶蝇、蚜虫等，以蚜虫危害较重；蔬菜主要有豆荚螟、菜青虫、烟青叶等；水果主要有矢尖蚧、潜叶蛾、果实蝇、红蜘蛛、凤蝶、梨虎等。

第三，水各村的农作物病虫害种类繁多，发生复杂，危害严重。据1943年灾情状况表记载，“因本年雨赐愆期栽种较迟，小部分被雾露侵袭，大部分发生虫蚀”，全村受灾面积计195.3亩，占全村总耕地面积的31.1%，粮食歉收近40%。

解放后，水各村的农作物种植种类增多，病虫害发生频繁，成为仅次于旱灾的灾害。水稻病虫害较为明显。1966年以前，水各村水稻种植以本地高秆品种为主，栽秧是稀大窝，病虫害虽时有发生，但危害面积不大。以后，由于推广了双季稻，复种指数提高，品种增加，并以矮秆品种为主，栽培密度大，加上施肥水平不断提高，改变了单纯使用农家肥的传统习惯，增加使用氮素化肥做追肥的新技术，增大了稻田的荫蔽程度，加上自然生态遭到人为破坏，客观上造成了有利于病虫害发生的田间气候和食物条件。另外，调种引种时也带进了一些病源。因此，病虫害发生面积逐年增加。1970年以后，水各村每年都有20%～30%的稻田遭到病虫危害，常年因病虫损失粮食达5%～8%，严重时超过15%。据统计，1958—1987年的30年中，有24年病虫发生程度在中等以上。1978—1987年10年中，病虫大发生年有4年，中等发生年有5年，轻发生年只有1年。[①]

第四，水各村的农作物病虫害防治。解放初期，水各村主要采取农业生产措施，如冬耕挖稻根等防治病虫害；使用苦檀子、铜钱菜、苦竹根、硫磺烛、草木灰、石灰等土农药防治虫害，组织群众人工捕杀；推广石灰水选种，以防治病害；使用化学农药六六六粉以防虫害。1956年后，根据当时食稻害虫以螟虫为主的特点，水各村推广了适时栽秧，躲避螟虫危害时期，用六六六粉水剂沾秧根栽秧防治稻苞虫、二化螟和蝗虫，还试行晚上在秧田点灯诱蛾捕杀等，均收到良好效果。1963年后，为了贯彻“以防为主，防治并举，

① 《三都水族自治县志》编纂委员会编．三都水族自治县志．贵州：贵州人民出版社，1992：432.

土洋结合，经济有效”的植保工作方针，水各村采取预防、防治相结合的措施防治病虫害。1964 年首次开展病虫害的预测预报工作。据 1974—1983 年的统计，县植保站 10 年间累计印发了病虫害预测预报、防治简报、经验交流等 133 期，向水各村发放病虫害防治手册十多册，这些防治信息对水各村开展病虫害预防工作起到了积极的作用。同时，县有关部门每年都会组织培训，为水各村培养了大批农民植保员，村里部分生产队组织了植保小组，采取多种措施，开展群防群治。经过多年的试验，水各村已经开始采用的植物防治保护工作取得了很大的进步：采用生物防治方法抑制和消灭稻纵卷叶螟；试放赤眼蜂，取得成功；对村内水稻主要害虫三化螟、稻纵卷叶螟、稻飞虱的寄生性天敌进行了初步调查，同时对捕食性天敌，如蜘蛛、黑肩绿盲蝽、隐翅虫、瓢虫、青蛙等在田间的消长动态也作了调查。通过调查，初步查出以上害虫的天敌有 24 科 43 种，为村、县生防工作有计划地向纵深发展奠定了基础，并开展了化学除草和植物检疫工作；同时，还进行广泛的灭鼠工作，使鼠密度逐渐下降。[①]

目前村内使用的农药、杀虫剂有速灭杀丁、杀虫双、多灭灵、甲铵磷、乙酰甲铵磷等，杀菌剂有抗菌剂、叶枯净、多菌灵、三环唑等，除草剂有扑草净、敌稗等。

④水各村的水利灌溉

在水各村，水利灌溉与自然环境密切相关。自然环境不同，水利灌溉建设类型亦不同。同时，灌溉与村庄也密切相关，尤其是经过人民公社运动实现了农田水利化后，水利的维护、管理与村庄治理紧密相联。一方面，水利塑造着村庄；另一方面，村庄又影响着水利，两者处于持续的互动之中。

第一，水各村运用筒车进行的水利灌溉。筒车，又称水车，明洪武二十四年三月（1392 年 4 月），张钧授和江州陈蒙烂土司长官，带来了大批移民和湖广的筒车、桔槔、翻车（龙骨车）等提水工具，并且在县内各地逐步推广。到 1949 年，全县共有筒车 144 架，灌溉面积 950 亩，这些筒车 70% 分布在都柳江机器支流两岸的低洼地带。1957—1958 年又先后建起筒车 24 架，灌溉面积 177 亩。但随着农业灌溉条件改善，水各村的筒车已经不适应农田水

---

① 《三都水族自治县志》编纂委员会编．三都水族自治县志．贵州：贵州人民出版社，1992：433.

利建设发展需要，1959 年后停止建造。[①]

第二，水各村运用机械提水灌溉。1956 年 10 月，三合乡建成县内第一个机械提水灌溉站，安装 20 马力柴油机 1 台，匹配 12 米扬程水泵，提水量每小时为 72 吨，灌溉面积 200 亩，次年春灌溉受益。以后由于甲晒水沟建成通水，成了自流灌溉才废弃。到 1979 年年底，全县累计共建成机灌站 34 个，装机 746 马力，提水量每小时 2340 吨，灌溉面积 5150 亩，其中：灌溉面积在 100 亩以上、设备每台在 100 马力以下的小（二）型机灌站有 22 站。此后，再没有续建。到 20 世纪 80 年代，一些原有的机灌站，由于年久失修，加上管理不善，多数已名存实亡。这时期，水各村重点是发展小型流动提水灌溉机械。1987 年统计，全村共有提水灌溉机械 3 台，23 马力，其中柴油机 2 台，19 马力，汽油机 1 台，4 马力，有效灌溉面积 10 亩。[②]

第三，水各村运用电力提水灌溉。大河电站建成送电以后，1971 年春季三都县沿着大河—三都的输电线路，开始建立电灌站。1972 年 8 月，首次建成大河镇丙夜电灌站，装机 22 千瓦，每小时提水 280 吨，灌溉面积 100 亩。随后陆续兴建，到 1986 年度，全县累计建成电灌站 33 个，装机 564.5 千瓦，提水总量每小时 3561.2 吨，灌溉面积 4273 亩，其中：灌溉面积在 100 亩以上、设备每台在 100 千瓦以下的小（二）型电灌站有 21 站。后来由于管理不善，年久失修，缺电、抽水点水位变浅等因素，使多数电灌站闲弃废置，不起作用。但小型流动电力抽水机却有发展。1987 年年底，全县共有电动提水灌溉机械 93 台，有效灌溉面积 3225 亩。[③] 水各村的情况与上述情况大致相同。

第四，水各村运用水轮泵提水灌溉。1963 年 4 月，在尧麓乡巴平寨建成县内第一个水轮泵提水灌溉站。随后，各区、乡水轮泵站相继建立。到 1976 年，全县已建成水轮泵站 49 站，装机 51 台，提水量每秒 1119 升，灌溉面积 2907 亩，其中：灌溉面积在 100～1000 亩的小（二）型水轮泵站有 11 站，水

---

① 《三都水族自治县志》编纂委员会编．三都水族自治县志．贵州：贵州人民出版社，1992：451.

② 《三都水族自治县志》编纂委员会编．三都水族自治县志．贵州：贵州人民出版社，1992：451.

③ 《三都水族自治县志》编纂委员会编．三都水族自治县志．贵州：贵州人民出版社，1992：451.

轮泵有10、20、25、30、40、60等六种型号。此后，再没有新建固定水轮泵站，被流动水轮泵站抽水所取代。1987年，全县共有农用水轮泵107台，有效灌溉面积1298亩。[①] 水各村的情况与之相类似。

2. 水各村种植业发展的基本特点

（1）水各村种植业受气候影响明显

水各村立体气候明显，资源类型多样，气候条件随着海拔的不同而有明显的变化。一般是随着海拔升高，温度降低，日照减少，而降水量和湿度增加，风速增大。同时，水各村地处低纬山区，气候温和，热量丰富，夏无酷暑，冬无严寒，热水光同期，夜雨较多，但由于水各村受云贵静止锋的影响，阴雨天气多，日照少，湿度大，同时作为丘陵山区，水各村由于山体阻挡和下垫面的摩擦作用，风速较小。另外，自然灾害种类多，发生频繁，灾情日益严重。这些都直接影响了水各村的种植业发展。

（2）水各村现有种植业模式特点突出

首先，水各村粮食、经济作物单作的种植模式较普遍，在水各村大量存在着水稻、小麦、玉米等粮食作物及水果、油菜单作的种植模式。不能高效地利用有限的土地资源，不仅浪费土地，而且经济效益低下，农民刚能保持粮食自给。其次，水各村农业生产水平很低，农业生产长期以种植业为主，种植业中又以粮食为主，粮粮型组合模式所占比重较大，粮经、粮菜、粮饲型较小，使农民收入仍然偏低，不能使经济、社会、生态三大效益协调发展。再次，水各村长生育期作物之间搭配模式较普遍，短生育期作物之间搭配较少，不能高效地利用土地，而且经济效益低下。最后，水各村旱地分带种植中粮食作物带幅较大，经济作物带幅较小，总的经济效益上不去。

（3）水各村现有农作制度特点显著

水各村耕地主要在旱坡地或阶地上，水稻、玉米、小麦是主要粮食作物，经济作物以油菜等为主，耕地粗放，产量低而不稳，属于自给性生产，农户也利用农副产品喂养猪、牛。同时，水各村为原始生态农作制，几乎完全依靠自然的赐予，严重破坏自然资源。另外，水各村以粮食作物为主制，由于自然条件限制，水各村主要还是以发展传统的粮食种植业为主，但也有九阡

① 《三都水族自治县志》编纂委员会编．三都水族自治县志．贵州：贵州人民出版社，1992：451.

李等经济作物的栽培技术较先进。

3. 水各村种植业发展的条件分析

近年来，随着水各村种植业结构的不断优化、农业产业化经营步伐的加快，农业和农村经济得到了很大的发展，农民收入得到较大幅度的增长。虽然水各村种植业取得了一些成绩，但还存在许多的问题和不足。而这一切都源于水各村在发展种植业上的优势条件和劣势条件。

（1）水各村种植业发展的优势条件

第一，水各村种植业资源优势明显。首先，在气候资源方面，水各村立体气候明显，农业气候资源丰富、类型多样，温和湿润，无霜期较长，农作物和大多数牧草、林木可全年生长发育，有利于种植业增加复种指数，实现一年两熟，农业可获得高产、高质、高效。同时，热量丰富，降水充沛，热水光同期，光质较好，匹配协调，能充分满足诸多农作物和植物对热量、水分、光照的需要；同时夜雨较多，白天适宜的高温有利于植物进行光合作用，夜间较低的温度有利于光合产物的积累，农作物和牧草容易获得高产和优质。另外，夏无酷暑，春秋暖和，冬无严寒，阴雨天多，日照少，湿度大，有利于发展名、优、特、稀生产。其次，在生物资源方面，丰富的生物资源为水各村进行种植业产业化建设提供了最基本的物质生产要素，立体气候垂直分异明显，动植物物种非常丰富，具有发展生态产业得天独厚的自然条件和发展空间。

第二，水各村种植业基础优势明显。以化肥、农药等现代物质生产要素的低投入为特征的传统农业耕作方式，以及水族人民在长期的生存实践中遵循的人与自然和谐相处的朴素情结为水各村发展现代农业提供了良好的人文社会基础。另外，水各村丰富的劳动力资源为其发展种植业产业化提供了加工产业的后发优势。加工工作属于劳动密集型产业，从原料的生产到产品的进一步加工、包装、运输都要求众多的人力投入和技术投资，这恰好符合水各村的特点。

（2）水各村种植业发展的劣势条件

首先，水各村种植业资源劣势突出。特别是在气候资源方面，水各村自然灾害种类多，发生频繁，灾情日益严重，造成种植业生产年际间的不稳定性，尤其是加大了农业产业化经营的风险性；种植业气候资源分布的不连续性和错综复杂性，不便于建立较大规模产业化的生产基地，在某种程度上限制了农产品规模效益；水各村在西部中高海拔地区，热量条件稍差，夏季温度不高，导致秋粮作物水稻易遭秋风危害，产量不高不稳；水各村阴雨天多，湿度较大，对农作物和森林病虫害以及畜禽疫病发生发展较为有利。

其次，水各村种植业基础劣势突出。一方面，在种植业结构上，第一，种植业结构单一，高效益作物少，是水各村作物种植业经济效益低的主要原因。水各村粮食总量偏多但品种间不协调、优质粮油较少、果蔬质量堪忧、名特优种类稀少、食用安全性差等问题也较为突出。第二，作物布局不合理，种植业内部结构不合理，粮食作物比重偏高，经济作物和其他农作物比例偏低。这种不合理的种植结构严重地制约了水各村的农业发展。第三，水各村农作物品种结构单调，常规品种一统天下，优质品种比率低，产品质量不高。第四，水各村主要仍以传统农业为主，农业产业化程度低，传统分散的小农经营在整个农业生产中占据了主导，缺乏市场竞争力和扩张力，不能带动本地相关产业的发展。另一方面，在基础建设上，人口与耕地的矛盾突出，农业基础设施薄弱。同时，水各村消费市场起伏较大，人均生活用粮减少，随着人民生活水平的提高，粮食在生活中的构成比例呈萎缩趋势，非农产业占用耕地、种粮的比较效益低等问题又使粮食总量平衡问题较为复杂。另外水各村加工转化能力弱，途径少，外销数量少，比例过低，资金短缺，区域条件差异较大，经济发展落后，作物科技含量不高；农村劳动者素质低，观念落后，对新技术、新知识难以吸收，不懂得科学种植和科学养殖，耕作和管理粗放，加之山高谷深、交通不便、信息不灵，现代高新技术对当地农业增长的贡献率远不能适应种植业产业化发展的需要，很难向技术要效益。

4. 关于水各村种植业发展的思考

随着我国农业的发展，水各村的种植业经济出现了前所未有的新局面，种植业在稳定发展中逐步得以调整，在调整中结构得到不断优化。但水各村农业生产水平较低，农业基础十分脆弱的局面尚未完全扭转，需要继续采用相关措施加以改善。

首先，从宏观角度讲，水各村对种植业结构已经进行了一系列的调整，取得了很大的成效。但总体上看，其结构的调整还只是初步的，调整的余地还很大。种植业内部结构不协调、不合理的状况依然存在，严重制约了农村经济的发展，很难实现农业增效，农民增收，农村经济持续、快速、健康发展的目标要求。农业的后发优势还很强劲，应进一步加快种植业结构调整步伐，因地制宜，扬长避短，提高质量，切实搞好结构调整。结合水各村实际，其种植业要在治理生态、恢复植被基础上，大力发展优势产业，满足市场优质化、多样化的需要，调整好农业布局结构，充分发挥区域比较优势，要高度重视保护农田和提高粮食综合生产能力，确保农业结构调整和农业产业化经营的持续健康发展。同时，建立健全保障体系，积极培育和扶持一批有品牌、有实力、带动作用强的农业龙头产业企业，加大水各村人力资源开展工作的力度，组织农村基层干部和广大农民群众学习文化、农业科技知识、党的路线方针政策和法律法规以及农业管理知识，努力提高他们的思想文化、科技和管理等方面的素质，积极引导农村劳动力懂得合理有序、向城镇、向不同行业和产业领域流动。

具体而言，就是水各村需要广开思路，谋划长远的农业结构，不仅是调整农产品的品种、品质结构，还要因地制宜，循序渐进，优化农业区域布局，充分发挥不同地区的比较优势，为农业增产、农民增收、农村现代化开辟门淘的天地；需要科学筹划，稳妥推进农业结构调整，必须以市场需求为导向，要加快调整主导产品和名、特、优、稀产品结构，积极创造一批特色突出、科技含量高的名牌农产品，应着重抓好优化农产品品质，发展特色产品，加快加工业发展；需要营造宽松的环境以调整农业结构，水各村要及时准确地向农民提供政策信息、技术信息、价格信息、生产信息以及气象气候信息，提供中长期的市场预测分析，帮助农民按照市场需求安排好生产和经营，加强新品种、新技术、新产品的推广应用步伐。

总之，水各村应该确立实际性的目标，遵循经济和自然规律，调整种植业结构，以市场和本地实际为导向，因市制宜，因地制宜，增强水各村种植业的经济、社会和生态效益；突出科技导向，发挥科技对水各村结构调整的决定性作用；依托优势资源，水各村要注重充分发挥资源，尤其是特色资源的优势；选择特定市场，水各村只有拥有特定市场的产业和产品才具有相应的生命力。

其次，从实际的角度讲，第一，水各村要立足气候资源优势，调整种植业结构，遵循因地制宜的原则，充分发挥各种资源的优势，把资源优势转化为商品优势和经济优势。水各村要按照农业气候类型区和立体气候特点，分层布局，利用有利于生产优质农产品的气候条件，大力发展相关农产品。水各村的气候温和湿润，热量丰富，降水充沛，光质较好，热水光同期，夏季温度较高而无酷暑，冬季温度较低而无严寒，春秋季暖和，昼夜温差较大等，具有发展优质稻米、优质玉米、优质油菜、优质蔬菜、精品水果等得天独厚的生态气候条件。而且随着现代人民生活水平的提高，对优质农牧林产品的需要量大幅度增加，市场前景看好。水各村农业结构调整应充分利用这种气候资源优势和市场前景，进行品种调优，大力发展优质的农牧林产品，以满足市场的需求和增加农民的收入。第二，在此基础上，水各村要保护耕地面积，在此前提下根据资源优势，发展特色商品生产和特色农业，深化加工业，增加产品的附加值，提高农业生产的经济效益，推动地方经济发展。同时，水各村要提高森林覆盖率，发挥其对农业的屏障作用，加快农业基础设施建设，诸如基本农田建设和水利建设，基于维持，重在建设。另外，促进种植业生产发展必须技术措施到位，水各村要加强培训，提高劳动者素质，增强农业科技意识，了解更多的农业适用技术，普及农业适用技术，诸如作物的优良品种、种植技术、病虫害综合防治技术和施肥技术。第三，水各村要防、减自然灾害，促进可持续发展。水各村自然灾害种类多，发生频繁，对农业生产造成危害很大。特别是气候变化，全球变暖，灾害频繁，将严重影响生产，成为可持续发展的限制因素。因此，水各村既要重视合理利用自然资源，保护生态环境，又要重视自然灾害的因素，采取相适应的对策和措施，防御和减轻自然灾害，促进农业可持续发展。第四，水各村的粮食作物应面向市场，品种结构和品质结构调整工作并举，大幅度提高土地经营效益，扩大优质稻和优质玉米比重，减少小麦和普通稻、普通玉米比重。粮食充裕地区适当压缩种植面积，积极发展粮食加工业，提高粮食转化能力，大力发展高产、优质、专用粮生产，减少生产条件差、单产低、品质差的作物种植面积，扩大市场需求量大和发展前景好的粮食作物。扩大经济作物种植面积，调整粮经作物种植比例，依靠科技进步，提高经济作物单产，提高品质，提高效益，经济作物要面向市场，进一步优化区域布局和品种布局，发展名、特、珍、稀、奇品种，提高经济效益。棉花调减，油料适当扩大油菜籽面积，调减普通油菜面积，蔬菜稳定种植面积，发展优质水果，巩固提高传统优势产业，充分利用水各村的气候特点，积极发展具有地方特色的农产品。要在确保粮食安全的前提下，积极发展多种经营和产业化经营的要求，走特色、优质、高效、生态、可持续农业的发展路子，水各村的农民才有出路，农业才会健康发展，农村经济才会繁荣。

再次，从具体措施讲，水各村面对的种植业结构调整与农民收入的提高是一个动态过程和长期任务，其具体措施范围很广。第一，水各村必须重视提高粮食综合生产能力。要认识到，目前所进行农业结构调整的背景实质上是由于粮食低水平消费，造成粮食出现阶段性、结构性的过剩，而非粮食消费需求得到极大满足后的调整。在大力调整结构的同时，要充分考虑调整的风险，必须重视提高粮食综合生产能力，趋利避害。第二，水各村必须推进农产品区域化生产，提高规模效益。按照水各村的自然资源、经济及生产条件，农业生产结构的调整要依照比较优势的原则分区布局，推进农产品区域化生产，提高规模效益，实现产业化经营。第三，水各村要大力发展有特色的优质农产品，努力提高产品质量。种植业结构调整的重要内容是调整产品结构，要积极发展优质农产品，扩大批量，以满足市场需求。第四，水各村要坚定不移地依靠农业科技进步，搞好种植业结构调整。种植业结构的调整必须依靠科技进步，要加大对农业科技工作的投入，改进栽培和耕作技术，建立健全现代科技与信息服务传递机制。第五，水各村要加强农业基本建设，提高综合生产能力，实现农业可持续发展，加大水利建设投入，培肥地力，提高种植业综合生产能力和抗御自然灾害能力。第六，水各村要建设优质产品基地和发展农产品加工业，实现农产品的加工增值。要紧紧围绕优质农产品的市场需求，积极发展粮油、食品和特色农产品的加工业，扩大优质产品和名牌产品的批量，采用新技术和先进工艺对现有加工企业进行改扩建，大力培育龙头企业，提高加工能力和产品档次。第七，水各村要加强农产品市场体系建设。要加强农产品市场体系建设，建立生态农产品市场化运作机制，可以解决农产品与市场脱节、销售不畅的问题。第八，水各村要完善和健全农业社会化服务体系。要加强农业技术服务体系建设，加强和完善加工与流通体系建设，建立完善企业与农户间的利益连接机制。第九，水各村要增加农业投入，要增加农业科研、科技推广和科技培训费，以保证农业科研工作和科技推广工作的正常运行。第十，水各村要认真落实农业、种植业结构调整的政策措施，大力推进农业产业化经营和农业标准化制度，提高种植业产品进入市场的竞争能力。

另外，水各村应该积极发展生态农业，第一，以满足市场需求、增加经济效益为导向调整种植业结构，发展多熟种植模式及特色型农业，提高了土地利用率，由于提高了粮食产量，缓和了粮食与经济作物争地的矛盾，利于进行作物结构调整，促进农村多种经营与加工业的发展，增加了农民的经济效益与就业率。第二，以保持土壤肥力、改善土壤为基础调整种植业结构，发展农牧型农作制，实现畜牧业和农业发展的有机结合，加快种植业的结构调整，实现农牧结合，提高粮食综合生产能力。第三，以减少土壤污染、保持生态平衡为依据调整种植业，发展保护型农作制，通过对农田实行免耕、少耕，尽可能减少土壤耕作，并用作物秸秆、残茬覆盖地表，从而控制土壤侵蚀，减少水分蒸发、改善土壤肥力和提高作物抗旱能力。第四，以增强经济、社会和生态效益为导向，发展观光型农业及立体型农业，有利于资源的合理开发利用，有利于农民增产增收，有利于保护水各村的生态环境，保持水土，实现农业的可持续发展，是具有生产、生态和社会等综合效益的农业发展模式。第五，多渠道筹集经费增加生态农业投入，切实保护生态农业的发展环境，走人与自然和谐的经济发展之路。同时要下大力气保护珍稀、濒危动植物，使生物多样性资源变成现实的经济效益，为生态农业发展提供环境资源支撑。

最后，要积极学习相类似地区的先进经验，例如广西水陆交换的物质循环类型（桑基鱼塘）和山区综合开发的复合类型结构模式（林—果—茶—牧—渔—沼气），以及怒江的生态支柱型立体山地林（林特、林果、林药、林草）产业模式、市场导向型畜牧业产业模式、增殖型生态农产品加工业模式、外靠型粮食种植业模式等。

（二）畜牧业

水各村气候温和、雨量充沛、水热同季、植被茂盛、生态优良，具备发展生态畜牧养殖业得天独厚的基本条件。水各村人民历来都有饲养牲畜、家禽的习惯。新中国成立以来特别是党的十一届三中全会以来，水各村在发展种植业的同时，大力发展畜牧业，使畜牧养殖业取得了巨大成就。

1. 水各村畜牧业资源概况

（1）气候条件

水各村属中亚热带湿润季风气候类型，气候温和、湿润，雨量充沛，日照充足，无霜期长，终年适应牧草生长，有利于各种家畜、家禽和鱼类的生长繁殖。

（2）市场条件

水各村为传统的役用、肉用牛输出地，活牛、活猪及其加工产品已有一定的外部市场基础。三都县人均肉类供给量为49.37千克，而牛羊肉仅6.4千克，为全国人均量的36.2%；人均奶产量0.18千克，仅为全国人均量的1/43，为全省的26.8%，因此，在县内牛肉、羊肉、奶类的市场内需缺口很大。但水各村的加工企业原料缺口大，其生产难以实现规模化，从而弥补内需缺口。而根据沿海市场调研反馈来看，牛、猪产品批量越大才越有市场，经济效益也越好，并且与其他农产品相比更具有市场竞争力。因此，如何有效弥补加工企业原料缺口，成为水各村依据市场条件改善市场状况的重要方面。

（3）饲草资源

①牧草品种

水各村可供牲畜采食的牧草种类繁多，通过草场资源调查，收集制作牧草标本100多件。经整理分类，全村牧草共分24科87属136种，其中，禾本科有17属23种，豆科有6属15种，莎草有5属10种，菊科有9属14种，蔷薇科有7属9种，其他科有47属65种。可供牲畜采食的牧草以禾本科为主，有鸭嘴草、马唐、雀稗、狗牙根、荩草、画眉草、蓼、狗尾草、求米草、鼠尾粟等，属中等牧草。而豆科的优质牧草有野大豆、葛藤、午草等。另外，水各村还分布有大量的有毒牧草和有害植物。有毒牧草包括青杠叶、蕨菜、毛茛、乌头、苦参、映山红等。有害植物有小蔷薇、红泡刺藤、黄蔷薇、红子、云实、黄背茅、扭黄芽等。[①] 水各村的牧草种类主要是有毒有害牧草，牧草质量比较差。

②草场类型

根据“中国草场分类原则及分类系统”和《中国南方草场资源调查方法导论及技术规程》，三都县农业规划委员会畜牧专业组以草场植被生长环境来划分，县内有草丛草场、疏林草场、灌丛草场、农林隙地草场、河漫滩草场5个类；按地形地貌条件及草层高度划分，有低山丘陵中禾草、矮禾草，低山中禾草、矮禾草，低中山中禾草、矮禾草6个草丛组；以牧草优势种重量占总重量的70%来确定草场型，可定为105个草场型。水各村的草场类型主要有草丛草场和灌丛草场，其他类型则是零星分布。

① 韦绍凯主编，《三都水族自治县概况》修订本编写组编．三都水族自治县概况．北京：民族出版社，2007：82.

第一，草丛草场，牧草以禾本科牧草为主，占79.78%。常见植物有鸭嘴草、白茅、野枯草、画眉草、莎草、羊耳菊、黄背茅等，平均亩产鲜草504千克，载畜量17126.3个牛单位。草场大部分远离村寨，牧草利用率较低，90%未被利用，开发潜力较大。

第二，灌丛草场，草场呈小块零星分散，牧草生长较旺盛，覆盖度大，再生力强。主要植被有鸭嘴草、画眉草、荩草、白健杆、芒节草、葛藤、山蚂蝗、胡枝子、马桑、救军粮、白杨、炒米柴、五倍子、枫香等。这类草场有毒有害植物种类较多，平均要31.6亩载畜一个牛单位，目前只是部分利用。

第三，疏林草场，主要以白健杆、金茅、野枯草、黄背茅、白茅、苔草、鸭嘴草、荩草、洗柄草、画眉草、马唐等牧草为主。这类草场的质量差，载畜量低，平均50亩载畜一个牛单位，目前已部分利用。

第四，农林隙地草场，包括田坎、地边、溪旁、林缘及小片零星草坡，全部可以利用。常见牧草有狗牙根、马唐、园果雀稗、荩草、牛筋草、鸭嘴草、狼尾草、求米草、雀稗、细柄草等。这类草场草质柔嫩，适口性好，粗蛋白质含量较高，平均亩产鲜草692千克，19.6亩就可以载畜一个牛单位。这类草场离村寨较近，目前已利用80%。

第五，河漫滩草场，常见植物以禾本科的狗牙根牧草为主，适口性好，是上等牧草，但是常被洪水淹没，仅季节性利用。

（4）饲料资源

解放前，水各村畜禽饲料单一，主要是粗饲料，精饲料甚少。解放后，水各村饲料结构有了一定变化，生产有精饲料、粗饲料、青饲料、加工副产品等，饲料资源较丰富，最近几年还加工推广混合饲料。

第一，精饲料，水各村的精饲料主要以玉米、大豆为主，其中玉米的生产量较大，而大豆只用加工豆腐后的豆渣作为饲料来养畜。根据调查推算，作为饲料的谷物玉米34吨、豆类3吨、薯类13吨。

第二，粗饲料，水各村的粗饲料资源丰富，数量大，主要有稻草、玉米秆、麦秆、杂粮秆（壳）、大豆荚、油菜秆等，其营养价值低，但含维生素D较丰富。目前农村粗饲料多做畜舍垫草或燃料，浪费较大，若全部加工利用，每年都会提高畜肉类产量。

第三，青饲料，水各村的青饲料主要包括薯类藤秆、花生藤、紫云英以及瓜菜类。青饲料均用于养猪，一般经过晒干或熟制等加工后，适口性增强。

第四，加工副产品，水各村的谷类加工副产品有麸类、米糠、油菜饼、花生壳、糟渣类。

第五，其他饲料，水各村的其他饲料数量也较大，芭蕉水芋、野菜和树叶、米泔汤等也都可用于养猪，除此以外还有野生植物的子实、根、茎。

第六，混合饲料，水各村的混合饲料品种有猪饲料和禽饲料。混合饲料是用科学配方，按比例制成的营养料，主要用精饲料、加工副产品和鱼粉、骨粉、畜禽饲料添加剂制成，它能够促进畜禽生长和提高畜禽抗病力。添加剂由维生素 A、维生素 D_3、维生素 E、维生素 K、维生素 B_{12}及微量元素添加剂、生长促进素、饲用酵母等构成。

总之，水各村饲料资源丰富，蕴藏量大，但利用率很低，蛋白质饲料比较缺乏。因此有必要建立饲料加工机构，保证饲料中粗蛋白质和能量的含量要达到饲料标准，粗纤维含量必须在限量以内，其次要配备饲料营养成分含量检测设备，检测外来饲料，达到饲养标准就放入参与竞争。

（5）禽畜品种资源

水各村的禽畜以牛、猪、马、鸡、鸭为主，也饲养有少量的羊、兔、鹅等，骡、驴极少饲养。水各村的禽畜品种主要是地方品种，其共同特点是适应本地饲养粗放的条件，一般个体小，产量不高，肉质细嫩，鲜美可口。水各村的地方良种有：三都水牛、山地黄牛、尧吕黑猪、巫不香猪、山地马、三都麻鸭。

首先是牛。水各村以三都水牛和山地黄牛为主。其中，三都水牛属于沼泽型的中国小型水牛，体质结实，全身毛以芦花色、青灰色为主，颈下胸部前有 1～2 道“V”形白色环带，头额宽平，鼻面部长，眼大而突，明亮有神，鼻大而空，呈黑色，嘴宽大，四周长有白色长毛，角粗大而扁平，呈月牙形，颈细长，鬐甲稍高，胸宽而深，背腰平直，体短而粗，腹部圆大，臀长而斜，四肢粗短，蹄质坚实，多为木碗状。成年公牛抽样调查平均体高 118.9 厘米，体长 131 厘米，胸围 181.7 厘米，体重 369.9 千克。成年母牛平均体高 118.4 厘米，体长 127.8 厘米，胸围 177 厘米，体重 362.7 千克。公牛睾丸小而对称。母牛乳房发育良好，乳头长 6 厘米，分布匀称，繁殖力强。母牛 3 岁半开始发情，4 岁开始配种，多集中在春秋两季进行，每胎间隔时间平均为 445 天。三都水牛的役用性良好，公牛最大挽力 350 千克，母牛最大挽力 246 千克，耕作稻茬板田每小时 0.38～0.47 亩，耐粗耐劳，一般连续耕作 3 个小时后才休息30分钟左右。产肉性能好，屠宰率为46%～48%，净肉率为36%～37%，粗蛋白含量比黄牛和肉用牛高，而粗脂肪含量比黄牛与肉牛低。[①] 山地黄牛属于国内南方小型役肉兼用型黄牛，体质结实，肌肉发达，皮薄毛细，体型较小。成年公牛平均体高108.8厘米，体长122厘米，胸围147.1厘米，体重244.4千克。成年母牛平均体高103.8厘米，体长114.8厘米，胸围137.6厘米，体重201.6千克。山地黄牛爬山性强，在45°的陡坡草山上行走自如。公牛头方正雄伟，颈短厚，颈侧多皱纹。母牛头清秀，较窄长，颈较薄，长短适中。牛角不长，公牛角基较粗，母牛角细短，角型种类较多，有“尖角”、“八字角”、“罗卜角”等。公牛肩峰发达，母牛肩峰小。山地黄牛腰背平直，短宽，肋间紧密，前后躯匀称。前驱直立，后躯弯曲，筋腱明显，结实有力。蹄圆型，光滑而坚实，色青。体毛密而光亮，多为橘黄色，眼圈、鼻镜皮肤多为黑色。山地黄牛能适应山区的粗放饲养和劳役，成年公牛最大挽力325.8千克，一般每天劳役6小时可犁稻茬田1.5～2亩。山地黄牛的群体年繁殖率为52%，年繁殖1胎或3年2胎，屠宰净出肉率平均为每头85.8千克。

在长期的社会生活中，水族人民有“斗牛”、“开控杀牛”的习惯。牛在山区的经济建设中被称为“役畜之冠”，饲养量虽然多，解放后水各村的牛的存栏数也一直比猪多，但由于本地牛品种多系近亲繁殖，退化严重。为改变这一状况，从1972年开始从外地引进种牛“草原红牛”，因不适应环境而淘汰。1976年后，先后从贵阳、广西、江西等地引进辛地红、海福特、巴拉夫、夏洛来、黑白花、么拉（水牛）、尼里等品种的冻精和4头么拉，采用人工配种和自然交配的方法，对本地水、黄牛进行杂交改良，通过调查，发现杂种牛优于本地牛，特别是“辛本杂”、“么本杂”比较成功，这些杂种牛大多表现出良好的适应性。

其次是猪。水各村的猪主要是本地猪，享有盛名的是尧吕猪和巫不香猪。其中尧吕黑猪，属于黔中型地方猪种，是适合山区环境饲养的肉脂兼用型地方猪，分布面广。尧吕黑猪全身毛黑，头宽嘴长，粗大而微翘，耳平直，较厚，耳尖下垂，体型中等。成年公猪平均体长96厘米，体重53.5千克。成

---

① 《三都水族自治县志》编纂委员会编．三都水族自治县志．贵州：贵州人民出版社，1992：443.

年母猪平均体长104.8厘米，体重67.3千克，乳头6~7对。尧吕黑猪的性成熟较早，初产母猪平均每胎产仔5.22头，经产母猪平均每胎产仔6.94头。初生个体平均重0.53千克，双月窝平均重75.75千克，平均个体重9.4千克。在一般饲养条件下，10~14个月出栏，活重70~80千克，屠宰率69.7%，瘦肉率39.7%。[①] 巫不香猪是国内一个特殊的地方猪种，当地群众又称“罗卜猪”。该猪皮薄肉嫩，体小肉香，猪毛多以“六白”为特征，少数为全黑或不完全“六白”。颈较直，额宽平，无毛旋，嘴略长，耳较小，向两侧平伸或稍竖起，背腰平直，腹大而圆，但不拖地，四肢短细，乳头多为5对。成年公猪平均体长72厘米，体重32.4千克，成年母猪平均体长81.8厘米，体重43千克。巫不香猪性成熟早，80日即能配种，初产母猪每胎产仔3~5头，经产母猪每胎产仔5~8头。初生个体平均重0.5千克，双月个体平均重4.7千克。出栏肥猪活重57~59千克，屠宰率69.9%~70.5%，瘦肉率39.2%~42.3%。[②]

猪肉是水族人民的主要肉食品，发展速度较快。为改良猪种，提高本地猪生产性能，从1958年以来水各村先后从贵阳、四川内江、湖北武汉等地引进内江、巴克夏、长白、新淮、杜洛克等种公猪和冻精，对本地品种进行杂交改良工作。此外，还引进金华猪、荣昌猪、平湖杂交猪、苏白、约克、新京种猪或冻精开展经济杂交。

再次是马。水各村以山地马为主。山地马属于国内西南马系统的贵州马，是乘挽兼用型品种。三都山地马毛色以青毛、骝毛和栗毛为主。成年公马平均体高116.3厘米，母马114.6厘米。该马短小精悍，外貌清秀，头颈结合良好。鬐甲低平，背腰短直，四肢坚实有力，蹄小而坚实。驾车每匹马可载300~500千克，时速为5.5公里，骑乘赛跑最高速力为每千米1分33秒5。

之后是鸡。水各村的鸡主要是本地品种，体小。成年公鸡平均体重1.5千克，母鸡1.3千克，每年产蛋约80枚。外地引进的鸡有白洛克、来航、贵农黄、红布洛、AA鸡、泰国鸡、斗鸡、火鸡、澳洲黑、洛岛红、芦花鸡等，大都表现出良好的适应性。

---

① 《三都水族自治县志》编纂委员会编．三都水族自治县志．贵州：贵州人民出版社，1992：444.

② 《三都水族自治县志》编纂委员会编．三都水族自治县志．贵州：贵州人民出版社，1992：444.

最后是鸭。水各村的鸭主要是本地的良好品种三都麻鸭。三都麻鸭头小方正，嘴宽扁平，眼高而鼓，颈细而长，胸宽而突，背宽而平，整个躯体呈椭圆形，羽毛紧贴，以花色、杂色居多，眼球为黑色，是早熟蛋用型鸭，喂养4个月就可产蛋。成年公鸭平均体重1.3千克，母鸭1.5千克，年产蛋量200枚，最高达250枚，蛋平均重64.18克。三都麻鸭具有生长迅速、遗传性稳定、经济价值高、饲料消耗少、耐粗放管理等特点。

（6）疫病防治

①水各村畜禽病种类

根据1979年畜禽普查资料，结合1979—1987年的流行病学调查，水各村发现村内畜禽疾病有85种，其中危害人类的畜病7种，畜禽传染病12种，寄生虫病17种，普通病42种。[①]

危害人类的畜病，有炭疽、狂犬病、结核病、破伤风、囊虫病、猪丹毒、钩端螺旋体7种。其中，炭疽、结核病危害最大，解放前就有发生，群众称为“飞疔”和“沙肝”、“沙肺”。炭疽病多呈散发性和地方性流行。对牛结核病的调查，曾在1979年11月应用变态反应原理进行测试，结果发现感染率高达31%，经过积极防治，目前已下降到19.5%，发病率呈现出由犊牛到老牛逐渐增高的趋势。

畜禽共患病，有巴氏杆菌病、口蹄疫、蓝舌病、细颈囊尾蚴病、气肿疽、片型吸虫病、李氏杆菌病7种。其中巴氏杆菌病、片型吸虫病、细颈囊尾蚴病危害最大。巴氏杆菌病在水各村内流行传播已久。细颈囊尾蚴病对幼畜繁荣致病力较强，大牲畜也有感染，感染强度多为6～15个虫体。[②]

各种畜禽传染病，有犊牛大肠杆菌病、猪瘟、猪副伤寒、猪流行性腹泻、猪流行性感冒、仔猪白痢、猪痘、猪喘气病、鸡新城疫、鸡马立克氏病、鸡白痢、鸭瘟等12种，其中猪瘟、猪副伤寒、鸡新城疫、鸭瘟危害最大。猪瘟又叫“烂肠瘟”，在水各村流行历史长、传播范围广，一年四季都有流行，是危害养猪业最大的传染病，发病数占总发病数的70%以上。鸡新城疫在解放前就有流行，老百姓称为“鸡瘟”。据普查资料载，一年四李都有此病发生，

① 韦绍凯主编．《三都水族自治县概况》修订本编写组编．三都水族自治县概况．北京：民族出版社，2007：84.

② 《三都水族自治县志》编纂委员会编．三都水族自治县志．贵州：贵州人民出版社，1992：441.

多呈地方性流行或散发，任何品种的大、小鸡都易感染。鸭瘟病源是1972年由湖南人运小鸭到境内出售而带入的，十多年来均有不同程度的地方性流行。

畜禽寄生虫病，有马副蛔虫病、牛前后盘吸虫病、犊新蛔虫病、牛球虫病、牛稗、牛疥螨、猪蛔虫病、猪姜片吸虫、猪疥螨、猪虱、猪弓形体病、鸡球虫病、鸡绦虫病、鸡虱、兔球虫等17种。水各村寄生虫病分布很广，感染率较高，马、牛、猪蛔虫病感染率达80%，禽达30.3%，牛稗为70%，牛疥螨为17%，猪疥螨为4%，鸡绦虫为26.3%，鸡球虫为80%。

牲畜普通病，水各村的牲畜普通病有肠胃炎、感冒、便秘、肺炎、鼻出血、前胃弛缓、瘤胃臌气、创伤性网胃心肌炎、瓣胃阻塞、马急性胃扩张、马肠痉挛、猪癫痫、猪黄脂病、维生素B缺乏症、软胃病、异食癖、湿疹、牛青杠叶中毒、猪酒糟中毒、猪食盐中毒、猪亚硝酸盐中毒、牛甘薯黑斑病中毒、马霉玉米中毒、有机磷中毒、有机氯中毒、风湿病、马混睛虫病、马鞍挽具伤、疝、直肠脱、骨折、腱鞘炎、马钉伤、牛蹄叉腐烂、牛僵筋腿、创伤、流产、难产、牛胎衣不下、牛子宫脱出、母畜不育等41种。这些病发病率低，不传染，对畜牧业危害不大。

②水各村畜禽病防治

三都县设防治机构始于民国时期，1939年12月，三都县开始开展畜禽防治工作。但由于医疗技术落后，药品缺乏，既无预防措施，也无治疗条件，形同虚设，每年都有大批畜禽因病死亡。解放后，1955年三都县成立兽医站，贯彻“防重于治，以防为主”的方针，对猪、牛病开展经常性的防治工作。1986年以前，兽防工作分春季防疫和秋季防疫两个阶段进行，春防重点以炭疽、猪瘟为主，秋防则以牛出败、猪肺疫、猪丹毒为主。1987年开始将春秋两防改为“春防为主，常年补针”，次年在大范围内进行了疫病防疫注射工作，全年畜禽接种无毒炭疽牙胞菌苗107头，免疫密度为37.6%。牛接种牛出败氢氧化铝菌苗64头，免疫密度22.3%。猪分别接种猪瘟兔化弱毒疫苗125头，免疫密度40.4%，猪肺疫氢氧化铝菌苗88头，免疫密度28.4%，猪丹毒氢氧化铝菌苗23头，免疫密度7.54%。鸡新城疫接种5只，禽霍乱接种13只。[①] 而水各村的畜禽病防治工作也随之逐渐健全起来。

① 《三都水族自治县志》编纂委员会编．三都水族自治县志．贵州：贵州人民出版社，1992：442.

③水各村畜禽病经常性防治工作

坚持日常兽医门诊、出诊治疗，以降低畜禽死亡率。据估算，1979—1987年间，水各村共诊治牛50头，治愈45头，平均治愈率90%。诊治猪145头，治愈125头，平均治愈率86.2%。诊治马17匹，治愈16匹，平均治愈率94.1%。因中草药资源较丰富，就地取材，配制中草药治疗，效果较好。近几年，兽防工作者共采集生药177千克，购买中草药27.4千克，加工中草药78.2千克，制成粉剂14千克，汤剂3.3万毫升，配成的方剂有止痢散、疥螨灵、马疝痛散、消气散、冰黄汤等，共治疗牛18头，马7匹。[①]

在市场活畜检疫方面，1963年开始实行，文化大革命时期中断，1979年恢复，1987年年底，全县有13个生猪市场和7个牛马市场开展活畜检疫工作，在水各村进行了21场（次），检疫牛216头（次），猪1314头（次），检疫注射猪、牛1531头（次）。[②] 在市场肉品卫生检验方面，1985年11月，贯彻国务院《家畜家禽防疫条例》和农牧渔业部《家畜家禽防疫条例实施细则》，在县城农贸市场正式开展肉品卫生检验工作，次年5月，普及全县的13个农贸市场。1986—1987年，在水各村共检验猪肉尸96头，病肉尸检出率2.53%，高温处理3头，检验牛肉尸10头，病肉尸检出率3.59%，高温处理6头，销毁3头。[③]

2. 水各村畜牧业发展的基本特点

（1）以户为单位的经营方式

水各村畜禽均为农户饲养，虽然有小规模的养殖示范，也是以户为单位的经营。这是由自然条件和社会条件所决定的，就自然条件而言，全村现已利用的草场均是小块零星草场、河漫滩草场、农林隙地溪旁草场，比较分散，还有大片草场均未利用，这就决定了草食家畜只能小群放牧，以户经营，这样的畜牧业生产经营方式在近期难以很快改变。

---

① 《三都水族自治县志》编纂委员会编．三都水族自治县志．贵州：贵州人民出版社，1992：442.

② 《三都水族自治县志》编纂委员会编．三都水族自治县志．贵州：贵州人民出版社，1992：442.

③ 《三都水族自治县志》编纂委员会编．三都水族自治县志．贵州：贵州人民出版社，1992：442.

(2) 以役畜促进种植业和农业经济发展

1984 年水各村有役畜 161 头，平均每头役畜负担耕地 7.68 亩（其中，旱地 65259 亩绝大多数系用人工翻挖，因此，每头役畜实际负担耕地 6.18 亩）。种植业总播种面积 1504 亩，平均每头役畜负担 9.29 亩（除旱地外，每头实际负担 7.80 亩）。①

表 3-1　**水各村役畜平均负担耕地面积表**

役牛 （头）	耕地 （亩）	每牛负担 （亩）	总播种面积 （亩）	每牛负担 （亩）
161	126	7.44	1504	7.74

近几年来，水各村的牛有了显著发展。1978 年以前，全村每年年末存栏 89～222 头，1984 年增加至 247 头，比 1978 年以前增长 11.17%。牛的发展对水各村的农业经济有很大影响。由于水各村内农业机械化水平很低，平均每亩耕地才拥有电力 0.38 千瓦，田间的耕、耙等作业完全靠役用牛来完成，牛在一定时期内将是主要的役力。全村的农家肥 70%～80% 都是牛提供的，牛的发展，除役用直接生产效益外，其附产品（粪便）的生产和经济效益也是可观的。养牛能为农业积累资金，是农民致富的途径之一。据对水各村 20 户农户的调查，养牛不但成本低，而且收益大、见效快，可在短期内增加收入。如水各村农民潘某，喂有一头母水牛，几年来每年产仔 1 头，仅出售牛犊每年收入就达千元以上。

(3) 养猪业依赖于农业

水各村养猪多以农户分散饲养，虽有小型养猪场，但数量不多。农户分散饲养充分利用了闲散的劳动力和自产的农副产品，增加家庭部分收入。养猪的饲料主要来源于农作物的玉米、薯类、米糠、麸皮、糟渣以及农作物的部分秸秆等农产品和农副产品。因此，生猪发展与粮食总产量有着密切的关系。

(4) 畜牧业生产水平低

牛虽然是草食家畜，但是牛在妊娠、产奶、使役时还是需要补饲一定的

① 莫时仁主编.《三都水族自治县综合农业区划》编写组编. 三都水族自治县综合农业区划. 贵州：贵州人民出版社，1990：107.

蛋白性饲料和能量饲料。猪是单胃杂食性动物，更需要蛋白和能量来维持和生产。由于水各村的经济基础薄弱，饲料生产落后，目前农户饲养的牛、猪没有投入产业化生产的余力，所以畜牧业生产水平较低。

3. **水各村畜牧业发展的条件分析**

当前畜牧业在水各村所占比重较大，畜禽规模化养殖不断增多，成绩喜人，但畜牧业产业化水平低，畜牧业链条不完整，畜禽产品竞争力不高，经济效益较低，原因就在于水各村畜牧业发展的环境既有优势因素，也存在许多制约因素。我们必须面对现实，认真分析和揭示其有利因素和不利条件，依据现实情况，科学决策，才能实现预期目标。

（1）水各村畜牧业发展的优势条件

在自然条件上，第一，水各村在西南地区，因此其草地具有南方草地的特点，不仅保护水土，是有益的碳库和氮库，而且水热条件好，生物资源丰富，单位面积生产力高，牧草生长期长，经改造可形成终年不枯的常绿草地带，基本上无雪灾、旱灾、风灾。这就为水各村畜牧业发展提供了较平衡供应的饲草，可全年放牧。第二，水各村具有丰富的天然草地资源，主要包括草丛草场、灌丛草场、疏林草场，广阔的天然草地有着丰富的饲草产量，发展畜牧业有着得天独厚的自然资源优势。水各村地广人稀，有大量的草坡、荒山，可以为鸭嘴草、马唐、雀稗、狗牙根、莨草、画眉草等优质牧草提供优良的生长环境，生态环境优越、养殖经验丰富。同时，也拥有丰富的农作物秸秆资源和潜在的资源。农作物秸秆是种植业生产的副产品，也是一项重要的生物资源。如果能加以科学利用，变废为宝，可大大提高农作物秸秆利用率，从而增加家畜饲养量。

在社会条件上，第一，社会主义新农村建设为水各村畜牧业发展提供了良好的发展机遇，水各村应该加快对传统畜牧业的更新改造，实现畜牧业的优化升级，加快现代畜牧业的发展进程，为社会主义新农村建设作出积极贡献。第二，发展畜牧业具有较好的市场优势，从近几年市场走势来看，畜牧产品的价格稳定、需求量大，有广大的发展空间。第三，水各村的畜牧业本身政策引导早，起步较快，区域优势明显，发展畜牧业产生的经济效益、社会效益和生态效益可以促进农村经济的发展，可以优化资源配置，调整农村产业结构，促进相关行业的迅速发展，推进农业产业化进程，具有很好的社会效益。

(2) 水各村畜牧业发展的劣势条件

自然方面，水各村的草地分布较零散，土壤中缺磷，部分地区缺钾，地形起伏，交通不便，经济落后，宜于规模性开发的草地少。

行政方面，投入不足，公共设施薄弱，集贸市场建设、信息体系建设滞后，管理体制不健全，科技意识淡薄，发展观念滞后，产业化经营程度低，畜禽良种化程度低，畜产品结构不合理，对畜牧业资金的投入不充足，影响畜牧业的可持续发展，对畜牧科技普及推广，科研队伍建设有待加强和提高，科学管理水平不高，产销不配套，市场化销售水平不高，市场应变能力不强。基础设施缺乏，社会服务体系不足，缺乏龙头企业的培育，人才、资金、技术缺乏，缺乏产业化经营，生产技术服务体系不健全，畜牧产品成本高、品质低、缺乏市场竞争力。

市场方面，水各村的畜牧业饲料行情变化无常，风险较大。饲料资源制约长期存在，严重制约着畜牧业的可持续发展。饲料粮的短缺不但直接制约了饲料工业和畜牧业的发展，而且成为畜产品价格波动的主要因素。同时，信息不灵，畜禽产品销售渠道不畅。水各村小规模养殖多无固定销售渠道，主要依靠当地农贸市场，部分通过不固定的商贩外运，遇有产品过剩或外销困难时，又因属于鲜活产品不耐贮存，所以即使赔钱也不得不出售。另外，在发生动物疫病时，畜产品价格起伏波动，价高时农民一哄而上搞养殖，价低时又一哄而下，不仅为下次的价格波动埋下了隐患，而且严重打击农民的养殖积极性。

政策方面，水各村有的政策的连续性不够，导致畜牧业数量增长与质量效益提升发展不同步，畜牧业产业链条短，产加销一体较弱，以及影响畜产品质量安全的隐患依然存在，重大动物疫病防控形势依然严峻，畜牧队伍人才不足，知识不够，不适应现代化畜牧业发展要求。

科技方面，科学技术滞后。目前，大多数养殖农户仍然采取传统的饲养方式，管理粗放，技术落后，加上品种退化，使得养殖效益偏低，产品深度加工体系不健全，产品转化率低。

人员方面，农民小农意识强，观念陈旧，一味追求产量，文化素质和专业技能较低。从业者综合素质相对不高，普遍缺乏点面配套资金、劳力设备等各个生产要素的能力，不能从生产实际出发恰当地制订出合理的生产计划，已成为从事现今养殖业生产的主要障碍。

4. 关于水各村畜牧业发展的思考

水各村草地资源较丰富而人均耕地少，应当因地制宜，扬长避短，积极发展畜牧业，既能够涵养水土、保护生态，又可以发展畜牧业，增加畜产品的供给，减少对粮食的依赖，增加农民收入。因此，要积极思考水各村畜牧业发展。

(1) 政策层面的思考

从政策层面思考，第一，水各村要编制长期规划，引导建立各种不同形式的行业组织，加大对畜牧业的扶持力度，完善扶持发展畜牧业政策措施，逐步加大投资力度，加强畜牧业规模化养殖小区水、电、路等公共基础设施建设，扩大对畜牧业的财政支持和金融支持，合理安排畜牧业生产用地，以经济利益为纽带，依靠畜牧科技，发展畜禽健康养殖，培育壮大龙头企业，把千家万户的小生产与千变万化的大市场紧密联系起来，延伸畜牧产业链条，增加畜产品高附加值，推进水各村现代畜牧业可持续健康发展。第二，水各村要坚持自主创新与技术引进相结合，提高畜牧业发展的技术支撑能力。运用科技力量，提升畜牧业综合生产能力，发挥地方优势，进行合理化布局，明确主导产业，推广优良品种，不断提高品牌效益，使山区农户转变养殖观念，树立商品意识，变被动为主动，积极寻找畜产品和市场的切入点，最终赢得市场。第三，水各村要实现畜牧业生产方式转变，必须根据现代畜牧业发展要求来完善生产设施转变，畜禽生产、生理需求，环境保护标准，防疫卫生规范进行科学设计，形成优良的畜禽品种，同时品种要符合市场需求。通过政策引导、项目带动、市场引导，建立了畜禽疾病防治体系，有效利用当地饲料资源，购入当地不足的饲料原料。第四，水各村要立足水各村的实际，积极发展生态畜牧业，加强地方畜禽品种资源保护与开发利用，培育特色经济，加大对畜牧业的投入，积极发展现代畜牧业提高组织化程度，加快畜牧业的产业化经营，实现基地化布局、规模化经营、科学化生产、社会化服务、现代化管理，加强对畜产品加工企业、规模养殖场的扶持力度，创造良好的外部环境，增强企业发展实力和市场竞争力。第五，水各村要以市场为导向，以技术为先导，实现畜产品结构升级，加快畜禽品种良种繁育体系的建设，加快饲料工业体系建设，大力推广科学的饲养管理技术，强化畜禽疫病防治工作，不断提高畜禽安全生产水平，大力推广规模化经营、生态化经营和特色化经营。第六，水各村要发挥水各村的主导作用，搞好产业区划，发挥区域优势，以草产业带动畜牧业的综合发展，加强畜牧业社会服务体系建设，积极发展健康养殖，提高牧业产品的科技贡献率，强化水各村的行政服务职能，加强依法治牧的力度，强化对畜牧业的扶持服务职能，保障畜牧业的正常生产经营活动，保证畜牧业为社会提供合格、安全、优质、健康的畜产品，强化技能培训，开展科技创新，提高农民素质，转变农民观念，从根本上提高新农村畜牧业的科技含量。

（2）技术层面的思考

从技术层面思考，第一，水各村要在草山草坡建立永久或半永久型人工草地，以保证高蛋白质饲料的常年供应，这是发展草食畜牧业的关键，并以发展草食家畜为重点，调整优化畜种结构，提高了畜产品的竞争力、市场占有率，以产生较好的经济效益和社会效益。第二，水各村要充分利用林果间隙种植牧草，既可减少水土流失，又可生产出大量的牧草，经济效益显著。这样农户既有近期效益，又有远期收入，因而乐于被农民所接受；提倡冬闲田种草，充分利用秸秆资源和丰富的农副产品资源，把这些长期没有被重视的农副产品有效地转化成饲料，喂养家畜。这样不仅能够解决由于秋冬季草场生产能力下降而造成的家畜草料不足的问题，而且能够较大地降低畜禽生产的饲料成本，提高畜牧业的经济效益。第三，水各村要利用区域优势发展特色畜牧业产品，资源开发与生态保护相结合，积极开展科技攻关活动，探索农牧耦合发展模式在水各村的持续和协调发展。第四，水各村要大力发展畜禽的标准化养殖小区，形成完善的畜禽良种繁育体系，推行畜禽健康养殖模式，开展科学饲养；加强畜禽疫病监控和测报工作及防疫检疫，能适应大流通，使用绿色畜牧饲料，提高饲料利用率，改善饲料口感，提高饲料适口性，促进动物正常发育和快速生长，还具有明显的防病效果。第五，水各村要保护、利用、改造、建设好天然草场，合理划分刈割、放牧等功能草地，使草地休养生息，形成良性的草地生态系统，充分发挥草场的生产潜力。第六，水各村要开辟新饲草饲料资源，可开发树叶类饲料的加工与利用，既保护了生态环境，又兼顾了牧业生产，要引进并筛选推广适应本地的饲料饲草新品种。第七，水各村要加快良种繁育推广体系的建设，积极引进国内外优良畜禽品种，大力推进品种改良，尽快提高畜群的良种比例，提高畜产品的产量和质量。加快畜种结构调整，适当发展特种畜禽养殖。适时出栏，提高出栏率和商品率，提升养殖综合效益。第八，水各村要依托区域内山、河、土地、地理气候自然生态优势条件，以小区域特色产业发展进一步推动水各村区域的畜牧业产业化方向发展。第九，水各村要积极发展绿色生态畜牧业，实现资源的高效利用和畜牧业的良性发展，体现出经济、社会、生态效益的高度统一和协调发展，构建和谐发展格局。

（三）农村经济发展的战略措施

1. 水各村农村经济基本特点

从总体上来说，水各村的农业有两个基本特点。一方面“山地农业”的特点比较突出，另一方面是建立在手工操作基础上的自给自足的自然经济特点比较明显。

（1）水各村山地农业的特点

水各村山地农业的特点集中反映在三个方面：第一是山地多，农耕地少；旱地多，水田少；坡耕地多，瘦、薄、酸、黏、冷、阴、烂、锈、低产田比重大，发展种植业消耗大，作物单产低，经济效果差。全村旱田旱地占耕地的比重很大，大部分是高塝田和陡坡土，土层薄，肥力差，黏性重，酸性大。许多坡耕地亩产仅二三十千克，常常是“种一坡，收一箩”。第二是山区居住分散，生产规模小，加上地区闭塞、文化落后，村内习惯于沿袭原始的粗放耕作和掠夺式经营方式，使农业生产长期停滞不前，农业生态环境日趋恶化。第三是“立体农业”的特点明显。从低海拔的河谷地区到高海拔的山区，农作物和经济林木都是分层次利用的，形成立体农业的格局。

（2）水各村自给自足的自然经济特点

水各村自给自足的自然经济特点也集中表现为三个方面：第一是只求温饱，以自给为满足，只重视种植业而轻视林、牧、副、渔业。种植业中为了抓粮食生产，不惜损害其他资源。第二是多种经营的项目多，但生产规模小，水平低，布局分散，商品生产基地难以形成和巩固，地域劳动分工不明显，致使各地的自然优势不能充分发挥。第三是农业劳动生产率低，农产品的大部分被用于满足自给需要，商品量少，经济力量单薄，抗灾能力和扩大再生产能力低。

为此，要大力发展农村经济，增加农民的收入，提高村民的生活条件，水各村必须端正发展农业的指导思想，依据本地实际，充分利用现有的一切有利条件，克服不利条件，建立良好的山区农业生态系统。

2. 水各村农业发展的优势条件

（1）水各村的山地面积大，地貌类型复杂，土地资源丰富，有利于农、林、牧、副、渔全面发展

三都县山地面积为3380732亩，占全村总土地面积的94.71%，且91.8%的土地资源在海拔1000米以下，这些地区热量充足，雨量丰沛，雨热同期，容量大，广泛适宜亚热带林木生长。相当一部分山地垂直差异大，相对高差达300～700米，有利于农业的立体布局，而这些条件水各村都具备。再就是地貌类型多样，既有高原和山原、山地，也有丘陵和盆地、谷地。盆地耕地集中，土层深厚，有利于农耕和灌溉，是发展粮油作物的精华所在。丘陵坡度较缓，其间尚有小盆地、洼地分布，亦利于农作物和经济林木的发展。山原地面起伏平缓，土层较厚，除耕地外，有连片的草坡、草场分布，有利于农牧结合，发展畜牧业。山地山高坡陡，温度较低，雨量多，温差大，虽不利于农作物种植，却是发展林业和牧业的好地方。各种地貌类型因组成物质不同，位置、高度、坡向、范围和规模各异，这就为农、林、牧、副、渔的全面发展提供了自然条件。

（2）水各村气候温暖湿润，生长季节长，雨热同期，有利于作物生长

水各村气候的基本特征是：夏长冬短，春秋分明，夏无酷暑，冬无严寒；总积温多，无霜期长；气候多样复杂，垂直差异明显。水各村年均温16.1℃～17.4℃，大于0℃的年总积温5900℃～6300℃，大于等于10℃的年总积温4650℃～5000℃，无霜期350天左右，终年适宜农作物生长，有利于发展农业生产。

（3）水各村生态环境复杂，生物种类繁多

水各村由于构造山地的垂直地形影响，导致植被类型在基带上的垂直变化，使之垂直分布了具有不同组合的植被。由于自然地理条件的多样性，导致生态环境的复杂性，从而带来了生物资源十分丰富、种类繁多的特点。全县有木本植物500多种，草本植物236种，药用植物近千种，野生动物40多种。

（4）水各村拥有丰富的水能和矿产资源，有利于农业现代化建设

水各村拥有丰富的水能和矿产资源，对这些资源优势的开发利用，将加强工业对农业的支援，加速农村副业的发展，扩大农业再生产的资金积累，

推进农业现代化建设。

（5）水各村农业生产条件有了一定的改善

水各村在县、乡政府的帮助下，在农田基本建设、农业技术改造方面做了许多工作，生产条件有了较大的改善，为今后农业生产的发展提供了物质基础。

（6）水各村农村经济体制改革已经取得很大成绩

水各村家庭联产承包责任制的推广，调动了全村各族人民的积极性，显示了社会主义初级阶段农业的强大活力。随着农村改革的继续发展，农村经济开始向商品化转变。特别是以城市为重点的整个经济体制改革步伐的加快，价格改革的逐步推行，进一步贯彻执行改革开放的方针，对于加速农村经济社会发展，提供了极为有利的条件。

3. 水各村农业发展的劣势条件

（1）水各村山多，坡陡，耕地少，土层薄，森林覆盖率低，水土容易流失

据统计，虽然三都县实际耕地面积为335679亩，占全县总面积的9.4%，人均耕地1.45亩，但耕地质量差，中低产田比重大。在全县的270420亩稻田面积中，59%为梯田。旱地中坡土比重大，占70%以上。据估算，坡度在25度以下的旱地20155亩，占旱地面积的30.88%；25～35度的23237亩，占旱地面积的35.61%；35度以上的占33.51%。同时，耕地土层薄，肥力低。全县速效磷含量低（≤7 ppm）的稻田有133387亩，占稻田面积的49.32%。速效钾含量低（≤110 ppm）的稻田有102095亩，占稻田面积的37.75%。[①] 由于长期乱砍滥伐、放火烧山、陡坡开荒，森林植被大大减少，因而水土流失严重。据统计，全县水土流失面积达522.93平方公里，占县域总面积的21.97%。水土流失的结果，山上表土冲洗，基岩裸露；山下农田水打沙壅，良田面积减少，生态环境遭到破坏，耕地日趋恶化。而这些问题在水各村无一例外地体现出来，并日益成为水各村农业发展的限制因素。

（2）水各村农业生产结构不合理，种植业在农、林、牧、副、渔五业中占的比重过大，而种植业内部结构中，粮食生产占比重过大

由于多年来片面理解“以粮为纲，全面发展”的方针，只注重粮食生产，

---

① 莫时仁主编.《三都水族自治县综合农业区划》编写组编.三都水族自治县综合农业区划.贵州：贵州人民出版社，1990：20.

而忽视了经济作物和林业、牧业、副业、渔业的发展，结果造成三都县五业比例长期失调。1949—1982 年的 33 年中，农业总产值中的种植业产值一直保持在 60% ~65%，而林、牧、副、渔四业产值却一直维持在 39% ~35%。直到 1983 年，农业产值才降为 52.4%，1984 年农业产值占五业总产值的 49.53%。种植业在 1949—1982 年的 33 年中，作物年度种植面积的比例，粮食作物有 25 年占 90% 以上，经济作物有 20 年只占播种面积的 5% ~10%，有 7 年占 11%，有 6 年占 5% 以下。[①] 这种结构状况在水各村的表现也很明显。鉴于此，水各村从 1980 年开始调整，经济作物的种植面积才逐步有所增长。农业生产结构不合理，限制了水各村对自然条件和社会经济条件的充分合理利用，既影响了整个农业生产的发展和农民生活水平的提高，同时也导致了对农业生态环境的破坏。

（3）水各村旱、涝、冰雹、低温、绵雨等自然灾害频繁

由于水各村垂直差异大，气温的稳定性差，天然降水的时空分布不平衡，森林覆盖率低，生态失调，因此，每年都有不同程度的旱、涝、冰雹、低温、绵雨等自然灾害发生。农作物仍处于大灾大减产、小灾小减产、风调雨顺略增产的“靠天吃饭”状态。旱灾面积占受灾面积的 60% ~85%。秋旱虽有发生，但范围和程度均较小。

（4）水各村贫穷落后，农业扩大再生产的能力低

三都县是贵州省经济最贫困的县之一。全县国民平均收入低，消费额相对较高，无力扩大再生产，只得靠贷款维持简单的再生产。从财政的收支来看，全县上下长期靠上级拨款补助过日子，国家补贴额最高年占支出总额的 90%。而水各村在贫困方面表现出的问题尤甚，财力小，资金不足，已成为水各村农业扩大再生产的限制因素。

（5）水各村交通不便，流通不畅

解放以来，虽先后修通三都至都匀、独山、荔波的几条县级公路和一些区级、乡级公路，但质量不好，加上使用不合理，致使交通运输业的发展与乡村的实际需要和生产建设极不适应。由于路干少，尚有一些乡村未通公路，水各村的运输仍靠肩挑马驮。因此，水各村在山区的一些农副产品难于往外

---

① 莫时仁主编．《三都水族自治县综合农业区划》编写组编．三都水族自治县综合农业区划．贵州：贵州人民出版社，1990：152.

运，极易变质霉烂。加上经济政策不稳定，流通渠道阻塞，水各村的农业资源每年都有一定的浪费。

上述5种限制因素，是影响水各村农业发展的劣势。但劣势并不是固定不变的，随着水各村经济实力的增强，科学技术和文化教育事业的发展，以及交通运输条件的改善，这些劣势会逐渐向优势转化。

4. 水各村农村经济发展的方向与主要措施

(1) 搞好水各村的农田基本建设，大力提高作物单产，逐步扩大复种面积

水各村是保持本地自然条件和农业生产特点最典型的农业区，应大力改造低产田，建立农业生产基地，发展粮、油、经济作物生产，搞好林牧结合，充分利用宜林宜牧山地，发展用材、经济林和水牛生产。水各村低产田面积较大，应针对各种土壤的不同条件和限制因素，因地制宜进行改良。低产田中受水源限制的田面积最大，应首先对尚未完善和毁坏失修的水利工程进行继续完善和修复加固，扩大收益面积。在实施过程中，应重点搞好工程配套，进一步扩大提高受益面积和效益。此外，应开发小水电，发展引提工程。其次，针对排水不良的“落窝田”应采取县内成功的经验，挖深沟、砌涵洞、疏通落水洞等方法排降渍水。对于受肥力主导限制的中产田，主要是增肥和种绿肥培肥熟化，特别是旱坡地应首先进行梯化平整，继而加速培肥。

目前水各村的农作物复种指数很低，稻谷、小麦、玉米、油菜等主要粮、油作物单产低于其他地区，单产水平也很低。今后随着生产条件的不断改善，水各村应以养地为中心，逐步扩大复种面积，发展麦类、油菜、豌豆、蚕豆和绿肥的种植。同时，应在进行农田基本建设的基础上，大力改变粗放耕作习惯，实行精耕细作，实行科学种田，积极推广良种，合理施肥，大力提高作物单产。此外，还应按“因地制宜，适当集中”的原则，适当调整粮、油、经济作物布局，实行集约经营。村内玉米、特产辣椒目前种植很分散，麻类面积小而分散，但有发展潜力，水各村应选择一些条件较高的旱地连片的村寨建立生产基地。

(2) 合理利用水各村的山地土壤资源，正确处理林牧关系，积极发展林牧业生产

水各村的林业生产，由于多年来乱砍滥伐，历史上的山火连年、重造轻管以及放牧伤林等，使本村林木资源连遭破坏，长期未能恢复。用材林、经

济林、薪炭林都比较缺乏，这不仅使村寨用材、烧柴发生困难，而且林业产品的经济收入也在减少。为了合理利用山地土壤资源，防止水土流失，水各村的山地利用应以林业为主。村内宜林山地较广，林业生产的门路也较多，今后应认真贯彻森林法，落实各项林业政策，合理利用山地土壤资源，狠抓林业生产，把林业生产搞上去。除固定一定面积的草场外，水各村宜大力植树造林，加速荒山草坡绿化，并充分利用林间、林下牧草放牧，以达以林养山、以林促牧、林牧兼用之目的。水各村应加强林业的发展。在途径和措施上，首先合理利用和保护现有森林资源，加强区内幼林的抚育管理，严防山火，防止放牧伤林。同时，采取封、造并举，加速恢复森林资源，使森林覆盖率经过努力在一定期限内得到提高。另外，注意合理配置林种，建立用材、经济、果木林基地。在林种配置上要注意林地条件，如石灰（岩）土山地，要选择柏木、青冈、黄连木等适宜树种种植。同时，水各村宜牧的低缓草山、草坡较广，供牧畜饮水的山塘、水库亦不少，养牛基础较好，特别是水牛。因此，发展以养牛为主的畜牧业，是本地的一大优势。但是在长期生产中，由于主要是靠天养畜，草场未固定，天然牧草差，使养牛业发展缓慢。今后应积极抓好草场建设，协调林牧之间用地关系，实行科学饲养管理，充分利用本地的有利条件，大力发展以养牛为主的畜牧业。

（3）努力壮大水各村特色优质农产品生产加工产业，建设农业产业化生产基地

从三都县发展特色农业的经验看，水各村发展特色农业要根据自身的自然资源禀赋状况，跳出传统农业的圈子，充分利用立体农业等优势，实施“走出去”战略，加大品牌推广力度，大力发展特色农业和农产品加工业。

第一，水各村是九阡李的重要生产地，应采取“政府 + 协会 + 农户”的方式，抓好九阡李的种植。同时，水各村应全力打造以红辣椒、夏白菜等为主的冷凉蔬菜品牌。

第二，水各村应该在划分地质环境优势、劣势的基础上，利用优良地质环境生产优质农产品，使粮食作物、经济作物、蔬菜、水果等品种的品质达到最优。在保持传统优势产品生产的同时，面向东部、中部地区和国际市场，水各村应加快发展优质高效农产品的生产，重点建设优质糖料、蔬菜、茶叶、水果、中药材和烟叶等特色农产品生产基地。

第三，由于地形原因，水各村运输成本增加，因此特色深加工产品更具

有比较优势。开发优良地质环境生产优质农产品，水各村应改变过去只提供廉价初级农产品的做法，大力发展农产品加工业，实行农业产业化经营，把特色初级产品变为特色加工产品，实现特色农产品的多次转化增值，形成区域经济支柱。

（4）创新和完善水各村经济组织形式，构建农业社会化服务体系

市场经济作用下，在农业家庭经营的基础上实现产业化规模经营，由小农向大农转变，最有效的组织形式是农业的家庭经营与农民的合作制度相结合，但这种合作不是由政府主导的行政体系，而是由社会中介合作组织组成的合作体系。因此，水各村在构建农业社会化服务体系方面应注意几点：首先，水各村要大力扶持农业社会化服务体系的建立和发展，提高农户组织化程度，保护农户的生产积极性，形成新的生产力；其次，水各村要以满足农户需要为原则，健全农业服务网络；再次，为避免强制性服务，水各村应按自愿、互利的原则，把服务组织的经济效益和农户挂起钩来，提高服务组织的经济效益和服务质量。

综上所述，虽然水各村发展农业的资源较丰富，自然条件优越，潜力较大，但受到原有的生产力落后、基础差、粮食短缺、资金不足、技术力量薄弱等不利条件的制约，所以水各村要求其实现农业现代化的进程不能过急，必须长期艰苦奋斗。但只要根据水各村实际，端正发展农业的指导思想，充分利用现有的一切有利条件，克服不利条件，建立良好的山区农业生态系统，大力开展多种经营，发展商品经济，水各村经济繁荣的时刻也是会到来的。

四、传统手工业

（一）手工纺织和蜡染

1. 水各村手工纺织和蜡染技术概述

水各村的手工纺织具有悠久的历史。在过去，手工纺织同其他手工业一样，尚未从农业中分离出来，属于家庭的自给自足。关乎一家人穿用的纺织，是水各村的村民利用农闲、劳动之余的空隙时间进行的。在一年的周期中，一般秋收之后到春播之前的农闲时节是集中纺织的季节，而绩麻、捻线等纺

织的前期准备，则是利用平时点点滴滴的空闲时间完成的，在水各村的集市上，妇女腰上挂着麻团、手中绩着麻线，这已是司空见惯的一幅图景。在传统纺织中，除织机等纺织工具由男子制作外，与纺织有关的一系列工作几乎全是由女子完成的。如传统织麻，从种麻开始就需要精耕细作，耙地、种植、田间管理、收割等都是女子的分内工作。由于麻的收成关乎一家人穿用这一生存大局，因而她们对麻的种植格外精心。整个纺织麻的过程非常繁杂，且不说织布，仅从收割麻到绩成麻线，在水各村的传统手工纺织技术中，这一过程要经过近20道工序。历史上水各村女性利用空隙时间纺织的各种棉织品、毛织品、麻织品、丝织品，其用途十分广泛，除了可缝制成各种衣物及各种各样实用的生活用品、生产用品外，纺织品还有其特殊用途，纺织的麻布还成为重要的交换品，用来换取粮食和其他日用品。双手和简陋的纺织工具，含辛茹苦地勤于纺织，创造了水各村灿烂的纺织文化。时至今日，手工纺织仍是水各村中最为普遍的手工业。一般都是农户自种棉花，自纺自织，自染自缝。成品自用，少量自家消费有余，才在赶场天拿到镇上去出售，换些钱物。

蜡染也是水各村妇女世代相传的一种民间手工艺。使用的染料是农民自栽的蓼蓝，自制成蓝靛染料。春栽秋割，用石灰水浸泡而成。再加上蕨叶灰水、适量烧酒，调和成蓝色染料。印染时将土布放进蓝靛染料水中，反复浸泡捶打，洗净晒干即成匹蓝布或青布，如欲做成各种动物、飞鸟、蝴蝶、花草等图案，先将构思好的图案，制成各种纸版和模板，紧贴或缝在白布上，或刷以豆浆盖住，再放进蓝靛染料水中浸泡，晒干后，刮去面模，就露出各种一幅幅蓝底白花图案的扎染布了。蜡染织品在水各村村民的生活中用途十分广泛，包括床单、被面、背包、围腰、小孩子被褥以及水族妇女的包袱、手巾、盖篮帕、伞套和口袋套等。蜡染织品在水族人民的生活中可以说是无处不在，在节日、礼仪、婚俗、丧葬以及人们日常生活中穿、戴、用的物品中，都离不开蜡染织品和蜡染技艺的身影。

在水各村，关于蜡染还有个传说故事。从前人们穿的都是白色的衣服，有两个小娃，一个叫梅，一个叫葛。梅和葛每天一起上山放牛，每天天刚亮就一起出门，傍晚时候一起回家。一天，梅和葛来到山坡上，放了牛，用镰刀砍了一堆嫩柴草，躺在柴草上摆起龙门阵来。柴草厚厚的，天空蓝蓝的，两个人玩得很高兴，不禁在柴草上打起滚来。不知滚了多久，梅坐起身喊葛去山沟捉螃蟹，可是他突然叫起来："哟，葛，你身上是怎么了?"葛低头一看，自己的白衣服、白裤子，蓝一块，青一块，斑斑点点的。葛奇怪了，可他一看梅，也叫起来："梅，你的白衣服为啥也变成蓝衣服了呢?"梅一看自己，可不是嘛，和葛一样。两个小娃你看我，我看你，先是觉得奇怪，慢慢地高兴起来，蓝衣服比白衣服好看多了，那么白衣服是怎么变成蓝衣服的呢?用手一摸，蓝色的地方湿润润的，好像刚染上去的。梅说："莫非是这柴草染上的?"两人忙看柴草堆，用手抓起一捆柴草，手上也变蓝了。他们这才知道砍来的柴草能染衣服。再仔细看，有两种柴草，一种叫"尼变哄"，一种叫"尼共并"。"尼变哄"生得矮，叶子大，茂盛；"尼共并"秆子高，叶子小。梅和葛商量说，把"尼变哄"和"尼共并"拿回家，熬出颜色，就可以染衣服了，水族人要都穿上蓝衣服、青裤子，多好看啊。于是，家里人仿照点豆腐的方法，把"尼变哄"和"尼共并"泡在水卤里，放进石灰，制出了"登"，也就是蓝靛，从此，水各村人有了染布的蓝靛。为了纪念蓝靛的发行和制作人，染布人家都在染缸上贴张纸条，写着"梅葛二仙师"。

水各村最早的蜡染制作工序有两种：一种是将厚纸板刻成有多种空心图案的刻板，之后在纸板上涂上桐油使其防水耐用。印染图案时将模板放在白布上，然后刷上黄蜡或者黄豆浆，待晾干后放到蓝靛的染缸中泡几次，染一次就晒干一次，晒干后再染，经过这样反反复复多次的洗净、晒干、印染，最后再退蜡或者把豆浆刮去，就出现美丽的蓝底白花的图案了。还有一种方法是先用白布缝制出或者扎捆出各种花纹，然后放到蓝靛缸里反复进行浸染、晒干洗净，也是经过多次重复，最后把缝制的线拆去，就出现了原先缝好的蓝底白花。前一种图案美观大方，颜色素净、淡雅，浸染的图案比较丰富，是当地人普遍喜爱的染织品；后一种方法的图案纹样比较收敛含蓄，写实中带有抽象的意味。由于蜡染本身与日常生活息息相关，所以蜡染的图案和纹样也就是来源于生活的艺术，经过审美加工，表达出人们对吉祥如意、和睦幸福的追求，以及对原始图腾崇拜的精神追求。蜡染图案和纹样的创作手法往往采用象征性的符号，用对图案和图腾的借喻和隐喻来表达水族人民对美和生命力的追求。蜡染的图案多是龙、凤、鱼、虾、鸟、喜鹊、蝴蝶、蝙蝠以及石榴、花草等动植物。在创作上水族人民也对现实的事物进行了大胆的夸张和想象，充满了水族人民自己的独特创造力。水族把鱼看做是自己的祖先和图腾，所以，水族的民间蜡染图案中自然少不了鱼和龙的意象。反映生产生活以及尊老爱幼的“二十四孝”故事等，也是水族人民喜爱的蜡染主题和图案。不管是动植物还是人物故事，都结合了水族人民热爱生活的热情和追求美、追求幸福的强烈愿望，是民族历史文化的瑰宝。

在水各村，几乎家家都进行小规模的家庭纺织，每家每户基本都有一台手摇的纺织机。纺织的原料——棉花是每家在自己的庄稼田地中划出一块进行种植的，按照够自家使用的数量，一般没有大面积种植的。织成的布匹基本都是自家消费掉，自家消费有剩下的少量，才在赶场赶集时拿到场坝上去出售，换些钱物。

总之，水各村的手工纺织和蜡染与他们的日常生活有密切关系，是其精神需求和物质需求的融合，他们通过物化的载体来承载和记录自己的历史，而传统纺织品就被水族赋予了这种功能，不但实用，同时还具有了传承历史记忆的作用，一个图案就能牵扯出美丽动听的传说、历史上的人和事。这些纺织品中寄寓着水各村人民的民族情感，它是蕴涵着民族历史的具有深刻意义的东西，是民族精神和性格观照的物化对象，与传统文化有着内在和历史的关系，是水各村民俗的一部分。

2. 目前水各村手工纺织和蜡染现状剖析

水各村的手工法制和蜡染存在许多优势：一是适应了现代人重尚自然、返璞归真的需要，有极大的发展空间；二是水各村有悠久的民族民间手工纺织和蜡染文化，这是其他工艺无法比拟的。但是随着传统手工艺赖以生存的环境的迅速改变，纯正地道的传统纺织技艺已面临挑战，水各村的纺织工艺在延续、变迁、消亡的状态中发展。究其原因，有以下几个方面：

(1) 人才的匮乏

随着改革开放的深入发展，水各村传统手工业已面临着严重的困难，有些甚至已处于后继无人、濒临失传的境地。市场经济的活跃打破了水各村人民的传统观念，青年人不再热衷于手工纺织和蜡染的学习。从整个水各村的情况来看，17 岁以上的青年男女大多都出门打工，几乎没有人再学习这些绝活，村里会蜡染的人已经是凤毛麟角，这给传统手工业的传承和发展带来了空前的困难。在水各村中，真正掌握本民族古老纺织技艺的都已是七八十岁的年老女性，她们掌握染色、纹样等各方面精细的手工艺技巧，知道所蕴意的历史文化内涵，随着这些真正掌握古老纺织技艺精髓的继承者的亡逝，这些传统工艺也将随之消失。

(2) 生产的现代化

当今，我国的服饰正逐步走向全球化，特别是民族衣着的现代化，加速了手工纺织和蜡染的衰落。在水各村，水族服饰已不再是村民日常的装束，而只是出嫁或盛大节日象征性的着装。社会的发展，改变了传统手工纺织工艺赖以存在的自然环境和文化环境，改变了传统的审美价值及文化形式，传统手工纺织的生产方式受到机器化生产的巨大冲击，村民越来越普遍地把传统材料和现代材料、传统纹样及外来纹样交叉使用，各民族的传统纺织技艺发生着很大改变，随之变迁出一些新的形式和内容。这种变迁集中体现在材料和纹样上，如传统的染料板蓝根几乎被工业染料完全取代了；传统织锦，分麻、棉、毛几种材质，现在已被开司米替代，机器线的使用更普遍了。

(3) 图案的世俗化

水各村手工纺织和蜡染的图案和纹样在现代潮流中已趋于世俗化，特别是旅游业的兴起，各种手工纺织品和蜡染已成为人们单纯牟取利润的商品，其图案和纹样不再体现水族人民的文化意识形态。比如某些具有原始韵味的图案已面目全非，大多呈现出来的是有着现代气息的美女图和风景图，纹样更是丝毫不注重蕴意，取而代之的是一些粗俗的数字和字样。几年前，织汉字在水各村妇女中间风靡一时，织有“喜迎香港回归”、“澳门回归”、“一见钟情”等字样的腰带随处可见，不识字的妇女常把字织反了，有的妇女还想在腰带上织英文，他们认为这样便可以和外国人交流了。这些改变同时也使传统的手工纺织品失去了其特有的美感和情感。

(4) 材料的劣质

面对商品经济的诱惑，人们制作蜡染大多是为了获得利润，因而在制作过程中，过多地注重了形式以及外表上的美观，以致某些蜡染品减少了蓝靛的使用量，某些蜡染品则缩减了制作过程的复杂工序等。这些蜡染已不具备对皮肤的保护作用，严重的还可导致皮肤病的形成。不仅如此，这些劣质品许多洗过一次后布料颜色便褪化了，给水各村传统蜡染带来恶劣的负面影响。交通的便捷，增加了各种文化和不同地区人群之间的交流，各民族的传统纺织品也脱离了原初形态，成为商品走向市场。旅游业的发展又对民族纺织品有了越来越大的需求，传统纺织品由于成本高、费时长而逐渐被大众市场放弃，大众消费市场促使大批批量生产的廉价纺织品产生，一些民族之间相互简单模仿，出现了许多假冒粗糙的纺织品。

（5）原料的缺失

原料的缺失，使水各村的传统纺织工艺步履维艰。自然资源环境的改变，使水各村中用于传统纺织业中的植物或动物资源产量减少，甚至绝迹。传统纺织原料的丧失，致使一些传统纺织和蜡染随之消失。由于生产力低，生活贫困，水各村得到社会各界给予的救济物资，曾经有一批救济物资是迷彩服，那时水各村中，人人都像是整装待发的军人，当不同类型的救济物资到达时，他们可能又会以另外的形象出现，水各村中特有的民族美和某些特定的符号，在不断变化和接受外来文化中消失，这种救济将会彻底摧毁他们的自身文化。

3. 推进水各村手工纺织和蜡染发展的建议

回顾水各村手工纺织和蜡染发展的历程，它有过去的辉煌，也有今天的尴尬，但同样有未来重新崛起的希望。总的来说，一方面政府要扶持，要引进资金，扩大规模，引进先进技术和手段；另一方面还必须以发展手工纺织和蜡染文化为依托。具体措施如下：

（1）做好抢救水各村手工纺织和蜡染工作

水各村的各种传统手工纺织和蜡染制品长时间被国外人士收集一空，加上改革开放以来农村妇女外出打工，蜡染制作已后继无人。目前流传在民间的民族民间手工纺织和蜡染精品已不多见，但尚有部分精品为省有关部门及个人爱好者收藏，要集中于博物馆经常展示，并整理研究，出版文字资料和图册，让更多的人了解水各村民间蜡染的文化价值和艺术风彩，为专家学者研究、创新提供更好的条件。

（2）有关部门要推动建立手工纺织和蜡染的科研机构

相关部门要研究民族民间手工制品与现代审美观结合的问题，并创作设计具有民族特色而又赋予现代感的图形、样式和现代蜡染艺术品，研究作为现代文化表现的高科技手段——颜料、织品质地、手法、形式的运用问题。

（3）普及蜡染文化

在英国中小学的艺术教学大纲中都开设蜡染课，他们认为蜡染不仅能让学生欣赏不同的文化，包括中国文化，而且有目的地把发明创作和知识能力结合起来，并且让学生进行设计的同时表达自己的想法和情感。在贵州省一些地区中小学也常见到学生的蜡染作品。作为对中小学生的传统文化教育和审美教育，也可以将蜡染纳入地方性的艺术教学大纲之中。艺术院校的工艺设计、服装印染设计专业，也应开设蜡染课，使学生了解民族民间蜡染内涵，并用现代审美观念进行设计创新，将新颖的图形、式样运用于工艺设计和服装设计之中，使蜡染品体现出民族性、地域性、现代性的结合，蜡染才具有生命力。

(4) 营造重视手工纺织文化，推广使用蜡染品的良好环境

要开展展览、讲座、交流等各种活动，营造一种重视手工纺织文化、推广使用蜡染品的良好环境，艺术家的优秀手工纺织和蜡染作品应提倡在公共场合的会议大厅、飞机场、车站候车大厅展现，组织专家运用手工纺织和蜡染品对室内装饰、服装、旅游产品进行设计，提高其文化品味。决策者和有关部门要重视手工纺织文化和蜡染经济的发展，有思考、有方案，并努力去推行。

(二) 酿酒业

1. 水各村的酿酒文化

水各村存在着独特的酒文化，调研过程中，村委会蒙主任告诉我们，水族居民喜欢喝酒与生活的自然环境有关，水各村地处气候湿热的地区，所谓“瘴气四时皆有”，早晚喝九阡酒可以辟瘴，对于祛风去湿有一定的作用，村民们喜酒的习惯可以说是与防病的经历相伴而生的。醇香的九阡酒加上水各村居民豪爽好客的性格，长期以来便造就了该地区该民族豪饮的习惯，形成了浓郁的酒文化氛围。

水各村人民掌握的手工业是丰富多样的，制作酒曲、酿造米酒也是其中之一。远近驰名的特色佳品九阡酒就特产于水各村所在的九阡镇，因当地的水族人民能生产一种独特的糯米酒，故以地名来命酒名。九阡酒以糯米为主要原料，酿制过程中加入多种药材。酒色棕黄，状若稀释的蜂蜜，味微甘，酒香馥郁，其下窖的时间越长越醇。陈年的九阡酒通常在孩子出生时酿造下窖，直至结婚时，甚至到寿终时才饮用。因用多种药材做原料，所以有活血舒筋、健身提神的功能。

水各村的民俗是在每年的农历五月五，也就是端午节去上山采药，六月六制作酒曲，九月九烤酒。从端午到六月六，村里的妇女们全部出动，由懂药的老妇人带领，上月亮山的原始森林里采集多种野生草药，最后集中起来，熬成药水，加入米团、面团、麦麸、糠壳等，捏成颗粒，制成酒曲。酒曲制好后，接下来的用料、工艺也特别讲究，必须用当地特产红糯、摘糯，再配

以月亮山中优质的泉水为原料，在水各村独特的气候环境中进行酿造，出酒后要以土陶坛密封窖藏酿，才能造出独一无二、醇香浓厚的原生态健康酒——九阡酒。

按照村里的习俗，在家里女儿出生的时候就将九阡酒进行窖藏，待到女儿出嫁时才取出招待客人，这种酒因此也被叫做“水妹红”九阡酒。经过窖藏多年的“水妹红”九阡酒，开坛的时候香气四溢，颜色金黄带红，用筷子轻挑，千丝万缕，原来经过多年的窖藏已浓缩为蜂蜜状，饮之则是醇香味美，沁人心肺，不愧为酒中的珍品。

水各村人民对酒的喜好与善酿好酒相得益彰，形成了一种独特的酒文化氛围。水各村村民们集中的文化娱乐生活多半是生产间歇时的消遣，或是节日庆典时的大规模活动，而平时借以消遣的，主要是饮酒了。平时除解乏消遣、自斟自饮外，凡有亲朋来家，主人必以酒相待，不仅殷情劝酒，还邀请乡邻、亲友来作陪。去村民家做客，我们亲身感受到水家人能歌善舞，唱起歌来就像都柳江潺潺的流水声。依水家人的规矩，客人来访是要尽情歌唱的，最具特色的是吃饭喝酒时要唱祝酒歌。喝酒时，主人、客人与作陪的人围成一个圆圈站起来，每人都用右手把自己的酒碗或酒杯送给下家，同时用左手接住上家送来的酒碗或酒杯，大家同时喊一声“秀”，便将自己的酒一下子灌进了下家嘴里，而自己同样被上家灌了酒。“秀”在水语里是“干杯”的意思，一声“秀”，每人都喝一碗或一杯酒，水各村人民的好客与热情便袒露无遗。醇香的糯米酒，是水各村人民闲暇生活的享受，也是礼尚往来、招待客人、增进感情的纽带。

2. 水各村酿酒业的发展瓶颈

水各村的村民在保护并弘扬传统酿酒业方面作了许多的努力和探索，他们将水族特有的九阡酒以及由酒承载的深厚的酒文化推向了各地，但是，目前水各村酿酒业的发展面临诸多问题：

（1）酿酒业的地区局限性强，熟悉酿酒的人才少之又少

目前的水各村中，只有少部分村民还保留着自家酿酒的习惯，有多地方都已经见不到传统酿酒的踪迹，因此地区的局限性大大制约了水各村酿酒的发展。市场经济的活跃打破了水各村人民的传统观念，青年人不再热衷于学习酿酒，在水各村中，真正掌握本民族传统酿酒技术的都已是七八十岁的老年人，几乎没有人再学习这些绝活。

（2）传统酿酒的科技含量低，难以形成产业规模

酿酒是一门很深的科学，它涉及生物化学、有机化学、微生物学、酿造工艺学等科学，虽然水各村有几百年的生产实践，但手工作坊式生产凭经验，缺少科学性，对存在的一些问题没有专门机构和企业去重视应付，真正成功的或有知名度的不多，究其原因是科技含量低，简单地加配料成新品，缺少对机制的科学分析，停留在低层次的应用上，故有实质性的突破。

（3）宣传不够，营销简单

在市场经济中，广告宣传和营销策略是至关重要的。水各村的酿酒业由于小而土，宣传就缺少力度，很多地方的一些消费者对九阡酒一无所知，缺少认同感和亲和力，营销方法又简单，从外包装到内在酒质、品种结构，没有按不同地区、不同层次的口味需要，进行多种形式的营销，因此水各村的酿酒业逐渐倾向于自产自销。

3. 对水各村酿酒业发展的建议

（1）打造自己的酒文化品牌，实现酒文化的独特性

水各村是水族传统酿酒文化发展最为完整的一个村落，但是在品牌的塑造程度还不够，在水各村对外宣传过程中，需要有专门的公关团队对自身的旅游资源和文化进行系统的设计、包装，打造自己的独特品牌，充分开发自己独具的得天独厚的酿酒资源，保持酒文化的独特性。

（2）以深厚的历史文化底蕴为依托，将本村特色的酿酒业与旅游业相结合

弘扬水族传统酿酒文化，这既是一个产业发展的需要，也是民族发展的需要。只有把水各村的民俗文化传统挖掘出来，使其与水各村的实体经济融为一体，打造集九阡李文化、九阡酒文化、民俗风情和旅游文化为一体的生态农业旅游观光基地，才能最大限度地发挥水各村的李、酒、民俗、生态旅游的资源优势，从而实现水各村经济的可持续发展。

（3）培育和塑造品牌效应，增强水各村酿酒的品质认同率和品牌感染力

一个强势品牌，它的渗透力和感染力表现在物质层面和精神享受层面上的双重内涵上。对消费者来说，产品首先在物质上要有品质保证，是要绵柔的，是要饮后轻松舒适的；其次在文化方面要给予消费者精神层面的愉悦和满足，即品牌所赋有的文化内涵以及其个性化、差异化的文化。对于水各村的酿酒业发展，应该把九阡酒所蕴涵的独特的水族文化和代表未来发展方向的文化融于一体，并在口味的传承和改进上与时俱进。

（三）特色刺绣的发展与传承

刺绣在水各村有着悠久的历史传统和广泛的群众基础，刺绣种类丰富，造型多样，充分体现着水各村人民对生活的热爱和对美好事物的喜爱和追求。

1. 水各村刺绣的悠久历史和文化传承功能

刺绣，是水各村居民美化服装、鞋帽、围腰等日常生活用品的必不可少的一种技艺。

水各村的姑娘从小就要在大人的指导下学习刺绣，七八岁开始学起，15岁左右能掌握基本的绣法，在出嫁前，必须学会能够用平面刺绣、结线刺绣、盘线刺绣、边埂穿挑刺绣等绣出各种各样的花纹和图案，刺绣技艺的高低渐渐演变成衡量一个姑娘是否心灵手巧的标准。

同其他手工艺一样，水各村的刺绣有着其独特的文化蕴藏。几乎每一种刺绣背后都有着各种美丽的传说，并和水各村人民的生活息息相关，寄予了当地居民对自然的尊重之情、对生活的热爱之意，具有浓烈的地方风情。

水各村最具有代表性绣品“歹结”（在汉语里是背带的意思）——一种“T”字形的背带，正中央用各种几何布块（在水语里把他们称做“不”、“各画解”、“各画对”、“鲍”、“拱坝希”、“巴拱勒”、“巴拱盖”、“堕”、“播”）拼成一个大蝴蝶的图案，这就来源于一个美丽的传说：相传很早很早以前，天上有九个太阳，一同照射着大地，晒得树都枯死了，河也都干涸了，一位勤劳的水各村妇女背着自己的孩子去找水，找呀找呀，太阳晒得火辣辣的，母子俩几乎晕死过去，就在这时，恰巧飞来一只大蝴蝶，正好在母子的头顶上空，展翅遮住了太阳，使母子得救了。从此，水各村人民便在背带上绣上大蝴蝶图案，一是希望祈求背带上的大蝴蝶保佑母子平安，二是告诫子孙后代不要忘记昔日蝴蝶的救命之恩。

水各村最古老最富有特色的马尾绣绣品在当地人民的生产生活中具有深远影响。马尾绣背带、马尾绣尖角鞋、马尾绣童帽等，在当地生活礼仪中具有不同的特殊意义。如当地女子出嫁后，生育第一个孩子时，马尾绣背带和马尾绣的小孩银佛童帽是作为富贵吉祥的象征，是外婆（或舅母）探视外甥的必备礼物。而且在水各村女性只有在出嫁后生育第一个孩子时，母子才能享此殊荣。此后，该女子不管生育多少个孩子，娘家都不会再送马尾绣背带，先前送的马尾绣背带便一直背孩子们都长大成人。背带完成使命后如果还完好结实，就传给下一代，这样一代一代地往下传，成为该户人家的“子孙背带”，是极为珍贵和罕见的。一般来说，每个水各村女子一生中就只能接受娘家送的一副马尾绣背带，就算婚姻变故另嫁再生，娘家都不会再送。这种做法，一是因为马尾绣背带制作工序繁杂、价格昂贵、经久耐用；二是娘家人希望自家女儿从一而终，婚姻稳固，幸福美满；三是母亲希望女儿多子多福，在第一个孩子出生时，送去马尾绣背带和银佛童帽，代表富贵吉祥，希望外甥健康成长、长命百岁。

水各村的刺绣艺术，作为当地文化的一个重要组成部分，形成了自己独特的艺术风格。当地的刺绣艺人大部分并不识字，但他们在长期的生产生活过程中，对自然界中的各种事物有着敏锐的观察力和审美能力，有着强烈的表现欲望，将自然万物和民俗事物经过想象加工后，反映在刺绣工艺上。绣品上的花鸟虫鱼造型别致，富有民族韵味和艺术效果，是水各村民间艺人的智慧和结晶，并承担着当地文化传承的重要角色。

2. 水各村刺绣的种类与发展

（1）马尾绣

马尾绣，是水各村最古老同时最富民族特色的一种刺绣工艺。其刺绣图案古朴、典雅、抽象，具有固定的框架和模式，制作过程烦琐复杂，绣出的成品华美精致而又结实耐用。

马尾绣工艺，传说是由龙女骑着用鱼化成的白马，到此传授马尾绣技艺。具体的来源已无法考证，但鱼是水族的图腾，马是水各村社会经济生活中重要的畜种之一，加上当地人民希望神化独特的传统工艺，流传着这美丽的传说也不足为奇。

马尾绣在水各村由家庭中女性世代传承，是以马尾为原材料的特殊刺绣技法。马尾绣制作工艺很复杂，具体可以分为六个步骤进行。第一步，制作马尾线。首先要对刺绣用的丝线进行处理，一根丝线（多数以白色为主）要用纺车纺细，分成三股，然后用丝线将2～3根马尾紧密地缠裹起来，做成马尾线。第二步，固定框架图案。用一颗大针将马尾线穿好，再用另一颗稍小的针穿上同色丝线，然后一边用马尾线在布面上镶成各种图案，一边用穿有丝线的小针专门将图案固定在布面上。第三步，“填心”。即用各色丝线（多以黑色、墨绿色和紫色为主）将固定好的图案空隙部分填满。第四步，镶边。

用橙色和墨绿色丝线在四周挑成“花椒颗”的镶边图案。第五步，钉“金钱”。在绣品上钉上闪亮的小铜片以增加绣品亮度。第六步，装订成一个整体。完工的绣品就像一幅彩色浮雕，精美绝伦。

由于马尾绣制作工序烦琐细致，并且每一步都是纯手工制作，人们为了方便操作，便将绣品分解成若干小片，待到每一片都完工后，再用针线将它们按次序钉在一起。六道工序完工后，一件完整的马尾绣工艺品就做成了。马尾绣图案题材范围极为广泛，绣品上除了绣有大量造型别致的花、鸟、虫、鱼等动物和植物的图案外，还绣有龙、凤、麒麟等水族人民崇拜的图腾以及太阳等图案，有的绣品上还绣有水族人民古老的文字符号，即水书文字。

同时，马尾绣工艺品往往综合运用结绣、平针、乱针等多种刺绣工艺，陪衬和凸显马尾绣工艺的特色。马尾绣独到的制作方法使绣品具有浅浮雕感，它不追求形象的逼真，而求其形象意态特征的整体把握，其造型规律是整体的写意和象征性的变形。所以，马尾绣不仅在制作原料、制作工艺上十分特殊，而且图案艺术的表现形式也具有当地显著的民族特色，这是我国乃至世界非常珍贵的特殊刺绣工艺。

(2) 其他刺绣工艺

在水各村，除了最经典最具代表的马尾绣，还有其他的刺绣的技法：平绣、空心绣、挑绣、结线绣、螺形绣等。

平绣：平绣是水族妇女除了马尾绣之外，用得相对多的一种绣法，也常见于小孩的背带上。首先是把做好图案的纸模粘贴在平布或者丝织品上，然后加上一层布壳，再在布壳上用各种彩色的丝线，绣出各种各样的花鸟、鱼虫，并将纸模盖掉直到看不出来为止。用平绣绣的围腰、“歹结”以及翘尖鞋等作品，其主要特征是图案圆润，针脚整齐，而且整体作品看起来比较精细，色彩丰富，艳丽美观。

空心绣：顾名思义，空心绣的制作一般不用纸模，而是直接用彩色丝线覆盖花草外面的空间部分，所剩下的就是中心部分——已经描绘好的花草轮廓。此种绣法是由于在刺绣的过程中，人们总觉得平绣浪费时间，又费力不讨好，所以在平时的生活中不断总结和摸索，发明的空心绣的新方法。

螺形绣：绣螺形绣的时候需要两颗针，并且同时穿上一种彩色的丝线，其中一根线在布上旋扭成螺形，另一根线则把这些螺形连接起来，并且使其固定在布面上。螺形绣也是一种既古老又具有生命力的刺绣艺术，跟马尾绣一起使用。就其中的结线绣工艺而言，比较起马尾绣，它可以一次性将马尾绣的空心部分填满。螺形绣的特点是针脚细腻、工整，使人看过之后有一种特别的感觉，华丽中透着庄重、粗犷。螺形绣与马尾绣的工艺相辅相成，优势互补。有了螺形绣的衬托，马尾绣看起来更加锦上添花。

结线绣在当地往往与传统的马尾绣一起使用，所绣出来的花鸟也具有独特的效果，线条粗犷有力，造型夸张简朴，色彩单纯而又沉重，具有古老而浑厚的艺术魅力。其制作方法是用彩色丝线套住马尾绣的内侧，依次绣成一个连一个的“结”，第一层绣完之后，再绣第二层，以此类推，反复进行，直到把空心部分都填满为止。结线绣的技艺相对比较复杂，要想绣好需要用很大的耐心和细致，如果没有刻苦好学的意志，是很难学到家的。所以，近些年来，除了水族地区的中老年人还坚持此种绣法外，年轻的妇女就很少学习了，改为学些其他相对简单的绣法。

最近这些年来，当地姑娘们随着对外交往的日益增多，开阔了视野，也学到了其他兄弟民族的一些刺绣艺术。泡绣就是最近才在水各村流行的一种新工艺。其制作方法有刺绣、引线以及修整等，主要的优点是秀丽多彩，新颖美观，也深得当地人民的喜爱。

3. **水各村刺绣的艺术特色**

水各村的刺绣通过图案纹饰的象征意义和独特的装饰性的表现手法，借助具体可观的事物、形体，符号等，把当地人民心中朦胧的、虚幻的、对美的感情一一表现出来，给人以空灵的美感和随意联想的感受。例如人类的男女相恋相爱的现象，本是很自然的，也是古今中外艺术创作的永恒主题，但是在水各村的刺绣图案中，却很少直接地表达出来，水各村人民采用惟妙惟肖的婉转暗示的方法来表现男女之间的情感。在当地的刺绣图案中就常常见到双鱼、双龙、双燕、双鸟、双蝶的形象，用动物成双成对来隐喻人们之间的爱情；有时候是花卉和动物并用，比如荷花、梅花、牡丹寓意是女性，穿莲的鱼、登梅的鸟、采蜜的蜂、戏水的鱼都寓意男性，也是来表现男女之间的爱恋结合，幸福美满。

此外，背带上常见的石榴，寓意多子多孙，桐果心、蜜蜂、牡丹花等主题的图案，都是源于自然，再经过艺术的提炼、夸张、变形而成为水各村刺绣的图案。还有背带上的花卉、鸟兽以及龙凤、孔雀等寓意吉祥的图案，往往还以形相喻、以音相谐，比如绣公鸡就是象征“吉利”，绣蝙蝠象征

“福”，绣上两只喜鹊是“双喜”，绣莲花和鲤鱼象征“连年有余”，绣梅花鹿和仙鹤象征“鹤禄同春”。

除了当地代表性的绣品“歹结”外，还有其他许多形形色色的具有浓郁民间特色的绣品，翘尖鞋就是其一。翘尖鞋是当地妇女自己绣的布鞋，前面做成尖状向上翘起，所以得名。翘尖鞋的制作工艺不仅独特，穿着在脚上也感觉格外舒适。高高翘起的鞋尖，仿佛弯弯的月亮，惹人喜爱。其样式美观，尤其是年轻的姑娘穿着，更是美观大方，所以翘尖鞋业成为当地人民馈赠亲友的佳品。在水各村，结线绣的翘尖鞋成为展示姑娘高超手艺、美好心灵和良好德行的珍贵物品，如果哪家的姑娘送一双精美的翘尖鞋给年长的女性亲戚，大家便会啧啧称赞姑娘有礼貌、有道德、有修养。不仅如此，翘尖鞋还是当地姑娘出嫁时必须送给婆家的重要陪嫁之物，少则三四双，多则十几双不等。而且姑娘在出嫁时，自己也要穿上翘尖鞋，象征今后的日子如同小船一样一帆风顺，事事如意，生活幸福美满。

除了翘尖鞋，还有当地妇女刺绣的袜垫。尤其是绣花的袜垫，东西虽小，但意义却很大。它除了具有保护保暖的实用性以外，也是馈赠的重要工艺品。水族姑娘在出嫁时，要送给夫家袜垫，少则好几双，多为十几双。可见，袜垫也是重要的嫁妆之一。

小孩的绣花帽也是独具民间特色的一种工艺品。常见的有台顶环形绣花帽、平定月形绣花帽，屋梁顶四面绣花帽、平顶圆形绣花帽以及圆形拖斗绣花帽等，种类十分丰富。比较流行的也是最独特的要数屋梁顶四面绣花帽。在帽子四面绣花当中，以前后两个绣片为主，左右两侧的绣片其次，每个绣片的翅阔上还有绣好的花朵、水波纹、龙凤等图案，并且还在帽子的正前方和两侧边上都钉上九个十二生肖的银佛，帽子后面还钉有带小链子的鸟雀、鱼虾以及铃铛等九个银饰，左右两侧再钉上椭圆形的龙及花草的银饰片，十分精巧漂亮。若是小孩子戴上这屋梁顶四面绣花帽，不仅好看，而且加上银饰品和小铃铛的响声，还含有希望小孩子健康成长、活泼可爱，蕴涵着某种图腾崇拜的意味。

围腰的胸牌绣花，也是水各村妇女刺绣成品之一。它是由上下两部分组成，围腰的上部分是胸牌，呈梯形方块，以浅色布或者浅色缎面做衬底，在上面绣花而成。胸牌的四周用各种丝线绣成花草、蝴蝶、鸟和藤蔓等图案。在水各村还有一些关于围腰绣花来历的传说。相传很久以前，水族姑娘的围腰只是一块布而已，一天，村寨里的姑娘们上山找野菜，最小的一位姑娘发现了一朵漂亮的野花，便随意地摘下来插在自己佩戴的围腰上。休息的时候，大家都看见了，觉得很漂亮很好看，这个说好，那个说美，称赞小妹妹有眼光。但过不了多久，经太阳一晒，野花就枯萎了，怎么办呢，小妹妹左看右看很伤心，大家看到就帮忙出主意，你一言我一语，最后有人提议，我们不如用线把花绣在围腰上。于是，经过长年累月不断的探索，当地姑娘把远古缝野花的习俗，逐渐演变成绣花的胸牌，一直流传至今。水各村的人民善于发现美、创造美，正是他们对美的不断追求，水各村的刺绣艺术才能万古流芳、丰富多彩。

这些综合了民间绘画、工艺制作等多种艺术形式的刺绣，经过当地艺人的长期生活经验的积累，不断地创新、探索与完善，才达到今天的艺术成就，使之成为当地一种有着较高审美价值和魅力的艺术形式。

4. 水各村刺绣艺术发展面临的问题

一方面，水各村的整体刺绣手工艺并不发达，现在的孩子大都上学接受外来新思想的影响，加之刺绣技艺的繁复工序，学习传统刺绣艺术的孩子比较少；另一方面，随着村民生活条件的改善和与汉族、其他民族的交流往来，村子里的年轻人都已习惯购买和穿戴汉族的服饰，拥有一身刺绣手艺的只剩下老年人，还更有些刺绣高手已经离世，使得传统刺绣技艺出现了断代。现在，水各村刺绣艺术面临的主要问题主要集中在下面几个方面：

第一，掌握刺绣手艺的民间艺人出现严重断层。水各村过去多以村寨中技艺高超的老年妇女传授马尾绣等刺绣工艺，并世代相传。但由于历史的原因，很多技艺高超的老艺人没有传下手艺就辞世，使得掌握水各村刺绣全面工艺、具有深厚功底的老年妇女人数极少，少数具有功底的艺人大多年事已高，已是风烛残年的手工艺人。

第二，受现代文化冲击很大，加之水各村刺绣的工艺又相对烦琐复杂，水各村愿意从事刺绣学习的人越来越少。现代教育、升学、工作、打工潮的出现，以及工业化生产、现代文化、审美观念的冲击，刺绣被认为不合时尚，既费时费事，又极少赚钱。因此，愿意学习刺绣工艺的女子寥寥无几。

第三，现代的刺绣工艺制品质量下降，其工艺质量极难达到古代精品近似的水平。当今的社会，人们为了追求眼前的经济利益，逐渐淡化了传统的民族手艺和文化。一些刺绣的成品只是为了满足当地人或是外地游客的需要，所以做工都不是很精细，因为普通的刺绣都要绣上一个多星期，更别说那种做工精细的，更要很多工序、时间和精力，所以一般情况下只有比赛作品或者自己家女儿出嫁时，才会做得很好。即便是这样，现代的刺绣作品也不及原来的工艺精湛。

所以，抢救和保护水各村刺绣这个民间传统的手工艺已是迫在眉睫。

5. 水各村刺绣发展与保护的实践和思路

近年来，当地政府制订了一些相关的措施：比如慰问和资助会马尾绣的老艺人；抢救、保护和收藏古代具有代表性的马尾绣作品；对于马尾绣工艺比较集中的村寨，建立马尾绣刺绣之村，扩大影响，促使青年学习此工艺；开办马尾绣工艺培训班，聘请优秀老艺人传授技艺，等等。

水各村刺绣工艺面临的危机，要采取保护与开发利用相结合的方法，要实现对刺绣这一文化资源的有效保护，必须以当地发展旅游产业为契机，将保护与开发利用刺绣结合起来，在开发利用中实现保护和传承。

一是抓紧将当地刺绣中的专门技艺、绣法和图饰等加以注册，申请专利予以保护。保证其知识产权和民族艺术资源不受侵权，避免造成文化资源的流失。

二是多举办刺绣等民间技艺比赛。贵阳市南明区2006年7月15日举办的民间艺人技艺大赛暨情歌技艺传承表演活动中，列出以纺织和刺绣为主的30个项目，黔南州近几年也多次举办了民间技艺大赛，活动大大激发了民间艺人传承民族民间文化的自觉性与热情。多举办这样的比赛，可以吸引更多的人到刺绣等民间技艺上来。对民族民间传统手工艺的继承和开发是人类对自身本土意识认识的必然，随着物质文明和精神文明的不断发展，人们对手工艺品的需求也会有增无减，要赋予传统手工艺以时代特色和表现手法，卓有成效地促进和推动传统手工艺的迅速发展。

三是培训大量的刺绣民间继承人。根据《贵州省民族民间文化保护条例》第十三条关于“中小学生应当将优秀的民族民间文化作为素质教育内容”的规定，推动民族文化进课堂。在抓好民族民间文化进课堂工作的同时，民族工作部门，也可以采取举办民间技艺培训班等方式，不断培训和壮大刺绣民间传承人队伍，并在保持当地刺绣传统风格的基础上，多出样式，多出产品。有“马尾绣之乡”的中和镇据说已经开办了很多专门培训刺绣技艺的学校和培训机构，想学刺绣技艺的人可以专门前往学习。

四是建立刺绣厂及相应的销售渠道。通过政府牵头，在水各村等地区，采取公司加农户或引进客商的形式，建立刺绣厂及相应的销售渠道，把当地刺绣作为旅游商品推向市场，做强做大，逐步向产业化发展，从而达到既传承当地文化又能产生经济效益的目的，使刺绣这一民间工艺得到更好的保护并更好地传承下来。

尽管制订了一系列的相关保护措施，但是最关键也是最难解决的问题是相关资金的投资与支持。贵州的三都水族自治县是国家级贫困县，财政收入仅够全年支出的1/6。刺绣工艺项目抢救、保护经费难以有大的突破，还需要国家以及社会各团体的支持与资助。

（四）水各村手工艺——特色银饰

银饰是水各村人民日常普遍佩戴的装饰，其形状、外观、工艺、造型都具有鲜明的特色，代表着当地居民独特的审美情趣和文化内涵。

1. 水各村生活中的银饰文化

水各村银饰丰富多样，做工精湛细致，其图案纹样质朴大方、生动逼真、造型多样，体现着水族古文化的源远流长，也代表着水族人民对生活的真挚热爱和对美好事物的不懈追求。

水各村银饰背后有着深厚的文化蕴藏，至今在当地依然流传着许多美丽生动的传说。

关于手镯的来历，在水各村有个优美古老的民间传说。据说，在很久以前，凶恶奸猾的老巫婆——水语里称“尼变”经常出来害人。有一天，水各村两个小姐妹上山采蘑菇，在路上遇到“尼变”，“尼变”对姐妹俩撒谎说走不动了，请她们帮忙扶一把。姐姐信以为真，便上前搀扶，谁知“尼变”紧紧捏着姐姐的手腕不放，姐姐使劲拉了几次都无法脱手，就这样，姐姐被“尼变”活活害死。妹妹决心要替姐姐报仇，就到处求师学艺，几乎走遍了当地的村村寨寨，有一天，在一棵榕树下碰到一位衣衫褴褛的讨饭老人。妹妹便把自己的饭送给老人家吃，并把在山上姐姐被害的事情告诉他。老人便把自己讨饭用的两个竹筒送给了妹妹，并叮嘱路上若是遇到“尼变”，就把竹筒戴在手腕上，用针刺她的胸口。过了没多久，“尼变”又来到妹妹的身边，左哄右骗，可妹妹此时心里早有准备，但还是假装愉快地上前搀扶她。此时，

“尼变”凶相毕露，死死地捏住妹妹的双手，谁知妹妹早已戴上竹筒，并趁机用针朝“尼变”的胸口刺去，只听“哇”的一声，“尼变”应声倒下。因为戴着竹筒做家务劳动也不方便，于是妹妹请银匠照着竹筒的样子打了一堆银圈戴上。银圈戴在手上，闪闪发光，“尼变”害怕便不敢靠近。从此银手镯便在当地流传开来，直到今天当地妇女也喜欢佩戴。

虽然只是个传说，但是佩戴银饰的习惯反映了水各村人民对生活的热爱和珍惜，体现了当地人民疾恶如仇、炽热如火的性格，也展现了当地姑娘的爱美之心。这种爱美之心在她们的刺绣、挑花等绣品上也都有所体现，水各村的人们酷爱本民族的银饰，华贵而典雅的银制品，是当地民族服饰艺术的重要组成部分，具有独特的民族自身的审美价值和审美观念。

2. 水各村银饰的艺术特色

银饰作为水各村一种传统的工艺，具有鲜明的民族风格和民族特色。它以银子作为主要的材料进行加工，是艺术品与财富的结合体，并成为人们收藏和传世的物品。

在水各村经常能见到精湛的银饰工艺品，这些银饰多为本地的能工巧匠所制作。村子里的银匠的手艺也是代代相传，成为重要的民间技艺。其制作方法是首先把银锭、银毫、银圆等白银经过高温熔炼，然后注入模具，用手工经过反复地锤、冲、压、拉、焊、刻、修理，还要用白矾煮刷等十多道工序，最后精心制作才完成各种精美的银饰。当地妇女佩戴的大型银饰“雅领”，其工艺最为复杂，最底部是花草，中部是二龙抢宝，上面则是展翅飞翔的凤凰，其神形兼备，主宾分明，立体感极强，层次又突出，栩栩如生，深受当地妇女和收藏者的喜爱。

水各村的银饰品种很多，充分体现了当地手工艺人的精湛工艺。如女性佩戴的银饰有银角、银花、银簪、银梳、银扣、银钗、项圈、项链、雅领、戒指、手镯、围腰链、耳环、耳坠、针线筒以及各种装饰用的银片、银泡、银铃铛等。水各村女性的一套完整的银饰品，用银累计可达七八斤重。

银饰制品已经成为当地人生活中一个重要的组成部分。银饰品上的图案不仅仅表现银饰匠人的精湛手艺，更重要的是反映当地人民对美、对幸福生活的向往与追求。同时，银饰的多寡，也象征财富的多少。而且，在水各村的传统文化里，银饰对他们来说也是必不可少的。银饰品几乎家家都有，特别是有姑娘的人家，哪怕是砸锅卖铁也要购置，可见银饰的重要性。在盛大的节日或者走亲访友活动中，妇女要是没有佩戴银饰，就感觉好像低人一等。此外，男士的银饰品，有手镯、项链、头发、项圈、戒指等，这些大多数为历史上的遗迹，现在水各村男人的饰品常见的还有项圈、手镯、戒指等。

银饰这门民间艺术经过当地人民智慧的创造，结出了斑斓的艺术果实。水各村人民用他们的创造性艺术实践丰富了我国的艺术百花园。进入21世纪的今天，我们再次观赏和审视这些民间银饰，让人感到一种深深的震动。

3. 水各村银饰的保护与开发

水各村银饰文化具有独特的价值与魅力，我们不可避免地面临着银饰保护的问题。银饰文化保护不能仅仅把这些传统的带有文物价值的银饰物品静静地放入博物馆里，我们需要更实实在在的保护。

水各村银饰是当地人民智慧与文明的结晶之一，但是由于地处偏远，社会经济的发展相对落后，对银饰等文化遗产保护起步较晚，银饰加工技艺与传承只局限于一些老年人，银饰的加工后继乏人、青黄不接。

在这种情况下，我们建议把保护的重点放在保护银饰的传承人身上，尤其是保护银饰加工制造的民间老手艺人身上。

首先，进行调查和普查，作好登记，摸清家底；其次，有针对性地进行技艺的整理、记录；再次，培养年轻的接班人，使银饰技艺的加工代有传人；最后，要研究银饰制品的销售市场，适时进行有效的新产品的开发和销售，要使银饰产品多样化，与新时代的消费时尚接轨。

这样从具体的实践意义上对当地的银饰文化加工技艺加以保护，使水各村的银饰等手工艺保护回归民间，使当地老百姓自觉自动地保护和传承赖以生存的文化生命之源。

五、农村改革与发展

三都水族自治县水各村主要以梯田为主，自产的九阡酒、九阡李早已闻名县内外。少数民族占99%，其中水族占95%。水各村男性中青年一般都通晓水语和汉语，其中大部分男性青年都外出打工。而妇女和老人有些只懂水语，不懂汉话。

（一）水各村新农村建设

水各村作为贵州省新农村建设试点，紧紧围绕“三建三改五提高”的工作思路（“三建”即建基本农田，建优势产业，建公共设施；“三改”即改善乡镇公路，改善人畜饮水，改善人居环境；“五提高”即提高农民收入，提高农民素质，提高社会保障能力，提高民主管理水平，提高乡风文明程度），积极、认真、稳妥地开展工作，使各项工作有序推进。水各村被列为省新农村建设试点村，得到省、州领导和相关部门的关心和支持，其中省领导协调水泥100吨，州领导协调水泥30吨，加之州民宗局、州建设局、州交通局等有关部门和县直部门的大力支持，以及九阡镇的参与配合，使水各村的建设资金和物质折款已达145万元。

自2005年水各村进行水族民族村寨建设以来，得到了原贵州省省长石秀诗、原省政协主席孙淦、原黔南州州委书记林明达及黔南州州长李月成等领导的大力支持，他们都曾专门到水各村了解情况。2006年4月8日，贵州省省委书记石宗源带领省有关部门到九阡镇水各村进行调研，详细询问村民对建设民族村寨和建设社会主义新农村的意见和建议。

2006年7月1日，第二届“贵州·三都——中国水族卯文化风情之旅”在九阡镇水各村开幕，来自全国各地的新闻媒体与游客约4万人次观看了古老神秘的水族婚俗、祭祖、千名妇女祭稻田、卯坡情歌对唱等风情表演活动。在我们调研的7月中旬期间，水各村还迎来了台湾千人夏令营的营员，大家都被这些极富民族特色的风情表演深深地吸引。2006年9月2日，三都水族自治县首次成为国际性会议分会场，15个国家的代表和国内32个省市旅游局局长组成的“国际乡村旅游研讨会”考察团对水各村乡村旅游发展情况进行了实地考察[①]。

水各村作为省级试点村还吸引了中央党校省部班学员到水各村调研民族文化。2006年6月2日，中央党校省部级班学员一行9人（贵州省政府副省长包克辛，上海市市委常委、组织部部长姜斯宪，文化部副部长、故宫博物

① 三都水族自治县年鉴编纂委员会编．三都年鉴（2006）．北京：中国文化出版社，2007：455.

院院长郑欣淼，全国侨联副主席、党组成员林淑娘，中国证监会纪委书记李小雪，海尔集团党委书记、董事局主席、首席执行官张瑞敏，江苏省副省长张卫国，吉林省副省长、吉林市市委书记矫正中，新疆维吾尔自治区副主席库热西·买哈苏提）来到水各村，就民族地区传统文化的传承保护、经济社会发展及社会主义新农村建设的相关问题进行了调查研究。

近年来，水各村村民人均纯收入5年翻了一番还多，从2001年的750元增加到2005年的1527元；人均占有粮食从2001年的280千克增加到2005年的380千克，年均增长20%。2005年，在水各村举办的“贵州·三都——中国水族卯文化风情之旅”首游活动取得成功，吸引了来自国内外的游客5万余人。节日当天，卯坡消费额达85万元，给水各村带来纯收入21.62万元，人均增收101元，地处卯坡最近的水各大寨节日期间人均纯收入达156元。

水各村是素有“东方情人节”之称的“卯节”的故乡，是水族文化的发祥地，村中藏有大量水书和水歌刊集。水各村发展乡村旅游的主要特点是“政府投资、村民投劳”。近年来，水各村积极响应县委、县政府旅游兴县总体战略目标，充分挖掘卯文化发祥地这一优势资源，打好水族卯文化民族风情旅游牌子，着力打好“东方情人节”这一民族文化旅游牌子。依托远程教育，通过实施“支部+远程+协会”，在村党支部一班人的带领下，全村群众团结协作，积极主动，组建了几乎覆盖全村各家各户、由近200名会员组成的卯文化旅游协会，2007年度接待游客10多万人次，收入30多万元，人均从旅游接待上增收115元，有力地推动了新农村建设。

为了促进村经济发展，增加群众收入，全力打造卯文化民族旅游村寨，在支部和协会的带动下，水各村群众参与的积极性空前高涨，积极拉项目、要政策、找经费，投工投劳，建成通村4米宽镶边碎石路面1200米，2米宽混凝土路面1300米，3.4千米的石板旅游步道，2个公共厕所，一个2780平方米的停车场，一个800平方米的混凝土活动场地；新建村寨排水沟1437米；实施“科普+远教”六个一工程，建立了科普学习室、远程教育学习培训中心、九阡李种植示范基地、科普宣传栏等；整理修改厕所87个，开发出景点16个；成功举办“贵州·三都——中国水族卯文化风情之旅”活动。工程总投资20万元，由三都县水利局实施的为水各村建成渠道1.75千米通过检查验收，完工通水，解决当地500亩农田适时插栽和缺水灌溉的问题。这些基础设施的建设为水各村建设新农村、引进外资创造了良好的环境支持。

目前，水族文化博览园已经建成，游客服务中心、农家乐饭店等一些极富民族特色的相关设施正在紧张的施工建设之中。水各村的道路硬化达到85%，“三改”工作已完成70%，一个社会主义新农村和民族文化旅游新村的雏形正在形成。

虽然水各村的新农村发展建设良好，但是村民劳作仍很粗放、原始，劳动强度很大，劳动效率不高，在旱菜种植上，农技扶持相对较弱，农产品科技含量不高。虽然国家已减免了农业税，并且在义务教育阶段实行“两免一补”政策，但老百姓反映，眼下的种子、农药、化肥等各种农资价格上涨，而农副产品价格却难以上去，群众增收难于突破；群众的娱乐活动和精神文化生活无场地开展，纯女户的养老问题如何保障等问题，也是水各村所面临的一个普遍问题。

2007年4月，省委石宗源书记到水各村调研时，对该村寄予期望，并勉励这里的干部群众要齐心协力，真抓实干，水各村的生活一定会像九阡酒、九阡李一样“好香、好甜!”

1. 水各村的新农村建设主要特色

(1) 因地制宜，调整农村经济结构，大力发展特色农业

水各村盛产九阡李，村委领导抓住这一特色，按照“公司 + 基地 + 农户”的发展模式，不断扩大生产规模，形成特色产品，走专业化生产、特色化服务之路，带动了农业结构调整。在卯文化旅游协会成立之前，水稻是村民的主要经济来源，当地特产“九阡李”和“九阡酒”、特色饰品马尾绣和银饰销量不好，仅作为自家消费所需。协会成立后，对名优特产和特色饰品进行产品标准和市场定价的统一，会员则按协会的要求组织生产、加工、销售。在发展这一产业的同时，大量在外打工的青壮年和妇女回到家乡，充足的劳动力为发展农村经济提供了有力的保障，极大地促进了农村其他产业经济的发展。

在水各村，相当部分村民都具备庭院栽培九阡李的条件，这些村民家的条件和意愿显示着庭院经济的增收潜力。事实上，九阡李已在水各村庭院经济发展中显示出活力，如有的农户仅房前屋后的九阡李收入就达2000元，接下来，应继续发展壮大庭院栽培九阡李，以作为规模化发展的补充，双管齐下促进村民增收。

(2) 完善农村基础设施建设，改善农民生产生活条件

自水各村把旅游业作为重点来发展，村里基础设施建设有了明显提高。

在当地政府和村“两委”班子的引导带动下，群众参与的积极性空前高涨，积极跑项目、要政策、找经费，投工投劳等，认真搞好各项设施建设。2005年，在当地政府和村民的积极争取和共同努力下，各级各部门投资近100万元，建成了通村4米宽镶边碎石路面1200米，2米宽混凝土路面1300米，石板旅游步道3.4公里，公厕2个，2780平方米的停车场1个，800平方米混凝土活动场地1个。目前，极具民族特色的水族文化博览园、游客服务中心、农家乐饭店等相关设施正在紧张地施工建设之中。

（3）推动了农村专业市场的形成和特色品牌的推广

九阡李和九阡酒作为水各村的特色产品，在新农村建设之前并没有形成大的销售规模，包装极为普通，品牌发展困难。马尾绣和银饰也没有拿到市场上销售。成为新农村建设试点以后，村委会鼓励大家大量种植九阡李和酿制九阡酒需要用的稻米，并将九阡李和九阡酒加工包装，成为一个品牌推向市场。至2006年，水各村九阡李的种植已达4500亩。马尾绣绣成花、鸟、虫、鱼及龙凤、铜鼓、水书等各色精美图案，并制成背带、鞋子、时尚礼包、领带及匾额装饰品等，备受外地游客的青睐，成为旅游购物的最佳上品。水各村已逐步将其整合、打造，并进行升级包装，使之成为促进当地群众增收的一大产业，有力地推动了农村专业市场的形成和特色品牌的推广。

（4）以科技促发展

水各村作为三都水族自治县的科普示范村。2006年，县科协、县远程办等单位根据州委组织部、州科协、州远教办文件的通知精神，开展实施“支部+远程+协会”惠农兴村工程，在水各村开展试点工作。目标是建成农村科普活动室（站）一个，“科普+远教”宣传栏（橱窗）一个，配备宣传员一名，建立助民增收科普示范基地一个，农村专业技术协会一个，培育带民增收“支部+远程+协会”示范户一户，建成一站、一栏、一员、一地、一会、一户的“六个一”工程。村党支部和村委会密切配合，动员村民们积极参与。截至2006年年底，已完成“支部+远程+协会”宣传橱窗的选址、基脚施工，农村专业技术协会的材料申报等工作。其后，在县里的指导和支持下，村党支部和村委会与村民们一道继续共同努力建设“科普+远教”六个一工程，利用村里的公共活动室建立了科普学习室、远程教育学习培训中心，学习培训中心可容纳近百人，配备了一套信号接收设备、一台29英寸彩色电视机、一套音响设备、一台影碟机等设备；结合村里面的特色九阡李和村民们的实际需要，经分析研究决定，把助民增收科普示范基地具体化为九阡李种植示范基地，以充分利用“六个一”工程的资源和其他资源集中力量发展水各村的特色九阡李，变九阡李品种资源优势为真正的经济优势，切实助民增收；村党支部和村委会办公地点位于进出村的公路旁，所以村里干脆把科普宣传栏建在了村委会门口，这样村民们路过或到村委会办事就能看到宣传栏，很方便地了解科技信息，学习到科技知识。2007年以来，村里的远程教育学习培训中心已经集中组织培训1000余人次，观看科普节目人数500余人次，村民们反映节目通俗易懂，效果很好，学到不少技术和知识，观看节目后通常还会与其他人交流感受和心得。

（5）“两委”班子团结，班子战斗力强

水各村党支部共有党员32名，其中女党员3名，高中文化2人，初中以下30人，35岁以下党员2人，36～45岁的党员2人，46～59岁党员24人，60岁以上党员13人。党支部下设支部书记一名，宣传和组织委员各一名。

水各村党支部时时刻刻都在发挥着党支部的重要作用。在开展村级保持党员先进性教育的活动中，水各村党支部以“三个代表”重要思想为主要内容，团结和带领全村各族群众，同心同德，建设社会主义新农村，构建和谐社会。同时，支部还组织去外地学习考察，积极为建设新型的水各村而努力。在各项文化活动中，党支部也积极组织群众，丰富他们的日常生活。党员在各项活动中也积极参加，起着带头模范作用。如吴伟支书就带头清扫卯坡，八旬的老党员也和大家一起投入公路的建设中。总之，党支部在发展水各村的过程中，充分发挥了自己的作用。

此外，水各村党支部还充分进行创新，充分发挥党员的作用。对于在支部没有职务的党员，也给他们一定的职责，从而制订了支部无职党员“双定”制度。该制度面向本支部所有无职的党员，其基本原则是体现“三个代表”要求，与党员权利义务相衔接、与村组干部相区别，岗位与岗位内容均可定期或临时调整。设岗的形式是根据党员状况而定，可以一岗多人，也可以一人多岗。实施步骤是，调查摸底—设定岗位—明晰职责—自我定岗—支部定岗—公示名岗—培训上岗—帮扶促岗。工作制度如下：第一，实行评岗述岗制度：支部每半年召开一次党员大会，由党员汇报履岗情况，及时发现存在问题，指出改进方向。年终，按照党员述岗自评，全体党员和群众代表测评、党支部综合评定的程序，按优秀、良好、一般、较差四个档次评定无职党员履岗等次。第二，实行奖励及“换退”制度：对履岗表现优秀的予以表彰，凡三次以上履岗评定为“较差”的，又没有明显改观的，可劝其换岗或退岗。第三，实行公开制度：无职党员的岗位职责、上岗、履岗以及考核情况都要向党内外群众公开，接受监督。第四，实行督察制度：支部成立履职情况督察小组，随时掌握党员的情况，帮助解决党员履岗过程中遇到的困难，明确他们工作努力的方向，确保设岗定责工作顺利进行。现摘录一些他们的岗位：社情民意岗——收集群众意见和建议，向上反映重大治安信息；生态环境岗——努力学习环保知识，组织对环境进行保护，制止和监督破坏生态的行为；社会治安维护岗——参与组织治安联防，及时报告有关情况，依法维护社会稳定，保护群众生命财产安全；经济发展岗——组织学习市场经济知识，利用现代信息网络收集市场信息，带头发展特色产业，指导产业结构调整；务工信息岗——收集各地劳务信息，讲解有关法律、政策及相关知识，为外出务工人员提供学习服务；村务财务监督岗——参与村务、财务管理，监督搞好村务、财务公开，解释政策；科技普及及推广示范岗——学习新技术，作好技术示范，提供技术咨询；勤劳致富岗——带头遵纪守法，勤劳致富，不参与赌博等；计划生育宣传岗——宣传计生法规，动员亲属、子女、村民落实人口与计划生育政策，反馈人口信息；公共设施维护岗——组织对公共设施进行维护管理，并及时报告有关情况；村组干部监督岗——对村组干部履行职责、开展工作和发挥作用情况进行监督，并提出改进建议和意见。这些岗位充分调动了党员的积极性，为水各村的进一步发展提供了良好的条件。同时，对所有党员实行承诺制，每个党员都要多为村庄的发展承担职责。

水各村的村民委员会由5名成员组成。村主任和副主任各一名，下设三个委员，分别为治安委员、文书及妇女主任。村主任主要主持村委会全面工作，负责产业结构调整、基础设施建设及其他村务工作。村副主任协助支部书记和村主任搞好全村经济建设工作。治安委员负责民兵队伍建设，维护本村社会治安。文书协助支书和主任搞好文秘工作。妇女主任负责计划生育等事项。

其实村里的党支部和村委常常不分你我，两委彼此合作、共同发展，为促进水各村的全面发展而不断努力。

2. 水各村的新农村建设发展建议

(1) 提升农民素质，培育文明乡风

受计划经济观念和传统农业生产方式的影响，农民的思想意识，特别是地处偏远地区农民的思想意识不够开放，对一些新的旅游项目和新技术顾虑重重，不能很快接受新事物，农村专业协会的专业技能也就可想而之。但是作为小农户与大市场的纽带，协会的能力素质必须提高，才能更好地发挥作用。在协会工作带头人的选举上，要严格执行民主办会的原则，让会员自己选举本行业有威信、有知识、善管理又热心协会工作的同志担任协会领导职务，从而带出一支高素质的协会工作队伍。定期不定期地让会员了解更多的相关专业知识，建立“专家咨询”系统，让协会成员通过交流学习，解决工作中遇到的疑难问题，了解其他协会好的做法，增长见识、开阔眼界，提高自身素质，推进农村专业协会整体水平的提高。争取让18～45周岁的青壮劳动力掌握1～2门谋生技术与职业技能。通过组织一些群众喜闻乐见的活动，倡导健康、文明、科学的生活方式，积极开展“除陋习、树新风”活动，培育乡村文明新风。

（2）加强教育引导，不断提高群众的文化科技水平

水各村村民受教育程度普遍不高，大多是初中毕业，部分村民甚至小学都未毕业。据村委会提供的相关数据显示，该村18岁以上的624人当中，初中文化程度的只占了2.2%，高中文化程度只占0.9%。目前，该村大部分家长存在“读书无用论”的思想，小孩初中毕业后就外出打工挣钱的现象十分普遍。

在现在高度重视人力资源的时代，一个地区的经济发展程度取决于当地人口文化水平和知识积累的程度。人的文化素质高低决定了其对外来信息的吸纳和输出功能的强弱，也就决定了当地经济发展的程度和速度。三都县九阡镇水各村是水族人民聚居的地区，在我们的采访中发现很多水族村民不通汉语，有的能听懂，但要准确、流利地表达出来却有些困难，造成了信息交流沟通不顺畅、不能及时掌握市场信息。以种植九阡李为例，九阡李是三都县特色水果之一，九阡李的需求量很大，但是销路很窄，只是销往贵州一些城镇，还没有形成知名度。由于没有足够的信息，大部分村民害怕没有销路，不敢放手大量种植九阡李。在水各村，大部分村民文化水平不高，受过初中教育的村民大多外出打工，几乎没有人接受过职业技术培训。在采访中，水各村干部表示，村民的致富心情很迫切，但是，没有文化、没有信息来源和支持，始终无法摆脱贫困。还有一些村民表示，由于文化水平低，没有接收过专门的技能培训，找不到致富的门路。如果有机会，他们非常愿意去学习一些专业技能。科学技术是第一生产力，三都县应该在稳步发展国民教育的

基础上，不断改善教育体制结构，逐渐增加职业教育在国民教育中的比例。政府应该开办各种类型的技术培训班，培养各类农村技术能手，促进水族经济的不断发展。

(3) 加强基层民主政治建设，提高民主管理水平

水各村村民委员会管理透明度较高，通过对《村民委员会组织法》的宣传和贯彻落实，群众的民主法制意识、自主管理意识不断增强。与此同时，依法办事，依法维权的自觉性也在实践中日益提高。村务公开、财务公开等公共事务以及“一事一议”等规章制度已经做到了规范运作，工作效率逐步提高。

目前还在探索完善的是干部行使领导权、村民代表大会行使决策权、村委会行使执行权、村民行使监督权的机制，规范民主管理，鼓励和引导村民建立民主理财小组、村务监督小组、党风廉政监督小组以及各个专业合作社等各类民主监督、自我服务、自我管理、自我约束的自治组织和社会组织。

(4) 服务、环保意识有待提高，新农村建设需加强规划

水各村现在大力发展旅游业，但是村民的服务意识和环境保护意识亟待提高。水各村妇女主任冯琼告诉我们，由于水压较小，村里的农家乐厕所时常发出异味，严重影响其经营状况。小卖部欠缺统一安排，村里的生活污水没有经过处理，村里垃圾场的垃圾没有得到比较彻底的燃烧，影响村容村貌。虽然水各村旅游开发已有良好的起步，但“吃、住、行、游、购、娱”六大旅游要素还非常不配套，特色的旅游文化未得到很好挖掘利用，村民的安全意识、服务态度、服务水平有待提高。

（二）水各村招商引资

三都县作为国家级贫困县，水各村作为省级试点村，其经济发展较之西部其他县镇仍然比较落后，发展对外贸易、引进外资是水各村面临的主要任务之一。

2004 年 9 月三都招商引资局正式单列为一个部门，并且在 2006 年认真贯彻省、州招商引资工作会议精神，按照“引得进，留得住，能发展”的总体要求，进一步解放思想，更新观念，克服困难，主动出击，诚信招商，高效优质服务。当年，全县共引进各类招商引资项目 33 个，协议引资 4.608 亿

元，实现资金到位1.557亿元，与2005年同比增长44.58%（其中：新建项目25个，协议引资38680万元，到位资金1.187亿元，占总到位资金的76.24%；续建项目8个，协议引资1.06亿元，到位资金3700万元，占总到位资金的23.76%）。完成签约项目9个，签约协议引资4.82亿元，招商引资到位资金占全县社会固定资产投资的45.2%，实现工业产值2亿元。外来企业年纳税700多万元，占全县财政总收入的15.5%。水各村在建木材厂、开发旅游业、九阡李商品生产基地和九阡酒等一系列特色产业上也积极引进外资，拓宽致富思路。通过改善投资环境，加大加快资源优势向经济优势转变的工作力度。由于水各村林业资源丰富，2006年，在县政府的大力支持下，水各村成功引资，建成了一个木材加工企业。

水各村要进行成功的招商引资，一是要因地制宜、突出优势，制订出对投资者有诱惑力的政策。水各村九阡李、九阡酒闻名省内外，村里还有一口龙凤井，井水口感甘醇，木材加工厂经营状况良好，这些资源都为水各村的招商引资工作提供了有利条件。二是要注重宣传和利用这些优势。通过各种渠道让外界了解村庄，充分利用卯文化旅游协会、网络、电视、广播、报纸等媒介把村庄特色推广出去。三是加强与周边地区合作，形成优势互补，招商引资工作把实现多方共赢作为目标，才是明智之举。

水各村地处贵州黔东南，对于没有地理优势、农业经济不发达的情况，招商引资是其发展经济的重要手段。在本地产业对经济贡献不大的情况下，引入外部投资和先进的管理来整合现有经济资源，是使其资源得到充分而科学的利用，达到发展本地经济、促进就业、提高人民生活水平的一个重要途径。

水各村的招商引资工作在三都县的领导下，机构不断健全，工作机制不断创新，工作措施不断丰富，工作力度不断加强，投资环境得到不断改善。①

（三）村庄经济发展方向与主要措施

1. 搞好农田基本建设，大力提高作物单产，逐步扩大复种面积

水各村现有蓄、引水工程不少，但由于渠系配套不完善，部分工程失修

① 三都水族自治县年鉴编纂委员会编．三都年鉴（2006）．北京：中国文化出版社，2007：268.

渗漏，灌溉面积受到局限，加之塝田、台田及远田缺乏水利设施，约1/3稻田缺水受旱。因此，应对现有水利工程进行完善配套和维修，扩大收益面积。同时，宜再修建部分小型引提工程，解决塝田、台田的灌溉。对于较大面积的潜、瘦、薄、砂低产田和旱坡地，应分别采取排水治潜、增肥、种肥、熟化土壤、客土增厚土层或改良质地、旱坡地梯化。要重点搞好坝子田的农田基本建设，建立高产稳产的粮、油、辣椒生产基地。

目前，水各村农作物复种指数很低，单产水平也很低。今后随着生产条件的不断改善，应逐步扩大复种面积，发展麦类、油菜、豌豆、蚕豆和绿肥的种植。同时，应积极推广良种，合理施肥，实行精耕细作，大力提高作物单产。根据“因地制宜，适当集中”的原则，调整粮、油、经济作物布局，实行集约经营。

水各村是保持本地自然条件和农业生产特点最典型的农业区，应大力改造低产田，建立农业生产基地，发展粮、油、经济作物生产，搞好林牧结合，充分利用宜林宜牧山地，发展用材林、经济林和水牛生产。其依据：一是本地低产田面积较大，应针对各种土壤的不同条件和限制因素，因地制宜进行改良。低产田中受水源限制的田面积最大，应首先对尚未完善和毁坏失修的水利工程进行继续完善和修复加固，在实施过程中，应重点搞好工程配套，进一步扩大提高受益面积和效益。此外，应开发小水电，发展引提工程。其次是排水不良的“落窝田”应采取县内成功的经验，挖深沟、砌涵洞、疏通落水洞等方法排降渍水。对于受肥力主导限制的中产田，主要是增肥和种绿肥培肥熟化；旱坡地应首先进行梯化平整，继而加速培肥；另外是本地复种指数很低，稻谷、小麦、玉米、油菜等主要粮、油作物单产低于其他地区，今后应在进行农田基本建设的基础上，大力改变粗放耕作习惯，实行科学种田，提高作物单产。同时，以养地为中心，扩大绿肥、豌豆、蚕豆及油菜、小麦复种面积。此外，还应按“因地制宜，适当集中”的原则，调整作物布局。村内玉米、特产辣椒目前种植很分散，麻类面积小而分散，但有发展潜力，应适当调整集中，选择一些条件较高的旱地连片的村寨建立生产基地。

2. 合理利用山地土壤资源，正确处理林牧关系，积极发展林牧业生产

为了合理利用山地土壤资源，防止水土流失，山地利用仍应以林业为主，除固定一定面积的草场外，宜大力植树造林，加速荒山草坡绿化，并充分利用林间、林下牧草放牧，以达以林养山、以林促牧、林牧兼用的目的。在林业利用上，目前森林覆盖率很低，用材林、经济林、薪炭林都比较缺乏。因此，应加强林业的发展。

水各村的林业生产，由于多年来乱砍滥伐，历史上的山火连年，重造轻管以及放牧伤林等，使本村林木资源连遭破坏，长期未能恢复。用材林、经济林、薪炭林都比较缺乏，这不仅使村寨用材、烧柴发生困难，而且林业产品的经济收入减少。村内宜林山地较广，林业生产的门路也较多，今后应认真贯彻森林法，落实各项林业政策，合理利用山地土壤资源，保护现有森林资源，加强区内大面积马尾松幼林的抚育管理，严防山火，防止放牧伤林。同时，采取封、造并举，加速恢复森林资源，使覆盖率经过努力在一定期限内得到提高。注意合理配置林种，建立用材、经济、果木林基地。在林种配置上要注意立地条件，如石灰（岩）土山地，要选择柏木、青冈、黄连木等适宜树种种植，狠抓林业生产，把林业生产搞上去。

同时，本村宜牧地低缓草山草坡较广，供牧畜饮水的山塘、水库亦不少，养牛基础较好，特别是水牛。因此，发展以养牛为主的畜牧业，是本地的一大优势。但是在长期生产中，由于主要是靠天养畜，草场未固定，天然牧草差，使养牛业发展缓慢。今后应积极抓好草场建设，协调林牧之间用地关系，实行科学饲养管理，充分利用本地的有利条件，大力发展以养牛为主的畜牧业。

3. 努力壮大特色优质农产品生产加工产业，建设农业产业化生产基地

从三都县发展特色农业的经验看，水各村发展特色农业要根据自身的自然资源禀赋状况，跳出传统农业的圈子，充分利用立体农业等优势，实施“走出去”战略，加大九阡李和九阡酒品牌推广力度，大力发展特色农业和农产品加工业。

（1）水各村是九阡李的重要生产地，采取“政府 + 协会 + 农户”的方式，抓好九阡李的种植；全力打造以红辣椒、夏白菜等为主的冷凉蔬菜品牌。

（2）在划分地质环境优、劣势的基础上，利用优良地质环境生产优质农产品，使粮食作物、经济作物、蔬菜、水果等品种种植出来的品质达到优质产品。在保持传统优势产品生产的同时，面向贵州东、中部地区和国内市场，加快发展优质高效农产品的生产，重点建设优质糖料、蔬菜、茶叶、水果、中药材和烟叶等特色农产品生产基地。

（3）由于水各村地形崎岖，造成运输成本增加，特色深加工产品更具有比较优势。开发优良地质环境生产优质农产品，应改变过去只提供廉价初级农产品的做法，大力发展农产品加工业，实行农业产业化经营，把特色初级产品变为特色加工产品，实现特色农产品的多次转化增值，形成区域经济支柱。

4. 创新和完善农村经济组织形式，构建农业社会化服务体系

市场经济作用下，在农业家庭经营的基础上实现产业化规模经营，由小农向大农转变，最有效的组织形式是农业的家庭经营与农民的合作制度相结合，但这种合作不是由政府主导的行政体系，而是由社会中介合作组织（现在水各村有一个卯文化旅游协会）组成的合作体系。因此，在构建农业社会化服务体系方面应注意几点：

（1）县政府要大力扶持水各村农业社会化服务体系的建立和发展，提高农户组织化程度，保护农户的生产积极性，形成新的生产力。

（2）以满足农户需要为原则，健全水各村农业服务网络。

（3）避免强制性服务，按自愿、互利的原则，把服务组织的经济效益和农户挂起钩来，提高服务组织的经济效益和服务质量。

综上所述，虽然水各村发展农业的资源较丰富、自然条件优越、潜力较大，但原有的生产力落后，基础差，粮食短缺，资金不足，技术力量薄弱，实现农业现代化的进程不能过急，必须长期艰苦奋斗。但只要根据村庄实际情况，端正发展农业的指导思想，充分利用现有的一切有利条件，克服不利条件，建立良好的山区农业生态系统，大力开展多种经营，发展商品经济，农村经济繁荣的时刻也是会到来的。

六、科技教育文化

（一）科技

农业是国民经济的基础，水各村从传统的农业社会发展而来，农业在其发展过程中一直占据着基础地位，科学技术是第一生产力，科技在农业的发展过程中起着举足轻重的作用。水各村的科技发展不仅有悠久的历史传统，而且在社会的发展过程中不断进步。

1. 水各村的传统科技

(1) 水各村传统的农具技术

水各村是典型的农村，农业操作是其主要的谋生事业，故水各村的农具的制造和发展是其传统科技的主要构成。水各村传统的农具可分劳动生产工具、产品加工工具和日常生活用具等几大类。水族常用的劳动工具有斧头、柴刀、镰刀、摘刀、犁、耙、锄头、密篾箩、粗口箩、禾晾、晒席、木笃、打谷桶、舂碓等。这些工具大部分在水各村都很常见。其中密篾箩和粗口箩是用扁担挑的运输工具，禾晾和晒席是晾晒五谷杂粮的专用器具，木笃是水族砌墙和夯实田坝的专用夯土工具，耙是水族地区典型的劳动生产工具，打谷桶是谷物脱粒的专用工具，舂碓是水族地区传统的大米加工工具。

耙

水族耙具极为发达，其所保持的传统成分亦多，最能体现水族稻作农耕文化的特点。在水各村，作为主要的碎土工具，耙分水耙和干耙两种。水耙又叫立耙，是磨碎水田土块的耙具，分单排齿耙和双排齿耙两种。平坝地区由于土壤呈沙质化，多用双齿耙，劳动功效亦较高；高山半高山的水稻土，多为大眼泥或黄泥，由于土质粘性大，只能使用单排齿耙。水各村的耙具原先为全木质结构，新中国成立后，逐渐改为铁齿木架。干耙亦称地耙，主要用于刚翻犁过后的干田碎土，或旱地碎土。

干耙与水耙的区别在于耙齿上，水耙耙齿为单排齿或双排齿，而干耙耙齿呈长方阵或正方阵排列。在使用上，水耙主要依靠人力双手将耙齿压入泥水中，而干耙则是人站在耙上，以人的重量将耙齿压入干泥中。干耙的使用季节，主要是水稻收割后，干田翻犁后用耙进行碎土，碎土过后，人们便在干田中种植小麦或油菜等小季作物。

打谷桶

打谷桶，水语称“屋”，为木质方形斗，高约 0.6 米，边宽约 1.4 ~ 1.5 米，虽然数量上比打谷机少，但是在水各村不少村民还在使用。打谷桶制作成本低，买的话也便宜。相对于打谷机来说，打谷桶还比较轻便，对于只有一两个劳动力的家庭很实用，而且在那些距离大路远道路不方便的稻田，使用打谷桶可以方便地进出。打谷桶打出的谷子比较干净，不像用打谷机打的，会留下不少稻草在里面，因此打谷桶使用得还比较多。

春碓

舂碓起源于木杵，是一种极为古老的原始的谷物脱壳加工工具。制作舂碓，是将事先打制的石臼埋入土中，砍制一根长约 2.5 米、直径 15 厘米左右的原木做主碓身，在靠近碓的前端部位凿一小孔，加塞一根直木朝下，木头下部多包以铁皮，要使碓前端的直木正对石臼槽口，在碓身的尾端再凿一小孔，装上一根横木，架入两侧的两个石磴上。将碓尾削得扁平，以利踩踏。舂米时，妇女们重复踩踏碓尾，让木杵反复捣锤石臼中的谷物使之脱壳。待石臼中谷物米壳分离后，掏出谷物米壳簸去粗壳，再将糙米倒入臼中进行加工，使糙米脱尽糠皮，再进行筛簸，最后加工成可食用的白大米。

舂碓在水各村一直流行到 20 世纪 60—70 年代，80 年代之后，多数地区均出现了动力打米机。现在水各村虽然有了打米机，但是部分村民家里仍然在使用舂碓，用来加工少量五谷杂粮。

（2）水各村的传统农耕技术

传统农具为农业操作提供了基本的操作工具，但是在农业的发展过程中，勤劳的水各村村民并没有满足于此。他们充分利用自己制作的工具，结合当地的有利条件，不断地改进当地的耕作技术，形成了丰富的、具有特色的、传统的耕作技术。

水各村的农作物品种主要有水稻、小麦、玉米、油菜、花生、红薯、棉花及蔬菜，等等；蔬菜品种主要有广菜、韭菜、西红柿、辣椒、白菜、青菜、豆类、冬瓜、南瓜、黄瓜、萝卜、茄子等。由于地处亚热带湿润季风气候，稻田耕作制度有一年一熟制和一年两熟制两种，以一年一熟制为主，一年两熟制主要表现为水稻—小麦、水稻—油菜、水稻—蔬菜两熟制。水各村的旱地耕作以混种、间种、套种为主。如棉花地混种辣椒，玉米地套种黄豆。在大部分水源丰富的水田，水田耕作多数执行两犁两耙或三犁两耙，而部分水源较差的水田，根据水田保水性能的需要，执行两犁三耙或三犁四耙。旱地耕作，一般较为粗放。旱地均为坡度较大的山地，一般只用翻铁锹或锄头进行一次翻土，即开始施肥和播种，只有辣椒地、花生地的耕作较为精细。

在水各村传统农耕技术中，其选种方法和施肥技术极具代表性。

选种方法

水各村普遍实行“瘠地选种”的原则，即在土地肥力适中或肥力偏下的地块中，选取颗粒饱满或果实硕壮的作物植株作为种子，收获之后单独保存，以留作来年种植的种子。这些地力较差地块中生长的作物，一般病虫害较少，而颗粒饱满则说明该作物具有较强的延长种性的生命力。“肥地育秧”是水族地区普遍的育秧技术，经过瘠地选出的种子，经过肥力育秧之后，秧苗硕壮，具有适宜各类土壤生长发育、抗病虫害的特点。“瘠地选种”和“肥地育秧”便成了延长种子种性、避免退化、稳定产量的主要方法。

施肥技术

水各村传统的肥源主要是牲畜厩肥、人粪肥、草木灰、绿肥和秧青肥。村民对于耕畜的饲养，采取秋冬放牧、春夏圈养的方法进行。在春夏圈养期间，人们需从山上或田边地角割取大量青草给耕畜喂食，稻草、玉米秸秆、豆类作物藤蔓等亦作为粗纤维饲料，给牛喂食。这样厩圈中，便因之而屯集大量厩肥，这是传统农家肥，每隔一定的时间，这些厩肥便从牛圈（猪圈）中被掏出，堆放在一起，表面以草木灰或碎土覆盖，经过一段时间发酵之后，便成了各种农作物所必需的底肥。每亩水稻田一般施1500千克左右底肥，而水稻秧田一般施肥量在2500千克左右；秋季种植小麦的水稻田在种植小麦时，先施以底肥1000千克左右，小麦收割之后，进行水稻生产时，再追施1000千克左右底肥。种植油菜的水稻田在种植油菜时，一次性施足底肥1500~2000千克，到油菜收割进行水稻生产时，一般不再追施底肥。

水各村的草木灰肥有两种情况，一是梯田开发初始阶段烧畲地，直接利用烧畲产生的草木灰，火土肥以及每年备耕阶段砍烧“火烧田”产生的灰烬；二是村民们以柴薪作为燃料，每日炊烟袅袅之中所产生的灰烬，这些灰烬在堆集过程中，通过浇以人畜粪水所形成的草木灰肥，是水各村村民种植辣椒、红稗以及蔬菜的上佳肥料。除此之外，村民对秧田的肥力培育还采取施足底肥之后，种植油菜花，来年开春之际，就将正在生长的油菜翻入泥中，以增加秧田的肥力并增加秧田的有机养分。

对闲置的过冬田一般先翻犁抗冬，开春之后，再行施肥；一些不翻犁的过冬田则直接撒上紫云英、萝卜花、油菜花种子。这样，这些田块里就会生出繁茂的绿肥，次年春耕之时，将这些绿肥翻犁埋入田底，以做底肥之用。

施用秧青肥，只适于那些易于板结的泡冬田，翻犁泡冬的过冬田，在开春草木绿枝青芽时节，割来嫩草、树杈，撒入田中，再将之翻犁埋入地下浸泡数日，使之变成有机肥，改变土壤的原有机构，使泥土不再板结。

在水各村，人们习惯在收割水稻之时，高割稻根，收割之后，在稻根中部插栽大蒜，浇以人畜粪水，在大蒜生长过程中，人畜粪水同时将稻根沤烂，既保证了大蒜生长对肥料的需要，也增加了土地的肥力及有机养分。

（3）水各村的传统的历制技术——水历

水各村的居民大部分是水族，水族具有悠久的历史和古老传统，具有本民族的文字和历法。水族的历法俗称“水历”。“水历”的形成史与水族的历史一样悠久，以水书为载体的水历是水族先民早在6000多年前的伟大创造。历史上，水族曾使用过自然历、无闰月水历和有闰月水历等。水族的无闰历法主要流行于元代或更早的宋代以前的时期。这种无闰的历法将一年分为12个月，每月30天，一年为360天，它从纪年、纪月到纪日、纪时都用十二地支，没有闰年、闰月、闰日之制。这种历法岁首不定。

由于无闰水历具有明显的缺陷，所以元代之后，一种在无闰水历基础上更加适合水族自然地理环境、气候条件和农事活动的新水历便应运而生，这就是我们现在所见的水族历法。新水历在无闰水历的基础上，吸收了阴阳合历的概念，并加进了天干地支和阴阳五行。新水历以水族地区水稻收割季节（农历八月）为年终，以适种小麦、油菜等小季的季节（农历九月）为正月，起岁于戌。新水历建月于戌，戌者，乃万物尽随阳而终，复陈阴而起，无有终已。新水历把六十甲子与水族二十八宿和日、月、木、火、土、金、水相配以纪元，每六十甲子为一元，共分七元。新水历的纪年方法较为复杂，有十二地支纪年法，二十八宿纪年法，天干地支结合纪年法和数字纪年法，另外，习惯上仍将正月称为“端月”或年节月。

现在水各村居民通用的水历是有闰月水历。今天我们所说的“水书”，其实是一种以水文为载体的水族历法古籍，有闰月水历就主要散见于水族古老的典籍《水书》各卷中，这种水历大多只有水书先生才能看得懂。除此之外，村民中还流传着两本通俗易懂的《年下用月日历书》和《日下用时历书》。

在水各村，水书先生掌握水书的精髓，他们是水历的专家，村民们均依水书先生的测算，把水历应用于农牧、渔猎、出行、营造、嫁娶、节庆、丧葬和祭祀、祈福等生活和生产活动中择吉、避凶、祛邪、驱鬼等行为。随着时间的推移，交流的深入扩大，也是基于现实需要，村委会开展工作使用公历，所以，现在水各村村民们根据生产生活中的实际，同时使用水历、公历和农历三种历法。

水族的闰月历法以农历的八月和九月分别为年末岁首。水历与农历的对应关系如下表：

表 6－1 **水历与农历对应关系表**

水历	一月	二月	三月	四月	五月	六月	七月	八月	九月	十月	十一月	十二月
农历	九月	十月	十一月	十二月	正月	二月	三月	四月	五月	六月	七月	八月

水历把六十甲子与二十八宿和七曜相配来定纪元，以420年为一个周期，周而复始，循环不辍。水历的二十八宿分别是蛟、龙、貉、兔、日、虎、豹、蟹、牛、（蝙）蝠、竹鼠、燕、猪、鱼、螺、狗、雉、鸡、（乌）鸦、猴、獭、鹅、羊、蜂、马、（蜘）蛛、蛇、（蚯）蚓。以每60年为一甲子，称为一元，420年正好可分为七个甲子，七个甲子即七元，故又有人将水历称为“七元历”。水历的第一个甲子称为第一元，以此类推，到第七个甲子即为第七元。第一元从虚宿始算，对应鼠，日星；第二元甲子起奎宿，对应螺，木星；第三元甲子始于毕宿，对应乌鸦，月星；第四元甲子始于鬼宿，对应羊，金星；第五元甲子始于翼宿，对应蛇，火星；第六元甲子始于氐宿，对应貉，土星；第七元甲子始于箕宿，对应豹，水星。到第七元，二十八宿与六十甲子配毕，共420年，至七元尽而甲子又起虚，周而复始。①

新水历全年12个月中有大小之分，大月30天，小月29天，一年354天，比回归年少11天多，它采用19年置七闰月的方法来弥补所缺的天数，闰月一般置于水历九月之后（农历五月）十月之前。水历将一年分为“盛”（农历二、三、四月）、“鸦”（农历五、六、七月）、“熟”（农历八、九、十月）、“挪”（农历十一、十二、次年一月）四季，与农历春、夏、秋、冬四季相当。

水族历法基本上以阴阳合历为依据，并加进了天干地支和阴阳五行，但它同时又具有物候历的基本特征。水历是水族民间千百年来一种世代承袭的传统历法。尽管今天公元历和农历在水族地区已被普遍接受，但在民间的各种民俗事象如民间传统节日、农事节令、婚丧嫁娶、宗教祭典以及占卜吉凶等活动中，人们依然使用水历。而水族古老的《水书》中的星象本、时象本

① 罗春寒．水族风俗志．北京：中央民族大学出版社，2002：73.

和遁掌本更是直接使用水历来记载天文气象，并计算星宿十二宫的。

虽然水历在编制上与农历有许多相似之处，如同样一年分四季，每季有3个月，12个月为一年，但水历建月于戌，以农历九月为岁首，戌月又称为"端月"，是水族传统年节——端节的起始之月。水族传统观念认为，戌月乃是金谷归仓、农活稍闲的季节，人们一年到头辛苦劳作，到这里算是可以告一段落，该享受一下劳动果实，并养精蓄锐，准备新的生产活动。此时，万物已过了旺盛的生长期，逐渐进入休闲阶段，连土地也该暂时休养生息，以恢复它所消耗的能量，准备来年孕育新的生命。在水各村的传统文化观念中，这是一个辞旧迎新、新老交替的季节，把它作为新旧岁月的分界，并把戌月作为岁首，称为"端月"，含有开端起始之意。

水历以戌月为岁首，其12个月的排列相对农历相应顺延5个月序，即农历正月为水历五月，农历八月为水历十二月。不过水历的季节划分却显然接受了农历的概念，水历四季所对应的月份与农历不同而已。如春季，农历对应的月份为正月至三月，而水历对应的是五月至七月；夏季，农历为四至六月，水历对应的是八至十月；秋季，农历为七至九月，水历对应的是十一月至端月；冬季，农历为十至十二月，水历对应的是二至四月。水历之所以接受农历四季划分的概念，是因为一年之中作为农事安排的时令依据，必须遵循"春种秋收"的规律。但又严格按照水历纪年、纪月，如过春节，在水族地区被称为"五月节"，就是因为农历正月，正好对应水历的五月。

(4) 水各村的传统农谚技术——水族农谚

水各村人民在长期的农业生产生活中，逐步掌握了根据节气、季节变换有步骤地安排各种不同的农业生产环节，从而形成了与一年二十四个节气相对应的生产方式。水历的产生与发展，显然与这种长期的农业生产实践有着密切的联系。水各村的农谚就建立在水历基础之上的。

水各村的农谚是水各村的人民长期生产实践的经验总结和科学智慧的结晶。这些经验智慧以简练生动的句式表现出来，成了哲理性、科学性较强的农业谚语。它们从生产实践中总结出来，用于指导农业生产。这些谚语包含四部分的内容。

第一部分是二十四节气的特点与征兆谚语。

立春：岁朝蒙黑四边天，大雪纷纷是早年，但得立春晴一日，农夫不用力耕田。

惊蛰、春分：惊蛰闻雷米似泥，春分有雨病人稀。

清明、谷雨：清明若明大丰收，谷雨不雨万民愁。

立夏：立夏立夏，人穿汗卦；立夏不下，犁耙高挂。

小满、芒种：小满秧长满，芒种快栽种。

小暑、大暑：三伏之中龙晒谷，晒不足于160天。

立秋、处暑：立秋无雨甚堪忧，万物从来一半收；处暑若逢天下雨，纵然结实也难留。

秋分：秋分天气白云多，到处欢歌好捡禾，最怕此时雷电闪，冬来无米道奈何。

立冬：立冬之日怕逢壬，岁来高田枉费心，此日若逢壬子日，灾祸连连损平民。

冬至：冬至天晴无雨色，来年栽秧田开裂。

大寒：大寒倘有大雪来，明年定是大旱灾。若然此日天晴好，下岁农夫大发财。

这些有关二十四节气特点的歌谣，念起来朗朗上口，便于记忆。人们根据这些歌谣来观察每个节气的特点安排农事。

第二部分是长期农业气象谚语。

①冬天冷不冷，看芭茅草的抽穗，齐，就不冷；不齐，就征兆冬天比往年更冷。

②出现再生稻，生得快，长得齐，要烂冬。

③耗子啃树皮，从根根啃到叶尖，一年到头雨水好；若只啃根根，二三月间旱；啃到中间，年中雨水好。

④喜鹊做窝在高枝，主旱，风大；做在中间，主丰收。

⑤正月初一看天色，带红方位主旱情。

⑥二月初一霜，对应七月旱。

⑦二月出现一早霜，60天后必有旱。

⑧正月初一打白霜，120天后主旱；打水霜，120天后有大雨。

⑨四月初一晴且热，求雨不易得。

⑩立夏不下，犁耙高挂。

⑪谷雨不雨，求不得米。

⑫夏至日无光，五谷难满仓。

⑬夏至昼暖夜来寒，虽是江湖也防旱。

⑭五月雷不鸣，五谷丰收成。

⑮六月有蛙鸣，谨防有旱情。

⑯清明要明，谷雨要淋。

⑰九月初九有雨，来年定有撒秧水。

⑱冬天凌冻大，来年雨水来得快。

⑲霜盖雪，田开裂；雪盖霜，谷满仓。

⑳青菜烂脚叶，来年雨水特别好。

㉑春节前后白笋死叶叶，来年棉花黄豆特别好。

㉒白露逢双，干谷上仓；白露逢单，稻草三翻。

㉓青菜吃不了，来年雨水好。

㉔但得月中三个卯，处处红花稻麦好。

第三部分是以云雾风雪为征兆的短期农业气象谚语。

㉕早虹晴，晚虹雨。

㉖南风晴，北风雨，东风西风下不起。

㉗太阳打伞有乌色，短期必定有大雨。

㉘虫蟮出来滚干灰，酷热干旱不减威。

㉙初一初二雨淋淋，一月没有几天晴。

㉚太阳打伞长江水，月亮打伞草头枯。

㉛早起无乌云，日出光渐明。

㉜暮看西边明，来日天定晴。

㉝游丝天外飞，久晴必可期。

㉞清晨起云海，风雨马上来。

㉟风静犹蒸热，云端必炸裂。

㊱东风云过雨，雨下不多时。

㊲云起南山暗，风雨及时见。

㊳云随风雨疾，风雨何时息？

㊴日落黑云接，风雨不可说。

㊵西北黑云生，雷雨必震声。

㊶云势若鱼鳞，明日风不轻。

㊷乱云天顶绞，风雨来不少。

㊸红云日出生，劝君莫远行。

㊹晚看西边云，明日天定云；西北开天锁，而后见天晴。

㊺黄昏有云半夜开，半夜起云有雨来。

㊻久晴西风雨，久雨西风晴。

㊼一日东风三日雨，三日东风下不成。

㊽闪电西南，明日炎炎，闪电西北，雨下连连。

㊾东闪闪，西闪闪，下起雨来不打伞。

第四部分是以物候为征兆的农业气象谚语。

㊿阳雀叫在清明前，高山高岭好种田；阳雀叫在清明后，高山高岭好种豆。

(51)看见大蛇跑，大雨定来到。

(52)蚯蚓满地爬，雨下乱如麻。

(53)蜻蜓飞得高，太阳似火烤；蜻蜓飞得矮，就要下雨来。

(54)鸡进笼宿早，明天有太阳；鸡进笼宿晚，夜间有雨来。①

（5）水各村传统的酿酒技术——九阡酒

远近驰名的特色佳酿九阡酒就特产于水各村所在的九阡镇。水族具有2000多年的酿酒历史，有文字记载的酿酒就有1700多年，九阡酒是水族人民积累千年酿酒经验的一项重要成果，可以说九阡酒承载着水族厚重的历史，凝结着水族人民的智慧和文化。新中国成立后，更是引起国家民委的重视，1957年，开全国少数民族代表大会时，三都水族自治县副县长蒙世花赴京，用九阡酒代表全国少数民族和贵州省向毛主席敬酒，得到毛主席高度赞赏，毛主席品尝后连声称赞“好香、好甜、好酒”。

通过在水各村走访，我们了解到水各村家家户户都酿制九阡酒，酿制九阡酒是村民们的传统，喝九阡酒是村民们日常生活中必不可少的一部分。可见水各村居民对九阡酒的喜爱之情，加之水各村居民的热情好客也有着悠久传统，逢年节、庆典或亲朋来访，自然离不开以酒待客。关于九阡酒的来历传说、做法和当地的酒文化，村民们饶有兴趣地给我们作了介绍。

说到九阡酒的来历，在水各村中流传着一个古老动人的故事。据传，很久很久以前，有九位贫穷的老婆婆来到水族聚居的地方乞讨，好客的水族群

---

① 何积全主编．水族民俗探幽．四川：四川民族出版社，1992：28－33.

众热情地周济照料她们，拿出糯米饭、糯米粑供她们食用。她们感受到水族群众热情好客，就把酿酒技术传授给水族群众，然后化作九位仙女飘然而去。人们为了纪念这九位仙女，就把按照仙女传授的技术酿成的酒称为九仙酒，后来把水族聚居的地方叫做九仙镇，后来逐渐改为"九阡酒"和"九阡镇"。

九阡酒是一种纯糯米香酒，属于黄酒系列，水族独特传统工艺酿造。酿造时使用100%的纯糯米原料、100%的天然泉水、100%的水族传统工艺。水各村的居民每年五月五（端午）采野生草药，六月六制酒曲，九月九烤酒。从端午到六月六，村寨妇女们由懂药的老妇带领，上月亮山原始森林采集多种野生草药，草药多达120多味，回来后集中起来，熬成药水，加入米团、面团、麦麸、糠壳等，捏成拳头大小的圆球状，这样酒曲就做好了，制酒曲采用水族民间传统药方，这一工艺是十分讲究的。九阡酒的原料为当地特产优质糯米和月亮山中的优质泉水，月亮泉水被当地人称为"天上之水"。经过在水各村独特的气候环境中进行酿造，出酒后以土陶坛密封窖藏，便酿造出九阡酒。

据村民们讲，九阡酒下窖的时间越长越醇。陈年九阡酒要在孩子出生时酿造下窖，直至结婚时，甚至到寿终时才饮用，或者是在女儿出生时就将上好的九阡酒窖藏起来，到女儿出嫁时才取出待客，这种酒俗称"水妹红"。窖藏多年的"水妹红"九阡酒，已浓缩为蜂蜜状，用筷子轻挑，呈现丝状，开坛时香气四溢，颜色金黄带红，醇香味美，沁人心脾，实为酒中珍品。九阡酒酒度在16～25度之间，作为低度保健酒，九阡酒颜色棕黄晶澈，香味清雅，入口爽净，香气浓而不艳，酒度低而不淡，适量饮用不口干、不伤头。因用多种药材做酒曲，所以具有保健功能。检测表明，九阡酒中含有人体所需的氨基酸以及蛋白质、脂肪、糖类、钙、铁、锌、维生素等多种营养成分，还含有多种草本植物精华，最宜中老年人和孕妇、产妇适量饮用。经水族人民千年饮用证明，九阡酒具有补中益气、舒筋活血、滋阴壮阳、延年益寿、提神助兴的功效，水族产妇每天早、中、晚都要饮适量热酒以滋补身体、补充体能。

2. 水各村特色的现代科技

（1）以科技促进九阡李发展

水各村所在的九阡镇以盛产特有的九阡酒和九阡李而闻名。九阡李是三都水族自治县的著名特产优质水果，主产于九阡镇，九阡镇的九阡李集中产于水各、水条、水昔三个自然村。1998年前后，九阡镇的九阡李在丰收年年产量为16万千克，而到2006年，年产九阡李200多万千克，九阡李种植面积8000多亩，年产值1000多万元。2006年九阡镇完成工农业总产值6877万元，可见，在以农业为主的九阡镇，九阡李占有举足轻重的地位。作为九阡特有的主要果树品种，九阡李的经济效益、生态效益使其成为九阡镇的招牌和优势，九阡李是促进当地农民增收致富奔小康的摇钱树，更是增加财政收入、促进九阡镇经济社会发展的优势项目。

据镇农技站的工作人员介绍，在九阡镇，水各村为九阡李的中心分布区之一，中心区和其他分布区之间果实成熟期及果实品质有一定差异，像水各村这样的中心区海拔较低（550米左右），年平均气温较高（17.2℃），果实品质最佳，成熟期略早。

九阡李为落叶小乔木，树呈现杯状形或半圆头形，生长较旺盛；根系分布浅而广；叶互生，单生出叶；一年2次抽梢；花序束状，先开花后抽枝叶，每朵花从开放至凋谢4～5天，整个花期20～25天；果实生育期90天左右，其优势特点可以用十个字来概括：皮薄、色艳、多汁、味甜、早熟。据贵州大学农学院生化室测定，九阡李鲜果含还原糖5.41%～7.3%，总糖含量9.52%～10.88%，可溶性固形物含16%左右，热量丰富，含多种维生素和氨基酸，单果均重25克。九阡李早熟，并且成熟于水果淡季。由于品种特殊、环境气候特别，九阡李比其他李品种成熟略早，果实成熟期在5月中下旬，正值水果供应的淡季。成熟的九阡李果皮薄，呈红色，色泽鲜亮，肉质脆嫩，清爽可口，味道香甜，口感非常好。

成熟于水果淡季的九阡李，与苹果、梨、柑橘等大宗隔年存果相比，具有果品新鲜、风味独特、适口性强等特点，是供应淡季水果市场、更好地满足消费需求的适销水果。通过调查我们得知，由于九阡李品质优良，在市场上口碑好，备受消费者青睐，加之不断改善的交通通信条件，使得人流、物流、信息流加快，九阡李的名气不断外扬，其市场不断向外辐射，发展九阡李不仅有省内市场作保证，同时还有广阔的省外市场。

调查组一行人在水各村期间，看到有零星分布于房前屋后、田坎地边的九阡李树，还有大片大片成规模的九阡李树林。由于已经过了九阡李的成熟季节，我们未能看到九阡李挂满枝头的景象。李树依然枝叶繁茂，预示着来年的丰收。

水各村村干部告诉我们，在当地发展种植九阡李具有得天独厚的天然优势。从九阡李本身来讲，九阡李花芽容易形成，年年满树开花，管理得好就能丰收。首先，从种植技术来讲，由于九阡李是当地的特色品种，种植历史很长，村民们有着丰富的行之有效的传统种植经验。其次，从成本效益来讲，种植九阡李投入较低，见效快，村民们都十分乐意发展九阡李。再次，从市场销售来讲，九阡李在市场上很火，水果商和消费者甚至上门购买，村民们不用愁自家九阡李卖不出去。看到喜人的发展形势，新上任的村主任蒙炳朝打算大力发展村里的果蔬产业，谈到当地的特色九阡李，他高兴地说："在我们这个地方呢主要是九阡李和九阡酒，对老百姓是很实惠的，全村销路好的就是九阡酒，好卖，还有九阡李，也好卖。"在他看来，发展九阡李投入低，有市场，收益高，对村民们非常实惠，也深受村民欢迎，在水各村要继续打好九阡李这张特色牌，把九阡李作为富民兴村的优势项目大力发展。水各村坚持科技兴村理念，大力发展绿色产业，目前已有果树基地2500亩，其中九阡李达2000亩，其他果木500亩。

随着水各村交通通信条件的大大改善，信息交流增多加快，农民思想观念也发生了较大变化，致富意识增强，发展九阡李也出现了一些变化，主要表现为：种植方式由零星种植在房前屋后、田边土坎，变为利用肥力较高的土地大面积成片发展；种植目的由自家消费转变为供应市场以获利致富；发展形式有当地农民自发栽植，也有外地果农来当地承包土地发展；在科学技术研究与应用上，出现了当地农推站进行的嫁接及简单的栽培试验，"坐果灵"应用试验，通过嫁接及一定的栽培管理技术的运用，以增大果形，提高果子均匀度，提高坐果率，增加产量。

现实表明，发展九阡李不仅有很高的经济效益，能够促进当地经济发展，增加财政收入，也对开发劳力资源、非耕地资源，增加社会有效供给，开辟就业渠道等具有现实意义。但是村民们缺乏资金来投入种植九阡李，需要政府采取政策措施扶持和资助，因此九阡李的规模化程度还有待提高，规模效应有待提高，需要政府规划和引导。面对发展的潜力和存在的问题，当地政府相关部门也正抢抓机遇，以各种优惠政策，与广大农民一道努力，采取积极有效的措施加快九阡李发展进程。2007年年初，三都水族自治县就在水各村召开了九阡李长廊项目建设现场会。此次会议由分管农业的副县长召集，县区划办、县农办、新农村办公室相关领导及九阡镇政府主要领导、水各村村干部、小组干部、农户等共计60人参加。九阡李长廊规划目标为3000亩，涉及2个村即水各村和水条村7个村民小组130户，计划2007年实施面积500亩，力争在3年内完成3000亩规划种植目标，使村民们在九阡李产业项目上得到实惠和受益。项目规划九阡李的种植规格为：每亩50株（窝），株（窝）距4米×3.5米，挖坑规格为长80厘米×宽80厘米×深60厘米。作为三都县实施的助民增收项目，项目扶持方式为：每亩总投入300元，政府补助250元，群众自筹50元，其中：挖坑150元（50窝×3元=150元）；施肥每亩补助50元（按每窝补助1元计）；苗木每亩补助50元，农户如果无钱购买苗木，可投工投劳挖坑抵扣苗木自筹经费。一年多来，项目进展顺利，发展形势喜人。

与此同时，不能因强调规模化、集约化连片发展而忽视了庭院栽培，应把九阡李作为当地庭院经济树种大力发展。庭院经济是充分利用空闲时间和剩余劳动力，低投入高产出的一种农村经济发展形式，因非常适应我国农村发展现状，符合农民心态而成为农村新的经济增长点。在水各村，相当部分村民都具备庭院栽培九阡李的条件，这些村民家的条件和意愿显示着庭院经济的增收潜力。事实上，九阡李已在水各村庭院经济发展中显示出活力，如有的农户仅房前屋后的九阡李收入就达2000元，接下来，应继续发展壮大庭院栽培九阡李，以作为规模化发展的补充，双管齐下促进村民增收。

相关科技部门要积极开展科技攻关，为九阡李的大发展提供技术支持，同时向村民们普及科技，提高管理水平，以实现稳产增产。避免出现技术服务跟不上，农民得不到迫切需要的技术服务及先进适用技术的现象，克服经营分散、管理粗放。一个产业没有必要的科技保障，就难以持续快速健康发展。九阡李生产要大发展，必需的技术保障是其关键问题所在，因此，要加快并实现其持续健康发展，必须积极开展科技攻关，比如规模化集约化经营配套技术措施；适宜区域发展的选择技术；贮藏保鲜尤其长途贮运及货架保鲜技术；提高其果品商品性如增大果形、提高果子均一度的选育及栽培措施等。李树是丰产树种，其增产潜力大，只收不管是不行的。通过合理的栽培管理措施及保花保果，尤其花期抗低温阴雨灾害等先进适用技术的运用，恢复树势，提高坐果率，可实现其增产稳产。因此，必须向村民们普及科技，充分发挥科技推广站的职能作用，并借科技扶贫工作组（队）的科技力量，继续积极采取各种有效方式如课堂教学、现场示范、广播宣传、集市咨询等向农民传播实用技术，提高他们的科技素质、管理意识。

“公司+基地+农户”发展模式体现了当今水果生产规模化集约化产业化发展方向。成立九阡李发展服务公司，按统一规划连片发展、分户管理、集约经营及分户受益的原则，采取由农户出土地、劳力、农家肥并负责管理，公司负责规划设计、资金投入和回收，技术培训和技术指导、配套物资供应、产品销售及市场开拓，包产量及按超产比例分成的承包办法，搞好九阡李商品基地建设，把分散的一家一户的家庭经营与社会化大市场连成一体，走以“公司+基地+农户”组合形式为纽带的产业发展道路。在九阡李基地建设方面，三都县目前正招商引资建设“三都县九阡李商品生产基地”项目，由自治县农业局负责，基地规模为1万亩，年产九阡李1.15万吨/年，建设地点包括自治县九阡镇、扬拱乡、周覃镇，项目合作方式为合资、合作，投资总额1830万元。九阡镇的九阡李种植生产以水各村、水条村等为主，可以预见水各村的九阡李发展将迎来一个新高潮。

（2）水各村现代工具的推广和应用

水各村是一个非常典型的水族村寨，水族占村里总人口的95%，水各村使用的传统劳动生产工具都是水族典型的工具。一个民族劳动生产工具的种类、功用以及工具的特点，显然与该民族的自然地理、社会劳动生产环境以及该民族或地区的经济发展等方面，有着十分密切的联系。生产工具不仅是衡量一个民族社会生产力发展的尺度，反映着该民族生产的发展水平和科技水平，也体现该民族一定社会阶段生产力的基本特征。社会发展、科技进步、工具演进是一个历史过程，是在一定基础上实现的，水各村里沿袭的水族千百年来的劳动生产工具和生活用具保留得比较完整，从过去到现在这些工具发挥的作用不言而喻。

但是，社会在发展，科技在进步，先进的生产工具、生活用具会逐步投入使用，甚至会取代某些传统的生产工具、生活用具，这是发展过程中的事实。水各村保留了水族有代表性的生产、生活用具，以及制造、使用这些生产、生活用具的传统技艺，同样引进了不少现代先进的生产生活工具，工具的使用发生了一些变化。例如随着电力代替水力这一科技进步，水各村以前举目皆是的舂碓、水碓、水磨、水碾，现在多已被现代的打米机、磨面机所取代，因此这几种传统工具逐渐减少。随着生产的日益现代化，生活也随之现代化，甚至生活现代化比生产现代化步伐更快。现代的生产生活用具，如塑料袋、塑料布、塑料鞋、塑料盆桶在水各村使用相当普遍，而水族传统的同种工具，如麻袋、布袋、篾席、蓑衣、草鞋、布鞋、木桶、木盆等，在水各村仍有使用，但是逐渐地被现代方便的器具所替代。

科技与生产有着必然的联系。科技进步，劳动者的素质得到提高，劳动工具得到改进，就必然推动生产力向前发展，推动生产的发展。水各村是贵州省社会主义新农村“试点村”，也是三都水族自治县首先使用耕作机械耕作农用的村寨，建立了比较规范的农机服务队。水各村的农机服务队在村委会办公楼办公，并制订了各种规章制度，其管理职责具体如下：①坚持党的基本路线，认真贯彻执行党和国家有关发展农村经济、农业生产、农业机械化方针、政策、法规、法令。②积极组织本辖区内农机手学习专业知识，提高农机手的思想政治觉悟和操作技能，积极参加一切有意义的社会活动。③凡拥有农业机械（拖拉机、耕整机、抽水机、打米机、脱粒机、粉碎机、柴油机、电动机等）的农户，必须服从农机服务队管理，统一安排调度。④农机服务队要起到对农机户的监督、管理作用。带领农机户开展多种经营，增加农民的经济收入，加快农村脱贫致富奔小康。⑤农机服务队要带领群众做好“三秋”生产的准备工作，做到任务早落实、工作早安排。

农机服务队主要开展机耕、加工、运输、排灌等农事作业服务，服务队成立得到新老农机专业户的大力支持，受到村民们热情欢迎。农机服务队服务9个自然村寨，覆盖人口2175人，可机耕面积1000余亩。目前，拥有农用车变拖、小拖20台，耕整机18台（套），加工机械100台（套），机械半机械脱粒机120台（套），排灌机械40台（套），其他机械15台（套），农机服务人员14人，机耕操作手10人，其他农机操作手4人。

3. **水各村的科普工作**

解决农业、农村和农民问题是全党工作的重中之重，是建设社会主义和谐社会的重点和难点。提高广大农民的科学文化素质，把科教兴国战略、人才强国战略、可持续发展战略落实到基层，加快农业科技进步，调整农业生产结构，转变农业增长方式，提高农业综合生产能力，是从根本上解决“三农”问题的关键。而农村科普工作则是提高农民和农村青少年科学文化素质的重要途径之一。

（1）水各村的科普工作概况

第一，水各村科普机构的设置。

水各村所在的三都水族自治县各乡镇政府都有乡镇一级的科技部门，九阡镇也不例外。为提高科普能力，2006 年，县科协组织林学会、医学会、科普情报所、农技协人员、农学会等共 45 人科普志愿者队伍，积极和各乡镇协调，成立了各乡镇科协组织，并明确各乡镇的兼职科协主席由分管科技的副乡镇长或副书记担任，建立健全了乡镇科协组织。

水各村所在的九阡镇的科技部门为镇科协和镇农技站、农经站、林业站、畜牧站这些单位，分别负责指导水各村在内的全镇 12 个行政村的科技培训、品种改良和耕作技术提高。镇科协主席由分管科技的副镇长担任，其组成人员都是农技站、农经站、林业站、畜牧站等部门的负责人。在镇政府属下的农技站、农经站、林业站、畜牧站，其主要职责是分管科技常识的宣传和推广，帮助村民了解科学技术、掌握科学技术，并在此基础上带动村民发展、经济。

九阡镇科协、农经站、农技站、林业站、畜牧站的工作主要是配合县级科技部门进行科普宣传和科技推广。近年来，镇科协、农技站、农经站、林业站、畜牧站配合州、县科技局开展“科技、文化、卫生”三下乡活动，开展科普知识宣传，发放科普资料和科技年画，举办科普图片展览，接受群众咨询。镇里的科技部门和科技人员与县农会、县畜牧学会专业人员一道定期深入水各村开展科普服务“三农”工作，开展科普咨询，播放科普录像，集中培训农民群众，重点培训农作物栽培管理技术、果木病虫害防治技术、畜禽养殖技术。仅以化肥使用为例，自最初推广化肥开始，通过镇科技部门为村民们进行指导，现在水各村的化肥使用较为合理、普遍，使用得多的化肥有尿素、钾肥、碳铵、磷肥、复合肥、过酸磷钙等多种，以尿素、钾肥、复合肥用得最为普遍。因为复合肥的成分包含尿素和钾肥，所以一般不重复使用，即用了尿素、钾肥就不再使用复合肥，同样用了复合肥也不再用尿素、钾肥。尿素、复合肥的用途最为广泛，几乎适用于所有的农作物和蔬菜，钾肥、磷肥多用于玉米、水稻，碳铵主要用于玉米，过磷酸钙主要用于种植蔬菜。

第二，村民对待科普工作的态度及其变化。

农业是国民经济的基础，科技是第一生产力，要依靠科技振兴农业、发展农村经济、致富农民。步入20世纪90年代特别是中后期，我国农业开始由“政策先导型”向“科技先导型”转轨，发展农村经济，更加迫切需要农业科技的普及和推广。水各村是一个水族文化保留得较完好的水族村寨，村民有一套传统的生产体系，这套生产体系是经过了数辈人生产经验的积累而成的，它凝聚了水各村无数水族先民的心血和汗水，它也是水各村水族赖以生存和发展的基石。时代的发展、科技的进步，推动了生产力向前发展。在农业生产的过程中，现代科技的引进打破了水各村传统的生产体系，为农业生产注入了新的活力。

在水各村，推广普及科技曾经存在一定的困难，主要原因有以下几个方面：

一是因为村民的受教育程度普遍不高，受传统思想影响很深，所以许多村民开始并不相信科普宣传的新的农业科学知识；

二是因为科普宣传新的农业科学技术的引进必然打破村寨原有的、传统的生产体系，而这种传统的生产体系，正是村里水族代代相传并赖以维持生计的方式；

三是因为如果传统的生计方式被打破，而以引进的农业科技为基础所建立的新的生产体系增收效果不明显，产品销路不好，那么村民的信心必然受到打击，就更谈不上向更多村民推广新技术了；

四是因为部分村民相信传统，坚持以传统的知识体系和经历经验开展农事活动，而且这部分固守传统的村民，基本上都是村寨里年龄较大、素有威望的人，他们的想法和行为影响着村寨的其他人，使许多村民在科技的引用上持观望态度；

五是我们通过调查访问，发现许多村民非常看重新技术是否有增收潜力和相应的资金保障。如果新技术能使产品销路好、能增加收入，他们就非常乐意引进新技术；

六是村民们普遍缺乏应用新技术所需资金，还想仔细了解银行或信用社低息贷款政策信息，希望银行或信用社提供低息贷款，或政府提供更多的资金扶持技术使用。

可以说有利于村民们采用新技术的主要因素是经济效益与资金扶持政策。正是基于这些因素，大部分村民对科技的引进使用都要经历一个观望—认识—接受—发展的过程。虽然村民们对科技的认识要经过这个过程，但他们一旦认识到科技在农业生产和经济发展中的作用后，便开始热情高涨地学习、掌握和运用科技知识了。

第三，水各村的特色科普工作——发挥无职党员的作用，促进“科普+远教”工程。

水各村是三都水族自治县的科普示范村。2006年，县科协、县远程办等单位根据州委组织部、州科协、州远教办文件的通知精神，开展实施“科普+远教”惠农兴村工程，在水各村开展试点工作。目标是建成农村科普活动室（站）一个，“科普+远教”宣传栏（橱窗）一个，配备宣传员一名，建立助民增收科普示范基地一个，农村专业技术协会一个，培育带民增收“科普+远教”示范户一户，建成一站、一栏、一员、一地、一会、一户的“六个一”工程。村党支部和村委会密切配合，动员村民们积极参与。截至2006年年底，已完成“科普+远教”宣传橱窗的选址、基脚施工，农村专业技术协会的材料申报等工作。其后，在县里的指导和支持下，村党支部和村委会与村民们一道继续共同努力建设“科普+远教”“六个一”工程，利用村里的公共活动室建立了科普学习室、远程教育学习培训中心，学习培训中心可容纳近百人，配备了一套信号接收设备、一台29英寸彩色电视机、一套音响设备、一台影碟机等设备；结合村里面的特色九阡李和村民们的实际需要，经分析研究决定，把助民增收科普示范基地具体化为九阡李种植示范基地，以充分利用“六个一”工程的资源和其他资源集中力量发展水各村的特色九阡李，变九阡李品种资源优势为真正的经济优势，切实助民增收；村党支部和村委会办公地点位于进出村的公路旁，所以村里干脆把科普宣传栏建在了村委会门口，这样村民们路过或到村委会办事就能看到宣传栏，很方便地了解科技信息，学习到科技知识。2007年以来，村里的远程教育学习培训中心已经集中组织培训1000余人次，观看科普节目人数500余人次，村民们反映节目通俗易懂，效果很好，学到不少技术和知识，观看节目后通常还会与其他人交流感受和心得。

在推广科学技术知识，带领村民们科技致富方面，水各村注重让村里无职党员充分发挥作用。要加快建设新农村，必须发展农业的科技生产力。由于农民的知识水平不高等诸多限制，农村发展迫切需要科技致富的带头人、引路人；在农村，形成良好精神面貌，树立文明乡风需要倡导人；实现农村管理民主，替老百姓说话，需要代言人；联系群众，在干部与群众之间架起桥梁，需要贴心人。这样的人选，农村的无职党员尤其是曾从村组干部岗位上退下来的无职党员最为合适。因此，水各村党支部通过为无职党员设岗定责，注重发挥村里无职党员的先进性，为无职党员在新农村建设中发挥积极作用提供了用武之地。

要发挥无职党员的先进性，科学设岗非常重要，水各村党支部结合党员们的实际，结合村里的实际需要，创设了无职党员科技普及推广示范岗、村务财务监督岗、村组干部监督岗、公共设施维护岗、计划生育宣传岗以及勤劳致富岗。尤其是通过设立科技示范岗，让那些率先掌握了科技知识而走上富裕道路的党员，来带动村民调整产业结构，发展多种经营，实现党员学用科技和带民致富的统一。党员吴仕清和吴座的岗位就是科技普及推广示范岗，他们的职责是学习新技术，为村民们作好技术示范，提供技术咨询。

建设新农村，需要有一批带头创业、带民创业、带头富、带领富的党员起带头作用。党员吴爱还和吴永春的岗位是勤劳致富岗，要求带头遵纪守法，勤劳致富，起致富帮带的作用。这就激发了先富党员带领村民创业致富的热情，增强其使命感和责任感，为困难户增收搭台子、指路子、出点子。

党员吴昌信的岗位是村组干部监督岗，负责对村组干部履行职责、开展工作和发挥作用情况进行监督，并提出改进建议和意见。党员吴益瑞的岗位是公共设施维护岗，组织对公共设施进行维护，并及时报告相关情况。他们还及时向上级反映群众关注的热点、难点问题以及其他重大社情民意，并在认真调研的基础上提出建议和意见，在收集信息的同时，他们还主动深入一线，当矛盾纠纷的调解员，做干群关系的润滑剂。

党员吴仕才和吴家成的岗位是村务财务监督岗，参与村务、财务管理，监督搞好村务财务公开，解释政策。他们都是有村级事务管理经验和财务工作经验的无职党员，水各村通过让他们监督村务、财务，并运用一定的监督方式和手段，通过合理的村务监督机制，将村里有关经济社会发展的决策、涉及群众利益的措施和事项、村民普遍关心的热点难点问题和兴办社会事业的进展情况等，置于监督之下，从而有效地保证村里的稳定和民主管理。

（2）我们对水各村科普工作的几点建议

在党和各级政府的领导下，在水各村居民的努力下，水各村的科普工作做得卓有成效，但是在观念、机制、动员社会、集成资源等方面的能力尚有不足，尚不能满足广大农民接受科普教育、提高自身素质的迫切需求。我们认为水各村今后的科普工作还需在以下方面加以改善：

第一，发挥各类媒体在农村科普中的作用，与大众传媒开展多种形式的合作。

在水各村科普宣传机制中应在原有的“远程＋书屋”的模式的基础上，建立广泛的传媒宣传机制。充分利用报刊、广播、电视、互联网等大众传播媒体具有的信息量大、及时便捷、覆盖面广、影响力强的优势，使其成为新时期开展农村科普的重要阵地。要主动加强与媒体的合作，支持新闻、出版、广播电视、文化等机构和团体加大面向农民和农村青少年的科技传播力度。

第二，要实现科普资源更大范围、更大程度的共享。

一方面要建立有效激励机制，加大对优秀原创农村科普作品的扶持、奖励力度，支持农民创作的乡土科普资料；集成国内外现有的各类适合农村使用的科普资源，开展优秀科普作品推介、展演、展映、展播和展示活动，扩大农村科普资源的共享范围。另一方面水各村现有的科普工作人员中，要积极地加强与上级的科普部门，邻村的科普机构，甚至是其他地区具有可利用资源的科普机构的联系，实现科普资源的更高层次、更深程度的共享，充分利用现有的资源，是科普工作发挥更为有效的作用。

第三，继续推进“一站一栏一员”工程的建设，使水各村的科普工作机制化、持续化。

“一站一栏一员”是指建设村科普活动站、科普宣传栏、科普员，这是新形势下加强农村基层科普服务能力的重要举措。活动站是在村里组织农民开展科普活动的阵地，宣传栏是农民身边的科普信息窗口，科普员是植根基层、直接面对农民的科普工作者，三者是一个有机的整体。水各村应在现有的科普工作“六个一”的基础上加强这一工程的建设，使村里的科技工作在稳定机构的指挥下，以稳定的形式展开，从而保证村里科普工作持续稳定地开展。

第四，多渠道加大对村科普工作的投入。

科普经费是科普工作重要的支撑和保证。要不断探索财政、企业、个人等多渠道加大对科普投入的机制，积极吸纳社会资金投入村里的科普工作，为村里的科普工作提供资金保证，促进科普投入多元化。要积极争取组织、宣传、教育、科技、农业、卫生、环保、国土资源、交通等部门经费的统筹投入，加大对科普的投入；积极吸引科研院所、大专院校和广大科技人员的调研，促进其农业科技成果转化、推广和普及；积极争取企业的科普投入，充分利用国家有关科普的税收优惠政策，使其成为村科普投入的主要力量。

总之，科普工作的进程中，水各村需要协调好各方，在既有工作的基础上有所创新、有所突破，才能促使该村的科普工作开创新的局面，从而促进该村协调发展，建设成具有民族特色的社会主义新农村。

（二）教育

百年大计教育为本，教育关系民族的未来、人们的福祉，在调研的过程中我们发现，水各村的村民意识到教育对于自己、对于本村、对于整个民族乃至整个国家发展的重大作用，因此他们非常重视家庭教育、社会教育，采用远程教育和农村书屋相结合的方式来促进本村居民的文化水平的提高，但是在对待孩子的基础性教育，特别是九年制义务教育方面还存在一定的不足，有待改进。

1. 水各村居民注重家庭教育和社会教育的结合

水各村的居民十分注重对孩子的民族传统教育，主要体现在家庭生活和社会集体生活中。水族是一个讲究礼仪、热情好客的民族，此次水各村调查，使我们切身感受到这一点。最初进入水各村或走在村里，不管大人还是小孩都会热情主动地跟我们打招呼，或者盛情邀请我们到家中做客。尽管有的情况下互相语言不通，但村民们十分配合我们的调研，让我们一行感动。在调研中我们观察到，尤其是孩子们对于长辈非常有礼貌，在家中孩子会主动给长辈让座，在路上相遇小孩要让大人先走，在村头或屋前玩耍或歇息时，看到老人们来就座，小孩会主动让位。

在水各村，孩子主要在家中接受本民族习俗和社会礼仪的教育。在家庭中，家长是孩子的表率。父母在孩子的礼仪教育方面有着不可推卸的责任，父母教育得好不好决定着孩子有没有礼貌，如果孩子在村里不讲文明礼貌，甚至有时连父母都会被批评。村里的成人，不仅养好孩子的“身”，还很注意教好孩子的“心”。为使孩子有社会责任感、学会为人处世，父母除了言传身教，更多的是让孩子自己去做、去体会。据村民们讲，跟孩了在一起时，他们采取的教育方式十分多样，而且有本民族特色，他们常以有关本民族、本村的童话、故事、谚语、诗歌、谜语、笑话等形式来教育孩子，使孩子们在本民族文化的熏陶中学到很多为人处世的道理，帮助孩子们树立正确的家庭、社会道德观念。

在入户调查期间，我们均受到村民们礼貌客气的招待，每到一家，家长马上叫孩子跟我们打招呼和让座，叫孩子给我们拿板凳。而在家长和客人们聊天的时候，孩子都在做一些家务活。饭前，孩子在家长的安排下引导客人们就座，在这个过程中学习待客之道。有客人在家里做客，席间家长教育孩子不要与大人同桌，孩子还要负责上菜、盛饭等，孩子们通常和家中妇女在一边享用食物。饭后客人要出门离开时，家长往往带着孩子将客人送到楼下。

在水各村，除了礼仪教育、品德教育以外，村民们也十分重视培养孩子的劳动生活技能。当孩子开始懂事，10 岁左右的时候，就要干一些简单轻巧的家务活和农活，在这个过程中让孩子们热爱劳动、学会生活，慢慢让孩子树立独立生活的能力。我们常在村里遇见家中长辈在干活时把孩子带在身边，不管下田除草、上山种地，不管是去放牛喂猪，还是上机纺织布匹，孩子都在跟前，这样既照顾了孩子，又让孩子耳濡目染，使孩子初步具有劳动的习惯，并获得一些简单的生活常识和生产技能。

在集体生活中，父母和长辈也适时对孩子们进行教育。家庭生活中，教孩子礼仪，帮助孩子树立良好品德，以父母或长辈的言传身教方式进行。而在村里集体的生产生活中，村民们也以多种方式，在社会公德心和本民族传统文化方面对年轻人循循善诱。据了解，在水各村，虽然村里没有把长期积累下来的自然斗争和社会实践经验技术，有系统有计划地传给下一代，但他们会在节日集会或家庭聚会时，把本民族或村里的重要历史讲述给年轻人。这种传授发生在很多场合，有的是在乡规民约的宣传过程中，有的是在婚丧嫁娶的仪式中，有的是在“卯节”这样的重大节日里。为了让传统保持下去，让年轻人记住祖先的光荣事迹，老人们常把前辈人发生的重大事情，用举例的方法，生动地讲述给下一辈。

以本村历史和本民族的文化传统为主题和教材，通过以上多种多样的活动和方式，对下一辈进行民族历史和村寨历史的教育，保持了民族文化传统代代相传，激发了年轻人爱民族、爱家乡的热情。

2. 水各村的教育实现远程教育与农家书屋相结合

水各村在开展远程教育、普及文化知识的过程中，根据群众需求，把远程教育节目播放与农家书屋图书借阅结合起来，做到两结合、双促进，拓展了远程教育的内涵，提高了村民们的文化知识和运用文化知识的能力。农家书屋是国家八个部、办、委共同开展的一项全国性工程，2005 年在贵州试点，旨在使农家书屋成为农村传播先进文化的前沿阵地，精神文明建设、道德教育的重要场所，农民学知识、学文化、学技能的重要培训基地，保障农村群众基本文化权益的公共服务平台。这项工程在贵州省主要由贵州省新闻出版局负责，农家书屋工程从 2005 年 10 月试点以来，已经从试点阶段、示范阶段向全面实施阶段推进。截至 2007 年 12 月 31 日，贵州省已建成农家书屋 520 个，据悉，2008 年全省将再建设 2000 个以上的农家书屋，在“十一五”期间完成 6000 个以上农家书屋的建设。

水各村的农家书屋在 2007 年建成并向村民们开放，设置在村委会办公地点，近 80 平方米的农家书屋可同时容纳 20 多人阅读，当时价值 2 万多元近千册图书、书架、书桌、凳子等物资均一步到位。我们注意到书屋的图书包括农业科技、医疗保健、烹饪、旅游、法律、幼儿青少年读物、历史小说、工具书等方面适合农村、农民和农业需要的各种书籍。村里严格按照统一规范的农家书屋管理制度，比如农家书屋每周开放的时间不少于 25 个小时等规定，坚持用心贴近农民，用心接待借阅者，用心管好图书，为管理好图书，方便村民借阅，村里派出专人轮流管理书屋。书屋自 2007 年正式开放以来，受到村民们热情欢迎，村民们经常结伴前来农家书屋借阅图书，哪怕仅有一人来借阅图书，值班人员都热情为他服务。根据村民们白天忙于生产的实际情况，水各村的远程教育节目播放和农家书屋的开放，大多是在晚间进行，或集中在农闲时间进行。观看远教节目和借阅图书的有农村党员干部、村民、中小学生等，在远程教育站点上可以通过远程教育来学习，也可以通过在农家书屋里借阅书籍来学习，水各村把远程教育和农家书屋结合起来让大家学习，大家都认为这样图文并茂，容易掌握。比如，有村民很想学些生猪饲料搭配方法，在看生猪饲养节目时，对节目中的饲料名称、计量、比例等记不清，弄不懂，随后在农家书屋借了一本生猪饲养的书看，弄懂了饲料搭配的名称、计量及程序，改变了原来每天养猪只喂养粮食不加饲料的传统喂养模式。还有的村民在农家书屋借阅图书后，不怎么看得明白，在看完远程教育相关节目后，感慨道光看书理解不透，远程教育节目里有老师讲解作示范，好学多了。

水各村村委会利用图书资源，结合远程教育资源，定期举办种植技术培训班，解决村民们种植中遇到的实际问题，不断提高村民的生产技能。水各村远程教育站点自建立以来，已经组织集中培训1000余人次，参看节目人数500余人次，农家书屋自2007年成立以来，已有300多人次借阅过各类书籍。水各村把远程教育和农家书屋的功能结合起来，村民们更容易得到所想、所盼、所需的农技知识和生产生活知识，也使村民们逐步养成爱读书、多读书、读好书、用好书的习惯成为可能。水各村在远程教育和农家书屋为“三农”服务方面走在了前列，为村里的社会主义新农村建设提供了有力的精神动力和智力支持。

3. 水各村基础教育尚需实现义务教育和家庭教育、社会教育的结合

基础教育是造就人才和提高国民素质的奠基工程，在孩子的基础教育阶段，义务教育、家庭教育、社会教育对孩子成长的作用是同等重要的，但是在调研的过程中，我们发现在水各村孩子的基础教育过程中，社会教育和家庭教育得到村民的高度重视，但是对于孩子获得科学知识最主要的途径——义务教育却相对薄弱。

在走访水各村所在的九阡镇政府的过程中，我们得知九阡镇通过了“两基”验收，学生入学率一直保持在93%以上。孩子在小学阶段是在本村的水各村小学，初中阶段就要到相隔几里远的九阡中学就读。学校经费和老师的工资主要由县财政控制，因此村小学仅有几间破旧的教室和几位比较年长的老师。在对水各村小学和九阡中学的调研中，通过交流和实地考察，我们发现当前水各村的义务教育存在着诸多问题，基础教育承受着巨大的压力：

首先，水各村小学和九阡中学的师资力量薄弱。

师资水平是直接制约农村义务教育发展的关键因素，当前村里孩子所在的水各村小学和中学的教师结构性不合理，教师教育培训不足，师资力量薄弱。

第一是教师结构不合理，主要包括不同学段的教师结构不合理和不同学科的教师结构不合理。不同学段的教师结构不合理是指，在水各村的义务教育阶段，教师数量还没有充足的保证，许多中学阶段的优秀教师被抽调到高中任教，优秀的小学老师被抽调到中学任教，由此，造成水各村小学和九阡中学的师资力量薄弱，极大地影响了该阶段教学的质量，不利于水各村及九阡镇高水平地普及九年义务教育。不同学科教师结构不合理是指，在义务教育阶段，音乐、体育、美术教师严重缺编，外语、物理、化学教师多是半路出家。因此，水各村孩子所在的水各村小学和九阡中学音、体、美课面临着难以开齐科目、开足课时的困难；九阡中学的物理、化学、外语教师的专业化水平不高，而且存在着教师课时负担重，教育教学质量难以保证，在教师编制中，老师年龄偏高，中青年骨干缺乏，制约着教师各阶层的更新，这些严重制约着水各村及九阡镇义务教育的发展。

第二是教师教育培训不足，由于缺乏专项经费，教师教育培训机会不足，许多教师教育教学观念落后，严重制约义务教育特别是素质教育在水各村及九阡镇的推行。主要是由于县教研室的教学指导人员的培训和进修机会很缺乏，因此，难以发挥各县教研室的在本县教师培训方面的优势。水各小学的老师基本上没有进修的机会，沿用的是几十年来积累的经验，与现行的素质教育的要求还有一定的差距，导致义务教育特别是素质教育的推行困难。

其次，水各村小学和九阡中学的义务教育公用经费严重不足。

农村税费改革前，九阡镇的中小学的正常经费投入主要有四个渠道：一是县乡财政拨款，二是农村教育费附加，三是社会集资、捐资，四是学校所收取的学杂费。农村税费改革后，教育费附加和社会集资被取消了，县财政保证教师正常工资发放都十分困难，中小学的公用经费更是无法保障。因此，水各村乃至九阡镇教育的公用经费投入不足，造成学校正常运转困难，学校承受着巨大压力。

第一是硬件设施不足，由于经费短缺，学校硬件设施不足，“普九”水平低。在调查中我们发现在义务教育阶段，中小学应该具有的实验室、微机室、语音室等，水各村小学和九阡中学基本上都没有条件建设。即使存在部分实验室，但实验仪器和实验药品短缺，一些正常的教学实验受到影响。另外，水各村小学和九阡中学的音乐、美术和体育器材也十分缺乏，导致学校音、体、美课开设不充分，素质教育难以推行。

第二是学校修护困难，税费改革前，水各村小学和九阡中学的校舍修缮等一些学校维修费用分别是由镇和村负责筹集的。税费改革之后，这笔款项就没了来源，公用经费缺口很大。据调查，当前水各村小学面临着主要的学校修护项目是校舍屋顶漏水和课桌板凳的维修，光学校校舍屋顶补漏一项费用就至少在 1.5 万 ~2 万元之间，有时学校为了节省开支，不得不由校长带领教师利用休息时间来自己修理学校的桌椅板凳。

第三是教师办公条件差，由于公用经费极度缺乏，水各村小学和九阡中学的办公条件十分简陋。学校的一些办公住房是一批20世纪70年代盖的平房，屋顶漏水、墙壁裂缝，已经成为危房，教师的办公安全让人担忧。学校为了节约办公经费，只有校长办公室的一台电话是可以打外线的，所有需要打出的办公电话都得经过这部电话。

第四是拖欠教师工资问题，税费改革以后，教师工资主要由县财政统一发放，这在一定程度上可以保障教师工资的足额发放。但是水各村所在的三都水族自治县经济落后，财政困难，教师工资的足额发放就存在一定的困难，因此在水各村小学和九阡中学存在不同程度的拖欠教师工资的问题，教师工资难以足额发放。

第五是水各村孩子的交通安全问题，水各村所在的地区为山区，升入中学的学生每日要走几里才能到学校，再加上山区地势险要、交通不便，安全问题尤为严重。

以上问题严重制约着水各村义务教育的推行，我们认为，只有在这些问题上找出路，正确地解决了上述问题，才能实现水各村义务教育的良性发展，从而真正地实现学校教育、社会教育、家庭教育并驾齐驱，从而保证基础教育的良好发展，保证水各村孩子的顺利成才。

第一，对水各村小学和九阡中学的义务教育投入主体的重心仍需上移。

国务院办公厅颁发了《关于完善农村义务教育管理体制的通知》，明确提出了农村义务教育由过去的“分级办学，分级管理”走向“以县为主”的管理体制，进一步明确了农村义务教育的责任主要在县级政府。虽然这一管理体制是农村义务教育投入主体的重心由乡镇上移到县，在一定程度上保障了农村义务教育的投入，但是由于县财政实力有限，义务教育的投入依然不足，教师工资足额发放、学校办公经费没有稳定来源。

在西方，虽然各国财政体制差异很大，但是大部分国家在义务教育公共投资体制上选择了集中模式或相对集中模式，投资主体或是中央政府，或是高层地方政府。完全采取以基层地方政府作为投资主体的分散模式的国家为数较少。根据经济合作组织1994年对世界24个国家的统计，采取集中模式、相对集中模式和分散模式的国家分别为12个、9个和3个。

可见，义务教育投入主体上移是国际义务教育发展的普遍趋势，而且在贫困农村地区实行义务教育投入的倾斜和优惠政策也是国际义务教育发展的一条宝贵经验。税费改革后，在经济发达地区，以当地的县乡级财政为主，能够保证义务教育的投入。但是在三都县这样的经济欠发达的贫困地区，贵州省，甚至中央财政可以作为其义务教育投入的主体才能切实保证义务教育的投入。虽然目前中央和省多采取财政转移支付的方式，以确保义务教育的正常运行，但由于在贫困农村地区转移制度往往难以真正到位，而且中央对贫困地区义务教育的倾斜政策（主要是对口扶贫，办希望小学和专项投资，如贫困地区义务教育工程等）也不能从根本上解决贫困地区的义务教育问题。因此，我们建议水各村及九阡镇的义务教育的投入主体仍需上移，实现由贵州省和中央的财政支付来切实保证水各村九阡镇的义务教育投入。

第二，完善水各村小学和九阡中学教师的编制。

科学合理地核定和分配教师编制。现行的教师编制计算方法，是通过教师和学生人数的比例确定的。这种简单的师生比计算方法，难以解决水各村小学和九阡中学所特有的问题。如果用这种方法计算，当前两学校的教师编制整体上是超编的，但在开设科目上是严重缺编的。由于九阡镇地广人稀，班容量小，较少的学生人数决定了教师编制数量也少。因此，对该村的教师的编制上，应该充分考虑其教育自身的特点，适当给予教师编制的优惠政策，在开齐科目的前提下，可以考虑按班级数核定教师数，保证该地区学校有足够的教师编制。

保证初中骨干教师的编制。如果这种一味从初中抽调骨干教师补充高中教师不足的不良倾向得不到充分重视，水各村及九阡镇普及的义务教育水平将受到极大的威胁。为了保证九阡镇的九年义务教育的教学质量，有关部门应该加强管理，在保证初中教育教学不受很大影响的提前下，允许初中优秀教师向高中合理流动，而不能无节制地从初中学校抽调教师。

第三，水各村小学和九阡中学应充分利用不断完善的对贫困学生的资助制度。

对贫困生提供经济资助是提高教育机会均等程度的有效措施。国家在《教育法》中规定：“国家、社会对符合入学条件、家庭经济困难的儿童、少年、青年，提供各种形式的资助。”还在《义务教育法》中规定：“国家对接受义务教育的学生免收学费；国家还采取了助学金，帮助贫困学生就学。”通过这些措施来完善贫困生资助制度。因此，水各村小学和九阡中学一方面要积极寻找可利用的资助主体，充分利用外来的资助，另一方面要做好资助资金的合理利用，真正做到把资助资金用到需要资助的学生身上，用到需要资助的地方。

（三）文化

文化是人们长期创造形成的产物，是社会历史的积淀物。水各村特有的的历史、地理、风土人情、传统习俗、生活方式、文学艺术、行为规范、思维方式、价值观念使其形成了独特的水族文化。水各村拥有独特的酒文化和卯文化，我们在调查中了解到，这两大特点为村庄的文化发展和经济发展具有巨大的建设意义和推动作用。

1. 特色酒文化与村庄对外交流——九阡酒赠送北京奥运会

2008 年 7 月 14 日，借水族的传统重大节日“卯节”，由贵州省民委、省文化厅、省旅游局、黔南州人民政府主办，三都水族自治县承办的“迎奥运·贵州三都·中国水族卯文化国际旅游节”在水各村举行，当日上午开幕式上，在水各村卯文化风情园举行了水乡窖酒迎奥运揭酒大典仪式。

贵州省政协副主席吴嘉甫，黔南州州委副书记、州长李月成，州政协主席杨启义，州人大副主任韦耀军和省直部门、州直部门有关领导、三都水族自治县四家班子领导以及参加“贵州三都中国水书第二次国际学术研讨会”、“中国民族语言空间认知范畴水族语言文化研讨会”的中外专家、学者出席了揭酒仪式。当年曾经将九阡酒敬献给毛主席和周总理且北京申奥时参加三都这批窖酒挥镐铲土的第一任水族女县长、现年已 90 高龄的蒙世花老人也亲临现场，自治县九乡十八寨的水书先生、水族寨老、青年男女和上万群众齐聚水各村“中国水族卯文化风情园”广场，共同见证了水乡迎奥运窖酒揭酒大典仪式，一起感受水族同胞的奥运情怀。

揭酒仪式由一名水书先生对该活动有关方面作详细介绍，再由多名水书先生在祭祖台上打开神秘水书，祷诵祈福经，并分别在祭祖坛上焚香祈福，用水族人民特有的方式和感情祝愿北京、祝福奥运。接着由两名水书先生亲自为奥运窖酒揭土捧坛，徐徐走向主席台，将窖酒交给中共黔南州委副书记、州长李月成、中共三都县委书记唐官莹和县委副书记、县长张加春，再由三人一起将窖酒交给省政协副主席吴嘉甫。吴嘉甫接过窖酒后，亲自解开系于坛口的红色布巾，揭开坛盖，象征着水族人民于 2001 年 7 月 13 日藏窖地下长达 7 年之久的对奥运的美好愿望和衷心祝福由此揭开。仪式现场 99 支芦笙、

99 支莽筒、99 只大号、99 面铜鼓、99 个皮鼓、99 响礼炮一起奏响，99 对水族少男少女齐声高歌，广大水族同胞载歌载舞，共同举杯祝福北京、祝福奥运，一起见证了这一隆重的揭酒盛况。

2001 年 7 月 13 日，也是水族的“卯节”期间，三都水族自治县九乡十八寨的水族乡民，亲手酿制了 99 坛九阡酒藏窖地下，象征“久长久有、中国一统、九九归一”，以水家人特有的最朴实、最诚挚的心愿祈祷北京申奥成功。当晚，当北京申办 2008 年奥运会成功的喜讯从俄罗斯莫斯科传到三都后，人们无不欢呼雀跃，备受鼓舞，水乡大地一片欢腾，载歌载舞，热烈庆祝北京申奥成功，庆祝中华民族百年梦想终成现实。同时决定，待 2008 年北京举办奥运会时，将这代表水族人民心愿的 99 坛九阡酒进行揭土取坛赠送北京奥组委，作为三都全县人民对奥运的一份情缘和特殊礼物。2008 年 8 月 8 日晚上 8 时，第二十九届奥林匹克运动会在北京隆重开幕，这是全中国各族人民的一大盛事。为此，2008 年 7 月 14 日，在三都举办的“迎奥运·贵州三都·中国水族卯文化国际旅游节”开幕式上，将藏窖地下 7 年之久、代表水族同胞心愿的 99 坛九阡酒举行隆重的揭酒仪式，并护送到北京，作为水乡人民对北京奥运会精心准备的一份特殊献礼，以表达水乡人民期盼奥运、支持奥运、祝福奥运的美好愿望。

这批窖酒于 7 月 18 日送抵北京，在北京奥委会庆典大厅举行赠酒仪式，将这批窖酒赠给北京奥组委。赠酒仪式开展了“九 + 酒”、“奥运水族情”、“九九归一”等系列主题活动，将水族佳酿九阡酒注入写有“同一个世界，同一个梦想”字样的水晶盛器，寓意“九九归一”，圆满奥运，共同祝福北京、祝福奥运。

活动于 7 月 18 日结束，活动期间除了举行大规模的原生态民族歌舞表演和体育活动外，还同时举行了“第二届水书国际研讨会”、由中国社会科学院民族学与人类学研究所主办的“中国民族语言空间认知范畴和水族语言文化研讨会”，以及水族卯文化习俗、旅游推介、商品展销等系列活动。

2. 独特的卯文化与经济发展

水各村依托远程教育，着力挖掘文化资源优势，打好水族卯文化民族风情旅游牌子，通过实施“支部 + 远程 + 协会”工程，有力地促进了全村群众摆脱贫困奔向小康，有力地推动了社会主义新农村建设。

水各村的居民在长期的生活中形成了自己原始古朴的民俗民风，这里是是素有“东方情人节”之称的“卯节”的故乡；这里是水族文化的发祥地，是水族的大本营；这里藏有大量至今仍在民间使用的被称为“活着的甲骨文”的水书和水歌刊集；这里有着悠久的历史文化和优美的自然环境，全寨民房建筑绝大部分是木瓦结构，布置合理、样式美观，寨内平坦而又宽阔，寨外有层层梯田，山清水秀，三面山溪盘绕，有仙人桥、山河瀑布、石棺墓、唐代的石砌城墙等名胜古迹。这些古老神秘的水族文化吸引了众多中外学者和游客的眼球，成为水各村发展旅游的最大卖点。水各村人瞄准了这一大商机，及时对各种资源加以整合，及时成立旅游协会，对旅游产品进行包装，并积极聘请旅游专家和建设专家来实地考察、进行设计，请来规划专家按照建设社会主义新农村的标准和现代游客的需求进行规划，使旅游产品既符合水族的传统文化，又融入现代人的欣赏需要，为旅游开发提供科学依据。

在村党支部的带领下，全村团结协作、众志成城，组建的卯文化旅游协会由近200名会员组成，几乎覆盖全村各家各户，从而拉开了新农村建设的序幕。该协会实行民办、民管，自我管理、自我发展，收入按6∶2∶2进行利益分配，即60%为会员的劳动报酬，提20%为新农村建设基金，20%作为协会发展基金。在支部的指导和有关部门帮助下，协会通过远程教育学习先进的管理经验，并由站点操作管理员担任协会骨干，及时制定了《协会章程》以及《协会考勤制度》《协会工作制度》《协会销售制度》《协会学习制度》《协会财务制度》等规章制度，规范了管理，提升自身的组织化和专业化程度，不断增强接待能力。协会根据需要，分为寨老、迎宾接待、后勤接待、环境卫生等4个组。现在，接待游客、导游参观、餐饮住宿等全部由协会负责操作和开展服务。

为进一步挖掘民族文化、展示民族风采、促进地方经济发展、增加群众收入，全力打造卯文化民族旅游村寨，在支部和协会的带动下，村民积极参与，跑项目、要政策、找经费，投工投劳，建成通村4米宽镶边碎石路面1200米，2米宽混凝土路面1300米，石板旅游步道3.4公里，公共厕所2个，2780平方米的停车场一个；建成800平方米混凝土活动场地一个；新建村寨排水沟1437米；实施“科普+远教”六个一工程，建立了科普学习室、远程教育学习培训中心、九阡李种植示范基地、科普宣传栏等；开发出景点16个；成功举办“贵州三都·中国水族卯文化风情之旅”活动，使“卯节”这一富有特色的民族文化发扬光大。

近年来，水各村响应县委、县政府旅游兴县总体战略目标，充分挖掘卯文化发祥地这一优势资源和利用好远程教育资源，着力打好“东方情人节”这一民族文化旅游牌子。由村旅游协会唱主角，每年“卯节”期间，水各村都要举行隆重的水族习俗迎宾、原生态水族歌舞表演、水族民俗婚礼、水族农家乐、参观水族文化展厅、祭碑、祭水、敬霞、卯坡情歌放送、卯坡情歌擂台赛、游览卯坡景点等系列活动。2007 年村里的“卯节”活动吸引来自国内外的游客 5 万余人，收入 200 多万元。协会通过整合资源、组织民族风情表演、出售马尾绣、水族服饰等民族工艺品，推销九阡李、九阡酒等土特产，开办农家乐、水家宴祭祖宴等方式增收，走出了一条旅游带动群众增收致富之路，加快了建设社会主义新农村的步伐。现在，该村人均纯收入已从 2003 年的 967 元增加到 2006 年的 1865 元。

水各村除了具有丰富的旅游资源外，还有被毛泽东主席称赞为“好香、好甜、好酒”的九阡酒、远近闻名的九阡李、质地良好的水族土布、被列入国家级首批非物质文化遗产的水族马尾绣都是潜力巨大的旅游商品。旅游协会也看到了这些可以给村民增加收入的商机，积极收集各类市场供求等重要信息，并向村民发布，为村民生产经营提供参考。秋收结束后，有点空闲的水族妇女们便加工制作土布、马尾绣，家家户户的门口都晒满了质地良好的土布半成品，而男人们有的正在家里酿制纯香九阡酒，有的则下地修剪长势良好的九阡李。看到旅游协会副会长吴天培 2007 年 50 株九阡李就给他带来近万元的收入，没有种植九阡李的村民们心动了，纷纷表示一定也要种植九阡李，村民吴兴荣就专门种植了 3 亩多的九阡李。目前，在水各村，家家都是九阡酒酿制户，家家都是九阡李受益者，家家都有土布制作能手。“家家致富有门路，人人生活有盼头”，成为水各村卯坡脚下建设社会主义新农村欢唱的新歌。

3. 我们对于水各村文化建设和发展的几点建议

水各村的村民在保护并弘扬水族特有的文化方面作了许多的努力和探索，他们建立村里的卯文化陈列馆，将水族特有的卯文化、九阡酒以及由酒承载的深厚的酒文化推向了全国甚至是全世界，其成果是显而易见的。但是在调研过程中，我们也发现在对于本民族传统文化的保护、继承、持续发展方面水各村还存在着一定的不足。笔者建议水各村在今后的保护和弘扬民族文化的工作中可以从以下几个方面加以改进：

第一，打造自己的文化品牌，实现民族文化的独特性。

水各村是水族传统的民族、语言、文字保存最为完整的一个村落，在现有的文化宣传中，实现了卯文化和“卯节”的结合，但是在品牌的塑造程度还不够，在今后的宣传中，水各村还应在对外宣传过程中，需要有专门的公关团队对自身的旅游资源和文化进行系统的设计、包装，打造自己的独特品牌，充分开发自己得天独厚的旅游资源，创造自己的旅游品牌，保持自己文化的独特性。

第二，将本村特色的民族旅游与实体经济相结合，实现文化旅游与实体经济的良性互动。

弘扬水族文化传统，这既是一个产业发展的需要，也是民族发展的需要。只有把水各村的民俗文化传统挖掘出来，使其与水各村的实体经济融为一体，打造集九阡李文化、九阡酒文化、民俗风情和旅游文化为一体的生态农业旅游观光基地，才能最大限度地发挥水各村的李、酒、民俗、生态旅游的资源优势，从而实现水各村经济的可持续发展。

第三，注重本村特有的民族文化遗产的保护，实现民族文化旅游的可持续发展。

民族文化的弘扬促进了民族的发展，但是也导致了民族文化旅游资源的消耗和磨损，因此一方面水各村要采取必要的措施，对本村的重要的水族文化遗产进行保护，防止在其开发过程中的破坏、磨损。另一方面要进行必要的投入，对于水族的非物质文化进行保护，防止伴随着老一代的水族居民的离去而消逝。

七、相关政策

（一）扶贫政策

由于历史原因和地理环境等条件的制约，水各村一直处于贫困状态。山高谷深、水土流失现象严重，土层瘠薄，人口多耕地少，交通信息闭塞，农作物产量极低，水各村的经济基础薄弱，教育文化和生产技术水平落后。人民的生活水平与发达地区的民族相比，还有很大的差距，仍然处于贫困状态。

对包括水各村在内的各个乡村的扶贫工作作为三都县政府的重要工作之一已取得了很大的成效。

1. 对水各村扶贫政策的主要形式

（1）项目扶贫

这是三都县对水各村扶贫的主要形式，通过立项目投入扶贫资金或引入经费。2008 年 3 月，由三都县水利局实施的水各村渠道项目完工通水并通过检查验收。水利基础设施的建设，为搞好旅游开发、促进当地群众增产增收创造了条件。水各村渠道贯通后，可解决当地 500 亩农田适时插栽和灌溉缺水问题。此外，通过“农村道路”工程项目，实现了地面的硬化，大大改善了水各村的道路状况。

三都县的项目扶贫方式大体流程特点如下：

第一，项目立项，体现村民意志。为了确保扶贫开发项目建设达到预期效果，在项目选择上，由各村组织村民认真分析讨论，确定并编制本村扶贫开发项目报乡镇政府，再由乡镇政府根据项目村的村组干部和群众的积极程度选定，对申报的扶贫项目进行公示后，报县扶贫领导小组办公室；县扶贫开发领导小组组织各乡镇进行公开竞争，择优确定综合扶贫开发村，县直有关部门按中标村申报安排项目及项目资金。

第二，项目建设，加强管理。为了切实做好扶贫项目的实施与管理工作，三都县实行项目建设政务公开，对年度项目资金计划、申报、批复、资金使用、投入标准、扶持对象、扶持标准、扶持方式、办事程序、竣工验收等 10 方面进行公开，接受各方面监督。县扶贫工作领导小组按照项目性质特点及分布情况，定期或不定期深入项目建设地点进行跟踪、检查，发现问题，及时纠正，限期整改。

第三，项目承建单位，加强监督。实行项目建设责任状制度。由县扶贫工作领导小组与项目建设单位签订工程建设责任状。按照项目实施方案进行实施、检查和验收。项目批准后，建设单位按相关要求编制并报送项目实施方案，经扶贫领导小组审批后方可组织实施。项目建设单位对项目申报、实施全程的内容、规模、投入、资金使用、进度、报账、验收等公开公示，作好文字、图片等资料的记录和整理，建立健全项目档案，及时上报项目建设验收资料和验收报告，接收州、县组织验收。

第四，项目资金管理工作，实行专人专账、报账制管理。三都县在实施项目过程中，严格执行“3331”拨款制，严禁任何单位及个人挤占、挪用、调整项目资金，确保专款专用。审计部门把扶贫项目列入年度审计工作计划，财政、扶贫等部门要加强对全县各项目实施乡（镇）和单位进行检查，对未建立专账或有挤占、挪用项目资金等违规行为的，停拨项目资金，责令限期整改，问题严重的调整项目实施单位并追究项目相关责任。

第五，扶贫项目资金管理模式的探索。对群众易于接受、效益明显的扶贫项目采取有偿无息、滚动使用的方式发展，即：投入种养业项目、加工业项目的资金，由县扶贫办和项目实施单位采取以物资和现金相结合的方式发放给农户，签订还款协议，项目见效后以产品或现金归还，收回的项目资金，由县扶贫工作领导小组办公室统一实行专户管理，继续滚动使用。

第六，项目实施过程中乡、村的职责。对已批准实施的项目，乡（镇）安排专人负责，抽出业务技术人员专抓，明确工作目标，制定考核办法，严格考核制度，兑现奖惩。项目实施村组建项目实施小组和监测小组，并对项目进行公开，扩大群众知情权，做到项目工程、质量标准，投资量化公开。组织群众参与项目的实施和管理，确保项目实施达到预期的效果。项目建成后落实管护责任人的权利和义务，实现项目的持续效应。

（2）科技扶贫

这也是对水各村进行扶贫的重要方式。水各村村民大多文化水平不高，限制了其外出打工，许多村民对文化技术有强烈的渴求。三都县根据这一情况，加强了科技扶贫的力度，具体表现为：

第一，在农村扶贫资金项目实施过程中，由技术人员技术指导工作的实施。公路、桥涵、教卫、引渠、人饮、小城镇建设等基础设施项目，由交通、城建、水利等相关部门负责技术指导工作；种养业等开发性项目，由农业、畜牧、林业等部门统一制订具体的技术方案病负责技术指导工作。对技术要求高、工程量大、投资额度较大的项目，要向社会公开招标建设，确保工程质量和效益。允许技术人员与农户签订技术服务协议，并从项目收益中收取一定比例的技术指导费，对领办种养业项目的技术人员，可享受“在岗人员”政策待遇。

第二，建立了乡村科技开发的示范基地。各乡（镇）、各部门集中人力、物力、财力，有选择地在一类村建立麻竹、脱毒马铃薯、早菜、商品牛、二元杂交母猪、三元杂交商品猪、香猪及冬季农业开发项目的示范基地，积极引导农民参与和推广。涉农部门每年要抓住 2 个以上的示范点，其他帮扶部门抓 1 个以上示范点，县四大班子各选择 1 个产业示范点。

第三，对农村村民进行科技培训。紧紧围绕农村产业结构调整和农民增收目标，突出抓好“绿色证书、非农技能、农村致富能手”三大培训。采取专家讲座、现场示范、到先进地区考察学习等形式，开展竹业、果蔬、畜牧、冬季农业开发等实用技术培训，尽快使贫困户都掌握 1～2 门技术，每个村都有一批科技示范户。同时抓好非农技能的培训工作，进一步拓宽劳务输出渠道。

第四，进行乡村“绿证培训”。绿证培训由三都县农办、县扶贫办主持，县农业局 5181 项目办具体实施，培训教师从相关单位抽调技术人员上课，培训教材和考试试卷（分 A、B 卷）由任课教师根据内容进行编写和出题。培训地点分别设在 15 个乡（镇），培训涉及的乡（镇）由本乡（镇）政府负责组织人员参加培训，每一个点培训三天。

绿证培训内容主要包括以下各类技术：无公害辣椒栽培技术、柑橘栽培技术、无公害优质葡萄栽培技术、无公害早熟大蒜生产技术、优质杨梅栽培技术、油菜免耕栽培技术、柑橘病虫害防治技术、农业经营管理、脱毒马铃薯栽培技术、沼气维护与综合利用技术、麻竹栽培与竹笋加工技术、牧草种植技术、黄牛繁殖及饲养管理、三元杂交猪繁殖及饲养管理、禽类繁殖及饲养管理。

（3）教育扶贫

在众多扶贫方式中，教育扶贫才是贫困地区脱贫致富的治本之策。水各村水族群众的教育状况主要如下：

第一，不懂汉语，影响信息之交流。三都县九阡镇水各村是水族人民聚居的地区，很多水族村民不通汉语，有的能听懂，但要准确、流利地表达出来却有些困难，造成了信息交流沟通不顺畅，不能及时掌握市场信息。

以种植九阡李为例，九阡李是三都县特色水果之一，九阡李的需求量很大，但是销路很窄，只是销往贵州一些城镇，还没有形成知名度。由于没有足够的信息，大部分村民害怕没有销路，不敢放手大量种植九阡李。

第二，文化技术水平低，就业门路窄。在水各村，大部分村民文化水平不高，受过初中教育的村民大多外出打工，很少有人接受过职业技术培训。村民的致富心情很迫切，但没有文化及信息来源，始终无法摆脱贫困。一些村民表示，由于文化水平低，没有接受过专门的技能培训，找不到致富的门路。如果有机会，他们非常愿意去学习一些专业技能。

三都县对农村教育扶贫应注意以下方面：

第一，在实施好农村“两基”的基础上，做好“三统筹”工作。即在教育内部，实行普通教育、职业教育、成人教育三教统筹，调整教育结构，改变多年来单一的普通教育模式，在进一步加强基础教育的同时，大力发展职业教育和成人教育，着力提高农村广大劳动者吸收运用科学技术的能力。

第二，根据当地农村的具体情况，在中学引入职教因素。在小学高年级和初中因地制宜地引进职教因素，培养学生的一技之长，紧密结合当地社会经济发展的实际和需要，不断加强基地建设，在抓好扫盲教育的同时，不断加强实用科学技术的培养，采取灵活多样的形式，努力扩大培训面。

第三，在教育外部，实施农科教结合，加快科技成果的引进和转化。按照“修教育之渠，引科技之水，灌农业之田，结丰收之果”的工作思路，发挥县政府的统筹作用，农、科、教各部门共同组建农科教中心，围绕当地扶贫项目，统筹制定脱贫规划，统筹安排项目资金，统筹进行技术培训，做到农科的有机结合。在科技服务上，形成了经济实体型、科技引导型、市场带动型等服务形式，围绕一个项目，培训一批人才，形成一个产业，致富一方群众。

第四，要大力开展职业技术教育和实用技术培训，提高贫困农户的生产技能。特别要建立科技扶贫示范基地，积极推广成熟可靠、容易掌握、增产增收效果显著的农业实用技术。同时，在贫困乡村积极引导开展好各类技术承包，为贫困农户送技术、送知识等活动，推进科技扶贫上台阶，使水族人民掌握脱贫和发展的技能，最终从根本上增强自我解决温饱、实现脱贫和走向致富的内在能力。

（4）信贷扶贫

小额信贷在水各村扶贫中发挥了重要作用，村中的特色农家乐“翠竹园”便是在小额信贷的帮助下成立的。具体而言，小额信贷是一种以城乡低收入阶层为服务对象的小规模的金融服务方式，旨在通过金融服务为贫困农户或微型企业提供获得自我就业和自我发展的机会，促进其走向自我生存和发展。

与现行的其他扶贫方式相比，小额信贷的特点是覆盖面大、到户率高、经济效益好、扶贫效果显著、返贫率低、还贷率高、资金周转快，非常适合村民们就近参加生产劳动，解决温饱，进而脱贫。而且，化整为零的放贷，有利于化减大额贷款的风险。

2. 三都县对水各村扶贫政策的主要措施及特点

第一，对水各村贫困村民分门别类、突出重点。对村贫困人口进行相应的分类，对不同的人口采取不同的帮扶措施助其脱贫，对于基本生产、生活条件差，自我发展能力弱的人口，采取项目带动和扶贫到户的措施；对生存条件恶劣的人口，通过实行易地搬迁、配套解决土地、住房等生产生活条件，为其脱贫奠定稳定的物质基础；对鳏寡孤独、因病因残丧失劳动能力的特殊贫困人口，通过建立特困群众救助制度，给予有效的社会救助；对于已初步越过温饱线的低收入人口，通过扶持产业开发带动，着力改善和拓宽增收途径，使其稳定增收。

第二，制订明晰的对村帮扶目标。在确定了各个职能部门的具体帮扶对象之后，三都县县委、县政府为各个职能部门制订了详细的目标。这些目标包括：农民人均纯收入、村的通路标准、通电率及广播电视普及率、人均旱涝保收基本农田拥有量、人畜饮水问题的解决、村综合服务室（卫生室、计生室、文化活动室）的建设、人口自然增长率、“两基”（即基本普及九年义务教育、基本扫除青壮年文盲）指标达到省政府要求等。目标的详细分类为各部门有效完成帮扶工作奠定了基础。

第三，强化具体帮扶效果，实行驻村干部制度。传统的帮扶方式主要重在“输血”，即所谓“帮百斤米、百元钱”的方式，这种方式往往容易出现“有人帮时解决温饱，无人帮时就返贫”的状况，不能从根本上解决脱贫致富的问题。为了强化帮扶效果，三都县实行了驻村干部制度，即各部门必须把驻村帮扶列为单位的主要工作内容之一，并抽派1名骨干力量蹲点驻村，单位领导经常深入所驻村，每月入村不得少于1次。驻村干部主要协助乡村理清发展思路、帮助所驻村基层组织加强自身建设，提高政务公开、村务公开、民主管理和依法行政、依法治村的能力和水平；对有扶贫开发项目的村，驻村干部要代表帮扶部门把参与项目的实施管理作为主要工作，与乡、村共同完成项目建设任务。

第四，严格考核制度，加强扶贫工作督察力度。三都县扶贫工作领导小组建立了以解决贫困人口温饱数，贫困人口收入增加水平，扶贫资金使用效益、扶贫项目实施，贫困乡村基础设施和生产条件改善、项目实施业务主管部门责任制、驻村干部驻村工作责任制等指标的考核管理体系，按年度进行量化考核，对完成好的部门进行表彰，完成不好的进行批评并限期整改。把扶贫联系点的工作列入乡镇、部门和领导干部的考核内容之中，各乡镇、各部门在半年和年终时向县扶贫工作领导小组书面报告扶贫开发工作和帮扶工作情况。

第五，引入激励竞争机制，由村民选择项目。为了确保扶贫开发项目建设达到预期效果，在项目选择上，由各村组织村民认真分析讨论，确定并编制本村扶贫开发项目报乡镇政府，再由乡镇政府根据项目村的村组干部和群众的积极程度选定，对申报的扶贫项目进行公示后，报县扶贫领导小组办公室；县扶贫开发领导小组组织各乡镇进行公开竞争，择优确定综合扶贫开发村，县直有关部门按中标村申报安排项目及项目资金。

第六，整合扶贫资源，实施整村推进。三都县坚持全县“一盘棋”的思想，对财政扶贫、以工代赈、交通、水利、农业、畜牧、林业等部门专项资金及信贷扶贫资金，要按整村推进的要求，整合到一类乡、村和农业产业结构调整的项目上来，确保完成一类村的整村推进综合扶贫开发任务。各乡镇认真搞好调查研究，理清村级发展思路，制订完善一类村年度综合扶贫开发计划，既要充分尊重贫困农户的意愿和要求，又要保证规划的科学性和可操作性。对未投入财政扶贫资金的一类重点村，贫困人口比重大、村级领导班子较强，群众积极性高的村经县扶贫开发领导小组审核确定，优先纳入整村推进年度计划。

3. 对水各村扶贫工作的一些思考

第一，因地制宜，充分发挥水各村的资源优势。该村木材资源比较丰富，现有的一家木材厂经济效益良好。因此，水各村应该抓住地区优势，找准和发展有效益或者效益周期长的项目。在种植业方面，九阡李一直是供不应求，尤其是水各村种植的九阡李非常畅销，但是缺少销路信息和指导，所以在水各村种植并不普遍。政府应该为村民提供足够的信息，统一规划，指导调整产业结构，形成产业化经营。养殖业方面，可集中发展养殖专业大户或基地。

当然，这些都离不开政府及有关部门的指导，切忌盲目开发，浪费大量的人力、物力和财力。同时，结合招商引资，争取外援，开发项目，不断争取上级和发达地区的支持和帮助，对外来投资办厂的企业，以优惠的政策帮助和支持，积极引资，推进水各村产业结构的不断优化。

第二，加强水各村旅游基础设施建设、提高旅游接待能力。水各大寨是水族人民聚居的中心，是水族“卯节”的发源地，有着丰富的文化底蕴，有着很大的旅游开发潜力。从2005年修建通往三都县的公路开始，水各村旅游业随之发展，村民的经济生活水平有了明显的提高。水各村经常接待各地游客，为水各村的经济发展和招商引资起到了很大的促进作用。

但是，三都县目前尚无健全的旅游组织管理机构和全面统一的规划布局，旅游资源的开发处于一种无序状态。全村仅有一家“翠竹园”可以接待客人，不少客人来到水各村当天就只能返回三都县，无法给村里带来长期的效益。对此，水各村可以建设特色家庭旅馆，用最真实、朴实的水族生活习惯去吸引游客。

当地水族的特色产品有很多，如号称水族第一名菜的“鱼包韭菜”；水族最古老、最具特色、最负盛名的马尾绣；巫不香猪、九阡李子、都江木耳、板甲花菇；还有水族、苗族、布依族等丰富多样的服饰等，这些都是很能吸引游客的东西。但水各村没有卖这些旅游纪念品的商店，游客来到这里，只能欣赏风景，无法充分挖掘出其具有的巨大价值。

第三，要增强驻村干部的责任意识。驻村干部制度是一个很好的制度，但在实行的过程中，要避免走过场。驻村干部要强化自身服务意识，尽量减少不必要的扰民。

（二）农业补贴政策

农业补贴政策是我国政府为了提高粮食主产区农民的收入、增强农民种粮积极性，并减轻其负担而实行的一项政策。我国政府于2002年开始在原有农业间接补贴的基础上，开展了针对农业主产区农民进行直接补贴的政策试点，并于2004年开始对全国13个粮食主产省（区）和16个非主产省（区）的主产县（市）实行粮食直接补贴。2006年2月21日公布的《中共中央国务院关于推进社会主义新农村建设的若干意见》提出，要稳定、完善和强化对农民和农业的直接补贴政策，加强国家对农业和农民的支持保护体系。

水各村的农业补贴政策在县政府的领导下得到了有效开展。三都县以“粮食增产，农业增效，农民增收”为目标，在各乡镇乡村认真落实和兑现各项惠民政策。对包括水各村在内的农村实行的涉农直接补贴主要包括取消农业税、种粮补贴、农机购机补贴、农村义务教育“两免一补”等，另外还有生产性灾害补贴、军抚和对低保户的一些补贴。

1. 水各村农业补贴政策的具体措施

第一，实行村民“一折通”制度。自2007年贵州省十届人大五次会议贵州省代省长林树森所作的“政府工作报告”中提出，在全面实行涉农补贴“一折通”制度以后，“一折通”成了水各村发放各项涉农补贴的主要账户。各项补贴皆由省级直接发放到水各村村民的账户里，由省农村信用社联合社直接承担此项任务，既有效减少了中间环节、提高了效率，而且有效防止了涉农资金的挤压、沉淀甚至被截留、挪用。

第二，村干部高度重视，实现不漏一户、不少一人。自实施农补政策以来，水各村村干部明确责任，成立了相应的工作小组，走村串户、调查了解农户的具体情况，有效地完成了各农村耕地信息的调查统计工作。

第三，粮食补贴面积确定准确、发放标准确定。水各村的农业补贴主要是根据各农户的耕地拥有面积来确定发放标准的，据调查农户反映，农补的面积计算基本准确，符合各农户利益。同时，补贴一律以货币形式兑现，没有发放实物或代金券，水各村农补标准为30元/亩/年。为有利于广大种粮农户抢农时、增投入、扩大粮食生产，每年确定在3月份将直补资金一次性兑现给种粮农民。

第四，对困难村民的一次性补贴。即在逢年过节之时，为了让困难群众度过一个祥和的节日，省财政厅会对村里的低保对象和五保供养对象发放一次性补贴，如贫困户庞某在春节期间获得了节日补贴78元。

2. 水各村农业补贴政策目前存在的问题

第一，补贴金额过小，对农户无特别实际的效应。农业补贴政策让水各村的村民感受到了政府的关怀，一定程度上提高了村民的积极性，但目前补贴的金额依然过小，水各村一般农户的耕地面积在2～3亩，按目前30元/亩/年的标准，一户人家一年的补贴金额便是60～90元，这笔费用对农户而言，微乎其微，补贴不仅在农户生产投入中所占比例很小，在日常消费中所占比例也很小，农户家庭日常的开支，诸如油盐酱醋、看病上学等，这笔补贴更显微薄，对农户生产无实际效应。

第二，补贴之依据标准对农户起不到特别大的激励效果。农业补贴的最初衷是提高农民的种粮积极性，但目前水各村的补贴标准似乎起不到特别大的激励效果。水各村的种植业主要以种植水稻和玉米为主，而这两项在我国目前皆属劳动密集型，它需要大量劳动力，并且要精耕细作才能保持较高的产量。一般来说，仔细耕种，水稻的亩产量在1000千克（双季稻）左右，但如果粗种粗收，则产量可能只有200～300千克。但是，农业直补以种田面积为依据，即不论你是精耕细作还是粗种粗收，给你的补贴都是一样的，因此，没法真正有效提高农民种田的积极性。

第三，对农户补贴之费用被生产资料涨价所抵消。有村民们反映"国家给的补贴，都让生产资料涨价给吃光了，甚至还不够"。据调查，在九阡镇，农业生产资料明显高于去年，尿素（按每袋50千克计算，下同）由上年的82元涨到115元，上涨40.2%；复合肥由95元涨到140元，上涨47.4%；玉米种子每千克上涨5%～10%，几乎抵消了农业补贴的费用。

第四，农业补贴在水各村的宣传效果需要进一步增强。在水各村，虽然各农户都知道补贴是国家给自己的一项优惠政策，但农业补贴过程中90%的农民不清楚补贴的是什么，用作什么，只是每年给一个总数。由此看来，惠农政策的宣传没有达到理想的效果，村民们对政策的目的、补贴的明细不甚清楚。

第五，补贴对地不对人部分农户难以接受。为鼓励农民经营土地过程中有长期的发展目标，国家制定承包土地30年不变，但在政策执行过程中积累的矛盾已经显现，新成立家庭的农户大部分家庭成员没有土地，因而得不到补贴；已去世的老人还有土地，领取补贴，而新娶的媳妇、新添的孙子女没有地领不到补贴；老人多的农户耕地相对要多，造成户均土地的不均衡。

3. 水各村农业补贴的政策思考与建议

第一，实行补贴依据标准多样化，增强补贴的激励效果。要增加补贴对水各村村民的激励效果，应该改变之前单一以面积为补贴依据的做法，用粮食产量作为补贴依据也许更能形成对种粮农民的有效激励。

按亩补贴的方式对农民而言种不种田，种多少种好种坏都一个样，这没有起到直接补贴应有的作用。所以，可以把这种补贴依据改为按粮食产量补贴，然后过渡为以售出粮食多少为依据进行补贴。不仅可以让农民享受更多的实惠，还直接刺激农民的种粮积极性；而按售出粮食多少补贴，则鼓励农民将粮食商品化，对今后水各村粮食种植的发展具有积极意义。

第二，适当调控粮食价格，以有效调动村民生产积极性。一是要确保粮食价格的稳中有升，特别是要保证粮食相对价格不出现大幅度下降，创造粮食增产、农民增收的良好外部环境。二是要控制农业生产资料价格，确保农业生产资料生产所需的主要原材料、燃料和电力供应和各项优惠政策的落实，对农资生产、运输、经营，在税收、补贴、贷款等方面要落实优惠政策和扶持措施，以减缓农资生产、经营成本上涨压力。

第三，可以考虑加大粮食补贴金额。基于目前对各个村民的直接补贴金额偏少的现状，县级政府及镇政府可以在中央补贴的基础上，增加补贴金额，进一步激发村民的种粮积极性，通过补贴降低农产品生产成本，激发农户推广使用新品种、新技术的热情，提高农业的比较收益。

第四，进一步完善土地承包政策。国家制定承包土地30年不变，但在政策执行过程中出现的人地矛盾突出，成为土地纠纷的主要问题，不少村民都盼望着在“大稳定”的前提下，应该允许有“小调整”的政策来缓解目前存在的各种矛盾，同时也能解决粮食补贴中出现的问题。

第五，建立专项的补贴资金，扶植水各村产业。由于水田面积有限，难以承担全部劳动力，而向城市转移的农村劳动力又是有限的。这部分不能向城市转移而滞留在农村的劳动力只能由农村来消化。农村中存在诸多有待开发的资源，比如水各村的林业，目前村里已有了一个木材加工厂，若能对进行这些林业资源开发的农民予以适当资助，不仅能使农村容纳更多的劳动力，而且将促进农村产业结构的合理化。

（三）新型农村合作医疗制度

新型农村合作医疗制度是中央为了解决农民的基本医疗卫生问题而提出的一项制度，它由政府组织、引导和支持，农民自愿参加，个人、集体和政府多方筹资，以大病统筹为主的农民医疗互助共济制度，是我国新时期农村居民医疗健康保障制度的重要形式。从2003年起在全国部分县（市）试点，目标是到2010年逐步实现基本覆盖全国农村居民。

水各村的新农合工作得到了县委、县政府的高度重视。开展以来，新农合制度得到了大力推进，在解决农民群众基本医疗保障问题方面，起到了重要作用。

1. 水各村新农合的实施情况

和中国许多地方的农村一样，水各村村民的支出中一项不小的支出是对

“看病”的支出，不少村民对疾病采取的措施也是能拖则拖、能扛即扛的方式。新农合实施以来，在水各村得到了村民们的欢迎，产生了一定的积极效应。

至2007年，水各村村民几乎都已加入了新型农村合作医疗之中。每位村民每年参合费用为50元，其中，村民自己交纳10元，中央、省地、县各级财政补助资金总数为40元。新农合实施的效应主要体现在以下几个方面：

其一，部分缓解了水各村村民“看病难”的问题。实行新型农村合作医疗制度，参合农民个人只需出资10元/年。患病时，住院报销封顶线达到上万元，另外，对有特殊困难的参合村民，政府还给予特别的医疗救助，从而大大地减轻农民住院医疗费用负担，提高农民健康保障水平，一定程度上解决了“因病致贫、因病返贫”问题。

其二，水各村和九阡镇一级医疗卫生机构有望得到加强。对于“新型农村合作医疗”制度，实际上医疗卫生部门的积极性远高于农民的积极性。政府对新型合作医疗的重视，也将促进基层医疗卫生机构部门的发展，而这种发展最终受益的又将是村民，农村公办医疗卫生部门的受益与农民受益并不冲突。

其三，加深了村民对新型合作医疗制度的了解。实行农村合作医疗后的，不少村民说自己会选择去医院看病，因为能享受“报销”医疗费用的待遇。部分村民已经从合作医疗中开始受益，产生了积极的示范效应。村民对新型农村合作医疗制度的意义、目的、政策、资金筹集和使用、住院报销标准和补助办法等问题，普遍有一定的了解。

2. 水各村实施新农合存在的问题

第一，新型农村合作医疗政策在村里宣传力度还不够，部分村民对“新农合”认识不到位。根据调查反映，农村合作医疗政策宣传只是在投保之时进行过，之后就不再有任何后续宣传活动。对于报销的流程，只有50%的村民表示完全清楚，其余的则都不知怎么报。经分析，宣传不到位的原因有：水各村村民的文化水平不高，沟通交流能力弱，客观上造成了新型农村合作医疗宣传难度大；个别镇、村干部认为，多宣传多发动，政府财政就要多扶持补助，造成财政压力大，因而宣传发动不够积极。此外，许多农民并不真正了解新型农村合作医疗制度的意义，他们仅从自己短期得失的角度考虑，由于自己身体好，生病住院的概率低，觉得没有必要花那个冤枉钱，还有一些村民害怕政府把自己的保险金拿去补偿别人了。

第二，村民可报销范围窄、比例低，报销的医药费少。只限定住院才报销对农民日常看病意义不大。虽然各级政府财政对新型农村合作医疗积极扶持，但村民年缴费较低，致使合作医疗资金运转困难，从而直接影响到村民报销金额偏低。大多数村民觉得偏低的报销金额对一般病人来说意义不大。此外，新型农村合作医疗定位于“大病统筹”，即保大病。假定一次“大病”住院治疗的费用为3000元，就需要花去100个人全年的所有医药费，也就是说覆盖率仅为1/100左右。

第三，村民们报销的程序过于烦琐。首先，参加新型农村合作医疗登记程序烦琐。其次，农村合作医疗的理赔程序也很烦琐。村民持着有关手续到合作医疗报账中心申报，最后又要去信用社领钱。而水各村离报账中心和信用社有些远，来回的车费都比较贵。烦琐的登记、理赔程序增加了村民许多不必要的麻烦，降低了农民的满意度。

第四，村诊所的医疗设备落后。村诊所与乡、镇卫生院是医疗系统的最基层单位，本应是解决村民就医难问题的有效途径，但国家在过去对基层医疗机构的投入长期不足，使卫生医疗设备落后，大多数村民看大病一般还是会选择去县里的医院。

第五，村干部工作难度大。水各村村委会干部固定5个，但工作任务较多，包括日常计生管理、社会治安管理、农业生产管理、征求水利费、民事纠纷调解等。新型农村合作医疗筹资收费也落在了村干部的身上。收钱本就是一件费心的事，又要挨家挨户地去收取新型农村合作医疗款，况且这些干部是以务农为主要工作，负责村工作可以说是一种兼职，他们只能利用晚上休息时间去完成工作任务。

第六，村民自我保健和互助共济意识不强。依靠行政手段，把新型农村合作医疗的参加办法、参加人的权力与义务以及报销和管理办法等宣传到千家万户，使广大农民真正认识和体会建立新型农村合作医疗制度的意义和好处，树立自我保健和互助共济意识，自觉自愿地参加新型农村合作医疗，是新型农村合作医疗制度顺利推行的基础和保证。一些经济条件好的家庭认为合作医疗保障水平低，不愿意参加；年轻的家庭认为身体好，交了钱也不会花在自己身上，只会白作贡献，也不愿参加；还有一些农户交费一两年，但看病又不能报销的，就更不愿参加了。

3. 对水各村发展新型农村合作医疗的思考与建议

第一，进一步强化对村民的宣传教育工作。新型农村合作医疗是政府为村民办的一件好事、实事，要大力宣传农村合作医疗的优越性，让大家知道这是政府为农民办的一项“民心”、“民利”、“民生”工程。对这项工作，应让广大村民群众都能自觉自愿地参与进来，把好事办好、好事办实。水各村村干部应采取多种形式，切实加强宣传教育工作。可以在村设立宣传栏，让村民们真正了解农村合作医疗的政策以及与其切身利益相关的知识，使村民们深刻认识新型农村合作医疗制度的重要性，引导农民不断增加自我保健和互助共济意识。

第二，建议政府要增加投入，简化手续。加大医疗基金的投入，尽量提高医疗费用的报销比例，降低住院起付标准，切实减轻村民的经济负担。要让农村村民参加合作医疗后，不再感到生病的无奈和无助，充分显示合作医疗“一人有病众人帮，共同抗病奔小康”的优越性。同时，要优化办事流程，让村民不跑腿就能随时随地办成手续，以增加服务人员的工作量来换取被服务对象的方便；报销补助的程序和手续，要从村民的实际出发，最好能使村民不出村就能拿到报销的钱。

第三，更新诊所医疗设备，规范服务。及时更新村中和镇上的医疗设备，加强乡镇医院人员医疗技术的培训，提高农村医疗设备、技术及服务水平，使农村居民真正得到实惠。杜绝合作医疗中的不规范行为，严惩合作医疗中的违法违规行为，让农民得到公正而廉价的医疗服务，充分享受健康权益。建强队伍，资源共享。建立一支农村合作医疗工作素质好、业务精的医疗队伍，发挥巡诊、坐诊的作用，尽量提高农村合作医疗的含金量，保证医疗卫生事业的公益性，保障人民群众的健康利益。

第四，加大政府投入，提高村民的补偿标准和报销比例。要使农民在农村合作医疗上得到实惠和保障，必须达到一定的筹资水平和报销比例。国务院总理温家宝在一次主持召开的国务院会议上，要求进一步加强中央和地方政府对新型农村合作医疗财政的支持力度，但不能提高农民缴费的标准，不增加农民负担。因此，各级政府财政要千方百计提高新型农村合作医疗资金扶持力度，增加投入，提高筹资水平，提高农民住院补偿标准，使广大农民群众的健康真正得到保障。

第五，强化监督，公开透明。确保农村卫生专项和配套资金真正落实到位，为农村卫生工作正常开展提供必要的资金保障。农村合作医疗的基金是农民的保命钱，一定要确保基金运行的安全，不被挤占、挪用，按政策规定合理、透明地使用。要充分发挥农村合作医疗管理委员会和监督委员会的作用。

（四）老年人养老体制

孤寡老人一直是三都县也是水各村贫困人口的主体之一，对于孤寡老人的救助，不仅是三都县和水各村脱贫的重要内容，也是完善农村社会保障体系的主要任务之一。

在水各村，对于孤寡老人的帮扶主要通过以下几种方式进行：一是水各村每年都会给予每个老人一定的物质帮助，每逢过节都会进行慰问送去问候和一些物品；二是村干部不定期去探访了解他们的生活状况、环境、身体健康问题，还有生活经济方面的困难以及他们的思想和困扰；三是普通村民一般也都会自愿为孤寡老人服务，平时会帮助他们干农活、挑水等。

但是，上述这些都是水各村不定期或者村民自愿的行为，没有形成一套行之有效的体系。对孤寡老人的帮助应该建立一种长效的机制，使他们能得到长期有效的帮助。对此，现提出以下几点建议：

第一，建立孤寡老人困难救助制度。建立健全孤寡老人安全、医疗、生活、温情、维权等困难帮扶服务机制，确保孤寡老人有病能得到及时医治、生活困难能及时排解、合法权利能得到及时维护。

第二，把孤寡老人困难救助等问题纳入村规民约，引导邻居主动关心孤寡老人的饮食起居，帮助孤寡老人解决生产生活中的实际困难。乡镇还可以考虑结合农业产业结构调整来推进孤寡老人家庭土地流转，切实减轻孤寡老人劳动负担。

第三，推行与孤寡老人结对帮扶制度。建立一支由机关干部、社会志愿者和留守儿童的“爱心家长”组成的志愿者队伍，通过“一帮一”的方式，坚持定期探望，解决老人生活中的实际困难，给寂寞的孤寡老人送去温暖。

第四，积极推动农村老年人文艺宣传队建设，丰富孤寡老人精神文化生活。

当然，要彻底解决孤寡老人的问题，最根本的还是要建立农村养老保险制度，这需要政府及社会的不断重视和完善。

八、民族文化

民族文化，是指一个民族在长期的历史发展中共同创造并赖以生存的一切文明成果的总和。这一成果包括物质方面的、精神方面的和介于两者之间的制度方面的成果。其中，物质方面的成果实质上就是民族在物质生产活动中创造的全部物质产品，以及创造这些物品的手段、工艺、方法等，包括人的衣、食、住、行、用所属的多种物品，以及制造这些物品的物品。如食物、服装、日用器物、交通工具、建筑物、道路、桥梁、通信设备、劳动工具，等等。精神方面的成果是观念性的东西，通常以心理、观念、理论的形态存在，包括两个部分，一是存在于人们心中的心态、心理、观念、思想等，如伦理道德、价值标准、宗教信仰等。二是已经理论化、对象化的思想理论体系，即客观化了的思想，如科学技术、文学、艺术等。制度方面的成果是精神成果的外显，是人们反映和确定一定的社会关系并对这些关系进行整合和调控而建立的一整套规范体系，包括政权体系、法律法规等。民族文化不仅体现一个民族的特点，反映该民族历史发展的水平，更重要的是民族文化反映一个民族的总体心理特征，因而具有重要的凝聚功能。一定程度上可以说，了解一个民族的文化是了解这个民族的核心所在。

（一）水各村水族文化概况

1. 宗教信仰

与一般的水族宗教信仰相同，水各村的水族崇拜多神，所信鬼神，名目繁多。他们世代相传认为万事万物都由神灵主宰，对古树、井泉、巨石，都看做是神灵的化身予以供祭，尤以崇拜岩神居多。在水族的观念里，鬼与神同在，鬼与神不分，但鬼的概念多于神的概念。鬼有善鬼与恶鬼之分，人死后就变成了鬼。祖先崇拜是鬼魂崇拜的延伸和发展，鬼魂观念和血缘亲情观念使人们相信，祖先的灵魂是会保佑子孙后代的，所以祖先死后会被后人当做善鬼、善神来供奉。民间流传有360种鬼神，据调查，现在能数出名目的鬼神有313个。其中又可分为5类，即男性鬼神类有59个，女性鬼神类有57个，落魂和招魂的鬼神类有39个，凶神恶鬼类有92个，驱挡凶神恶鬼类有

66个。

在村民们的观念里，男性鬼神，又分为家鬼（“公忙干”、“公家神”、“公高打工”）、“公高打蛮”、“公断本”、“公棒项”、“公六夺”（又叫“六甲公”、“六乙公”）、“几旭”、“鬼恒”、“鬼哄”、“公蹦”等9类。其中以“公忙干”、“公家神”、“公六夺”3个鬼神最受尊崇。因为他们是庇佑全家、全族作用最大的鬼神，所以供祭最隆重，祭品均为鸡、猪、牛供奉。

女性鬼神，又分为“妮航”（即娘娘神）、“牙寄、牙命”、“牙花恋、牙花离”、“牙地”等4类。其中以“妮航”最受尊崇，因为她是护佑全家、全族子女的生养和保育的娘娘神，凡逢喜庆节日、婚姻生育都要供祭“妮航”。甚至和勇乡吴姓族人把供祭娘娘奉为年节来庆祝。

凶神恶鬼，又分为“腊鸟”（即娃娃鬼）、“脚盯”、“君”、“歹别”、“腊八”、“腊牢”、“占”、“星”、“打”、“别”、“丈”、“落瓦丈”等12类，认为这些凶神恶鬼都是危害人民的生命安全，造成各种财物的损耗，需要祈求神灵驱挡恶鬼的危害。水族巫师驱鬼作解供牲，一般用猪、鸡作解的大多是保家鬼；用狗、鹅作解的大多是恶鬼；用鸭作解的大多是水边的鬼。

过去因缺医少药，一些久病不愈或出现怪异现象，往往求助于鬼师、巫婆，迷信他们有占卜凶吉和禳解鬼神的秘诀。水族巫师占卜的方式有巫卜、蛋卜、石卜、草卜、铜钱卜等5种。

项目组在调查中发现，比较特别的是，水各村的村民们对自然崇拜的意识很明显，虽然随着村庄知识的普及和村庄经济的发展，人们对鬼神的崇拜已逐渐淡化或消失，但我们仍然可以发现许多比较浓厚的石岩崇拜、古树崇拜、古井崇拜等现象的遗迹。在水各村村口竖立着略似人形的石头，在其周围有燃烧的纸钱和香烛；而在村寨附近高大苍劲的“风水树”下，也可以看到同样的供奉现象。

2. 语言文字

水族语言，属汉藏语系壮侗语族水语支。水语和同语族中的毛南语、侗语、布衣语、仫佬语、壮语有亲缘关系，尤其与毛南语及侗语的关系更为密切，相通之处达到40%。

水语内部彼此差异很小，可以互相通话，大致分为3个土语区：第一土语以三洞为代表，包括境内的三洞、中和、水龙、坝街、烂土、恒丰、周覃、九阡等地区及荔波、榕江、从江和广西融水等县的水语；第二土语以阳安为代表，包括境内的阳安、阳乐和独山县温泉、董渺一带的水语；第三土语以潘洞为代表，包括都匀市的潘洞及阳和、基长、奉和和独山县的翁台一带的水语。3 个土语区的语音以三洞土语比较有代表性。水各村的水族村民们使用的就是三洞土语。

我们在水各村的调查中还了解到，水族有一种古老的文字，水语称“泐虽”，汉译为水文或水书。水书是水族一部古老的文化典籍，它保存了大量的水族天文、历法、气象和宗教资料，因而对于研究水族的语言文字、社会历史、哲学思想、天文历法气象、文学艺术、宗教信仰方面具有重大价值。初步考证，水书源于《洛书》，根据《易》卦、星象、五行之理，以五行生克融合于干支，进而推演吉凶，预测祸福，解决疑难。唐代以后，水书又受到了五行术、星占术、奇门遁甲、道教的诸多影响，成为一种独特的珍贵文化遗产。

水书的字形结构，有仿甲骨文、象形字、会意字、假借字等 4 种。仿甲骨文、铜器铭文主要和天干地支类似。但有的也和汉字相似或形如汉字的倒写或反写。象形字占的比重最大，一般抓住事物的典型特征，然后用简单的构图来表示。会意字也是用象形符号来表示。

水书在村民们的日常生活中应用相当广泛，其中在丧葬、婚嫁和营造方面受制约最大。如丧葬方面，从入殓、停棺、出殡、安葬、立碑和“开控”追悼活动，每一细小环节都要遵从水书条文趋吉避凶。因此，过去有些人家请来择日选时的水书先生至少要 6 个，多者达 10 个。此外，如日常生活中驯牛、吃新米等细小活动都要受到水书的制约。尽管水书没有统一的刻板，没有统一的学校和教员，全靠民间口传手抄，但基本内容一致，差异不大。

水各村的水族村民使用的是自己的历法，水书的年月均按水历推算。水历以月相变化的周期定月份，一年分为 12 个月，以小季种植的月份为岁首，即农历九月，以大季收割的月份为年终，即农历八月。这与秦历以十月为岁首颇为接近。两者当有一定的历史渊源关系。①

在水各村，人们通用汉文。项目组在调研时，发现每户人家的门柱和房梁上都刻着一些类似于象形文字的图案。村民告诉我们，这就是流传了几千

---

① 《三都水族自治县志》编纂委员会编．三都水族自治县志．贵州：贵州人民出版社，1992：153.

年的“水书”。水族通常会选择一些代表吉祥如意的水书刻在门柱、房梁、墓碑等地方，以保佑家族兴旺。尽管如此，如今掌握“水书”的人已经越来越少。

3. **婚俗及家庭**

据村里了解婚俗的老人们介绍，传统的水族婚姻，基本上是“一夫一妻制”。解放前也有纳小妾现象，但仅限于富裕人家或无嗣的男子。求偶择配实行“同宗不娶”的原则。水族多“聚族而居”，汉文化传播输入之后才出现姓氏，但同一姓氏不是同一血缘关系。因此个别地区虽出现同姓通婚现象，但依然恪守“同宗不娶”的原则，即使相距千里之外，相隔数十代之久，也依旧不能通婚，违者要受舆论的谴责和习惯法的惩治。水族采用汉姓，始于《宋史》（南蛮传·抚水州）记载：“区、疗、潘、吴四姓类龙江居，酋长皆蒙姓。”现在境内水族姓氏有潘、韦、蒙、吴、陆、石、王、杨、张、莫、白、罗、谢、刘、胡、姚等十几个姓氏。除潘、韦两姓在同宗之外可以破姓开亲，其余都保持同姓不婚的习俗。

至于姑舅表婚习俗，在解放前较为盛行。民间流传有“老祖宗，广东破例，破了例，儿娶姐女”的水族古歌。姑母的女儿应嫁给舅父的儿子做“回头亲”，如果舅父没有儿子或者年龄不相称，才允许对外开亲。但是应自觉地付给舅父一份外孙出嫁资财，叫“外孙钱”。现在，这种母系近亲婚配现象已极少出现，“外孙钱”已演变为一般的应酬礼物。

寡妇有改嫁的权利，没有夫家兄弟转房的习俗。解放前，寡妇改嫁受的约束不少。如出嫁就不能享有夫家固定产业的继承权，而由其子或叔伯儿子继承；不能嫁到夫家宗族的村寨；出嫁后要交一份寡嫁金，水语叫“和海”，有的寡嫁金高达三四百银毫。现在，寡妇享有充分的再婚自由权。

村里有女无儿的人家可以招婿入赘。上门女婿不改姓，所生子亦同父姓，可以继承岳父财产。解放前，上门女婿受歧视，并易受岳家本族兄弟排挤。现在提倡男到女家，受到平等待遇。

在水各村，婚姻的缔结，基本上是依父母之命、媒妁之言。男女长到十五六岁就订婚，随后一两年就结婚。男女恋爱多利用场期、节庆日或走亲访友的对歌活动进行。恋爱方式较为隐秘，要避女方同宗的父兄。彼此对话要靠男女同宗的女性为媒介传递串联。经过多次接触了解之后，男女方才可单独见面对话，双方即使同意组建家庭，也必须禀告父母，通过媒妁途径婚嫁，否则被认为不合礼规而受到谴责和轻视。水族历史上不与外族通婚，即使现在多数地区也仍保持本民族婚配。配偶选择讲究年龄、人品、才智相当，身体健康。年龄一般男大于女一两岁。婚姻的缔结，一般有问亲、提亲、订亲、迎亲等步骤。

这些复杂的婚姻缔结步骤是水族明媒正娶的传统习俗。现在很多地方都合并和简化了。如尧麓、地祥、水龙等地区多把订亲和迎亲连着办，即结婚前一天，男家亲友带礼金，抬肥猪、糖、酒去吃“媒酒”，第二天就将新娘和嫁妆一起接来。都江地区更是免去吃“媒酒”的环节，即婚事说定后，确定婚期，由女家近亲数人将新娘送到男家，男家办酒席招待，然后送礼金打发新娘回门，数日后接回家，就算婚礼完成。

与一般的水族家庭相同，水各村的水族家庭是父系家长制，父亲当然是家长，有支配经济和决定全家事务的权力，有承担侍奉老人和抚育儿女的义务。家庭分工基本是“男耕女织”，男主外，女主内。村里少数家庭也有母亲当家长的，但必须是在丈夫亡故、儿子幼小的情况，待儿子长大成婚，家长位置就转换了。母亲当家长，权力还从属于族中男性长辈，如变卖产业或处理婚丧等重大问题不能独断专行，必经家族认可。在家族中辈分较高、办事公道、德高望重的老人往往被公认为族长，也是村寨中的自然领袖，一些家庭纠葛和民事纠纷都先找他调解和仲裁，个别问题复杂、矛盾激化的才诉诸政府解决。一般家庭多为三代同堂，也有四代同堂的。“树大分丫，子大分家”的习俗也很普遍。水族尊重长子，但溺爱小儿。分家后多与小儿居住。房屋不够分配，父母资助长子另盖新房，小儿沿袭旧屋，承担赡养父母的义务。兄长也要经常送钱、米等给父母，亲戚来往也接父母和兄弟作陪。

尊敬老人、讲究礼节是水各村村民们的传统美德。走路让长辈先行；进屋给长辈让座；举行酒宴让长辈先端杯；进家不随便吐痰、不打口哨、不跨火炕；要礼貌地从长辈面前经过，不在长辈面前跷脚；年轻夫妇不能在长辈面前窃窃私语；公婆与儿媳之间、弟妹与兄嫂之间都互相尊称，不直呼其名。男子与亲友对话时都客气自称名字，待人谦恭有礼。已婚男子仍在卧室之外铺设床位，要过夫妻生活只能在夜深人静时悄然入房，然后仍回外房睡眠，以示尊重父母。如有客人来访，务必挽留住宿，并陪其过夜，不让客人感到寂寞。

4. **建筑风格**

一般而言，水族村寨多依山傍水，周围竹树环绕，房屋纵横交错，道路迂回曲折，鱼塘触目皆是，多聚族而居，一个村寨十几户、几十户，多的有百余户，而且同血缘村寨毗连，数姓杂居极少。这种建筑风格在水各村也随处可见。

我们在调查中看到，村里的水族房屋多为五间木质结构楼房，两头重檐倒水，为"干栏"式建筑。先建木架为底层，后建上层为楼房，设回廊栏杆，建筑形式独特，美观结实，具有浓厚的民族气息。底层饲养牲畜，堆放农具和安放舂米的石碓，楼上住人。大门开在屋山头，置木梯登楼而上，当头两间做卧室，正中三间为宽敞堂屋，不设香火神龛，逢年过节在中柱临时设席供祭祖先和娘娘。堂屋的一头设火炕土灶，作为烤火煮饭之用；另一头设客床，供亲友走访暂时歇息。堂屋正中为节日或待客设席摆宴的地方。寝室上方铺楼做粮仓，堂屋的穿枋及回廊挑手穿枋作为晾晒折糯、玉米、豆类、辣椒等农产品的支架。水族人民修建房屋讲究选择吉日和房屋朝向，各取所需，因而村寨建筑都不规整，道理迂回曲折，不成街道。修建房屋时，先平整地面，在地面立六尺高的底架，作为上层房屋的承重基础。底架多用粗大的圆木为柱，然后用枋木穿拉，上面铺上楼板，十分平稳。人居部分的上层建筑在底架上修建，顶部盖瓦，坚实牢固，有的村寨至今仍保持有200年以上的房屋。有些村寨因依山修建，屋基呈前低后高形势，所以也有依势修建的吊脚楼。据村里的工匠介绍，民国时期，少数地主人家仿效汉族房屋建筑，修建砖木机构的地房，大门开在房屋正中，有的地方也设香火神龛。1980年以来，村里的新建房屋，也逐步改楼房为人畜分居的地方，开始由单纯的木瓦结构发展成砖木结构和钢筋水泥结构。

5. 水族服饰

水族的服饰，男子式样与布依、苗、侗、汉等民族无大差异，女子服饰则独具水族特色。

女子服饰在清代以前年长妇女多绾发结于顶，用青方巾包头，上穿对襟无领阔袖银扣短上衣，下套百折围裙，并在前后系上两块长条腰巾。脚穿尖钩穴花鞋，有的还扎裹腿。中年妇女大多数把长发梳成一把盘绕于顶，外包青、白成条头巾，盛装时绕结于顶并插上各种银饰品，脚穿翘尖鞋、穴花鞋、元宝盖鞋或绣花鞋。清乾隆《独山州记》曾记载："水家苗，衣尚黑，长过膝，好渔猎，妇女勤纺织，短衣长袖。"这说明水族妇女在清代是穿裙的，民国以后才易裙为裤。

现在水族妇女的服饰以地域为特征，大致有以下几种类型：

一是分布在中和区、周覃区及与独山县接壤地区的未婚姑娘，喜用浅蓝色、绿色或灰布做便服有领长衫，常以蓝绿色的绸缎为上衣的面料，衣身衣袖比过去收缩，较为贴身，下装靛蓝色长裤，衣裤的边缘不作任何装饰。胸配绣花长围腰，围腰上端至颈部挂着银链，围腰中部两侧系着提花腰带拖于身后。脚穿尖钩穴花鞋或元宝盖绣花鞋，头包白色长帕，并在左额头发上斜插一把长梳作为头饰，显得淡雅素洁，开朗明快。已婚女子的头饰与未婚姑娘无异，但衣裤有明显区别。她们的衣服袖口、坎肩至衽口及裤脚都要镶上斜面青布大绲边，外缘又镶上两条绲条，绲条外缘装饰一道底色暗雅的丝兰牙口和水浪形栏杆花边。中年妇女不再佩戴围腰而改系长方形青色腰巾，仪态端庄典雅。这类服饰分布面广，一般被公认为现代水族妇女的服饰代表。

二是都江区及与榕江、雷山接壤地区的妇女服饰，衣脚幅面窄小，岔高摆圆，坎肩绲布由肩部向背部呈椭圆。花边多喜用色差显著的大万字和月季花边。头饰包白色头巾，头巾收扎于颈后，形象古朴。靠近榕江、雷山边界的水族妇女发式仍保留绾结于顶的传统，外包方格黑白方巾。

三是丰乐、河坪与都匀接壤地区的妇女服饰，喜穿右衽短上衣，拴绣花围腰，不饰银链，衣裤都饰绲边、绲条和栏杆花边，头包长巾外横扎一条白毛巾。年长妇女衣身衣袖和裤脚较肥大，服饰别具一格。

四是普安、交梨、尧麓等水、苗杂居区的水族妇女服饰，除用长帕包头保留水族传统特点外，大襟衣脚已缩短至臀部，衣襟、袖口、裤脚不镶绲边与花边，衣裤款式与当地苗族妇女便装无异。

而水各村的妇女服饰，与九阡区与荔波县接壤等地的服饰相同，多以纱质细匀、染工渗透的青布制作青色的上下便装，衣裤边脚不作任何花边装饰。头包青紫色毛巾，头巾由前向后交叉至两侧收扎，显得大方利索。未婚姑娘胸配不绣花的青围腰，围腰上首的银链和中部拴系的提花飘带则比较讲究。已婚妇女不再佩戴围腰，改系长方形青紫色腰巾。这类服饰显得深沉稳重。水各村的已婚妇女们所穿的服饰又有所不同，她们衣服颜色是黑色的，这里还有一个传说呢。据说清朝潘新简起义，各族人民都很支持他，后来他起义失败并被害，所以当地的人们为了纪念这位民族英雄，就在一夜之间把妇女的衣服改为黑色的。这个习俗一直延伸到现在。

除此之外，银饰也是水各村妇女服饰的一大特点，她们所佩戴的银饰品有银梳、银蓖、银钗、银花、银耳环、银手镯、银项圈、银压领以及银蝴蝶、银针线筒等，造型精美，工艺精巧，颇具民族特色。这些银饰品主要在结婚大典或喜庆节日才盛装配戴。

6. 节庆

水族节日，主要是以宗族血缘关系划分的地域节日。各地的节日不尽相同，一般而言，比较重大节日有端节和“卯节”。

（1）端节

端节又叫瓜节，水语称“借端”，是水族地区范围最广、人数最多且历时最长的隆重年节。水族有自己的历法，每年12个月，以农历八月为12月，8月为正月，以此表类推。

过端节日从每年水历十二月的第一个亥日开始过首端，至新年二月亥日为末端，前后相隔49天，分7批过完。端节日期相当于农历八月至十月，时值大季收割、小季播种的年终岁首阶段。因此，端节是辞旧迎新、庆贺丰收、祭祀祖先和预祝来年幸福的盛大节日。据传端节原来只过1批，后因人口发展散居各地，亲族难以见面，所以，实行按地域分期分批过节以便相互走访祝贺。多数地区以亥日为初一，也有部分村寨一午、未、酉、戌为初一的。

端节主要活动为祭祀祖先和赛马。“除夕”和“初一”相连的两餐，要忌荤设素席祭祖，年前要打扫环境卫生，认真清洗用具器皿，祭品以鱼包韭菜的清蒸、清炖鱼及炕鱼为主，辅以酒饭瓜果。设祭时往往要将铜鼓、糯米粑、衣着手饰及农具做陈列品，表示托远祖洪福过上好日子，往后依旧靠劳动去开拓幸福。鱼包韭菜是端节必备的传统佳肴，制作时将鱼沿背部抛开，除去内脏，上好酒，配上姜蒜及糟辣等作料，再将韭菜、广菜填充鱼腹，用米草帮扎后清炖或清蒸两三个小时即可取用。除夕晚上，有铜鼓的人家将供祭的铜鼓洒上米酒，然后悬挂在堂中之中敲击，彻夜不停，经旬不息，村寨之间，遥相呼应，水乡村寨沉浸在节日的欢乐气氛中。

亥日，即大年初一早上，家族之间相互邀请，挨家逐户去吃祝贺性的新年饭，仍吃头天供祭的鱼和豆腐。并给孩童们散发炕鱼、花生、葵花、糖果等供祭品。早饭后，全村长幼及外来宾客，身穿新衣盛装，都到祖先传下来的端坡上参加和观看跑马活动。跑马前，要在马道口设一桌便席供祭，插竹标于马道中，由族中德高望重的长者主祭，并拔去竹标。骑马开道引跑之后，众骑手便纵马扬鞭，奋蹄驰骋，优胜者获红布冠马首，以示荣耀。段坡上人山人海，盛况空前。端坡不仅是跑马的场所，也是男女青年唱歌交际的地方。端节歌有“男骑马去相姑娘，女梳妆去看新郎”的词句。在端坡唱歌、吹芦笙、跳舞等活动，主要盛行于九阡、都江、地祥、尧麓等地。

端坡赛马结束后，回家接待宾客，用猪、牛肉、豆腐、酒、糯饭热情款待。席间还吃团团酒，客人从上家被邀到下家，从午至戌，几乎吃遍全寨。不醉不休，反映了水族人民热情好客和团结友爱的传统美德。

1964 年 3 月三都县第四届人民代表大会第二次会议通过《县人民委员会关于水族“端节”情况调查和今后过端建议》的报告，决定从 1964 年起，水族人民端节统一在每年农历十一月头个“亥日”过，节日活动时间为 3 ~ 5 天。从此，水族的端节活动由公开分批过，转入地下分批过。1971 年 3 月 24 日，县革命委员会召开全委会，作出“水族过端统一为国庆节”的决定，分批过端仍不允许。1980 年 8 月 27 日，县人民政府发出通知，宣布撤销水族人民统一过端节的决议，恢复了中断 16 年之久的分批过“端节”的传统习惯，具体落实了民族政策，受到水族人民的欢迎。

（2）水各村特色的卯文化

比较特别的是，尽管端节和“卯节”都是重大节日，按照水族有一个民俗却是“过端不过卯，过卯不过端”，即过端节的水族不过“卯节”，过“卯节”的水族不过端节。我们所调查的水各村过的就是“卯节”，其“卯节”保存完整，加之水各村的卯坡久负盛名，得天独厚的原生态环境和独一无二的水族风情结合起来便形成了被誉为“东方情人节”的“卯节”。“卯节”便是水各村水族古老文化和旅游资源优势的集中体现。

“卯节”是水族的一个重大节日，在水语中“卯节”被称为“借卯”。“卯节”与水书、水历紧密联系，过“卯节”的具体时间必须根据水书推算。水族“卯节”在水历的九十月间（相当于农历五、六月）逢卯日举行，丁卯除外。过“卯节”的时间正是栽秧的时节，即水书所说“绿色生命最旺盛的时节”。这个时候也正是农业自然灾害多发期，为避免自然灾害的降临，保证绿色生命旺盛生长，过节的时间必须要回避“丁卯”日。因为据水书记载“丁卯”是“凶日”，宜忌，丁属火，乃旱象，不利于庄稼的生长。相反，过“卯节”如逢“辛卯”日则被认为是“最顺利的日子”，人们在这一天祭神、娱神，祈求神灵保佑风调雨顺、五谷丰登。卯代表着生命生发茂盛、人丁兴旺，卯日被认为是“最顺利的日子”，是过节的吉利日子，卯时，朝霞冉冉升起，大地复苏，新的希望总是从这里开始，水族嫁女发亲和修建房屋等也多选择在卯时进行。

据传说，“卯节”的来历是这样的，九阡地区水族的远祖拱恒公带领子孙们在这片土地上过着日出而作、日落而息的田园生活。但有一年美好的田园生活被打破，祸从天降，大批蝗虫把他们的庄稼吃光了。人们正在一筹莫展之际，拱恒公在夜间遇见六鸭道人，六鸭道人传授他灭虫灾之法。第二天他连忙吩咐子孙们打扫房屋收集灰尘撒到稻田里，结果蝗虫成片死掉，庄稼又长出了新芽。为表达对六鸭道人的敬仰和感激之情，人们决定在每年农历辛卯这天都要备办酒肉祭祀他，以后就逐渐演变成“卯节”了。

“卯节”分4批先后在不同的地方欢度，水族古歌是这样唱的：“第一卯，水利的卯；第二卯，洞坨的卯；第三卯，水扒、水浦的卯；第四卯，九阡的卯。九阡大，吃卯殿后。”从地区看，过“卯节”的水族主要分布在今天荔波县玉屏、水利、茂兰和三都县的九阡、周覃等乡镇的水族村寨，前3批在荔波县境内，最隆重的第四批在三都县九阡镇。随着时间的推移，集中在荔波县的前3批“卯节”渐渐变淡，有的地方甚至已放弃“卯节”改过汉族的春节，但九阡的“卯节”，即第四批“卯节”，却保存相当完整。

一方面是由于水各村的原生形态景观保护得相当好，并且处处体现着浓郁的水族古老神秘的文化。“卯节”与水书、水历紧密联系，水各村处处体现着水书的特色。“吉卯亭”中，用水族古文字书写的“卯”字碑，古朴而苍劲有力；水族古文字书写的对联，随处可见，水各大寨的家家户户，张贴着红色的对联；卯坡长廊两端的对联，几道迎宾彩门的对联，都是能工巧匠镌刻于木板上，比如村口迎宾门用水语镌写对联，翻译过来，上联是：邀高山流水入座，下联是：为风调雨顺举杯，横批是：人寿年丰；就是村后迎宾彩门的造型，也是借助水族古文字“卯”字异体字的特殊造型而设计建造的。

另一方面是由于水各村后，有两座小山丘，被人们誉为永远痴迷依恋的男女，一座是对歌的卯坡，一个是长着红豆杉的小石山。两者之间一条清澈的小溪流过，两者彼此不弃不离，默默地、永恒地相望。

卯坡上有石神，分公母，石神，或称石菩萨，是水各村所在的地区最常见的石头崇拜现象。水各村两尊拔地而起的黝黑巨石，或许是千万年之前忠贞男女所演化。岁岁年年的“卯节”，心心相印的青年男女，在神竿密布、挺拔威严的石神前许愿：彼此相爱，不离不弃。

小石山上长着两株已愈千年的红豆杉，干支挺拔，根深叶茂，一树葱茏，无限生机，将粒粒深情的相思豆，播撒在充满希望的心田里。红豆寄相思，无数永结爱心的红飘带，系满相思树的枝头，点缀红豆杉翠绿的枝叶，使大地增添鲜活的气息。它代表了那些坠入爱河的情侣，祈求爱情的大树根深叶茂，让爱情之树常青。情侣间信誓旦旦的话语，尽管不让旁人听见，但它却物化成苍天可鉴的葱茏大树。正是这原始生态的可贵意识，使红豆杉成为人人心目中的神圣。

水各村的卯坡下有两口相距约50米的清冽甘泉，日夜汩汩流淌。人们将它们称为龙凤井，镌刻龙凤图案，还建起小瓦屋让人们遮蔽风雨。相许终身的青年男女，坚信喝了龙凤井的水，生男育女准满意，说不准还喜得龙凤胎。

这些景观和故事如今已成为旅游开发，展现地域特色、民族风采的亮点。

“卯节”的一项重要内容是卯坡对歌，“卯节”又被誉为水族的“歌节”。自古以来，稻作农业一直是水族最重要的支柱产业。因为在生产力水平很低的情况下，人们征服自然、战胜自然的能力十分有限，面对农业生产中经常出现的干旱、洪涝以及病虫害等自然灾害，人们往往束手无策、无能为力。即便是水族远祖拱恒公也只能是“仰天遥望，长叹不已”。这时人们所能做的事只能是求助于神灵的保佑。为了得到神灵的保佑和帮助，让其降福于人间，为人类消除灾难，除用贡品祭拜神灵外，还要想方设法取悦于神，尽量让神感到高兴。于是为了娱神乐神，人们放开歌喉，互相对歌，尽情歌唱。所以“卯节”活动中的卯坡对歌也就成为“卯节”活动最重要的内容之一。

卯坡是“卯节”对歌的场所。以前各个批次的“卯节”都有固定的卯坡。后来由于改过汉族的春节，有的卯坡渐渐为人们所遗忘。现在九阡地区还有几个卯坡保留下来，其中以水各村的卯坡最为出名。每年“卯节”的这一天，水各村的卯坡都是人山人海，热闹非凡，人数多达万人以上。上卯坡对歌之前，要由寨老主持隆重的祭祀土地神仪式后，众人才可以上山唱歌。祭祀卯坡的内容主要有两项：一是祈求土地神保佑，庄稼茁壮成长，水稻谷穗饱满、秸秆粗壮。正如卯歌所唱的那样，“别人的稻子，用摘刀收割，我们的稻子要用斧头来砍。”二是请求土地神保佑卯坡对歌活动顺利进行，平安无事。因为卯坡对歌，是青年男女谈情说爱的大好时机，任何人都可以在卯坡上通过歌声，向异性倾述衷肠，因而有时出现争风吃醋的事在所难免。所以寨老都要这样唱道：“午日没有忌，未日没有凶，卯日是大吉，古老创造这个节日，让大家来相聚。未婚姑娘小伙只管尽情对歌，今天是你们的美好时光，已婚的男女自己管好自己，以免惹祸遭殃。只要青年人尽情地欢乐，年末就会有好的收成。”祭完卯坡，众人欢呼雀跃，奔上卯坡，对歌活动正式开始。

人们以歌娱神，目的在于求神保佑秋有所获。甚至通过卯坡的对歌活动场面，还可以预示秋天的收成情况。现在民间还流传有这样的说法：“卯坡上的草，被人践踏得越厉害，当年定有好收成。”“卯坡上，哪边人多，与之相对的村寨就会人丁兴旺，五谷丰登。”每年来到卯坡上观看或参加对歌活动的人数达到上万人。每年过“卯节”，水各村的卯坡上人山人海，歌声此起彼伏，热闹非凡。卯坡对歌结束后，人们还感到意犹未尽，夜晚还要在村寨的歌堂继续对歌，这种对歌活动常常通宵达旦，持续两三天。因此，“卯节”便又被誉为水族的“歌节”。

“卯节”还被誉为“东方情人节”，是因为，卯坡对歌，年轻人是主角，在“卯节”对歌，谁的歌声最优美动听，谁就越得到众人的赞赏。如果歌者是未婚男女，往往还会赢得异性歌手的爱慕，若双方情投意合，经过一段时间的恋爱之后，双方就会结为秦晋之好。因而又有人说““卯节”是年轻人的节日，卯坡是年轻人的媒娘，歌声是年轻人交往的桥梁”。

据水各村村民们介绍，每年大约七月份的时候，村里的所有村民和附近村寨的一些水族，就会聚到水各村背后的一个山坡上，欢度水族最盛大的节日——“卯节”。在这个水族青年男女谈情说爱的节日里，三五成群的水族青年汇集到山坡上唱歌。一旦在山坡上遇到了自己心仪的对象，对歌有时可以持续几天几夜。

7. 文学艺术

水族的民间口头文学，大体可以分为 3 个类别。一是散文形式的故事传说和神话寓言；二是诗歌形式的叙事歌、即兴歌和以念唱为主的调歌、古歌等；三是句形整齐并且押韵的格言、成语和民谚等。

村里的老人们常常会在家庭聚会时给年轻人们讲授故事传说。这些故事传说有神话、风物，爱情、民俗，恶善、抗暴起义、机智人物、动植物、寓言和新故事等类别。

这些在水各村一样长期流传在民间的故事传说，经过民间文学工作者的搜集、整理，已经印刷出版的有《月亮山》《石马宝》《水族民间故事集》等。

水族民歌是水族民间口头文学的重要组成部分，也是最能反映民族特色的一种文学形式。其特点是曲调变化不大，起伏不显著，旋律较为简约，说唱结合，歌词常因事因人而变化，较为生动活泼。水歌没有固定的句数，短的两三句或四五句为一首，长的每首可达几十句甚至百句。句子的长短也不尽一致，有的三言句、四言句、五言句和七言句，以七言句居多，但有时也混合使用。七言句歌词又呈三字、四字分节结构。如把汉族民歌的“朝思暮想盼情郎”，译成水歌，其分节结构就变成“盼情郎，朝思暮想”。水歌还注重押韵，其押韵也较为特殊，有火韵、腰韵、尾韵三种，并且都混合使用，同时转韵、变韵也快，很难找到一韵到底的水歌，有的称为流水押韵法。

水歌按其形式可分为双歌、单歌、蔸歌、调歌、诘歌 5 种；按其内容则可分为古歌、颂歌、生产歌、风物歌、风俗歌、礼仪歌、酒歌、情歌、婚嫁歌、丧葬等类别，而各类中还可分出若干细目，如情歌可分为青春歌、惜春歌、会面歌、分别歌、约会歌、求爱歌、想念歌、定婚歌、逃婚歌，等等。

由于水族人民喜欢用唱歌的形式来表达自己的感情，民间流传的歌谣极为丰富多彩，素有“唱起歌，像江河流”之说。经过搜集整理，已先后出版的有《凤凰之歌》58 首，《茨藜红》选载 19 首，《岛黛瓦》118 首，《水族情歌选》222 首。

水族人民常根据一些自然规律和利用一些人情世故、风俗习惯来编成寓意深刻、音韵和谐、高度浓缩概括的短小句子，形成独具风格的格言、成语、谚语，并且较为丰富。但因水话语法特殊，翻译汉语很难表达原意，项目组仅找到几首比较有意思的谚语列举如下：

顶不起被窝的跳蚤，咬人一样痛。

老鹰飞得再高，影子也在地上。

偷了人家的东西，心是悬的；摸了煮过饭的锅底，手是黑的。

树长千年还是木，山山杨梅一样酸。

爱老人，将来你也有老的时候。

到水深的地方，才能捉到大鱼。

理倒三千，力倒一人。

老不正经，教坏子孙。

一根草搓不成绳子。

马狂离不开鞭子。

山上是老虎厉害，平地是不要脸的厉害。

空桐树能当柴烧，说空话全无用处。

宁愿遭老虎踩踏，不愿被小兽戏耍。

有麝自然香，不必拿在门前挂。

酒满壶不摇晃，半壶酒摇咣当。

聪明的人朝前看，愚蠢的人朝后看。

父母活着不孝敬，死后啼哭有何用。

人经不住人说，树经不起斧砍。

冬天坐石头不暖，农忙访亲友不热。

水族民间乐器主要是铜鼓、大皮鼓，其次是芦笙、唢呐、胡琴等，多在节庆和丧葬时使用。这些独特的水族乐器在水各村也十分流行，其中特别有代表性的要数铜鼓和芦笙了。

铜鼓不仅在水各村，在整个水族民间乐器中也是流传最久、最珍贵的。它往往被当做权势和财富的象征。铜鼓演奏分节庆和丧葬两种，节日敲击铜鼓要伴以大皮鼓，主要用于端节和“卯节”，素有“敲鼓过端好赛马，敲鼓过卯好唱歌”之说。敲击方法，在房屋正厅的穿枋上，以绳系住铜鼓的一耳或双耳，距楼板一尺左右悬吊起来，击鼓者俯身头朝鼓面，将吊绳别于执槌右臂的腋后固定起来，然后按鼓谱敲击鼓面太阳纹，左手执竹鞭打击鼓腰作伴奏，另一人躬身持平口木桶，按鼓点起落来回向鼓腹中抽动，以调节共鸣声的大小，增加铜鼓音量抑扬顿挫的效果；皮鼓演奏者则按铜鼓点谱节奏时急时缓，或双棒齐击，或单棒点击，以使高亢清脆的铜鼓声和粗犷低沉的皮鼓声交织在一起，烘托出热烈雄壮的气氛。当击鼓名手合击时，知音者能分辨出典雅、抒情、奔放、热烈、哀怨及悲伤的情调。

丧葬敲击铜鼓与节日有区别。丧葬不用皮鼓作伴音，也不用木桶共鸣和竹鞭打击，只用木槌和木条敲击，音量迟缓沉重以示哀悼。

芦笙，水族芦笙的构造和苗族基本一样，但吹奏方法与乐曲不同。水族芦笙吹奏时，音量高昂宏大，音色刚烈奔放，自成一格，多在端节和丧葬开控时演奏。

唢呐构造与演奏方法与布依族、苗族、汉族无异。

一般而言，水族民间舞蹈，主要有斗角舞、铜鼓舞、芦笙舞等。其中最具有民族特色的是斗角舞和铜鼓舞。这几种舞蹈在水各村也颇受村民们喜爱。

斗角舞，水语称“斗贵”或“兜刀”，意即斗牛、斗角，取材于二水牛斗角场面。舞蹈一般由5支芦笙和5支共鸣的莽筒作伴奏。吹笙者边奏边舞。“牛头”道具用竹篾编制而成。表面糊纸彩绘，牛角饰以银色，前部搭着鸡毛裙，后部披着彩绸作装饰。舞蹈时，音响最高的小芦笙前导领舞，后跟大、中芦笙，再由2人各戴牛头道具半蹲式边斗边舞，随后有5位头插雉尾、腰拴白鸡毛花裙子男扮女装的“姑娘”伴舞，围成圆圈，首尾衔接。斗角舞的曲牌有“小开门”、“大开门”、“庆丰收”、“解板子”、“打猎”、“滚磨洛滚”、“斗角”等。舞蹈应着芦笙曲牌的节奏展现各种舞姿。其动作幅度大，有浪度，有自如地甩腰、项胯、卷转、抖肩，状如浪涛，起伏翻腾，显示了水族人民热情奔放和粗犷豪爽的性格。

斗角舞一般在端节表演，以示喜庆丰收。但是，在丧葬开控追悼活动中也应邀演出。不过，这种舞蹈在开春时即停止活动，将芦笙收藏，在秧苗拔节抽穗之后，由舞队的头人摘一穗稻子插在芦笙上之后，才又开始起舞，表示芦笙吹胀了谷粒，人们用欢乐去迎接又一个丰收年。斗角舞现在还流传于都江、杨拱、地祥、拉揽等地，尤其是都江地区的水族村寨几乎都有这一文艺组织。

一旦村里有大型的祭祀活动，铜鼓舞就派上用场了。铜鼓舞源于古代祭典的活动，它从祭坛搬到民间日常舞台据传也有数百年的历史。铜鼓舞多在端节和丧葬活动中演出。表演时，在场地中间搭三角支架，将铜鼓悬于支架下，皮鼓搁在支架上，一人敲击铜鼓，一人持木桶舀音共鸣，一人打皮鼓伴奏，6~8名男青年穿着特制舞蹈服饰，踏着鼓点，圈地而舞。舞蹈内容广泛，有执戈保卫村落安全、有栽插收割和庆贺胜利与丰收等舞姿。舞蹈者随着铜鼓及皮鼓不同节奏，或踏着雄壮的大步，或急速旋转跳跃，缓急交错，既壮观热烈又典雅古朴，给观众以兴奋愉快的感受。

芦笙舞是水族地区流行较为广泛的舞蹈。由于很多村民家都有芦笙这种乐器，芦笙舞也是水各村十分流行的表演艺术。表演者多为3男6女，身着彩色古装舞衣，腰系白鸡毛彩裙，头缠红色或深灰色包头，上插银花和雉尾。表演时，男的吹笙前引跳跃，女的随着节律连袂翩翩起舞。芦笙系有红绸，并插有野鸡翎，它既是伴奏乐器，又是舞蹈者手上的道具。领舞者以小芦笙为前导用变换调门来指挥．然后大中型芦笙齐鸣。基本舞姿有开胯、蹲裆、挺胸亮臂等骑射动作，其舞步又交织有行船、划浆及波浪起伏等姿态。因此水族芦笙舞具有粗犷剽悍、健美奔放的独自特色，明显地有别于其他民族的芦笙舞。

我们在访谈中了解到，随着水各村旅游业的发展，村里组织了一个迎接外来游客的迎宾组，村民吴宏专说："我们迎宾组有50多个人，每星期至少要（表演）3~5次，我们也是农民艺术家了，呵呵。"迎宾组表演那些只有在重大节日才会有的舞蹈和民歌。村民们开始慢慢意识到，外界对于他们自己一些传统的东西非常感兴趣。于是，那些曾经被遗忘的民族音乐和舞蹈，在旅游业的带动下，焕发了新的活力。

水族民间工艺主要有剪纸、刺绣、印染、编织、木刻、石刻和银饰品加工等，而剪纸、刺绣、印染等手工艺术已普及民间，多数水族妇女几乎都能掌握这些工艺。其他则是专业手工艺人所掌握的专门艺术。水族的刺绣艺术主要表现在背带、裙饰、围腰、鞋、儿童帽、荷包及腰带袜垫等。图案多为对称的花鸟鱼虫。马尾绣是水族民间工艺最具有特色的刺绣种类，以马尾缠绕各种颜色的丝线，然后绣到各种面料上，形成独特精美的装饰，马尾刺绣被誉为"民间刺绣的活化石"，于2005年12月20日被选入国家"非物质文化遗产"项目。水族的剪纸大多作为刺绣的底样使用，如刺绣的花都是先剪出各种图案的纸样，再对图案进行刺绣，剪纸也可以做花灯装饰用的灯花。银饰是水族地区具有民族风格的传统工艺。水族村寨随处都可见到精湛的银饰工艺品。构图讲究饱满、对称、简练，在造型上夸张、精美、朴素，极富装饰效果。水族的石刻主要体现在墓葬石刻方面，其次为民间生活用品的石桌、石凳、石桥及碾布石、擂钵等。古墓又分为单面碑、三面碑、五面碑、六合、八字门及楼阁碑等，工艺精细，栩栩如生。水族石刻的图案多表现有人物、狮、虎、龙、马、羊、凤、云、波浪等，纹样朴素，简洁大方，反映的题材多为民间故事和传说。

8. **民族禁忌**

水族人民的禁忌范围广而繁杂，表现在生产和生活各个方面。这在水各村也体现得十分鲜明：

农事禁忌。最主要是忌雷。当每年后的第一个春雷响，各村寨要鸣枪驱邪，并以雷声发出的方向判断当年雨水情况。如雷声从东方、南方或东南方响起，主旱象，因为东方甲乙属木，南方丙丁属火；如雷声从西方、北方或西北方响起，则主雨，因西方庚、辛属金，北方壬属水。同时，闻第一声春雷时，要忌动土耕种。第一轮甲子忌7天，第二轮忌5天，第三轮忌3天，第四轮忌1天，直忌到插秧为止。例如遇子的天打新雷，第一轮从子忌到午日，第二轮从子忌到辰日，第三轮从子忌到寅日，第四轮以后仅忌子日的一天。还有端节忌晴雨，第一、第二这两个端节前后3天，忌出太阳，如遇晴天，来年要缺撒秧水和插秧水。第三、第四个端节前后3天，则忌下雨，如遇雨天，来年要烂稻谷和稻草。另外，种棉花和小米时，忌谈关于棉花和小米的话题，认为谈到它们将会生长不好。稻谷出穗时，忌烧竹子发出炮响声，以防稻谷爆秆倒伏。农历七月半祭田神，插白纸标于田中，以祈丰收。

节日禁忌。过端节的头天晚上和当天早上忌吃荤，认为吃荤对祖宗不敬。端节当天忌扫地，忌乌鸦和猫头鹰叫，认为不吉利。“卯节”忌过丁卯日，认为丁卯日属火不吉利，辛卯日过才吉利。节日忌杀狗，忌用狗肉供祭祖宗和待客。

婚嫁禁忌。婚嫁日必须请水书先生选择吉日，按水书要求，禁忌“分散日”、“灭门日”、“克父母日”等凶日，要择“六合”大吉大利日。新娘出阁忌打雷，如出阁途中打雷，要么就径往郎家住上13天再回门；要么到郎家后当天即返回娘家，但要杀鸡禳解；要么就在途中返回娘家，另择出阁日子。另外，新娘出阁中如与另一新娘相遇，要绕道走，不能互踩走过的脚印。

丧葬禁忌。不论何种原因在外死亡的人，其骨灰或尸体都不能抬入寨内，只能停于寨侧。妇女死于月子内也要停在村外。以上这些死者不能埋在族中公共墓地上，只能埋在偏僻低洼的地方。另外，男丧忌杀母牛、母猪，女丧忌杀公牛与马。年龄在50岁以上的人，忌看视同岁病人或死者。

其他禁忌。出门办事忌打破碗钵，忌米饭夹生，忌乌鸦叫，忌鸟雀屙屎淋身，忌蛇拦道，忌见妇人梳头或梳子落地，忌见孕妇，等等，认为这些是出门不利的预兆，要改日子再出门。忌母猪一胎只生两个仔，忌母狗一胎只生一仔，忌用猪仔送岳父、狗仔赠女婿，忌酉时鸡叫、戌时牛叫，忌野兽进村寨，忌大群乌鸦出现，忌见无风雨山崩树倒，忌蛇蚁、马蜂来家做窝，忌酿酒、打豆腐被孕妇看见，忌产妇串门，忌别人家的猪、牛进家，忌谷粒在楼板上无故跳动，忌白米在簸箕中无故跳动等，都认为是不祥之兆，必须请鬼师、巫婆禳解。

9. **水各村村风**

水各村民风淳朴，村民热情好客。调研组一行人刚入村调研时就受到了村民们的热烈欢迎和认真配合。水各村山奇水秀，景色宜人，特别是近年来，在政府的引导下，在该村成功举办了“贵州·三都——中国水族卯文化风情之旅”、“水乡窖酒献奥运揭酒大典”等重要活动，吸引了来自国内外的众多游客，加之2008年8月1日荔波机场通航后，到水各村旅游的中外游客更是络绎不绝。旅游业的发展不仅促进了水各村的经济，更在无形中发掘和保护了水族珍贵的少数民族文化，水族人在看到外面的文明的同时，更加意识到了自身民族遗产的珍贵。说到从往昔到如今的巨大变化，水族人在言语中洋溢着感激之情，村民告诉我们：“我们对国家真心地感谢，对我们少数民族有这样的帮助，投入扶贫基金等，对我们寨子、我们水族来说，每个人、每个少数民族公民都要支持党和国家。”

10. **独特的酒文化**

水各村存在着独特的酒文化，调研过程中，村委会蒙主任告诉我们，水族居民喜欢喝酒与生活的自然环境有关，水各村地处气候湿热的地区，所谓“瘴气四时皆有”，早晚喝九阡酒可以辟瘴，对于祛风去湿具有一定的作用，村民们喜酒的习惯可以说是与防病的经历相伴而生的。醇香的九阡酒加上水各村居民豪爽好客的性格，长期以来便造就了该地区、该民族豪饮的习惯，形成了浓郁的酒文化氛围。

水各村村民们集中的文化娱乐生活多半是生产间歇时的消遣，或是节日庆典时的大规模活动，而平时借以消遣的，主要是饮酒了。平时除解乏消遣自斟自饮外，凡有亲朋来家，主人必以酒相待，不仅殷情劝酒，还邀请乡邻、亲友来作陪。去村民家做客，我们亲身感受到水家人能歌善舞，唱起歌来就像都柳江潺潺的流水声。依水家人的规矩，客人来访是要尽情歌唱的，最具特色的是吃饭喝酒时要唱祝酒歌。

在主人家宽敞的堂屋正中，通常是两张长席桌围拢成方形，摆上满桌的酒菜，中间是热腾腾的火锅。待大家都落座后，主人起身先用筷子蘸一点米酒在桌上，表示先敬祖先，然后端起酒杯，要大家喝酒。按照水族风俗主人先带头干了一杯后，就要开始劝酒，每人得先喝3杯。头一次到水族人家做客的客人们，还不太习惯，互相躲酒。见客人不肯喝3杯，主人家会唱起水族的敬酒歌。主人用右手把酒杯高高举起，在席上轻轻晃了一晃，周围的水族姑娘、媳妇们，一齐唱起了响亮的起歌和声："腊者业喂……腊乃育喂……"（你那边的姐妹们啊，我这边的姐妹们啊）。和声刚落下，主人一面把酒杯端到客人的手上，一面唱道：

酒不醇怪酿酒药
味不香应怪曲娘
我心意融在酒里
不会喝你也该尝
你不饮也该接杯
手拉手欢喜一场

最后一句刚唱完，水家人又重复唱最后一句。唱完大家都欢乐地和起来。这时水族客人伸出右手接过主人递来的酒杯，左手又顺势举杯在席上一晃，会唱祝酒的水族男客人们也跟着唱了起来："流海业喂……流海育喂……"（所有你那边的亲戚朋友啊，所有我这边的亲戚朋友啊）和声一停，那位客人唱道：

主人家殷勤招待
菜满桌窖酒飘香
你双手举杯相劝
春风暖醉透心肠
慢慢来品尝美味
到这里一醉何妨

唱罢，大家都和声唱起了最后一句，气氛热烈，好不热闹。按照当地水族习俗，主人和客人都要喝干前3杯酒，如果一次干不了，可以分3次喝干。酒酣耳熟之际，主人还与客人喝交杯酒以示亲热和心意。水族"交杯酒"又叫转转酒，主人、客人与作陪的人围成一个圆圈，每人都用右手把自己的酒碗或酒杯端起来递给右邻的人，同时用左手挽着左邻递过来酒的手，准备好后，大家就齐声喊"秀！秀！"（"秀"是水语"喝、干"的意思）便将自己的酒一下子灌进右邻的嘴里，而自己同样被灌了酒。一声"秀"，每人都喝一碗或一杯酒。远道而来的客人亲身感受到如此特别的敬酒方式，大家觉得十分新鲜、高兴，欢笑声不断。

陪同我们的水族朋友解释到，上面唱的祝酒歌属于双歌，双歌是水族的独特歌谣。有学者总结，双歌可以分为两类：一是敬酒、祝贺、叙事的双歌；二是带有寓言性质、有说有唱，兼有简单表演的综合艺术型的双歌以及逐步演化为说唱结合的曲艺，简称为说唱结合双歌。[①] 上面的祝酒类双歌即属于敬酒、祝贺、叙事这一类的双歌。双歌是十分有水族特色的。

祝酒类双歌的旋律性较强，极具音乐特色。在押韵形式上，双歌是押头韵、腹韵和尾韵的，形成了回环交织的流水押韵法，因此，它变韵很快，没有哪一首歌是可以一韵到底的。也不难发现，在歌曲结构上，双歌的句型以七言句为主，多是三字、四字分节的结构。在唱歌时，往往是唱一首，接一首，祝酒类双歌没有说白部分，另外双方对于同一题材的歌曲，最多唱三四回合即告一段落。开头时必然唱两句固定的起歌和声，歌尾也有两句基本固定的颂扬性的歌词。起歌和声是男女不同的，而歌尾的衬和帮腔则不分男女。这种调动在场人员积极投入参与的方法，可以烘托现场的热闹气氛，还表达了赞扬和祝福的美好意愿。歌尾的衬和帮腔还使得歌者可以稍事休息和片刻思考歌词。

祝酒类双歌在歌唱内容上，往往以自谦和盛赞对方情意深长、礼物贵重、礼数周全为演唱的主要内容，和者也是对照对方和唱，多以互相礼让、互相赞美为主调。在对歌喝酒中人们相互之间增进了感情。坐席的人们并不一定喝多少酒，但主人的热情招待，作陪的人们烘托的热烈气氛，在敬酒对歌的过程中对歌的趣味，相互之间真诚浓浓的祝福和情意，一齐会聚成欢乐幸福的海洋。

（二）水族文化发展当前面临的困境

随着经济社会的发展，水族传统文化受到了严峻的挑战。主要表现在以下几个方面：

1. 民族服饰面临着汉化

水族服饰有着独特的风格，是其他民族没有的，具有唯一性。但随着现

① 潘朝林，韦宗林主编．中国水族文化研究．贵州：贵州人民出版社，2004：443.

代经济社会的高速发展，就水各村而言，本地水族群众外出务工，特别是青年人大批外出务工，为适应生存，被迫穿着汉化。水族服饰是以自织土布为原料，现在织土布的人少了，几乎失传，加上市场经济繁荣，各式各样的服装太多，又便宜，特别是儿童，从小就穿汉服，已经没有了民族服饰的观念。年轻人受教育程度高，转变民族传统观念快，易于接受外面新生事物，穿着汉化视为时髦。就是水族的干部，在日常工作和生活中基本没有穿着自己民族服饰，一律汉装。目前水族男装已经几乎没有人穿了，只有60岁以上的老人穿，或在特殊情况下穿着，比如接待宾客、出席特殊会议时特意穿着，已经到了失传的边缘。水族妇女穿着相对保守，外出务工或工作的妇女回来本乡后，大多数人一到家就改穿水族服饰，而且大多是35岁以上的妇女，80后的年轻女性，在日常生活中已经很少穿着本民族服饰。可想而知，再过一两代人之后，水族服饰将面临着什么样的处境。

2. 马尾绣传承面临断层的局面

马尾绣作为水族的一种特色工艺，曾经在水各村也得以流传。但是现在马尾绣艺人开始出现了严重断层，虽然会马尾绣的人还很多，但穿戴马尾绣的人已不多。最关键的是人们的观念发生了变化，过去马尾绣被视为水族姑娘是否心灵手巧和这个家庭富有与否的象征，但现在大多数水族姑娘都不会绣，并且绣出的衣服都压在箱底里，改穿汉装了。据初步调查分析，水族马尾绣工艺绝活濒临消亡的边缘，其主要原因有：水族地区过去多以村寨中技艺高超的老年妇女传授马尾绣刺绣工艺，世代相传。由于历史的原因，很多技艺高超的老艺人没有传下手艺就辞世。现在掌握马尾绣全面工艺、具有深厚功底的妇女人数极少，大多数是老艺人。解放初期，这些刚刚学会手艺的民间艺人，遭到文化大革命冲击，马尾绣艺人后继乏人。由于现代教育、升学、工作、打工潮的出现，以及工业化生产、现代文化、审美观念的冲击，使得年轻女子极少愿意学习马尾绣工艺和愿意使用马尾绣工艺品，认为不合时尚，既费时费事，赚钱又少。马尾绣的另外一些民俗功能，如以铜辟邪，更是随着科学的发展失去了神秘和崇拜，其结果可能导致人们在今后制作马尾绣中放弃铜饰。现在的马尾绣工艺制品质量下降，其工艺质量很难达到20世纪初及以前精品的水平。

同时，现在有一些地方的个别经销商，用其他代用品刺绣伪劣的马尾绣，冒充三都水族自治县马尾绣的牌子在外乱促销，影响了马尾绣的声誉。

3. 原生态的民族节日逐渐淡化

水族最原生态的重大节日是端节和“卯节”。但现在很难看到自然的隆重的原生态的节日场面。

端节祭祖简单化，有些族人已经不挨家挨户去吃端饭，喝转转酒了；因经济困难，很多家庭祖传的铜鼓当做古董卖掉，端节最有节日气氛的铜鼓声，已近销声匿迹；以前的马坡都在坡上，风景好，可登高望远，现在几乎迁到公路边的田坝上，失去原有“马坡”的真意；因交通方便，养马的人少了，加上每个支族都想自己另设马坡，一个端节几个马坡，马坡的马少了，“挤马”活动已经没有以前那样激烈的场面。

“卯节”祭祖也简单化，敲铜鼓、皮鼓的活动很少；因会唱水歌的人少了，卯坡对歌热闹的场面也没有了，现在在卯坡上难得见有几对对歌的年轻人，晚上寨子里的“歌堂”也少有或根本就没有，“卯节”已经失去了“东方情人节”的实名。

4. 水歌接近失传

水歌的传承主要是靠口传，是口头文学，是年长的传年轻的，一代传一代。以前村里的水族群众从小就有从旁听学唱水歌的习惯，白天一般在田间地头劳动、坡上放牧、打柴割草时互相传教，热天晚上在村口或院坝、冷天在火塘边互相传唱，水歌是水族农村唯一的夜文化生活。但随着电视、VCD、录像、影碟、宽带网络等现代文明进入水族地区农村，加上外出务工的年轻人多，水族地区农村学水歌的夜生活已少有或没有了，加上现代年轻人谈恋爱已经不用对歌方式，水歌对年轻人已经失去吸引力，学唱水歌没有兴趣。现在35岁以下的水族青年男女，会唱水歌的人很少。因而，水族的水歌面临失传的边缘。

5. 水书传授面临困境

虽然水书是水族古老的文化典籍，是中华民族悠久的历史文化遗产之一，但随着现代文明的快速发展，特别是网络文化的强势发展，人们为适应快节凑、高效的工作和生活方式，像本就使用面狭小，而且会认和使用的人极少的水族文字和水书，更加面临失传的境地。

第二部分　农户

九、种植户

（一）传统种植户——吴家群家

吴家群，男，55 岁，水族，小学文化。家里现有 5 口人，自己和妻子、儿子和儿媳以及现在 2 岁的小孙子。他的家庭看起来是一个很温馨的家庭，前年儿子结了婚，也有了孩子，自己的心愿了却了，现在也怡然自得，在家依然是过着传统的农业生活，种种地，带带孙子，也不给儿子增加什么负担，自己和老伴就靠家里的几亩田地就可以过完自己的一生了。

我们所采访的这户家庭，是一个传统的农业种植户。说起现在很多农民都出去打工赚钱，吴家群显得很平淡，"出去打工确实能赚很多钱，可是我就喜欢这样的农业生活。大家都出去打工，地给谁种呀！再说，也老了，过不了打工的生活了。要打工也是让儿子去。" "那让儿子去，您就能想得通?" "他是他，我是我，我想让他留在家里种地，可他不想，说种地挣不了多少钱，那我就随他去了。再说了，我和他现在分开了，他是他，我是我，我过我的田园生活，他过他的打工生活。你们现在采访种植户，就单单采访我就是了，我可是个典型的传统种植户啊！"吴大爷的几句风趣的开场白立刻打消了我们的疑惑，增进了我们的亲近感，使我们又一次感受到了水家人民的热情好客。没等休息片刻，吴大爷就兴致勃勃地讲起了自己这大半生的种植生活。

吴大爷家几代人都生活在水各村，祖祖辈辈也都是以种地为生的。自己的父母过世早，给自己留下了现在的 8 亩田地，吴大爷就是靠着 8 亩田地养活了自己，娶了媳妇，生了儿子，也给儿子娶了媳妇，现在自己还要靠着田地过完自己的后半生呢。算起来，这 8 亩田地的功劳可真不小。吴大爷家现有 2 亩旱地，种些玉米和蔬菜，6 亩水地，主要种水稻。2007 年，吴大爷家纯收入 8000 元，其中，水稻收入 6000 元，玉米收入 1500 元，当地政府补贴以及卖蔬菜收入 500 元。当然，家里的主要收入还是水稻给带来的。说起种水稻，吴大爷可是滔滔不绝。20 世纪六七十年代，父母还未过世，自己从小就跟着父母下地干活。自己首先学的是插秧，这是种好水稻的第一步骤。当时他才十一二岁，学东西也快，看着父母的样子，挽起裤腿，手拿秧苗，看准了就往水里插。一开始自己插得苗总是歪的，有的都倒了，（怎样插秧?）吴大爷也有耐心，倒了再扶起来，歪的扶端正，几遍下来，他的手艺是大大提高，不仅插得快，也插得好，6 亩地，吴大爷和父母两天就把所有秧苗都插好了。“我从小就是个种植高手。”吴大爷略带自豪地说。当然，第一次插秧，也遇到了很多麻烦，比如水里的各种虫子。吴大爷当时虽然是个小男孩，对于那些小虫子也不害怕，可是到了水里，还真拿那些虫子没办法。它们不知不觉地粘在自己的腿上，抖抖腿，蹭掉它们，可是不一会儿又粘在腿上。有的只是像蚊子一样，把腿咬个包，痒痒就好了，最可怕的就是蚂蟥了，吸血呢。为了对付它，吴大爷可是想尽了办法，给腿上裹上东西，或者抹上东西，可是都不太管用，那时候插秧，印象最深的就算蚂蟥了。后来，自己刚成婚不久，父母就去世了，家里就一直是自己和妻子管理着现在的 8 亩田地。妻子也是贤妻良母，她不嫌弃丈夫家的贫穷，和吴大爷一起，勤勤恳恳，共同经营着幸福的家庭。她不怕苦，不怕累，和丈夫一起下田干活。正是由于两人的共同努力，当时他们家的水稻收入在寨子里可算是非常高的了。交了公粮，剩下的都是自己的，一部分留着充当口粮，剩下的卖了买些日常生活用品。吴大爷最高兴的时候就是收水稻的那一刻，看到自己辛辛苦苦种植的水稻终于有了结果，心里有说不出的喜悦。再后来，自己有了孩子，孩子也慢慢长大了，吴大爷就让孩子也学着插秧、收割。自己靠着这地，养活了自己和妻子，也把孩子养大了，现在儿子也成了婚。

“当然，种植水稻也有很多困难，什么都不是一帆风顺的。”吴大爷说道。当时的技术水平低下，什么都是手工劳动，插秧、施肥、收割，这都是非常累的。而且农业种植和天气有很大的关系。遇上风调雨顺的，收成就好，但有时天气也会不尽如人意。吴大爷还清楚地记得 1991 年那年的干旱，他们那里有半年多没见到雨水了，秧苗在太阳的暴晒下也不见长势。寨里的人都很着急，想办法给田里浇水。眼看着秧苗就要旱死了，终于下了一场雨，可是这只是杯水车薪，这短短的一会儿雷阵雨根本挽救不了当时的旱情。那一年，整个寨子的收成都不好，只有往年的一半多一点。干旱之外还有洪涝。前几年的洪涝特别厉害，虽说水多了对水稻有好处，可是太多了也会破坏秧苗的生长。那雨一下就是十来天，别说水稻了，寨子有时都会被淹了，这样水稻收成比起往年来就少些了。这些天灾，吴大爷有时还真是没有办法，只有默默地祈祷。

吴大爷就是这么一个朴实的农业种植户，他想种一辈子地，一辈子把地种好，也想让自己的子孙也像他一样，世世代代过着传统的种植生活。可是，现在他的儿子已经不愿意走他这条路了。“种地有什么不好的，你看我家里所有的东西都是种地的收入嘛！”吴大爷谈起自己的儿子外出打工时，略有些不满地说。吴大爷的家庭条件在整个寨子属于中等的。他们的住房是水家人普遍的两层木房，约 150 平方米，下层喂养牲畜，上层住人。家里的电器设备也挺齐全，电视机、电冰箱、洗衣机、影碟机，此外，吴大爷自己还有一台收割机和农耕机。当然，对于传统的种植户来说，这些农具是必不可少的。虽然当时自己掏钱买这些农具时还觉得很贵，但是它们带给吴大爷的效率及收益却是不容忽视的。吴大爷说自己当年攒下的钱都花在了这两台机器上了。2007 年，吴大爷家共支出了将近 5000 元。其中，买种子、化肥这些生产性的东西 1500 元，食品 1800 元，这也主要是给孙子买。孩子还小，奶粉、营养品等都得买，而且这些孩子用的东西都非常贵，俗话说，隔代亲，吴大爷也舍不得让自己的亲孙子受苦呀，无论如何也要拿出钱来给孙子买好吃的。衣服也要买好的穿，在买衣服方面花的 400 元钱，有 1/3 都是给孙子买的，自己和妻子就凑合着穿。而且，去年孙子还生了一场病，不过幸好不太严重，打了些点滴，喝了些药就好了，这就花了 250 块钱。自己和妻子过了这大半辈子，生病也没花几块钱，这到了孙子，看一次病就花了两百多，吴大爷有些无奈地给我们讲道。当然，心疼归心疼，这些钱是给孙子花的，他还是舍得的。除此之外，剩下的花费就是交通费用了，1000 元。这在寨子里是普通的花费。由于吴大爷所在的水各村距离县城远，路又不好，去一趟城里就得花好些钱，村里人差不多每家每年都得花 1000 元在交通费用上（支出情况见表 9－1）。这些就是吴大爷家的所有花销了。前年给儿子结婚，花去了吴大爷的大部分积蓄，吴大爷说自己还得继续种植水稻，本想让儿子和自己一起种植，可是儿子却不喜欢种地，跟着村里的年轻人出去打工去了，现在还是吴大爷自己一个人下地干活，希望把水稻种得好好的，让产量更高些，也把自己的收入提高些。

表 9－1　　2007 年吴家群家庭支出情况表　　单位：元

总支出	生产性支出	衣服	食品	看病	教育	红白喜事	娱乐	交通	通讯	住房
4950	1500	400	1800	250	0	0	0	1000	0	0

这两年，国家在农业方面颁布了一系列优惠政策，希望农民能够真正富裕起来。吴大爷现在也赶上了这个好时机，他说希望自己能再多活几年，好好享受国家的政策，支持国家把农业搞上去，做一个真正的农民。

（二）传统种植、养殖户——吴祖田家

吴祖田，男，水族，40 岁，小学文化程度，无宗教信仰。家中有 8 口人，除了吴祖田和妻子，还有 2 个女儿，以及双方的父母生活在一起。大女儿初中毕业后外出打工，小女儿还在上学，学习刻苦，成绩优秀。双方的父母身体也还算硬朗，一家人生活得虽然不是很富裕，但也其乐融融。

目前，吴祖田一家住在自家建造的木砖瓦房里，面积有 120 平方米，家里的生活条件一般，能看出是个很朴素的家庭。家里有一台电视机，一部手机（耐用消费品情况见表 9－2）。家里住房取暖设施就是火炕，家用饮用水是自来水。做饭基本还是靠烧木柴。

表 9－2　　2007 年吴祖田家庭收入来源情况表　　单位：元

职业	收入	职业	收入
从事种植业	6000	本乡镇就业工资	0
从事渔业	0	外出打工	5000
从事家庭手工业	0	从事运输业	0
从事畜牧业	0	政府补贴和社会救济	90
从事养殖业	3000	出租草场、耕地、房屋等	0
从事旅游业	0	其他经营收入	0

表 9－3　　2007 年吴祖田家庭耐用消费品情况表　　单位：个

项目	个数	项目	个数
电视	1	农用车（拖拉机）	0
电冰箱	0	卡车	0
洗衣机	0	小轿车	0
照相机	0	电话	0
影碟机	0	组合音响	0
电动车	0	手机	1
摩托车	0	自行车	0

吴祖田家里承包了 6 亩土地，其中 3 亩是良田，2 亩是旱地，还有 1 亩是荒地。良田种植的主要是水稻，旱田种植的是玉米，问到吴祖田有没有种其他的庄稼，果树之类的，吴祖田笑着说："我家就我和老伴两个人种地呀，家里的老人种不了，两个女儿也帮不上什么忙的，光这两样就够我们忙活的了，哪里还有精力种别的。"想想也是，家里的老人年岁大了，无法劳作，大女儿在外地打工，小女儿又在上学，家里的重担就都落在吴祖田和他的妻子肩上了。

另外，吴祖田的家里还养些牲畜，平时种庄稼的时候能用到，万一家里有个急用钱的事情，也能把牲口卖了换钱。算下来，牛有 6 头，马有 2 匹，猪有 2 头，都折算下来也有大概小 4 万元。

从上面的表中可以看出，吴祖田家庭的收入来源基本就是靠种植业和畜牧业，吴祖田说他家是村子里比较传统的从事种植业和畜牧业的农户了，祖祖辈辈都是农民，靠天靠地吃饭，他这一辈子也是。大女儿在东莞打工，也就是过年过节才回家，挣的钱也不多，但也能给家里时不时地寄回一些，剩下政府补贴的在收入比例中只是很小一部分。

看到吴祖田家里现代化的电器设备就是电视机一台和手机一部，问他怎么没有添置些生活用的电器之类的，吴祖田有点无奈地说，"不是不想添置呀，只是家里的钱用来买农用设备了，家里有马车一辆、水泵和打米机各一台，这已经花了不少钱了，实在是没钱买其他电器了，再说我们农村生活简单，不像你们城里人，所以家里有个电视机能看看新闻就足够啦。"

2007年吴祖田家里的总支出为25000元左右。其中生产性支出为10000元，生活性支出为15000元左右。生产性支出包括买种子、化肥、农具等农业类开销，说到生活性支出时，吴祖田说这个比起生产性还要费钱，小女儿上学就是一大部分，她在九阡镇读高中，学校交的钱很多，她一个人就要4000多，还有就是村子里的亲戚、乡亲的红白喜事，也要花费，大概2000元吧，买吃的用的衣服之类的也要3000元，通信费一年下来要1000元左右。还有就是前2年我家盖房子欠亲戚朋友的钱。看病方面今年没花太多钱，家里老父母的身体还算健康，有些小病感冒发烧的就去开点药，花了约500元。

问到吴祖田对水各村的年轻人很多都外出打工的看法时，他显得很平静也很开通，他说，他们年轻人和我们这一代想的不一样呀，愿意出去打工闯闯也没什么不好，我家没有儿子，没有劳动力呀，我和老伴文化水平也低，家里还有老父母要照顾，所以我和老伴就只能留在村子里种田，养家糊口。大女儿上学时成绩也一般，毕业后她自己想出去打工，就随着这村子的年轻人一起去了东莞，就是不经常回家啊，吴祖田说到这里，从他脸上的表情可以看出他很挂念远在东莞打工的女儿，小女儿的成绩还可以，比她姐姐强，毕业的话随她自己是外出打工还是留在村子里，这时吴祖田摇了摇头，生个儿子就好啦，闺女不顶用啊。看来上一辈农民的思想里还是残留着重男轻女的思想，不过，在这种传统的以种田为主要收入的农民家庭里，一个男青壮年所起到的作用和能够承担的劳动力确实比女性要多很多，毕竟像水各村这样比较偏僻和贫穷的农村，传统的农村生产生活方式同过去相比并没有发生什么实质性的变化。

最后问到吴祖田关于制约自己家庭和村子发展致富的因素时，吴祖田叹了口气说："还是咱们村子落后、穷啊，我自家是劳动力太少，两个女儿都用不上，还要花钱，还有就是咱农民文化水平低、懂得太少，新闻老说的那些农业现代化科技也不懂啊，还是祖祖辈辈的种地卖粮食，哪里能致富。"

从吴祖田一个普通农民有些无奈的话语中，我们感触很深。中国的农村和农民很多还是处于和几十年前没什么变化的生产生活状态中，现代化的痕迹在这里很少，他们有着传统农民身上的勤劳与朴实，他们也同样希望摆脱自身的贫困，过上现代的生活。我们国家出台了很多扶持农民、发展农村的相关政策，很多农民也有自己积极创新的想法和技术，只要我们的各级政府真正从农民的切身利益出发，为农民办实事、办好事，相信像水各村这样典型的传统农村会尽快地迈向社会主义新农村，农民兄弟们能真正摆脱贫穷走向富裕之路。

（三）种植户——吴四家

走进吴四家，两层小楼便映入眼帘，屋里屋外、院内院外干净整洁。走进他家我们感觉到的不是普通农家的氛围，电视、冰箱一应俱全，室内有书桌，桌上摆放着有关农业、种养业方面的书，如《农村百事通》等，完全如同进入的是一个知识分子的居室。

问及他的家庭收入，他没有具体说，只是说平常想吃个烧鸡或其他什么的至少不用考虑钱的问题，只要想吃就去买。

32 岁的他中等个头，精明能干，总是给人一种积极向上的印象，是水各村农民。妻子张琴现年 30 岁，他们有一个女儿在上小学二年级，现在 8 岁。与其他农村青年一样，吴四 19 岁高中一毕业，就外出打工了。凭着一股闯劲与豪情，走南闯北，开始了他的漂泊。他开始辗转于城市各个工地，做了一名普通的泥水工。几年过去了，吴四空手而归，他没有挣到什么钱，只收获了无限的忧虑。世界之大，却没有属于自己的创业平台，他做梦都想拥有自己的一片天地啊！

吴四大胆果断地承包了示范园中的 10 亩地，全身心地投入到林果间种立体发展的模式中，果树小时先搞果菜套种，丰果期就搞树下立体养殖，这套技术他也是边学习边干、边干边摸索，自然是又购进了相关林果栽培与蔬菜生产的书籍，同时他还主动与有经验的老果农交流、沟通、求教，从而使果树不仅有较高的成活率，而且还长势喜人，从防虫、剪枝，到蔬菜常见病虫害防治他都亲力亲为。通过几年的勤学苦干、刻苦钻研，他还掌握了西红柿和青椒的栽培技术，从土床育苗到营养育苗，从传统的种植方式到现代新型的种植技术，他积累了丰富的管理经验，每年春季他都在自家的大棚中施展着他的育苗技术，在承包的土地上实践着他的成功经验，看着郁郁葱葱的菜苗他脸上总是带着成功的微笑和发自内心的喜悦，当他的果与菜都换成了大把的钞票时，全家人都幸福地笑了。

表 9-4　**2008 年吴四家庭收入来源情况表**　单位：元

职业	收入	职业	收入
从事种植业	7000	外出打工	0
从事林果业	16000	政府补贴和社会救济	500
从事畜牧业养殖	0	出租耕地、林地、房屋等	0
从事渔业	0	本乡镇就业工资	0
从事家庭手工业	0	出租生产工具	0
从事旅游业	0	其他经营性收入	0

表 9-5　**2008 年吴四家庭支出情况表**　单位：元

总支出	生产性支出	日用品	买衣服	看病	教育	娱乐	红白喜事	交通	通信	住房
7400	4000	500	500	300	0	500	1000	300	300	0

他不仅依靠科学技术富裕了自己，而且不忘乡邻，他从来不隐瞒自己的种植技术，每当有村民向他请教种植方面的技术，他都耐心地进行讲解，直到村民领会了为止。他积极带头发展生产、发家致富、学习科技知识，用知识来指导生产，做到理论联系实际，科学种田。工夫不负苦心人，几年下来，他家的收入逐年递增，每年仅蔬菜一项收入就可达万元以上。

平时休闲时，他总爱看 CCTV7 的农业节目，那里的的节目与内容总能吸引他，同时也能为他解决不少的难题。

从他的身上我们感觉到的是他就是一个有文化、懂经营、会管理的现代农民，每逢镇里面或村里举办各类农业知识培训班，他总能到场，并主动与授课老师一起探讨或咨询一些问题，他平时如果有时间还时常到镇里农科站或党员图书室借用各类光盘去学习。

经过多年的努力，现在他家有 4 间瓦房，有拖拉机、摩托车、冰箱、手机、电话等现代生活用品，这个家庭是一个标准的现代农村小康生活家庭。

每次与他交流，他的言语间都流露出乐观与自信。成功的路有千万条，成功的人有千万个，而他就是依靠科技兴农、依靠知识致富、用汗水去打拼、在农村广阔天地有所成就的年轻人。

快要结束本次调研的时候，他说我们农民也应该按照党中央提出的建设资源节约型和环境友好型的社会要求，他打算下半年再养殖50头生猪，并建设一个沼气池，这样猪的排泄物就可以排入沼气池，沼气可用于照明和做饭，沼渣也是很好的有机肥料，既可减少粪便污染环境，又可降低农作物种植成本，变废为宝，更可改良土壤、保持生态平衡，实现养殖、种植双丰收。让我的瓜果蔬菜也真正实现无公害，更重要的是能卖上一个好价钱，现正在跟信用社协商贷款的事。

（四）传统种植户——吴国明家

吴国明，男，水族，1962年出生，初中文化，无宗教信仰，是水各村的种植大户。从他的言语间能感受到他对生活、对未来充满着想法和热情。他对自家农业种植有着自己的规划，对水各村未来的发展也有自己的见解。

吴国明家里共有5口人，大儿子已经成家，之前一直在广州打工，但今年年初返乡务工，打算在家买辆汽车从事运输业；二儿子在广州打工；女儿在上初中。目前，一家住在一个面积约为370平方米的木房里，家里的生活条件在村里属中上水平，电视机、电冰箱、洗衣机、影碟机、音响和手机等耐用消费品一应俱全（详见表9－6）。除了做饭会用电外，取暖都是靠烧柴，饮用水主要是自来水。

表9－6　　2007年吴国明家庭耐用消费品情况表　　单位：个

项目	个数	项目	个数
电视	2	农用机/拖拉机	1
电冰箱	1	卡车	0
洗衣机	1	小轿车	0
照相机	0	电话	1
影碟机	1	组合音响	1
电动车	0	手机	2
摩托车	1	自行车	0

2007年吴家的年收入约为3万元，其中种植业一年有8000元左右的收入；畜牧业的收入大概有5000元；闲暇时他还会和老伴做做手工活，约有

1000 元收入；主要还是外出打工，两个儿子都在外打工，一年下来也会有上万元的收入。

表 9－7　　2007 年吴国明家庭农作物、牲畜、家禽情况表　　单位：元

种类	亩数	折算价值	种类	亩数	折算价值	种类	个数	折算价值
玉米	4	44 元	瓜果	0	0	羊	0	0
麦类	0	0	花草	1	500	牛	3	15000
薯类	0	0	烟草	0	0	马	0	0
棉花	0.1	100	油料	0	0	驴	0	0
蔬菜	0.3	0	糖茶	0	0	猪	7	5600
水稻	5	10000	桑麻	0	0	禽类	130	4000
大豆	0	0	药材	0	0			

2007 年，吴国明的家庭总支出为 20000 元左右，其中生产性支出为 8000 元，占总支出的 40%，生活性支出为 12000 元，占总支出的 60%（详见表 9－8）。吴国明告诉我们，在生产中，每年买肥料、农药和种子的支出比例最高。由于现在的化肥贵，所以他在施肥中一半用化肥，一半用畜粪，用的化肥一多，整个种植成本就上去了，收入也就少了。而这几年由于自然灾害多，所以庄稼也受到很大影响。但就水稻而言，卷叶虫等成虫泛滥成灾，他买了很多种农药，但虫就是没法灭，只能眼瞅着庄稼被毁，心里很是焦急。

表 9－8　　2007 年吴国明家庭支出情况表　　单位：元

总支出	生产性支出	衣服	食品	看病	教育	娱乐	红白喜事	交通	通讯	住房
15500	8000	1000	1700	0	1000	0	2300	600	900	0

在谈到制约他家农副业收入增长的主要原因时，吴国明认为首先就是地区交通，由于水各村山多坡陡，所以交通很不方便。虽然已经修通了一些公路，但质量不好，很多村民还是靠传统的马驮来运输。所以村里的一些农副产品很难往外运，经常是还没到市场，就已经变质霉烂了，造成了很大的浪费。其次就是自然灾害，水各村基本上每年都会有不同程度的旱、涝、冰雹

等自然灾害发生，农作物也只能是遇到灾害就歉收，没有灾害才能丰收。再次就是缺少资金、技术和信息。目前村民的经济收入也只是处于低水平，基本上就没什么钱可以扩大生产、更新品种。而且大部分村民的文化程度低，有初中文化的都不多，所以导致思想观念就落后，不能很快接受新事物，对许多技术也就不能很好地应用，农业种植不能科学化，收入增长也就慢。而在谈到获取农业信息的渠道时，吴国明介绍说他每次到县城，都会到种子公司、化肥市场这些地方转转，打听一下行情，看看有什么好的品种。平时在家多看看农业频道，经常会介绍一些最新的、有用的技术，这样种田就不会瞎种，而是科学种植，少花点冤枉钱。

吴国明在不断总结种植经验的同时，也积极向村民推广、介绍自己的种植方法，希望能带动更多的人走向种植致富的道路。同时，吴国明也为水各村的整体发展作出了自己的贡献，他主动把自家地拿出来为全村建停车场，在谈到其动机时，吴国明说："其实我们能有现在的生活也是在政府的帮助下。前几年，政府在我们这里兴建了卯文化博物馆，来的人也不少，但是周围连个停车的地方都没有，车只能停在外面，游客下来要走很远才能过来，很不方便。我们水各村既然有这个条件发展旅游，那就应该好好改造一下周围的环境，这样才能吸引更多的人过来旅游。正好我家的地就在博物馆附近，所以我就主动拿出来，让政府修建停车场。现在每次看到有旅游车停在停车场，我心里还是很高兴的。只有村里富起来了，我们也才能真正富起来。"质朴的言谈中却包含着一颗爱国爱村爱家的爱心。

对于目前的生活，吴国明感到既满足又不甘，相对于那些同村温饱问题还没有解决的村民，他家收入稳定、生活安康，应该感到满意，但是从更大范围来看，与外村、县里的人比较，生活条件还是差，而且孩子们都大了，花销也越来越多，所以还是要好好务农、努力赚钱。为此他打算调整种植结构，希望通过开垦更多的荒地，或者承包一些土地来扩大九阡梨的种植面积。随着九阡梨在全国的知名度越来越高，以前种了愁出售，现在是买家主动上门订货，而且有时还出现供货不足的状况。正是瞅准这个商机，吴国明有一个更大的目标，建设九阡李种植园，形成规模，成为种植示范户，从而带动更多的人来种植九阡李，让它成为水各村的另一个品牌。

在做好种植业的同时，吴国明说这几年，水族文化吸引了许多游客到水各村旅游，县政府以及村委会也努力把水各村建成一个卯文化民族旅游村寨，所以他打算借着水各村的旅游业刚起步的先机，办个“农家乐”，接待到水各村参观的游客。现在木材都已经买好了，等过段时间就开始动工。

对于水各村未来的发展，吴国明认为水各村有着丰富的资源，值得好好开发，比如马尾绣，可以开发成特色旅游产品，这样游客到水各村就可以多消费，农民的收入也能增加，还有九阡李、九阡酒，以及水族的特色饮食，都是吸引游客、增加收入的项目，也可以使当地的旅游业丰富起来，这当然离不开政府的投资和引导。同时他希望政府能大力宣传水各村的这些特色产品，引导一些企业到水各村来，与村民签订保护价收购协议，为村民担保购买机器设备、生产资料的贷款，并派出专业技术人员负责指导农民种植、栽培和纺织。相信在政府、企业和农民的共同努力下，水各村会富起来的。最后，最重要的一点就是教育。只有有知识，才有可能致富。所以他希望政府能加强农村的教育，改善教育条件。另外，现在越来越多的年轻人都出去打工，但他们绝大多数都没有受过训练，在打工过程中也很吃亏，所以希望政府也能对他们也进行一些培训，让他们有一定的技术和基础，这不仅对他们有好处，对他们整个村乃至县的素质也是有好处的。

与吴国明的交流越多，就越觉得他说话不像农民，他不仅有自己的种植经，也有自己的生活经，他对自家以及水各村的未来发展充满着信心。他说，有国家的政策扶持，有村民的致富决心，水各村一定会变得更加富裕、和谐。

（五）传统种植户——吴永奇家

吴永奇，男，水族，58 岁，初中文化程度，无宗教信仰。有两个儿子和一个女儿，大儿子和儿媳在广州打工，家里只有小儿子和女儿帮忙做农活。一家人身体健康，虽然不是很富裕，但生活和睦，其乐融融。

吴永奇家的住房建筑面积约有 124 平方米，院子里面还有个小菜园，种了一些蔬菜和瓜果，供自己家人食用。院子后面是一个牲畜棚，圈养着牛、马、猪和鸡、鸭等。家里平时做饭主要用电和木柴做燃料，冬天取暖主要是烧木柴，家里的饮用水是自来水。电视机、电冰箱、手机等家用电器一应俱全（详见表 9－9）。

表 9－9　　2007 年吴永奇家庭耐用消费品情况表　　单位：个

项目	个数	项目	个数
电视	2	农用机/拖拉机	1
电冰箱	1	卡车	0
洗衣机	1	小轿车	0
照相机	0	电话	1
影碟机	2	组合音响	1
电动车	0	手机	1
摩托车	1	自行车	1

此外，吴永奇家还有拖拉机、水泵和驴车（详见表 9－10）。从这些情况可以看出，吴永奇家的生活条件在村里应该是非常好的。

表 9－10　　2007 年吴永奇家庭主要生产性固定资产数量情况表　　单位：个

汽车	拖拉机	打草机	收割机	机动三轮车	牛车	马驴车	水泵	其他
0	1	0	0	0	0	1	1	0

当问他闲暇时间都做些什么时，他的回答是基本没有闲暇时间。因为既有庄稼要种植，又有牲畜要喂养，只有在农闲时，才会偶尔看看电视，和村民聊聊天，没什么文体活动，精神文化生活水平较低。然而工夫不负有心人，在一家人的勤劳努力下，2007 年吴永奇的家庭收入约为 26000 元，该收入的来源情况为：种植业 6200 元；渔业 230 元；牛、马、猪和禽类的饲养一年也能挣 8500 元左右；女儿在旅游协会的迎宾队打工，一年也能有 1000 元左右的收入；大儿子和儿媳在外打工，一年也会给家里寄 12000 元；二儿子平时跑运输也会有 7000 元的收入（详见表 9－11）。

表 9-11　**2007 年吴永奇家庭收入来源情况表**　单位：元

职业	收入	职业	收入
从事种植业	6200	本乡镇就业工资	0
从事渔业	230	外出打工	12000
家庭手工业	0	从事运输业	7000
从事畜牧业	8100	政府补贴和救济	0
从事养殖业	450	出租草地、耕地等	0
从事旅游业	1350	其他经营收入	0

2007 年，吴永奇的家庭总支出为 31730 元，其中最主要的支出是大儿子结婚，花去了 22500 元，生产性支出为 2100 元，生活性支出为 8130 元。说到生产性支出时，吴永奇告诉我们近几年牲畜也不好养了，一来是价格不稳定，忽高忽低让人心里不踏实；二来是各种牲畜疾病多发，由于牲畜都集中饲养，所以一只发病就会有很大损失，而村子没有专门的兽医，去县里的防疫站又是一笔不小的花费，这让整个养殖成本大幅上升。不过他相信这种状况会随着国家农业补贴政策的落实而得到改善。

在问到一年以来，家里是否有人患过大病（达到住院程度的疾病）时，吴永奇告诉我们，他家没人患大病，而且他和老伴都已参加了村里的新型合作医疗，所以看病不会像以前那样贵，家庭负担减轻不少。不过目前的新型农村合作医疗还是比较偏重于基本医疗保障，对于需要住院治疗的大病、重病，很多医疗项目都不能进入报销补偿范畴，而且一些卫生新技术、新项目和专科治疗用药涵盖较少，看病难的问题还是不同程度地存在着。

吴永奇认为制约他家农副业收入增长的主要原因是市场和技术。由于交通不便、信息闭塞，他们对农产品市场的反应比较迟钝。农产品往往是入市前价高，入市后看跌，农民损失严重。而且由于技术落后，对于九阡李这样的地方特产，种植方式只限于传统的小农、小规模种植，经济效益不够高。同时由于政府缺乏相应的税收优惠政策吸引外地企业到水各村投资，因此九阡李的种植也无法形成生产、加工、销售一条龙式的营销方式。吴永奇说，如果在市场和技术方面能有所突破，比如政府出台一些优惠、实用的政策措施，他相信他的家庭会有更广阔的发展前景。

在问到家庭未来规划时，吴永奇认为现在党的政策好了，家庭的发展途径也可以多元化一些，家庭成员可以有不同的致富道路。他支持大儿子和儿媳在外打工，这样既可以为家庭带来一笔不小的收入，同时也可以让年轻人开开眼界，学习一下新知识、新技能，就算以后返乡也可以用自己的经验和技能为自己、为家庭、为村庄的发展作出贡献。而小儿子一直在家务农，农闲时没什么事做，而且水各村的自然环境恶劣，种植收入不是很稳定，所以他打算买辆车让小儿子跑跑运输，在增加收入的同时也可以拓宽农产品的销路。小女儿因为上过学，汉语不错，所以一直在旅游迎宾队工作，但是与外界接触得越多，她越发觉得知识不够，所以希望有机会能让她继续学习，上学学知识才是将来发展的基础，这样才会有更多的发展机会。吴永奇最后总结道："只有孩子们发展好了，我们这个家庭才能真正富起来。"

对于自己的家乡水各村，吴永奇说虽然村庄的自然环境比较恶劣，但整体的人文环境还是不错的，村民都很质朴、热情，大家相处得都比较融洽，他自己也愿意为村庄发展出谋划策。他认为既然村庄目前在依靠水族文化来发展旅游业，就应该更好地保护、挖掘水族的民族文化，开发出更多有代表性的水族旅游产品。但是目前水族文化也面临着不同程度的危机，单说水族的文字和语言，虽然大部分村民都会说水语，但是认识水族文字、会写水族文字的就很少，水各村现在只有几个年龄大的老人还认识水族文字。如果政府再不给予保护，那就会逐渐把老祖宗留下来的宝贵财富弄丢了。大家都觉得水族文字复杂、难学、用处不大，所以都不愿去学。因此政府应该下大力气抓好教育，开设水语课，让村民从小就开始学习水族文字，了解水族文化，继承水族传统并将其发扬光大。

在与吴永奇交谈的过程中，能感觉到他对现在的生活状况是比较满意的，但他并不满于现状，对未来更加美好、富裕的生活充满憧憬和信心。相信凭着他的那股爱家、爱村、爱国的热情，他的致富梦一定会实现；相信有吴永奇这样有想法和追求的村民，水各村一定会有更快、更好的发展。

（六）作物种植户——邹秀萍家

院落中几棵高大的石榴树下，两个女孩在树荫下和小黑狗嬉戏，屋里这家的女主人在中堂给刚刚出炉的烟叶分级和捆扎，整个家庭其乐融融。

我们今天走访的这家农户女主人叫邹秀萍，40岁，汉族。丈夫高云，也是40岁，汉族。两人都是初中文化水平，曾经还是同学，都是土生土长的贵州省三都县水各村人，如今他们的两个女儿，大女儿高敏微今年14岁，上初三，成绩很优秀，目标是考上都匀市里的一所一流的高中；小女儿高梦瑶10岁，小学五年级，在班上也是个佼佼者。男主人除了在家里干些农活之外还在一个保险公司做，卖保险，不过女主人透露那边效益不是很好，他那点儿额外的收入就够他自己买点儿烟抽（丈夫烟瘾很大，一天大概得一包半纸烟），另外还有平时的应酬，其实原来男主人当过村长，只是这几年卸任后怕人笑话不当村长就只会种田，从卸任这三四年来一直在外边做事，家里的农活基本都是由女主人来操持，农活很重很累，女主人也有些怨气，如果他真能踏踏实实地种田，他们的生活应该会比现在好得多，“如果他能一心一意地做好田地里的农活，我还能去挑挑混泥土打些零工，一天少说也是四五十块，一年也能多出一万块左右，可是他……唉！”女主人如是说。

2000年她家建起了新房，两层半的小楼带个院落，小楼占地面积91平方米，累积起来居住面积226平方米，院子大概90平方米，总的说来还是很舒适宽敞的，当时建新房借了不少钱，如今快9年了差不多偿清了所有的债款。所以家庭生活一直都很节俭，至今还是用着结婚时买的老电视机，家具也没怎么添置，洗衣机、影碟机、音响各一个，还有电话、男主人的手机和摩托车、两辆自行车。

现在家里的主要收入来源是作物种植，轮季种植烤烟、早来瓜（西葫芦）、蒜苗、四季豆、菜豌豆及平时自己食用的稻谷和榨香油的油菜花。以上作物的产出情况如下表：

表9-12　**2008年邹秀萍家庭作物情况表**　单位：平方米、元/千克、元

作物名	种植面积	种子、化肥、农药、烤烟的烘烤费	收购单价	毛收入	净收入
烤烟	340	1199	20.6元/千克	3919	2720
菜豌豆	140	450	2~9元/千克	1000	550
秋早来瓜（西葫芦）	200	240	0.4~1.5元/千克	1628	1388
冬早来瓜	340	830	1~2.4元/千克	1685	855
蒜苗	250	100	4.1~6.4元/千克	1610	1510

续表

作物名	种植面积	种子、化肥、农药、烤烟的烘烤费元	收购单价	毛收入	净收入
大蒜	250	蒜苗收获后既是蒜	0.67 元/千克	542	542
四季豆	200	200	0.7～1.9 元/千克	1600	1400
稻谷	350	基本够全家全年食用（自供）			
油菜	100	基本够全家全年食用（自供）			
全年作物净收入		8965 元			

在三都县，每年哪块田地种植烟草、种植多少县里都是有规定的，种苗由县里统一提供；种植周期较长，从2月立春下种到7月中旬采收烤制，8月初进烟草收购站；工序也比较复杂，但收购单价很客观，正如邹秀萍家，主要的经济收入还是由烟草获得，“如果还有田地再苦我也宁愿种植烤烟”，女主人很感慨。另外菜豌豆也是澂江县的经济作物，在烤烟收获后直接在烟田里种植，剩下的烟秆正好作为菜豌豆生长的架子，它的收购价也很不错，有专门的收购站收入冷库供应大城市或是出口国外。今年的菜豌豆没有太多的收益主要是因遭受了霜冻，产量很低，另外种植菜豌豆需要大量的农药、营养药，成本也很高。而早来瓜（西葫芦）种植操作简单、生长周期短，50天即可采收，虽然收购价不是很高但产量高，这年带来的收益不小，特别是秋季这次，冬季的早来瓜需要加盖塑料膜，相对秋季较为复杂，收购价格也较高，因为有上次秋季种植的经验，邹秀萍家拓展了种植面积，达340平方米，但遗憾的是遇上了强霜冻，产量很低，这次的种植不仅成本增加，收益也大大不如秋季。说到这儿邹秀萍有些痛心，起早贪黑的忙活都打水漂了。这年还好大蒜比较争气，稍稍地填补了一下冬季早来瓜的损失。

另外，即使家里的农活很多，邹秀萍还是一有时间就外出打工——到村里翠竹园的餐厅里帮忙或是跟着村里的施工队挑混泥土，以贴补家用，一年下来差不多能挣到3000元左右。国家免收农业税后反而反补农户，邹家每年能得到78元的国家粮食补贴。

生活上这一家都很节俭，夫妻俩好几年都没添置新衣服了，“还能穿就将就，都这把年纪了还讲究什么。”邹秀萍说着脸上露出浅浅的笑容，但逢年过节两姐妹的新衣服是少不了的。在支出方面如下表所示：

表 9－13　　2008 年邹秀萍家每月生活支出情况表　　单位：元

大女儿生活费	其余成员生活费	电话费（手机、座机）	水费	电费	合计
150	300	70	10	50	580
全年合计		6960			

注：生活费里包含了子女的教育费用。

平时家里人多就用大灶烧柴火做饭，人少时就用电磁炉，看电视的时间也不是很多，只是关注每天的天气预报，多数时间是小女儿看儿童节目，大女儿住校，每周只有周末才能回家。

当问及女主人未来致富的打算时，她说想搞大棚蔬菜，专门种植反季节蔬菜，但目前困难很多，最主要的是土地问题，土地严重得不够，说到这个女主人很气愤，土地自打她 15 岁那年分配后至今一直没有变更过，如今 25 年过去了已是有家有室，上有老下有小，土地还是 15 岁那年分配的当时所谓的“娃娃地”，现在夫妻两人的田地加起来不过 340 平方米，而有的家庭很多人已经过世或是不在农村生活了地还在，闲田加起来有 1000 多平方米，现在她家每年都得向这些人租田栽种，付与租金，目前村里这种有人有田无力耕种而有人又有力却无田耕种的问题很突出，但是一直没有重新分田产的土地政策，眼看两个女儿都快成年了，这个 4 口之家手里攥的还仅仅是那 25 年前分给的两份“娃娃田”。

另外访谈中女主人也谈到了子女的教育问题，两个女儿成绩都很好，大女儿马上就上高中了，未来上大学需要极大的一笔开销，但再难也会把她培养出来，只是更让她揪心的是未来大学毕业后的就业问题，现在很多大学毕业生毕业后直接面临的就是失业，如果还得继续深造，对于这个普通的农村家庭实在是无力承受了，说到这些女主人脸上开始踌躇起来，未来似乎很迷茫……

人到中年，肩上的担子一天天地重起来了，40 出头的这对夫妇坚强地面对着，担起属于自己的责任，生活朴素节俭，整天起早贪黑地忙碌，但是他们简单生活中却洋溢着一股简单的快乐，希望这一双女儿快乐成长。

十、养殖、种植户

（一）养殖、种植户——张国民家

张国民，男，39岁，水族，初中文化水平。张国民一家有4口人，其妻子吴静36岁，也是水族，小学文化水平；大儿子张德华，17岁，刚刚初中毕业；小女儿张哎园，10岁，小学三年级学生。

当我们来到张国民家的时候，客厅门口摆放着一个农药喷洒器，小女儿在门外蹲着玩耍，大儿子一个人在客厅里一边看电视一边吃饭，他很有礼貌地向我们问了好，带我们去张国民家的村民用水语告诉大儿子我们来的目的后，大儿子就去旁屋叫醒了在休息的父亲张国民，张国民立马就睡眼惺忪地走了出来，他身高1.6米左右，看上去感觉挺瘦，但黝黑的肌肉轮廓却很明显。张国民为人很有礼貌、很随和，他很热情地邀请我们坐下，给我们倒茶，而且汉语说得比较流利，能听懂普通话，这些是我们对张国民的第一印象。张国民告诉我们他和老婆中午到地里喷洒农药去了，回来感觉很累就躺在屋里休息，老婆到亲戚家串门去了。

张国民家有4间房屋，四周是用竹篾编制的，房顶是铁皮瓦，宅基地面积大约有120平方米，90平方米左右的院场是泥土地面。客厅地板是很干净整洁的水泥地，张国民家的生活看起来并不富裕，竹篾房已经很有年份，厨房相对于之前走访的村民家的厨房要比较简陋昏暗一些，厨房的房梁已经被炊烟熏得很黑，房梁上悬挂着两个大的竹筐，但是灶台上却很整洁地摆放着电饭煲，旁边放了一个长宽1米左右的铝合金边塑料碗柜，餐桌是个破旧的木圆桌。厨房后面是个20平方米大小的小菜园，地里稀稀疏疏地种了一些青菜等蔬菜，旁边是几棵不高的果树，院子东北角的厕所是用空心砖和铁皮搭成的小屋，简单干净而整洁。厕所旁边的猪圈是用山上砍来的杂木建盖的，6平方米大小，木头已经发潮发黑。

张国民家的家用电器有1台电视机、1台影碟机、1部手机、1台音响，但都比较陈旧。此外，还有1辆摩托车和1辆农用拖拉机。摩托车不常用，周末去县城买菜或到远一点的地方办事才用得上，拖拉机也不是很常用，一般只用来运送肥料和收割的作物。

张国民告诉我们，家里的田地共有17.5亩，其中种植九阡李10亩、玉米5亩、水稻2.5亩，以前家里还有10亩山地，因为那片山地离家太远，家里劳动力也不够，没办法把两边的地都打理好，所以在1998年的时候把那10亩山地租给了别人去种植九阡李，利用租金购置了拖拉机和摩托车。去年种的水稻除了够自己家人吃外，剩余的还卖了900多元钱，去年种植的九阡李一共卖了6000多元。现在家里养了两只小猪，种出的玉米基本上都是用来饲养家里的猪，张国民说去年市场不好，家里的猪只卖了1200多元。每年的雨季，张国民会和老婆轮流到山里去找野菜，然后带到城里去卖，每次采野菜的收入一般在20～40元之间，一年下来也只能采10多次而已，除此之外家里便无其他收入。在冬季，田地里会种些油菜，油菜成熟后不销售，就是用来榨自家用的食用油。家里的农作物一年需要3袋化肥，共花费1500元左右，平时家里吃的菜基本是后院种的蔬菜，肉要到城里去买，一般一个星期去一次，每次就买1～2斤肉，此外家里的支出还有每个月给儿子40元左右的生活费。这几年攒的一点积蓄基本都用在了修筑自家的围墙上。

张国民说自己其实很愿意和外界多交流，渴望接触新鲜的事物，因为家庭的很多负担自己不得不放弃大部分的时间来忙于生计，和我们聊天他感觉很开心，因为还从来没有大学生来自己家里这样近距离地畅谈。张国民接着很高兴地谈到了自己的年青时代，他说初中时自己念的是工读班（一边参加农业劳动一边念书的班级），家里一般一个星期只给1元钱，有时候一个星期连1元钱都没有，所以在学校的时候生活得很艰辛，每天都感觉肚子是饿着的，根本不能专心学知识，毕业的时候一是因为家里没钱，二是因为成绩跟不上，所以学业结束后也只能回家务农了。

张国民从小就很喜欢武术，年轻的时候非常喜欢看武侠小说，以前没结婚的时候还买了一些武术书籍来自己练习，可以说是一个狂热的武术迷，张国民说结婚之后就很少研习了，所以现在很多武术套路也都忘了。闲暇的时候张国民特别喜欢看央视新闻和农业频道，他觉得能从节目中学到很多知识。

张国民感慨最深的就是家里太缺文化，文化程度大大制约着这个家庭的发展，所以对于刚刚初中毕业还在等待中考成绩的大儿子，张国民表示坚决要儿子继续到学校里学习知识，最好是中考的分数能顺利考上高中，要是考不上的话也愿意花钱让儿子去外地念职业高中或技校。张国民认为村里传统的农业生产种植方法已经远远落后了，虽然有乡科技服务中心举办的科技培训，但是这方面的培训很难使大多数村民都能参与其中，如果不对文化知识熟练掌握是很难去真正理解这些先进的技术方法和各方面的生产信息的。在和张国民交谈的过程中，我们发现他觉得自己因为书念得少，觉得自己的想法大都很肤浅，对于很多东西也很迟钝，没有一种能够理性地、系统地分析问题的能力，所以办起事来总是觉得心有余而力不足。10 多年前，张国民就向乡里反映过把水各村沿山麓的田都推成平地的想法，以使农业机械能够在这些田地里开展作业，但一直都得不到广泛的响应。他自己平时有很多想法，但最后都实施不了。资金短缺对于这个家庭也是一大问题。家里根本没有什么多余的资金来扩大生产和养殖规模。

家里的竹篾房虽然已经破旧不堪，但现在也不着急盖新房，张国民说要等把儿子的学业供完了再考虑盖新房子，还希望女儿也能多读书，家里会尽一切努力去给他们创造念书的条件，他不希望儿女一辈子像父母一样窝在这山村里。

令人欣喜的是，当我们第二天再去拜访张国民家的时候，得知大儿子刚刚接到高中录取通知，他以中考成绩 436 分（水族 400 分就上线）顺利考上了三都县第一民族中学，这对于张国民夫妇而言是再好不过的喜讯了。

（二）养殖、种植户——饶之富家

饶之富，男，45 岁，贵州省三都县水各村人，高中文化。饶之富家有 5 口人，前妻已得病去世 7 年；一年后再婚，后妻张文丽 34 岁，初中文化；老饶共 3 儿子，老大饶应杰，22 岁，现就读于贵州师范大学；老二饶应树，19 岁，现就读于县重点高中，老大、老二都是其前妻所生；后妻所生老三才 5 岁，还没有读书。

我们所采访的这户家庭比较偏远，是一个兼有养殖和种植为一体的农业户，祖祖辈辈都是以农业为生的，在进入老饶家院子前，首先听到的是一声声的狗吠，进入院子，才发现有两只大狗，居然没拴，让我们一惊，还好老饶在（他让我们叫他老饶），他热情地对我们说：“进来坐坐坐，别怕，狗不会咬人，就是遇见生人，叫几声就没事啦。”在院子里，首先映入我们眼帘的是一棵大香椿树下拴着的一头大水牛，据老饶说，这头老牛跟着他有十几年了，现算起来不会小于15岁咯，一家的土地耕作全靠它了。老饶的父母过世早，老饶说其母亲是三年困难时期饿死的，其父母给他留下了15亩地，其中旱地14亩，1亩水地，旱地老饶大概有10亩种玉米，4亩种果林，水地中种水稻，玉米中会带种一些大豆、萝卜等，玉米主要是用来养猪和养鸡，老饶家养了3头猪和几十只鸡，老饶爱说：“教育成本现在很高啊，每年两个娃儿快要了我的命，六七千块啊，一大厚叠咯，别看养着这么多东西，年底都得变卖交学费和生活费，现在的娃儿不像以前啊，要买手机，要买电脑的，真要命！”果林老饶就拿来放养鸡，每天下的蛋除去自己吃外还有很多剩余，这又给老饶增加了不少收入。老饶家2008年总收入为14000元，其中旱地13000元，水地1000元，看起来老饶家的条件还不错，其实不然，我们看一下老饶家的家庭支出情况表就知道啦。

表10－1　**2008年饶之富家庭生活收支情况表**　单位：元

生产原料	衣服	食品	医疗卫生	教育	吃酒	总花费	总收入	剩余
3000	500	1800	200	7000	500	13000	14000	1000

从上表可以看出，老饶家其实也是才能勉强生活，根本没多大剩余。

老饶总笑呵呵地说：“村子里就我家第一个有大学生，唉，现在的社会，不读书不行啊，种地辛苦啊，我受够了，不能再让娃儿像我一样了。”他还说，自己准备把老大、老二供出来，老三就不管了，老大、老二毕业了帮助他，自己一身病，管不了这么多啦。

在两位的允许下，我们进入了他家，屋子虽然是瓦房，但里面收拾得很整洁，墙面全刷了石灰粉，很白。正对门是一个大大的神坛，老饶说他每天早起都要烧香、许愿，愿上天保佑自己家人，在客厅右上角，有一个24寸的彩色电视，老二正看《儒林外传》，还有一个老式影碟机，左下角是一个老式洗衣机，电视对面，几张老式旧沙发，老饶说，自己家以前很宽裕的，可是自从娃儿读书后，情况就大不同咯。在他家，可以看出张文丽婶婶很是贤惠，她一一给我们倒了开水，人很爱笑，下面我们来看看老饶家的家庭耐用消费品情况表：

表 10－2　**2008 年饶之富家庭耐用消费品情况表**　单位：个

项目	个数	项目	个数
电视	1	农用车	0
电冰箱	0	卡车	0
洗衣机	1	小车	0
摩托车	1	电话	1
手机	1	音响	0
影碟机	1	自行车	1

老饶很乐观，他说："现在国家实行新农村建设，农业税免了，还有补贴，再过几年，娃儿长大了，我也出头了，总之，以后的日子会越来越好的。"老饶夫妇俩对村干部的评价很好，村里现在被评为了全县 4 个小康村之一，几乎没有打架斗殴事件，没有赌博，风气很好，但是，老饶反映，最近自己的果林被人偷过一次，希望政府加强管制。

老饶现在是村里的一个组长，老饶除了每天种地以外还要组织村民开会，还要学习，老饶笑呵呵地对我们说："前年就成功地成为一名共产党员了。"

我们让老饶说说他对改革开放 30 多年来人们生活变化的感想，老饶说："东西多了，吃的多了，吃的好了，日子好过了，改革开放好啊，要是没改革开放，我哪会有现在的生活啊。以前没高考，现在有了，给了我们老农民跳出农门的机会；以前只能跑好几公里看电影，现在自己家里想咋看就咋看；生病了，有医疗保险；义务教育免费了；农业税没啦。总之啊，国家富裕了，老百姓自然好过啦。"

据了解，在老饶家第一个大学生的带动下，村子读书的人越来越多了，家家比的是谁家娃儿读书好，相信在这种教育为本的思想灌输下，未来的水各村一定会飞出"金凤凰"的。

（三）种植、教育户——赵光正家

赵光正，男，50 岁，水族，初中文化水平。赵光正一家有 5 口人，自己和妻子除外，2 个儿子，还有 2 个双胞胎女儿。大儿子赵超，现年 22 岁，初中文化水平；小儿子赵志，18 岁，今年读高二；两个双胞胎女儿赵方和赵圆在读初二。

当我们来到赵光正家时，他正在家里喂马，前面还有一群小鸡在觅食，我们用贵州方言跟他搭话，告诉我们此行的目的，他显得比较谨慎，因为之前没有遇到过此类事情，以为和电视里采访的差不多，显得很重视，赶紧放下手中的活，拍了拍身上的灰尘，给我们找凳子……当我们问到他妻子时，他说到地里干活去了，大儿子在广州打工，小儿子和双胞胎女儿都出去玩了。

赵光正家里有 5 亩田，种 2 次，一次种夏季稻，一般情况下这些水稻足够家里一年的口粮，另外一次就是种小麦或油菜，小麦或油菜收完晒干后可以拿到镇上卖钱，用来补贴家用，当然油菜也可以拿去榨油。家里还有 2 亩山地，种植玉米，遇上好的年景也能收 400 千克左右玉米，家里还养 2 头猪、1 匹马。赵光正说喂猪也并不是为了赚钱，其实一头猪喂养一年也就是能赚 200 元，主要是家里有些剩饭剩菜倒掉太可惜，而且家里有玉米、小麦，不用再买原料养猪，2 头猪养上 1 年，到春节时杀掉一头过年用，另外一头就卖给屠户换钱。养马主要是干农活方便些，农村青草多而且庄稼秸秆都是养马的好饲料，他说的时候显得很是骄傲，似乎为自己的精打细算感到十分满意，我们从他憨厚的笑容中明显感受到一个普通农民的憨厚老实。

在和我们说话的时候，赵光正神情突然凝重起来，双手使劲地揉搓他的左小腿，不一会儿额头上汗珠都渗出了，我们几个因为之前没有遇到这样的情况都吓傻了，其中一个同学提出要送大叔去医院，大叔说过一会儿就好了，不用去了。原来大叔是静脉曲张，腿上布满了大大小小的青筋疙瘩，像蚯蚓一样，弯弯曲曲。他苦笑着对我们说，年纪大了，身体就不行了，前些年中药、西药也吃了不少，保健药贴或药水，宣传“一抹就平”、“一贴就好”，钱没少花但效果不是太明显，农村人也住不起医院，今年还好些，有了农民医保，去医院看病政府还能报销一些。说起家里的其他经济收入，他说前几年还去深圳打了几年工，不过因为自己身体不好，不能长时间站立，再加上家里面农活多，妻子一个人也忙不过来，于是就回来和妻子一起专心干农活。大儿子赵超初中毕业后没有考高中，而且家里孩子多、家穷，初中毕业后他就帮着家里干些农活，放马、养猪、割草什么的，17 岁那年就和同村的几个同龄人外出打工，等过年的时候才回来一次。今年是在浙江那边打工，好像是在一皮鞋厂做工，包吃住，每月 1500 多块钱，每个月大儿子都会寄给我 600 块钱，过年也会带回来一些钱。赵光正对我们说，小儿子明年上高三，2 个女儿过了暑假也要读初三了，还好现在国家都给免了学费，否则 3 个学生我都不知道该怎么办，他们都愿意上学，成绩还行，我也非常支持他们。在农闲的时候，赵光正会在本村或邻村帮别人干点儿小活，或在木材加工厂干几天，以此来贴补家用。

下面是赵光正一家 2008 年收入和支出的情况：

表 10－3　**2008 年赵光正家庭收入来源情况表**　单位：元

职业	收入	职业	收入
从事种植业	4000	外出打工	6000
从事林果业	0	政府补贴和社会救济	500
从事畜牧业养殖	400	出租耕地、林地、房屋等	0
从事渔业	0	本乡镇就业工资	2000
从事家庭手工业	0	出租生产工具	0
从事旅游业	0	其他经营性收入	0

表 10－4　**2008 年赵光正家庭支出情况表**　单位：元

总支出	生产性支出	日用品	买衣服	看病	教育	娱乐	红白喜事	交通	通信	住房
10650	2500	500	500	1000	5000	0	800	200	150	0

我们在外面看了赵光正家的房屋结构，这是一间瓦房，一层，木屋结构，显得有些破旧了，猪圈是在院子里搭建的一间小屋，能看到 2 头猪和 1 匹马都关在里面。院坝很小，没铺水泥，如果下起雨来非常泥泞，不过打扫得还挺干净。我们到他的房里看了看，厨房很小，一个灶台就占据了很大面积，里面堆积了很多玉米棒子，客厅里摆放着一台大概 21 寸的彩电，看起来很新，说这电视是不久前换的，因为家电下乡，政府补贴 13%，所以这台电视也就花了将近 600 元，一台旧台扇放在一张桌子上，还有几把椅子散乱地放在客厅里，算是比较简陋的，墙壁上贴的全是报纸，看起来好像是刚贴上的一样。其余的屋子全是卧室，屋里光线不太好，就是白天找东西也要打开手

电，家里没有装固定电话，一般打电话都到村里的小卖部打电话，大儿子在外面买了一部手机，有事就打小卖部电话，然后家里有人去接，收费还不算太贵。

提起家里的几个孩子，赵光正还是满脸的喜悦，他说孩子们知道家里穷，不论是在外打工还是在家上学都很用功，过年的时候是家里最热闹的时候，孩子们都回来了，一家人其乐融融。赵光正说，如果条件允许，就算再苦再累也要供他上学，他说自己这辈子是没有多大希望了，唯一的希望就是孩子们都能成才，不用像他一样面朝黄土背朝天，一辈子辛辛苦苦也没有创造多大经济价值。

说起以后的想法，赵光正希望赵志、赵方和赵圆都能考上大学，然后好好学习，争取毕业能留到城市里，如果有钱的话先把漏雨的房子修修，因为大儿子也该成家了，总不能住在漏雨的房子里……想到自己和妻子的身体不好时，老赵不觉又叹了一口气……

（四）退伍军人——任胜利家

任胜利，男，50 岁，汉族，小学文化水平，无宗教信仰。妻子张暖，46 岁，汉族，小学文化水平，无宗教信仰；儿子，现年 18 岁，初中毕业后在家务农。

1979 年，任胜利到山东陆军部队服役，他回忆说，当时他的任务就是负责建设洛口大桥，每月可以领到 40 元工资，当时自己总是留下一点维持生活，其余的都寄到家里，帮父母缓解经济压力。3 年后，任胜利复员回家。1987 年，现在的妻子张暖从四川来贵州打工，二人相识成婚。由于任胜利兄弟姐妹 5 个，人口多口粮少，家庭经济条件十分困难，尤其他退伍之后，没有了每月的 40 元工资，家里的生活更加拮据，因此任胜利说，当得知自己在退伍复员之列，马上就去向指导员求情，但最终还是没有改变退伍的结果。任胜利在家里排行老三，现任村小学副校长的是任胜利的大哥；弟弟因为酗酒在 2003 年被疾驰而过的大货车轧死，货车逃逸；任胜利的大姐因患气管炎在 2001 年去世；妹妹现已成家。2007 年，任胜利被诊断患有严重肺炎，但目前为止，中药、西药检查费用等合计已经花去将近 2500 元，病情反反复复，时好时坏，不能根治。自己的儿子 12 岁时被确诊为先天性近视，想看清楚 50

公分以内的东西都是难事，到现在6年过去了，还是不见好转。家里有农田3.2亩，是全家人一年口粮的来源，山地有5亩多，由于任胜利身体不好，无力顾及，已经长满了荒草。家庭的重担全落在妻子张暖身上，除了每天做饭料理家务之外，还要到村上饼干厂打个零工，挣几个零用钱也好买些生活必需品，还要给丈夫和儿子买药。张暖说，这两年家里运气不好，前年猪价正高的时候，花900多元钱买了2个猪仔，谁知道当年刚好遇上口蹄疫，病死一头，好不容易把剩下的一头养大了，生猪价格又降了，只卖了1100多元；为了能把荒芜的山地开垦一下，以便来年种点经济作物贴补家用，今年春节前，家里鼓足勇气花了3000元钱买了一辆二手的拖拉机，可买到家还没有10天，就在大年二十八被人偷走了，由于买的时候没有办理任何过户手续，所以也没有去派出所报案。积攒了好几年的积蓄就这样瞬间没了踪影。这还不算让任胜利难过的，说到这儿，他向我说出了这些年来令他最为难过的事情，原来任胜利共有2个孩子，老大是女孩，老二是男孩，但是大女儿在得知弟弟也患病时，就背井离乡去了郑州打工，可这一走，就再也没有音信，当时女儿19岁。家里把能想到的地方全找了，也到派出所报了案，5年过去了，仍然没有关于女儿的任何消息。他说也正是因为这事使他对派出所的工作能力产生了怀疑，家里拖拉机丢了，也就懒得报案了。

表10－5　**2008年任胜利家庭收入来源情况表**　单位：元

职业	收入	职业	收入
从事种植业	3000	外出打工	0
从事林果业	0	政府补贴和社会救济	500
从事畜牧业养殖	1800	出租耕地、林地、房屋等	0
从事渔业	0	本乡镇就业工资	1200
从事家庭手工业	0	出租生产工具	0
从事旅游业	0	其他经营性收入	0

表10－6　**2008年任胜利家庭支出情况表**　单位：元

总支出	生产性支出	日用品	买衣服	看病	教育	娱乐	红白喜事	交通	通信	住房
5050	1200	150	150	2500	0	0	1000	50	0	0

表 10－7　　2008 年任胜利家庭耐用品消费情况表　　单位：个

项目	个数	项目	个数
电视	1	农用车（拖拉机）	1
电冰箱	0	卡车	0
洗衣机	0	小轿车	0
照相机	0	电话	0
影碟机	0	组合音响	1
电动车	0	手机	0
摩托车	0	自行车	0

不过，前几年发生在他家的另外一件事，让任胜利对政府心存感激，2005 年 4 月，他家住的房子实在是破旧不堪，准备建一新房，起初任胜利只准备建 3 间小瓦房，当时政府考虑到他在部队为国家曾作出的贡献，愿意分担建房全部费用的一半。有了政府的补贴，任胜利就建起了现在的二层小楼，上下各 3 间，他感激地说，服兵役已经是 20 年前的事，但政府没有忘记他们，如果没有政府给予的资助，家里也不可能住上这样的房子。虽然近些年来，家中屡遭变故，但是他们依然很感念政府对他们家的资助和关怀。由于任胜利的严重气管炎还在恢复期，服药后需要休息一会儿，我们就和张暖及他的儿子聊了起来，张暖从四川来贵州已经有 20 多年了，已经好几年没有回老家了，每天还要给他们父子两人做饭，再加上那边的亲人大多都不在了，回去也没有要看望的亲人了。前些年她丈夫的气管炎不是很严重的时候，还能干点农活，现在就是简单的劳动他就上气不接下气，整个脸都憋得通红，这样一来整个家庭经济情况就更紧张了，他现在的希望就是早点把他们父子俩的病治好，只有这样，整个家庭才有希望、有起色。任胜利的儿子坐在一旁，我们问他现在眼睛好点没有，他说医生建议明年做个手术，应该就好多了，因为这个家里太需要劳动力了，每天看着妈妈忙这忙那，忙完家里忙田里，作为家里唯一的儿子，也算家里唯一可能的劳动力，他不忍心看着这个家就这样破败下去。最后，我们问他初中就辍学现在后悔不后悔？他很利索地说不后悔，因为村里的同龄孩子都没有继续读下去，而且他当时初中的成绩不太好，就是让他上高中，他也跟不上，况且家庭经济条件也不好，大家都一样，也没有什么可后悔的。这种现象在我们此次调研的水各村很普遍，

就像同村的第一位大学生所说的一样，有时候即使家里有能力供孩子上学，很多学生本人也不愿意继续读书，这个问题值得我们深思。

十一、打工、种植户

（一）打工、种植户——王连家

王连，男，41 岁，水各村人，小学文化水平，无宗教信仰。妻子月恩，35 岁，小学毕业，无宗教信仰；儿子王岩门，16 岁，初中毕业，未考上高中，现待业在家。

王连，本是周覃镇人，在家排行老大，二弟、三妹和五弟均已成家，四妹因病去世了。1990 年，王连与月恩成亲，成了一位倒插门女婿，婚后生活不顺，第一胎是一对双胞胎夭折了，现在的儿子王岩门是第二胎，第三胎也是双胞胎，但还是没存活下来，夫妻俩不能再承受这种痛苦，于是做了节育手术，王岩门成了独生子。2005 年，王连家建了 85 平方米的新房，国家安居工程补贴了 3000 元，其余的部分是自己的积蓄和借亲戚朋友的。说着，王连热情地把我们让到了屋里，我们看到 2005 年建的房子内部仍然很新，一套橙色的电视组合柜，一台 21 寸的彩电，一台 VCD 和一套音响。沙发和茶几很新，问了才知道是前年买的。家电等耐用消费品如下表所示：

表 11－1　**2008 年王连家庭耐用品消费情况表**　单位：个

项目	个数	项目	个数
电视	1	农用车（拖拉机）	0
电冰箱	0	卡车	0
洗衣机	0	小轿车	0
照相机	0	电话	0
影碟机	1	组合音响	1
电动车	0	手机	1
摩托车	0	自行车	0

王连的衣着打扮和发型比较新潮，和他的年龄有点不太相符，家中的家具和家电的颜色、款式也很新颖。没盖新房之前，一家三口住的竹篾房，现在竹篾房成了他家的厨房。王连家现有水田2.5亩，水田夏季种稻子，冬季种油菜；旱地5亩，现在种的是九阡李，这点土地只够家人一年的口粮，其余的收入还要靠打零工和妻子挖野菜，只要家里活不忙，王连就会到村上其他家帮忙干活，活很杂，有时候挖地，有时候砍柴，有时候也砍九阡李什么的。但收费基本上都是固定的，每天20元，中午饭回自己家吃。月恩经常上山采竹笋、采野菜，城里的菜贩子在水各村设了一个收购点，大家可以直接把竹笋拿到那里出售，但也有的愿意带到城里自己卖。月恩采来的竹笋，常常需要加工成丝，这样要比整个直接出售价钱高一点，夏季到山上采笋子和野菜，冬天的时候就去砍柴卖，“靠山吃山”可能就是这个意思吧。家里养了5头猪，没有牛，其他家畜也没有，家庭收入的主要来源就是这么多了，如下表所示：

表11-2　**2008年王连家庭收入来源情况表**　单位：元

职业	收入	职业	收入
从事种植业	4000	外出打工	0
从事林果业	0	政府补贴和社会救济金	0
从事畜牧养殖业	1700	出租林地、耕地、房屋等	0
从事渔业	0	本乡镇就业工资	2500
从事家庭手工业	0	出租生产工具	0
从事旅游业	0	其他经营性收入	0

2008年，王连被诊断患有气管炎，医生建议住院治疗，但他考虑到家里没钱，就没同意，每次都是到城里看完病然后回家，第二天需要去的话再过去。他说跑了这么多趟现在还没治好。可是，在访谈过程中，我们发现他烟瘾很大，但没怎么咳嗽，他的妻子月恩却频繁咳嗽，据说是感冒了，但似乎情况没有那么乐观，我们劝他气管炎最好不要抽烟，他只是笑笑，没有作答。王连说除了治病，家庭的主要开支就是王岩门上学的费用，但是今年7月份，儿子初中毕业后没有考高中，现在这笔开销可以节省下来了。

表 11－3　　2008 年王连家庭支出情况表　　单位：元

总支出	生产性支出	衣服	食品	看病	教育	娱乐	红白喜事	交通	通信	住房
6080	1500	400	240	1500	1440	0	400	0	600	0

王连一家都参加了新型农村合作医疗，每年每人 10 元钱。王连说新农合虽然报销手续有点烦琐，但还是比较实惠的，至少可以分担一部分费用，对于农民来说，贫穷还是富有往往取决于一场大病，这个时候，新农合正好帮上忙。王连很少有闲下来的时候，因为他的第二职业就是在农闲的时候打零工挣钱，妻子月恩有时候隔一两天到山上采一次竹笋、野菜，闲下来时，就做做家务或者和邻居聊聊天什么的，偶尔也看看电视。王连认为现在村子里的风气比以前有较大的好转，原来村里的男人们经常酗酒，每次都会喝多，喝多之后就寻事滋事、打架斗殴，现在虽然大家还是喝，但是比原来有节制了。我们认为，之所以村上经常有人聚在一起喝酒，除了必要的招待之外，居多都是酒瘾作怪，是丧失斗志、不思进取的表现。我们在水各村访谈期间，好几次看到几个中年男人围在一起，几瓶白酒，没有什么菜，就那样推杯换盏，消磨时光。我们分析，造成这种现象的原因，除了对老一辈生活模式的惯性模仿之外，更深层的原因是他们没有自己的事业，并不是他们不想创业，而是有很多限制性因素制约着他们，比如创业必要的知识、必要的启动资金以及必要的相关经验储备等，除了存在的这些制约性因素，还有就是村民的惯性思维和惰性使然，他们对所有质疑他们生活方式的回答都是“祖祖辈辈都是这样过来的”。因此，想让他们停止虚掷光阴，积极地投入生产、生活，需要众多方面同时努力。首先要普及教育，现在的困境是许多村民觉得上学没什么用，好不容易供出来一个大学生，说不定找不到工作，或者工资很不理想，既然如此，他们就倾向于让孩子早就业，早缓解家庭压力，这只是他们道听途说的一个方面，对于水各村而言，更有说服力的事实是，尚未有哪一家出过大学生，更没有因为上好学而彻底改变家境的例子。李平是现在村里学历最高的，读的是都匀师范高等专科学校，由于她是第一个，因此我们认为，她毕业之后的就业情况，会对水各村村民对待教育的态度产生很大的影响，简单地说，村民身边需要走出正面典型，榜样的力量比空洞的说教更有说服力。其次就是配套资金的跟进，这个问题目前已经引起政府的重视，各地的小额贷款异常火暴就能说明问题，但还需要把相关工作做细，本着以

人为本的理念，简化不必要的程序，为有创业愿望、有创业能力的农民朋友营造一个良好的创业环境。最后，注重正确的舆论引导，摒弃好逸恶劳、贪图享受以及等、靠、要的错误思想，鼓励积极入世的人生态度，树立正确的人生观和价值观。唯有多管齐下，形成合力，彻底摘掉贫穷落后的帽子才能有希望，水各村的真正振兴才会有希望。

（二）打工、种植户——吴小巴家

吴小巴，女，48岁，水族，小学文化，无宗教信仰。家中五口人，丈夫（再婚）董坎亮，42岁，水族，初中文化水平，无宗教信仰；大女儿董拥，24岁，2002年与本寨一名水族男青年结婚，现在育有一个男孩；小女儿董依伦，22岁，2006年嫁到等姆村；儿子董哎静，20岁，小学毕业，三个月前，外出到建筑工地打工，月工资800元，尚未成家。

我们到吴小巴家访谈时，她丈夫不在家，正在田里做活，吴小巴比村寨中其他同龄妇女健谈，普通话讲得比较流利，她告诉我们一些她家的基本情况：她家有水田5亩，夏季种植水稻，冬天种玉米或油菜等，今年刚承包了水各村的7.5亩水田，由于距离住处比较远，每次都是她丈夫骑摩托带着她去田里干活，7亩山地租出去种九阡李了，2007年租出去的，租期50年，租金一次性付清6000元。家中三间竹篾房比较破旧，是20年前建的，去年两头水牛病了，一共卖了1600多元，今年两头猪又病了，一共才卖了1000多元钱，辛辛苦苦忙了两年，就换来这点收入，夫妇俩有点灰心，但不养这些家畜又不行，家里的沼气池需要肥料。为了增加家庭收入，她准备和别人合伙养鱼，但是启动资金一直不能到位，我们问为什么不去信用社贷款，她说她是一朝被蛇咬，十年怕井绳。他们家曾经在农村信用社贷过1000多元的款，但10年之后连本带息涨到5000多，具体利率她不太清楚，但就是被吓住了，所以现在就是考虑找亲戚朋友借钱。通过聊天彼此慢慢熟悉之后，吴小巴告诉我们，她现在的丈夫是再婚，她的前夫10多年前生病去世了，当时三个孩子还小，加上为丈夫看病开支巨大，最困难的时候，家里连食盐都买不起，现在想想都不知道当时是怎么熬过来的。现在的丈夫也是水各村人，妻子因为感冒到小诊所里看病，被大夫打错了针，最后抢救无效致死。后来他们两个同命相连的人就走到了一起，两个人都经历过不幸和磨难，都很珍惜现在的生活，日子固然清贫了些，但在吴小巴看来已经好多了。家里现在水田多了，孩子们都不在家，他们俩忙不过来，前两年就买了一辆拖拉机，有了它，田里的农活就好干多了。家里还有一辆摩托车，有时候他们骑着去田里干活，农闲的时候，吴小巴带着从山上采回的竹笋、野菜，和丈夫一起到城里去卖，换点零用钱。2008 年吴小巴家具体收入、支出情况见下表：

表 11－4　　**2008 年吴小巴家庭收入来源情况表**　　单位：元

职业	收入	职业	收入
从事种植业	4000	外出打工	0
从事林果业	0	政府补贴和社会救济金	200
从事畜牧养殖业	1600	出租林地、耕地、房屋等	0
从事渔业	0	本乡镇就业工资	0
从事家庭手工业	0	出租生产工具	0
从事旅游业	0	其他经营性收入	0

表 11－5　　**2008 年吴小巴家庭支出情况表**　　单位：元

总支出	生产性支出	衣服	食品	看病	教育	娱乐	红白喜事	交通	通信	住房
4510	800	400	400	700	0	0	1200	510	500	0

后来我们了解到，吴小巴是村中各项集体活动的积极倡导者和参与者，就请她介绍了水族的一些重要风俗，还给我们讲了一些水族的丧葬风俗。她说村上任何一家有人去世，只要死者是 4 岁以上，村上的每一户都会给这家人送去 10 元钱、5 斤米，本来这个标准是 5 元钱、5 斤米，但是后来大家认为太少，就由村干部提议，村民大会上一致通过增加 5 元钱，这么多年来，大家都能自觉地遵守。当然，这个标准只是下限，大家可以根据平日里关系的亲近程度自行上浮。如果死者是老人，大家除了钱和米，还会带上一些饼干、鲜花等物。村里的中年组组长吴坎亮和村民吴帅恒是大家选出来的红白喜事知事，他们负责帮助事主确定人员分工，协同做好其他工作。老人去世一般停尸两天后下葬，中年人一般一天，小孩夭折一般不过夜，但阴历初一、十五、初九和十九这四天一般不出殡，老人去世还要请人诵经 5～7 天不等，

在此期间，村中老人如无特殊情况均应在事主家守候、陪伴。下葬时，如果死者是有儿子、女儿的老人，则棺材由 8 个人抬，如果死者年纪较轻则由 4 个人抬。并且，过去如果死者是非正常死亡，如车祸、夭折等都要火化，只有正常死亡才实行土葬。但现在在这方面有松动的迹象。如果是客死异乡，不管死者年长还是年轻，尸体都不允许进寨子，都要停尸村外，直至下葬。若是村中的五保户去世了，丧葬费乡上负责 2500 元，村委会承担 1500 元，而村小组负担的数额不确定，因为他们在五保户去世后，到市民政局等单位申请五保户安葬费。申请的经费时多时少，所以村小组负担的比例无法确定。

最后，吴小巴告诉我们，她本人对现任村小组干部的工作还是比较满意的，整个村寨还是比较团结的，不管哪一家出了事，大家都是以各种方式或多或少帮助一把。她特别提到现任妇女主任艾卡金，她觉得村里的各项妇女工作做得很好，妇女活动也开展得很好，使村里的妇女有归属感。我们从吴小巴的谈话能了解到，她很注重保护妇女权益，这是我们在水各村调研期间可喜的发现。

（三）打工、种植户——王莫家

王莫，男，46 岁，水族，无宗教信仰，初中文化水平，普通话基本是流利的，只是略带一点方言。妻子名叫杨安，是水各村人，水族，今年 44 岁，没有上过学；夫妻两个育有 3 个孩子，1 个儿子和 2 个女儿，儿子王叶吞是家中的老大，今年 24 岁，已经结婚了，老婆是邻寨的姑娘，今年刚刚怀孕，家里马上就要多一个小生命了；王莫的两个女儿大的今年 20 岁了，初中文化程度，现在木材加工厂做木化石，是一名技术工；小女儿初中毕业后就去了都匀上职高，今年刚刚毕业，毕业后留在了都匀，在一家服装店打工，才做了一个多月。

王莫家住在水各村的下寨，水各村有上寨、大寨和下寨，其中大寨居住的村民最多，下寨只住了 11 户人家。王莫家的亲戚基本上都在大寨，但是大寨和下寨离得并不远，走路七八分钟就到了，所以亲戚之间也是经常走动的。

他家住的是上下两层的竹篾房，面积约有 160 平方米。这种房子一般较为矮小，多用竹篾笆做外墙和隔墙，用木板或石板覆顶。这种房屋一般都为两层，楼上又多分成两间，外间待客，并设有火塘。火塘上安置铁三角架或石三角架，供炊饮之用。内间为卧室兼储藏室。楼下存放农具杂物或关牲畜。楼板用木板或竹篾席制成。这些木桩和房柱，如同千百只脚一样，支撑着整个房屋。因此，人们常常将这种房屋称为“千脚落地的房子”。这种千脚落地竹木房，结构简单，既易搭建，也易于拆迁，又适合当地的天气特点。他家有一个挺大的院子，院子的角落里有一个厕所。

王莫家总共有25亩地，其中有水田5亩，旱地20亩。地里种植的农作物有水稻、玉米和九阡李。水稻和玉米都是水各村的传统农作物，九阡李是村里发展的特色种植产业，王莫的邻居家种九阡李也有七八年了，有经验有技术，他看邻居家种得好，而且有经济收益，就想自己也种上点儿九阡李，如果管理得好有了收成，对家庭来说也是一笔可观的收入。于是，他去年就在自家的地里种了10多亩九阡李，九阡李树苗是向村里的农场购买的。种植的5亩水稻除了够一家人自己食用外，节余的还可以拿去出售。

王莫家的经济条件还是不错的，在2000年的时候，家里就买了一台拖拉机，除了自家使用外，平时儿子叶吞会用这台拖拉机帮别人拉货赚钱，一年下来也有四五千元的收入。另外，家里还有一台电视机、一部影碟机、一套组合音响、一部手机和一辆摩托车（家庭耐用消费品情况见表11-6）。

表11-6　**2008年王莫家庭耐用消费品情况表**　单位：个

项目	个数	项目	个数
电视	1	农用车（拖拉机）	1
电冰箱	0	卡车	0
洗衣机	0	小轿车	0
照相机	0	电话	0
影碟机	1	组合音响	1
电动车	0	手机	1
摩托车	1	自行车	0

王莫家主要是靠种地和打工，一年的收入约有10000万多元。在花费方面，2008年全年的总支出是5600元，其中生产性的支出最多，主要投资在种植九阡李上。在生活支出方面，衣服是300元，食品大约是800元，看病方面是100元，因为家里人身体都还算健康，一年中只是在感冒吃药上有点花

费。在水各村，由于户数少，几乎家家都认识，有很多还是亲戚，所以每逢红白喜事，基本上都要随个份子，关系不是很近的，就拿个三四十元，关系好点的就是百十块钱，一年下来，在这方面的支出对农村人来说也不小了，但这是当地长久以来形成的习俗，所以钱在这里是省不下来的。其他的交通费一年是800元，通信费600元。

表11－7　　**2008年王莫家庭支出情况表**　　单位：元

总支出	生产性	衣服	食品	看病	教育	娱乐	红白喜事	交通	通信	住房
5600	2000	300	800	100	0	0	1000	800	600	0

今年6月份有一个福建的老板来投资建了一个木材加工厂，因为王莫曾经当过3年的副村长，他与来投资建厂的福建老板早些年就认识了，老板或许是看中了他的管理才能，所以请他去抛光场当了个工头，每月开1000块钱的工资，他也算是在退休后又迎来了自己事业的第二春。他的大女儿以前在都匀市里的木化石加工厂做木材加工的活，今年有了这家厂，父亲又是工头，所以就来到了村里的这家新厂做，王莫的家离他工作的地方很近，王莫的儿子叶吞带着我们去厂里找他父亲和姐姐的时候，我们走路只用了5分钟的时间。离家近，做什么事都很方便。王莫告诉我们，木材加工厂所在的这块地是他们家的土地，22年前，他把这块地租给了工厂的老板，租期是30年，那时候才得了6000块钱。现在租期还有8年就要到期了，他说等期限到了他就不会再租出去了，他要把地留给自己的儿子。

王莫的女儿在厂里干的是技术活，一个月发500元的工资，但是每天却要工作很长的时间。由于木材加工的工作会吸入大量灰尘，对人的身体有害，所以王莫一直都很担心女儿的身体，而且他深知这个工作的辛苦，所以很心疼女儿，不愿意让她这么劳累，他也一直劝女儿不要再做这份工了，并且愿意出钱给她开一个服装店，让女儿可以做点服装买卖，可是女儿自己却不愿意，她对父亲说现在的工作是她的兴趣爱好，她就喜欢做这个，谁也拦不住。况且她做木材加工的技术活已经有些时候了，在技术方面也已经到了很高的水平，她并不愿意轻易放弃。既然是女儿心甘情愿做的，王莫也就无话可说了，但他总是不忘给女儿做点好吃的，给她加强营养。真是可怜天下父母心啊！我们也深深感动于他对女儿的爱。

（四）打工、种植户——李建国家

李建国，男，47岁，水族，小学文化水平。李建国一家有4口人，自己和妻子外，还有2个儿子，大儿子李军，22岁，初中文化水平；小儿子李季，18岁，今年读高二。

当我们来到李建国家，他正在自家门前抽旱烟，前边还有一群小鸡在觅食，我用贵州方言和他交谈，告诉我们此行的目的，他显得比较拘谨，因为之前没遇到过这种事，他以为和电视里边的采访差不多，然后显得很重视，把旱烟灭了，尽管我们笑着说不用，他笑着说怕我们年轻人闻不习惯。当问到他的家人，他告诉我们他妻子到地里干活去了，大儿子是在外打工的，小儿子和同学出去玩了。

李建国家中有3亩田，种2次，一次种夏季稻，一般情况下这些水稻足够家中4口人一年的口粮了；一次种小麦或者是油菜，小麦或是油菜收成晒干后都可以直接拿去卖，用来贴补家用，当然，油菜可以拿去榨油，小麦也可以拿到镇里面去加工成面条，只要付一点加工费就行。家中还有2亩山地，种植玉米，每年大概能收400斤左右的干玉米。家里面另外还喂有一头猪、一匹马。李建国对我们说，喂猪并不是为了赚钱，其实也赚不了多少钱，只是家里边有剩菜剩饭倒掉了很可惜，加上家里边种有玉米和水稻，喂猪也有原料，这样的话，有时候过年可以杀年猪，或者直接卖给村里的屠户换钱也行。而喂马，则是为了农活干起来方便些，有时候去山上割草还有庄稼收成的时候都用得上，他说的时候显得很高兴，似乎为自己的精打细算感到满意，我们也从他憨厚的笑容中明显感受到一个普通农民的朴实。

在和我们谈话的时候，李建国突然咳嗽了好一阵，好像呼吸都有点困难，他从口袋里拿出一瓶药，吃了几粒，过了一会儿才渐渐平复过来。他苦笑着对我们说，年纪大了点身体就不行了，他前几年被查出患上了肺气肿，一直都没治好，他又舍不得花钱去住院，挺贵的，农村人住不起，而中药、西药尝试了不少，不过就是效果不大，医生说这种病很顽固，很难治好，他也就这样挺着。他又说自己妻子身体也不好，有轻微风湿性关节炎，天气不好的话就会发病。两人身体都不好，家里边的支出还得包括一些医药费，今年还好一些，有了农村医保，去医院看病的话政府会报销一部分。说起家中的其他经济收入，他说前几年他还去深圳打了几年工，不过因为身体不好，加上家里边的农活很多，妻子一个人在家也忙不过来，他就在家和妻子专心干起农活，大儿子初中毕业后没考上高中，加上家里边也没钱，初中毕业后就一直在家帮着干农活，放马、割草、砍柴什么的，在17岁的时候就开始和村里边差不多大的小伙子外出打工，基本上过年的时候才回来一次。今年是在浙江那边的工厂打工，好像在里边是做电视配件的，包吃住，每个月1100块钱左右，每个月大儿子会寄三四百块钱回家，过年也会带点钱回来。李建国对我们说，好在儿子都长大了，大儿子也能挣钱，不然真不知道怎么才能过下去。小儿子是刚刚高考结束，在班里的成绩一般，录取结果还没出来。而李建国平时农闲的时候，则会在本村或者邻村帮别人干点小活，打点小工，比如帮人家砌房子什么的，以此来贴补些家用。

下面是李建国一家2008年支出和收入的情况：

表11－8　　**2008年李建国家庭支出情况表**　　单位：元

总支出	生产性	衣服	食品	看病	教育	娱乐	红白喜事	交通	通信	住房
7900	2500	500	400	1000	2500	0	700	200	100	0

表11－9　　**2008年李建国家庭收入来源情况表**　　单位：元

职业	收入	职业	收入
从事种植业	3500	外出打工	4000
从事渔业	0	本乡镇就业工资	0
家庭手工业	0	出租生产工具	0
从事畜牧业	300	政府补贴和社会救济金	370
从事旅游业	0	出租林地、耕地、房屋等	0
从事养殖业	0	其他经营性收入	0

我们在外边看了下李建国家的房屋结构，这是一间瓦房，一层，木屋结构，显得有些破旧了。猪圈是在院子里搭建的一间小屋，我们可以看到一头猪和一头牛被关在里边。院坝很小，没铺上水泥，就是泥地，如果下起雨来应该会变得比较泥泞，不过倒是被打扫得很干净。院子里还立着一大捆柴，

应该是就着晴天在外边晒干。木屋的窗户是玻璃的，不过光线不是很好，从外边看进去感觉有点黑。经过允许，我们到他们的房里看了看，厨房很小，一个灶就占据了很大面积，里边堆着一些玉米棒子，玉米粒还没弄下来，应该是还没晒干。家里边倒是铺上了水泥，李建国笑着对我们说，这是前年大儿子打工回来才有钱修的，等攒钱再多一点的时候，他要考虑把院子给弄一下，不然不太方便。屋子被收拾得很干净，客厅摆着一台大概 19 寸的彩电，看起来很新，李建国说这电视是不久前换的，因为家电下乡，政府补贴 13%，所以这台电视也就 500 多块钱。除了电视，客厅里就一台看起来很旧的风扇、一张桌子以及几个椅子，算是比较简陋的，看起来也比较简约，墙壁上满满地贴着报纸，看起来比较清爽。院子正门的那间屋子还比较大，里边供着一个神龛，在农村很普遍的那种，其余的屋子就是卧室了。屋里光线不好，有时候找东西需要开灯什么的才看得见。当我们问起家里有没有电话，李建国说家里没装电话，村子里边有电话的人家也不多，一般都是到村里边村长家开的小卖部打电话，大儿子在外边打工倒是买了部手机，有时候打电话回家就是打到小卖部，然后家里人过去接，家里边有事打他手机也还算比较方便。

提起两个孩子，李建国还算是满意，他说两个孩子都很懂事，干起活来也很勤快，不会偷懒。大儿子初中毕业的时候，家里比现在困难，因为是供两个孩子上学，两个大人忙农活也忙不过来，当时大儿子没考上高中，也就没让他再读了，计划让他在家里帮着干几年农活，然后和村里绝大多数同龄人一样外出打工，挣钱给家里，同时也能供他弟弟继续念书。几年来，大儿子在外打工，基本上每个月都会寄钱回家，在外边也没有沾染到什么坏习气，兄弟俩感情很好，每次过年大儿子回来，家里总会很热闹，兄弟俩似乎会有说不完的话。李建国告诉我们，如果条件允许，当时就算再累也会让大儿子继续读书，他说自己这辈子是没什么太大的指望了，唯一的希望就是两个儿子，他希望两个孩子今后能够过得好，最起码不用像他整日面朝黄土背朝天，望天吃饭。小儿子今年高二，也是家里主要的希望。他希望李季能够考上大学，虽然读大学要很大一笔费用，但现在贫困大学生可以申请助学贷款，他们一家再苦再累也要尽量把小儿子供出来。他和妻子都是小学文化程度，虽然会算账，但识字不多，在他们看来，读书能够让人知道很多东西，大学生在他们看来就像是古代的秀才一样，可以光宗耀祖的，最重要的是，他们不希望孩子像自己一样，一辈子窝在山里头。

说起以后的想法，李建国希望小儿子能够考上一所好的大学，然后能够好好学习，争取毕业能够留在城里；而如果有钱的话，他想把房子修一修，或者说砌一个新房子，毕竟房子很旧了，有时候雨大的时候会漏雨。而作为一家之主，他要操心的事情还有很多，一家的生计、小儿子的前程、大儿子也快到娶媳妇的年纪……再想到自己和妻子身体都不好，他不觉叹了一口气，然后不知怎么又咳嗽了起来……

（五）打工、种植户——吴尼腊家

吴尼腊，男，26岁，水族，无宗教信仰，初中文化水平，未婚。父亲吴帅恩，水族，已经年过花甲了，小学文化；母亲名叫蒙安，55岁，水族，无宗教信仰，小学文化水平；他家有兄弟三个，他是家里的老大，二弟结婚后已经自立门户。现在他跟父母，还有最小的弟弟吴叶吞和弟媳李丽一家五口生活在一起。

吴尼腊家的房子已经盖了20多年了，以前是竹篾房，前几年经济宽裕点了，就又盖了间砖瓦房，总建筑面积大约有90平方米。家里的院子不大，院子里有一个厕所。他家的耐用消费品（见表11－10）有一台电视机、一台影碟机、一套组合音响、一部手机，还有两辆摩托车，他和弟弟叶吞一人一辆。

表11－10　**2008年吴尼腊家庭耐用消费品情况表**　单位：个

项目	个数	项目	个数
电视	1	农用车（拖拉机）	0
电冰箱	0	卡车	0
洗衣机	0	小轿车	0
照相机	0	电话	0
影碟机	1	组合音响	1
电动车	0	手机	1
摩托车	2	自行车	0

吴尼腊家有5亩水田用来种水稻，还有30多亩旱地，现在种植的作物有水稻和九阡李，水稻是家里一直都在种的，200多棵九阡李树是吴尼腊今年才

种上的。家里现在还养了两头猪，这两头猪是国家扶贫村里给的。家里没有饲养牛和鸡鸭等。有时候在地里干活需要用牛，可是自己家里又没有，就只能借别人家的牛来犁地，吴尼腊告诉我们，用牛把自己家的5亩田犁完以后，通常给人400斤谷子作为借牛的费用，核算成人民币大概是100多元。

在他家房子外面的墙上，我们还注意到了一个“十星级文明户”的牌子，上面写着：五爱星、法纪星、致富星、团结星、计生星、无毒星、新风星、卫生星、科技星、文教星。可见这个家庭在水各村是一个模范家庭。

通过了解得知，三都县“十星级文明户”评选活动始于2002年，评选的主要内容为：在农村开展精神文明建设，提倡科学文明，反对封建迷信；提倡健康有益的文化活动，反对聚众赌博和其他社会丑恶现象；农户的家庭经济发展、文化素质、遵纪守法、计划生育、环境面貌、科技示范等。对评选出来的农户授星挂牌，实行动态管理，年年考核评选，对目标成绩不断进步的农户晋级添星，对出现退步的农户降级取星，对农户出现的突发性违纪违法事件随时发现随时摘牌降星，以此强化农户自我教育、自我管理、自我约束、自我提高的意识。如今，文明户门楣上挂的星星的多少，正成为农村青年找对象的一个主要参考内容。村民们对每一次的上星挂牌仪式都十分重视，都要举行庆祝活动。现在有一部分农户的门楣上已经挂起了“星级文明牌”，其中最多的就是10颗星。

回忆起以前，吴尼腊有很多的感慨，他告诉我们，家里的砖瓦房是他初中毕业后在外面打工挣了点钱才盖的，以前他家生活过得挺困难的，家里弟兄又多，两个弟弟都在读书，村里家家户户都是靠天靠地吃饭，又没有其他的收入来源，自己没有什么本事，文化又不高，只能干体力活。初中毕业后他曾在都匀市打过工，做的是送饮用水的工作，每月有600元的基本工资，但是大家都知道送水的工作是纯体力活，很辛苦，跑得多就挣得多，吴尼腊说有时候送一桶水才挣5分钱，为了多挣点钱，那时候他没日没夜地送水，一个月下来能有1000多元的收入。这样的日子过了半年，因为家里的父母身体不好，弟弟当时还在上初中，地里的活没人干，他就只好又回到了村里务农。弟弟吴叶吞现在水各村下寨的一家木材加工厂打工，已经做了两年了，每月工资是1005元，吴尼腊说弟弟做的是技术活，具体干什么他也不是很清楚，但待遇相对来说还是很不错的。弟妹李丽本来在家务农的，从今年开始在都匀市的农贸市场租了一个固定的摊位卖菜，现在一周才回家一次。目前地里的农活主要都靠吴尼腊一个人干。吴尼腊的父母年龄都大了，而且父亲还患有高血压，身体不好，无法长期在地里干农活，他父亲现在享有低保，村里每个月给他发 50 元钱，目前家里的主要收入来源就是靠种地和打工（2008 年家庭收入来源情况见表 11－11）。

表 11－11　　**2008 年吴尼腊家庭收入来源情况表**　　单位：元

职业	收入	职业	收入
从事种植业	3000	本乡镇就业工资	0
从事渔业	0	外出打工	12060
从事家庭手工业	0	从事运输业	0
从事畜牧业	0	政府补贴和社会救济	960
从事养殖业	0	出租草场、耕地、房屋等	0
从事旅游业	0	其他经营收入	0

吴尼腊闲暇的时候喜欢看电视，找同村的朋友聊天、打扑克之类的，偶尔骑着摩托车到三都县里走走转转，也很方便。说起电视，他最喜欢看的就是中央 7 套的农业频道，他说从那里可以学到很多东西，可以了解国家推行了哪些好的对农民有好处的惠农政策，也能学习一些种植方面的技术，对他还是很有帮助的。

在与吴尼腊的交谈中，我们都感到他是一个非常有责任心的人，孝顺父母，疼爱弟弟，而且勤劳、踏实、肯干、乐观。可能因为他是家中的老大，所以就自然而然地把家庭的重担都承担了下来，以至于把自己的终身大事都耽搁了。而在问起他以后的打算时，他告诉我们自己还很年轻，虽然还想出去打工挣钱，可家里的活实在太多，弟弟和弟妹也都有工作，所以他现在就只想好好地管理橡胶，学好技术，再多种些九阡李，多挣些钱。

（六）勤劳致富的种植、打工户——吴兴松家

吴兴松和妻子善于学习新技术，多年来积累了丰富的种植经验，他们是水各村有名的种养植能手，承包大面积的田地后，他们家的种植业已形成规模，一家人的收入稳定增长，日子过得越来越好。

吴兴松，45 岁，水族，初中文化水平，一家人都是水族，两个儿子均在广东打工。在 7 月份，吴兴松忙碌于农活，主要是给水稻杀虫、除草，还有打理其他的农作物。我们遇见他的那天在下雨，他也没有闲着，正在村头的打米机房打米，他背过来 100 斤稻谷，这够家里吃上近一个月。下大雨没法干活，他要等到天色好了再下地干活。吴兴松一家住在面积约为 240 平方米的传统木瓦房子里，取暖、做饭都是用火炕烧柴，有时用电做饭，饮用水是自来水，家里的耐用消费品有：电视 2 台、电冰箱 2 台、洗衣机 1 台、影碟机 1 个，还有电话 1 部。

表 11 - 12　**2007 年吴兴松家庭收入来源情况表**　单位：元

职业	收入	职业	收入
从事种植业	9000	本乡镇就业工资	0
从事渔业	1000	外出打工	20000
从事家庭手工业	1000	从事运输业	0
从事畜牧业	200	政府补贴和社会救济	0
从事养殖业	800	出租草场、耕地、房屋等	0
从事旅游业	4000	其他经营收入	0

吴兴松家共种田地 13 亩，在村里算是承包田地比较多的，除了水稻，还种植玉米、麦子、红薯、棉花、烟叶，水稻有 3 亩，玉米也有差不多 3 亩，麦子、红薯、棉花、烟叶各有 1 亩左右，剩下的基本上都种蔬菜。由于种植面积比较广，2007 年种植收入加起来差不多有 9000 元。

2007 年，吴兴松家养有 10 头小猪。10 头小猪共价值 3000 多块，今年猪肉价高，等小猪长大，杀猪过后卖出了好价钱，较以前赚得多一些。现在他还是要继续养，因为他觉得他养猪成本小，给猪喂猪草、土豆、红薯，还有玉米，只喂较少饲料。只是饲料喂得少的话，就要辛苦些，因为要准备那么多猪食。2007 年，他家养了 50 只鸡，在水各村种地的人家基本上都有牛，他家养了两头牛，耕田耕土用牛很方便，村民养牛不是卖的，用牛来耕田，牛老了耕不动了才卖牛。另外他家有一匹马，搞了一个马拉车，用来运柴运粮食，给他们的生产、生活帮了大忙。

表 11－13　**2007 年吴兴松家庭生产作物、牲畜、家禽的情况表**　单位：亩、元

种类	亩数	折价	种类	亩数	折价	种类	个数	折价
玉米	3	2000	瓜果	0	0	羊	0	0
麦类	1	380	花草	0	0	牛	2	5000
薯类	1	300	烟叶	1	1100	马	1	2000
棉花	1	600	油料	0	0	驴	0	0
蔬菜	2	650	糖茶	0	0	猪	10	3000
水稻	3	3000	桑麻	0	0	鸡	50	1500
大豆	1	500	药材	0	0			

近年来水各村的旅游搞得红红火火，几乎家家户户搞旅游接待。吴兴松兴奋地告诉我们，多年以前没有什么人来村里旅游，那个时候没时兴搞这个，想都想不到啊，现在来村里的人多得不得了，大家非常欢迎客人来村里玩，到家里做客。水各村以其水族特色民俗和农家淳朴风情吸引了越来越多的人来旅游，2007 年仅旅游接待，吴兴松家收入 4000 多元。他和妻子表示今后会积极抓住机会，在村里的旅游协会好好干，接待更多客人。

吴兴松在家经营项目广、收入来源多。鱼在水族文化中占有重要的地位，水族群众十分喜爱吃鱼。吴兴松家的水田和家附近的小池塘都被用来养鱼，2007 年养鱼的纯收入为 1000 元。

吴兴松的妻子精通水族传统手工工艺，她在忙完农活之余就织布、缝马尾绣，卖给游客或者到集市上去卖，另外编背篓、竹筐卖，收入也很可观。

吴兴松的大儿子叫吴隆春，小儿子叫吴隆富，都是 20 出头的小伙子，现在广东打工。吴兴松对两个儿子很满意，认为两个儿子非常懂事，有能力靠自己养活自己，还经常给父母寄钱回来。

2007 年，吴兴松的家庭总收入为 36000 元左右，他估计能比 2006 年多收入 3000 元。他认为制约自家农副业收入增长的主要原因一个是自然灾害及自然条件差；一个是文化水平低；另外是缺少劳动力和资金。

表 11－14　**2007 年吴兴松家庭支出情况表**　单位：元

总支出	生产性支出	衣服	食品	看病	教育	娱乐	红白喜事	交通	通信	住房
23800	7600	3000	5000	2000	0	2000	0	3000	1200	0

2007 年，吴兴松的家庭总支出为 23800 元左右。生产性支出为 7600 元，占总支出的 32%；生活性支出为 16200 元，占总支出的 68%。

除了打工的收入外，吴兴松家靠种植业能取得相当不错的收入，是与当地政府和农技部门积极推广农业新品种、新技术分不开的。村里的远程教育学习培训中心在县里和镇里专业农技人员的指导下，已经集中组织多次培训，吴兴松每次都参加，并多次观看了科普节目，他说这样的培训通俗易懂，效果很好，学到不少技术和知识，观看节目后通常还会与其他人交流心得和技术。这肯定能对吴兴松这样的种植大户起到增加收入的作用。

干完农活后的闲暇时间，吴兴松喜欢和妻子看电视、到村里闲逛、和大家一起聊天。谈到村里的变化，他认为村里的变化非常明显，公路四通八达，旅游搞得红红火火，自家也跟着搞旅游，在种植之外可以说是锦上添花。现在家里比以前的日子好多了，有钱用了，一家人向往着今后更加美好的生活。

（七）完全依靠打工户——吴贵伦家

近几年来，农民工作为一个新的阶层频频出现在人们的视线中。原先在家里从事传统农业、种植业的青壮年不再进行“你耕我织”的传统生活，逐渐走出家门，进入城镇，进入各种工厂，从事体力劳动，赚取相应的报酬，以维持生活。由于打工可以赚比从事农业更多的钱，越来越多的农民开始加入打工族这一行列。而我们所调研的贵州省三都水族自治县水各村中的许多青壮年也不例外，他们也加入了这一行列。我们所采访的这位村民，基本上就是完全依靠打工来维持家庭日常生活的。

吴贵伦今年 35 岁，水族，小学文化。他和妻子育有 2 个儿子和 1 个女儿，3 个孩子都在上学。最大的上初一；剩下的 2 个，1 个念五年级；1 个念二年级。家里还有母亲和他们生活在一起。他们家的住房已经完全脱离了水族的特色，不再是用木头搭建的寨子，而是我们平常所见到的用混凝土砌成的平房，80 多平方米。两边有两个小房间做卧室，中间的做客厅，虽不大，却紧凑整洁，6 口人住里面也其乐融融。家里的家具也较齐全，电视、电冰箱、电话、电风扇、电磁炉（耐用品消费情况见表 11 - 15）。目前家里还有 2 亩田和 3 亩地，可是他已经不把重点放在田地上了，地里种些水稻、玉米，还有当地的特色——九阡李。平时自己和妻子也顾不上照看地，主要是靠老母亲照顾。吴贵伦和妻子现在都在当地的一家工厂打工。这是一家由外地人投资的木材厂，该工厂坐落在距离水各村不远的公路边，他和妻子上班也不用骑自行车，都是步行去，因为他们家就在公路边，距工厂很近，有一里地远，家里唯一的自行车也都是给孩子上学骑的。家里的收入主要就是靠夫妻俩打工，两人一年能挣个一两万，此外种玉米也能卖些钱，但也不多，够平时买些油、盐而已。家里的收入主要还是夫妻俩打工而得。

表 11－15　　**2007 年吴贵伦家庭耐用消费品情况表**　　单位：个

项目	个数	项目	个数
电视机	1	农用车	0
电磁炉	1	卡车	0
洗衣机	0	小轿车	0
电风扇	1	电话	1
影碟机	0	组合音响	0
电冰箱	1	手机	0
摩托车	0	自行车	1

2007 年，吴贵伦家收入为 19000 元，其中，夫妻俩打工收入 18000 元，丈夫一个月在工厂能拿 800 元左右，妻子拿 700 元，卖玉米 1000 元。这些收入在他们当地还算可以，属于中等收入。吴贵伦说，他和妻子没打工前，根本挣不了现在这么多钱，每天辛辛苦苦下地干活，买种子、买化肥、播种、收割，可到头来还是落不了多少。“就那么几亩地，就让母亲照顾得了，农忙时我们再帮帮手就行了，要寻找其他出路挣钱。”我们采访时，他无奈地说。2000 年，他们现在所在的这家工厂落成，招募人员，当时村里也号召大家打工，因此，吴贵伦也和村里的许多年轻人一样，成为该工厂的一名工人。刚进去时，工资还没有现在这么高，每个月也就拿 500 左右。渐渐地随着生活水平的提高以及工厂效益的逐渐转好，工人们的工资有了提升。他的工资也由原来的 500 元一个月涨到了 800 元一个月。后来，该工厂也招收女工，吴贵伦想到了自己的妻子。她在家里平时也没有什么事干，种种地、做做刺绣、织织布、给孩子做饭，作业她也辅导不了，这样闲着在家，还不如让她也出

来挣钱。“有孩子的奶奶在，可以给孩子做饭，地里的活她也能干，虽然50多岁了，可身体还是很健壮的。”他挺高兴地说起自己的母亲。当他把这想法给母亲说时，母亲一口答应了，鼓励他们夫妻俩去打工，这样家里的收入也会多些。虽说能够增加收入，可是这样的打工生活也是很辛苦的。每天6点吴贵伦和妻子就得起床，吃点早点，就匆匆步行去工厂了。叫醒孩子的任务就交给母亲了，他们根本没有时间管。工厂7点开工，不能迟到，迟到了要扣工资，夫妻俩可不想在这方面把钱丢掉。他们步行20分钟左右就到了。从早上工作到中午12点，厂里管午饭，2点继续开工，工作到下午7点，夫妻俩匆匆赶回家。多亏母亲在家，帮他们把晚饭已经准备好了，夫妻俩吃完饭，收拾收拾，看看孩子，也就晚上10点多了，该睡觉了。一天下来，累得很，躺在床上，瞬间就睡着了。这样，他们夫妻俩就一直在这家工厂工作，虽说累，两人一年下来的收入也够了目前家里的花销，也跨入了中等收入家庭行列。

虽说他们家的收入在当地也算中上等，可是说起花销，吴贵伦也是一脸的无奈。光3个孩子上学就是最大的支出。大孩子念初一，在镇里念，离家比较远，就住在学校里，每个月生活费就得给几百元，再加上住宿费、交通费、书费、学费，这一年下来也得2000块钱；老二和老三还在念小学，就住在家里，倒也省了费用，但每年每人也得1000块钱。平时，孩子的学习用具也得花钱，本子、笔这些都是必不可少的。孩子还算懂事，平时也很少吃零食，但是作为父母的，就算自己再辛苦，也想让孩子生活得好些，偶尔还给孩子买买零食吃，给他们解解馋。我们采访他时，正值暑假，没多久孩子们就快开学了。每到新的学期，就得给孩子买新衣服、新鞋子穿，好让他们能以新的面貌进入新的学习。3个孩子，每人每年2套新衣服，一年6套衣服、6双鞋，而且他也愿意给孩子买较好的衣服和鞋，不想亏待了孩子。这一年下来穿着上也就得花将近1000块钱。现在孩子还小，都在自己家附近上学，教育方面花得还不算多，等孩子大了，上了高中，这花费就更多了。除此之外，交通费用也是一大笔花销。他每年得去好几趟城里，买种子、化肥以及其他一些生活用品。因为水各村距离县城比较远，而且路也不好，所以，去一趟县城，来回车费就得一两百块钱，一年下来得1000块钱左右。这两笔较大的却又不可削减的支出就花去了夫妻两人工资的一半多。平时，寨子里有人家有红白喜事、生个孩子、逢年过节的，也得去祝贺祝贺，虽说不用买太多东西，但也不能空着手去，总的下来，每年在这方面能花个五六百块钱。现在母亲身体还很健康，基本上没有什么病，在家里还帮着养头牛，孩子也很健康，自己和妻子的身体就更不用提了，说起健康这方面，吴贵伦脸上尽是骄傲的神色，因为他们家2007年在健康医疗上只花了9块钱，这不能不说是一项很大的节约。可是，生病这事谁也说不准，虽说现在看起来健健康康的，说不定哪天突然生病了，这期间的花销可也是说不准的。2000年，就在吴贵伦刚进工厂开始工作的时候，第二个孩子晚上突然发高烧，赶紧先送到村里的诊所，幸好，还没有什么大事，吃了些药就好多了。吴贵伦说起这事时还有点后怕，幸好当时病也不重，万一当时是什么紧急的大病，村里又看不来了，那还不得赶紧送到县里，但是家里距县城又很远，路又不好，深更半夜的也没什么车去县里，别说花多少钱，这要是耽搁了孩子的病，那可真不敢想象。母亲现在身体很健康，没有什么大病，可是再过几年，再好的身体也会撑不下去的，而且母亲年龄也越来越大，她老人家的健康是不容忽视的问题。现在，夫妻俩就得在健康医疗方面攒攒钱，以防后面指不定谁会生病。不过，令吴贵伦感到欣慰的是，2007年他们家参加了国家实施的新型合作医疗制度，这给农民看病提供了很大的方便。问起他们夫妻俩现在从打工开始攒了多少钱，他也不隐瞒，很爽快地说："整整5000块，这就是我们的全部家当！"虽说打工也能挣不少，可是也花不少，没打工之前，还欠别人家好多钱，把钱还完之后就没落下多少了。2005年，他们家新盖了房子，花了17000元，把夫妻俩一年的劳动全花光了。这一下就没了多少钱了。现在，夫妻俩得拼命攒钱，孩子越来越大了，上学要花很多钱，母亲也一天天渐渐老下去，上有老，下有小，家里除了自己和妻子打工，再也没有什么收入了，自己和妻子的责任重大，得好好规划一下未来了。

的确，在我国广大的农村，还有许多像吴贵伦这样的家庭，他们几乎完全脱离了农业生活，仅仅靠丈夫或夫妻俩外出打工来赚取维持家庭的费用。这样的打工生活也存在很多的风险与隐患，拖欠农民工工资、农民工权益受到侵害却无法申诉等。如何保障他们的权益，使他们真正能够靠打工改善自己的生活，这是我们国家一直关心并要解决的问题。希望吴贵伦家的生活能够越来越好！

十二、村中困难户

（一）村中贫困户——吴春照家

走进这个家，就会发现吴春照来自一个贫困的家庭，没有任何家用电器的房间，即便是在人均收入很低的水各村，也是很少见的。吴春照稍显木讷的性格并没有阻碍我们的调查，而他的朴实带给了我们更多亲切，那是我们祖祖辈辈身上都有的不灭的印记。

吴春照，男，水族，1963 年出生，不识字，无宗教信仰。家里有 5 口人，4 个大人都不会写字，于是调查表格由略显兴奋的吴春照的女儿来完成。

因为不识字的问题，让吴春照有些拘谨，在他看来会识字的人都是有本事的人，在对他随后的调查中，也显示出了他对知识的渴望，并且认为家庭的低收入，也是跟文化程度低有关。那么先让我们来了解他家的收入情况：2007 年，吴春照一家收入 5000 元，这 5000 元中，种有 3 亩地的玉米、3 亩地的水稻（见表 12－1、表 12－2），毫无其他经济收入来源。

表 12－1　**2007 年吴春照全家收入来源情况表**　单位：元

职业	收入	职业	收入
从事种植业	5000	本乡镇就业工资	0
从事渔业	0	外出打工	0
家庭手工业	0	从事运输业	0
从事畜牧业	0	政府补贴和社会救济	0
从事养殖业	0	出租草场、耕地、房屋等	0
从事旅游业	0	其他经营收入	0

表 12－2　　2007 年吴春照家庭农作物、牲畜、家禽情况表　　单位：亩、元

种类	亩数	折价	种类	亩数	折价	种类	个数	折价
玉米	3	2000	瓜果	0	0	羊	0	0
麦类	0	0	花草	0	0	牛	6	8000
薯类	0	0	烟草	0	0	马	1	2000
棉花	1	100	油料	1	500	驴	0	0
蔬菜	0	0	糖类	0	0	猪	0	0
水稻	0	0	桑麻	0	0	禽类	20	400
大豆	1	200	药材	0	0			

5000 元，这自然是一个极低的数字，相较于村子的其他家庭，吴春照家少了外出打工这一项收入，这是由于家庭成员或年迈或病弱，或者还在上学，所以全家的重担就压在这 6 亩庄稼地上，且不说收成好坏跟当年气候等有很大的关联，单单只是年景好的时候，这 5000 元钱的收入，也实在是不足以维持一个五口之家的生计。

表 12－3　　2007 年吴春照家庭支出情况表　　单位：元

总支出	生产性支出	衣服	食品	看病	教育	娱乐	红白喜事	交通	通信	住房
6700	1500	600	400	1200	500	1000	500	1000	0	0

从表 2 中可以清楚地看到，吴春照家 2007 年已经产生“财政赤字”了。当然，入不敷出的情况或许不是年年都有，但是这样的收入确实不足以支撑起太高的消费。另外我们从表中可以分析出吴春照家 2007 年度支出的几大类，其中生产性支出占了最大的比例，这是为了能够获得更多的收入且不去论，占支出第二大比例的就是看病支出，共花费了 1200 元，即便是加入了新型合作医疗，也还是占了家庭支出太大的比例，可见在这样一个家庭，若是有人病重，根本无力承担高额的医疗费用。按吴春照的说法，家里有人得病，往往也是不买药，直接能扛过去就算，或者熬点简单的草药，不然单单只是药费，每年下来也不会是 1200 元这么简单。

在这样一种收支情况下，是不可能有资金进行扩大生产的，吴春照家没有拖拉机、三轮车等农用器械，连牛车、马驴车也没有，6 亩的田地只靠人力

来完成，没有办法提高生产效率，人一生病，就往往耽误农活，这本就是一个恶性循环，但是可悲的是我们却无能为力，同样，当地的政府也没有更多的能力来帮助很多像吴春照这样贫困的家庭，3 年来，吴春照家接受政府、社会补贴救济金（包括低保金）只有简单的 30 千克大米和 78 元钱。

贫困让这个家庭不得不减缩所有不需要的生活支出，家里的房子完全是木质结构，5 口人挤在 50 平方米的房间内，湿冷的冬天取暖也只是靠火炕，平时喝的是河水，做饭是用木柴，没有任何家用电器。或许会有一些不知疾苦的人对这种原生态的生活满是向往，但是水各村的村民不能成为那些打着保护原生态旗帜而限制他们发展的牺牲品，每个人都有过上好日子的权利。

作为吴春照家的支撑，吴春照对脱贫的愿望更为迫切，在选填难以脱贫的主要原因时，吴春照豪不犹豫地在疾病、劳动力少、文化水平低上打了钩。很显然家庭成员的病弱，让吴春照面对 6 亩的庄稼有些力不从心，在他看来这是家庭贫困的主要原因，要是每个人都健康，不只可以省去大量的医药费，还可以有人来帮他收拾田地，农闲时还能做点别的，甚至他弟弟还可以去城里打工，“来钱快”，这是吴春照一直羡慕别的家庭的方面。选最后一项文化水平低，是寄希望于下一代能够改变这种状况，这也是他挤出 500 元钱作为教育费用的初衷。

贫困的生活让吴春照对自己的生活非常不满意，在选填闲暇时间主要做什么的时候，他面对那些看电视、看书、上网等选项有些不知所措，我也有些尴尬，前面的一项项略过，最后按照他的说法在其他这一栏上，我替他写下了务工两个字，心里一阵悲哀。吴春照不满意也体现在对自己周围的总体环境上的不满，在回答“感觉村庄整体自然和人文环境如何”时，他毅然决然地选了较差，同时表示愿意为村庄发展出谋划策，可见想要改变自己和水各村现状的愿望是迫切的。

最后想说，水各村的原生态需要保护，但是不能以牺牲村民的发展利益为代价，每个人都有生活美好的权利。

（二）村中五保户——吴勒叶老人家

吴勒叶，女，水族，1949 年出生于水各村，现年 60 岁，从未念过书，系本地原著民。15 岁时的吴勒叶就已结婚，婚后与丈夫生有一子，孩子出生后不到一个月（27天）就不幸夭折了，从此吴勒叶再不会生育。因当时的生活条件艰难，村子缺乏基本的医疗服务和保障，吴勒叶老人的丈夫在40岁时患胃病逝世。从此，原本还有一个心理依靠的吴勒叶老人便开始过着孤独而艰苦的生活。

根据1983年的土地分配政策，水各村按照每户家庭的人口数量划拨土地，吴勒叶应当分到5亩水田。但之后由于丈夫过世，家里没有多余的劳动力，吴勒叶只留下2亩种稻谷，自给自足，刚够一个人的口粮。尽管老人不识字，汉语也说得不太流利，但她能听懂我们的语言。老人对人十分友善，侄子蒙都一家常常都会来帮助她种地，质朴而富有同情心的同村寨邻们在农忙耕种时也会来帮助她打理农务。

按照三都县的福利保障政策规定的标准，吴勒叶每月可以领到40元低保金。考虑到老人的困难，村民小组在申报上海对口帮扶资金时，运用安居工程的项目款为村里的孤寡老人盖了三间60平方米的平房。2007年春，吴勒叶老人搬入新居，侄子蒙都为她购置了一台电视机，让老人可以休闲娱乐一下，也可接收外界的信息。吴勒叶老人笑着说蒙都教过了，但她还是不记得如何使用。由住在草房移居到砖瓦房，吴勒叶对党的政策十分感激，言语间透露着水族老人的和善与知足。

不幸的吴勒叶老人拥有着坚韧的生活品质，她并没有安于享受政府的福利政策而丢掉勤劳自立的精神。除此之外，一些日常用品老人都是自己手工制作。吴勒叶老人自己手工编织了自家的草席，还饲养了8只肉鸡和10只小鸡。由于孤独一人，年事又高，劳动力严重缺乏，老人没有养殖猪、牛等大些的牲畜，所以生火做饭无法使用沼气，只能靠烧柴取火。

表12－4　**2008年吴勒叶家庭收入来源情况表**　单位：元

职业	收入	职业	收入
从事种植业	0	本乡镇就业工资	0
从事渔业	0	外出打工	0
从事家庭手工业	0	从事运输业	0
从事畜牧业	0	政府补贴和社会救济	480
从事养殖业	0	出租草场、耕地、房屋等	0
从事旅游业	0	其他经营收入	150

吴勒叶老人平时节约勤俭，但只要村里寨邻办红白喜事有邀做客时，老人也会送上礼金略表心意。吴勒叶老人在村里是最年长的几个老人之一，由于她的虔诚和受尊重，公房的钥匙都由她保管。谈到水族的传统习俗时，吴勒叶老人非常热情，立刻起身去取出了自己的水族服装让我们欣赏，接着还到隔壁的邻居家借来年轻款的水族服装给我们试穿，好奇欣喜之余我们了解到水族老年人和年轻人的服饰略有区别，主要体现女装上衣的披肩小衫和帽子的设计和装饰上：中老年的为显成熟沉稳裹巾状头帽，而年轻女装上绣满了小花，帽檐吊有长长的流苏，其上同样绣满了小花。

表 12－5　　**2008 年吴勒叶家庭支出情况表**　　单位：元

总支出	生产性支出	衣服	食品	看病	教育	娱乐	红白喜事	交通	通信	住房
760	0	0	700	0	0	0	60	0	0	0

问及现在存在的困难和对将来的希望时，吴勒叶老人谈起对福利补贴不足的担忧。她说现在自己还有些气力能够参加劳作，再过两三年可能就没有多少劳动能力了，由于没有其他的生活来源，她担心到时仅靠现今的福利补贴不够维持生存。此外，尽管全村已实现农村医疗合作保险，医疗方面的花销仍然不低。2009 年年初，吴勒叶老人到医院检查，查出患有高血压，除了医疗合作保险所补偿部分外，个人支付了 160 多元。老人依照水民族传统医学的药方，自己上山采集一种叫做苦藤的草药回来泡制，每日服用，缓解病情。

知足、慈祥、温和，是吴勒叶老人留给我们最鲜明的印象。尽管生活困难，我们从她的脸上看不出丝毫的抱怨和不快，相反，一切都很温和，都很从容……衷心祝福吴勒叶老人安康！

（三）挽救孩子生命的特困户——吴岩瑞家

在调研过程中，我们听村民说村里有一户人家，孩子得了重病，现在家里正在四处筹钱为孩子治病，出于这个原因，我们来到了吴岩瑞家。然而在吴岩瑞家的访谈才结束了 3 天，当我们在 3 天后又来到水各村的时候，却得到了一个非常不幸的消息，那就是吴岩瑞 3 岁的女儿已经在 2009 年 7 月 18 日的凌晨离开了这个世界。

吴岩瑞，男，26岁，水族，无宗教信仰，初中文化水平。他1.75米的个头，浓眉大眼，人长得很精神。他的妻子叫番海芬，今年23岁，汉族，长得也是眉清目秀。现在家里还有他45岁的父亲和80多岁的奶奶。

他家一直是村里的贫困户，关于如此贫困的原因，我们从村民那里了解到，原来吴岩瑞的父亲很爱喝酒，甚至已经到了酗酒的程度，喝完酒就躺在家里睡觉，放着地里的庄稼也不去管，地里没有收成，生活自然就成了问题，要知道在水各村，种地所得是村民最主要的经济来源。后来他母亲因为受不了父亲酗酒，在他很小的时候就离家出走了，从此再也没有回来过。虽然在来到他家之前我们已经从村民口中得知了一些情况，可当我们真正看到那一幕的时候，还是被眼前的一切震惊了。在他家的简陋的卧室里，我们看到了吴岩瑞的女儿——吴瑞青，一个只有3岁的小女孩，当时她就躺在席子上，浑身从头到脚都已经肿了起来，身体已经严重变形，吴岩瑞的妻子就坐在旁边照料着女儿，不时地在叹气和落泪。在我们开始直到采访，吴岩瑞的奶奶一直坐在院子里，目光呆滞，一句话也没有说过。

吴岩瑞告诉我们，女儿得的是粉碎性骨折。事情是发生在三个月前，女儿爬到家里的摩托车上，结果摩托车的支架没有支稳，就硬生生地倒了下来，砸到了孩子腿上的膝盖骨，事情发生时吴岩瑞夫妻俩并不在家，回到家看到孩子走路一瘸一拐的才询问起来，当时夫妻俩以为只是孩子贪玩，不知道在哪儿摔了一跤，所以也没有很在意，后来女儿的情况出现了变化，整条腿都肿了起来，吴岩瑞夫妇这才着了急，而此时腿肿的程度已经与她弱小的身子很不成比例了，从那天起他们开始带着女儿四处求医，而这时距孩子被砸到时间已经过去两个月了。

他们先是带着女儿去了都匀市的医院检查，但是没有确诊，市医院建议他们带着孩子到更大一点的医院去，于是吴岩瑞又带着女儿去了贵阳市里的医院检查，但医院说来得太晚了，孩子的病情已经发生了感染导致病变，市里的医院对此也是无能为力了。眼看着女儿的病已经拖了两个多月了，夫妻俩心里真是快急死了，在那些日子里，他们去了好多家医院，检查、吃药、看病、住院样样都得花钱，但是由于没有“对症下药”，夫妻俩钱花了一万多元，这在本来就很贫困的吴岩瑞家已经是一笔很大的数目了，可女儿的病却依然不见好转，反而变得越来越严重。本就不富裕的家庭因为孩子生病显得愈加困难了，吴岩瑞家虽然参加了村里的新型农村合作医疗，一般情况下看病能给报大约40%，但是看病时花的钱是要自己先出的，然后才可以去报销。夫妻俩手头里的钱不够给女儿治病的，所以就开始东奔西跑地向亲戚朋友借钱，吴岩瑞为此把家里的7.5亩的合同田（30年）也给租了出去，租期是6年，换来了两万元钱。吴岩瑞说这也是没办法的事情，如果不是家里现在这种境况，谁愿意把田租出去呢？

访谈时吴岩瑞告诉我们，现在家里的东西只要是能卖钱的他全都卖了，加上跟亲戚朋友借的和村里的帮助，现在手头上已经筹到了三万块钱。我们来到他家的时候，吴岩瑞说他们夫妻正准备这两天拿着这笔钱带女儿到省城贵阳去治病。然而他们还没有出发，女儿就……

直到现在我还记得吴岩瑞一脸坚定地对我们说，他就是砸锅卖铁，也要救自己的女儿。的确，儿女就是父母的命根子啊！可是还没等到夫妻俩带孩子去贵阳，可爱的小瑞青就离开了这个美丽的世界，离开了爱她的爸爸妈妈。夫妻俩怎么能不伤心呢？俗话说："男儿有泪不轻弹，只因未到伤心处。"在跟我们提起生病的女儿时，吴岩瑞的表情看起来是那么的忧伤。孩子的妈妈更是抑制不住自己的眼泪，频频地擦拭着眼角的泪水，我们在场的所有人没有一个不为眼前的这一幕所动容。

令人感到欣慰的是，在吴岩瑞家孩子生病这件事上，村里的人表现出了他们的淳朴、善良和这个村子的和睦团结，他们对吴岩瑞家目前的困境也非常地关心和同情，大家也都是有钱的出钱，有力的出力，村里的领导干部也在组织捐些钱物给吴岩瑞家，帮助他们渡过困难，救治孩子。

女儿的离开，带给吴岩瑞和妻子的是无尽的痛苦和深深的自责，他们为失去女儿而伤心，为因自己的无知耽误了对女儿的救治而感到无比的自责。现在女儿走了，夫妻俩生活的一片天也瞬间倒塌了下来，日子似乎也没有了奔头，现在妻子番海芬只要看见女儿的衣物和他们曾经买给女儿的玩具，就泪流不止。但是我们相信夫妻俩都还很年轻，虽然生活给了他们很多磨难和比别人更多的痛苦，但是只要他们坚强、勇敢地面对，伤痛会在时间中平复，生活也将会慢慢好起来的。在这里，我们也衷心地希望他们能够早日走出伤痛，迎接新的生活！

（四）严重缺乏劳动力的贫困户——吴帅月、张雅家

吴帅月一家是村里绝对贫困户的其中之一，其原因主要就是缺乏劳动力。家里面主要劳力几乎只有吴帅月一个人。吴帅月，男，43 岁，水族，无宗教信仰，小学文化。妻子张雅，女，40 岁，水族，无宗教信仰，小学文化。育有一子一女，老大是男孩，吴加文，16 岁，初中文化；老二是女孩，吴加爱，8 岁，念小学二年级，成绩优秀。

吴帅月本是白庙村人，1992 年经朋友介绍到三都打工，路过水各村的时候，认识了张雅，两人一见如故，在相识第二个月就订下终身，结为夫妻。但是婚后的生活并不是一帆风顺的，张雅的爷爷以前分了 30 亩荒地，可是无法种植任何经济作物，还有 4 亩甘蔗、2 亩水稻，但是种出的粮食并不够吃，每年大概还要再买 500 斤粮食。所以夫妻俩平时除了种这些以外基本上要靠砍柴维生。怀老大吴加文的时候，由于条件困难，缺乏营养，致使吴加文现在虽然 16 岁了，可是身高只有 1.4 米左右，比同龄孩子看上去要瘦小很多。有了吴加文以后，家里的负担更重了，在吴加文刚一个月大的时候，张雅并没有像其他产后女人一样在家休息，而是马上参加劳动，靠上山采摘野菜卖钱。由于没有恢复好身体就每天上山干活，张雅从此便落下了手脚发麻的后遗症，导致现在几乎没法干活。

吴加文念到初中毕业，家里实在没能力供他继续读书，所以他选择了外出打工，以贴补家用。可是身单力薄的吴加文在跑了几个工地后，都因干不了重体力活，而被一次又一次地辞退，只好在水各村附近干些轻活，但是这样工资也就很少了，目前也只能保证在一个月 300 元左右。妹妹吴加爱是个很可爱的小女孩，今年 8 岁，在水各村小学读二年级，巧的是，吴加爱正好出生在 1997 年的 7 月 1 日，那个当时令无数中国人激动的日子。张雅自豪地说，吴加爱学习很用功，也很争气，这两年每次考试都得“双百”，家里面也有很多鼓励她学习的获奖证书。可是谈到准备供她读书到什么程度时，张雅很无奈地说，目前还没考虑过这个问题，只能走一步算一步了，将来到底能供吴加爱到几年级还不好说，只能看到时候的经济条件了，不过对此，张雅显得不那么乐观。张雅说，当时为了供吴加文上学，家里把政府分给的两头用于耕地的牛给卖了，直到吴加文初中毕业，在外面干些零活，家里才稍稍宽松一点，不那么紧张了，

所以她觉得读书虽然是一件好事，可对于他们这样的家庭来说，读书不见得是一种最正确的选择。我们问她没想过依靠农村信用贷款来供吴加爱上学吗？张雅表示对这个了解一点，但是不敢借，就算拿到钱，也很担心赚不回，赚了的钱还不够还利息的。这实在让笔者感到在农村很多贫困家庭孩子受教育机会的不易和面对读书与就业时的无奈。

这样，一家的担子几乎全压在吴帅月一人的肩上了，所幸他没有那些村中中年人常见的不良嗜好，平时不喝酒、不赌钱，平时不需要种水稻的时候，就在工地给人做木工，一年大概有3000多元的收入。

表12-6　**2008年吴帅月家庭收入来源情况表**　单位：元

职业	收入	职业	收入
从事种植业	1000	本乡镇就业工资	0
从事渔业	0	外出打工	6000
从事家庭手工业	0	从事运输业	0
从事畜牧业	0	政府补贴和社会救济	150
从事养殖业	1200	出租草场耕地、房屋等	0
从事旅游业	0	其他经营收入	0

表12-7　**2008年吴帅月家庭支出情况表**　单位：元

总支出	生产性支出	衣服	食品	看病	教育	娱乐	红白喜事	交通	通信	住房
10150	400	150	600	8000	300	0	250	100	350	0

表12-8　**2008年吴帅月家庭耐用消费品情况表**　单位：个

项目	个数	项目	个数
电视	1	农用车（拖拉机）	0
电冰箱	0	卡车	0
洗衣机	0	小轿车	0
照相机	0	电话	0
影碟机	0	组合音响	0
电动车	0	手机	2
摩托车	0	自行车	0

第三部分　村民

十三、致富带头人

（一）跑运输奔小康的年轻夫妇——莫万福、张义云

出了水各村的大寨，沿着公路走，青山绿树掩映中，我们会看到路边一栋崭新漂亮的两层楼房，一楼有一个宽大的车库，这便是莫万福和张义云夫妇的家。男主人莫万福，35 岁，水族，他的妻子张义云是布依族，他们有一个 6 岁的儿子，正在上幼儿园。莫万福现在开着“东风”货车忙于跑运输，张义云在家打理家务，他们的收入可观，生活条件在村里相对优越。

为了交通方便，便于自家货车进出，他们夫妇俩决定把房子建在公路边。莫姓和吴姓、潘姓一样，是当地的大姓之一，公路对面就住着莫万福的家族，其中包括他的父母和弟弟，他父母都是农民，弟弟一边务农一边打工。他们的房子始建于 2005 年，到 2006 年建成，占地 120 平方米，一楼设有厨房和客厅，大部分用做车库，二楼有四间卧室和一间客厅，整个房子宽敞明亮，装饰漂亮，家电齐备。

表 13－1　　2007 年莫万福家庭耐用消费品情况表　　单位：个

项目	个数	项目	个数
电视	1	小轿车	0
电冰箱	1	电话	1
洗衣机	1	手机	2
照相机	1	自行车	0
影碟机	1	组合音响	1
电动车	0	摩托车	0

在当时材料价格没有上涨时，他们一共花了 15 万元左右建房子。从结婚到建房，他们只花了 5 年时间，经过与他们的交流，便能感受到他们的勤劳智慧；面对机会敢作敢为，面对困难迎难而上，便能从他们身上看到少数民族青年的朝气和希望。

2007 年，莫万福的家庭纯收入为 6 万元。结婚以来夫妇俩的主要收入来源是跑运输。在农忙时节，张义云在家干农活，闲下来的时候就跟丈夫在外面跑运输。家里有 3 亩田，他们没有让田地荒废，觉得丢掉可惜，2007 年种田收入为 1000 元。2007 年养了 4 头猪，卖掉猪肉收入 2400 元。张义云告诉我们，养一头两头也是养，根据市场行情，今年还不如多养一点，抱着尝试的心态，现在养了 11 头猪。

莫万福专门负责跑运输，因为一直跑运输，经常白天黑夜地在外面，早上很早起来，半夜才回来很正常的，所以很少有时间在家。张义云则主动承担起家务，种田、养猪、家务活这些全部包在她身上，莫万福曾对妻子说在家别种地了，不种的话张义云又觉得有点可惜，在家也没有其他多大的事情，觉得别人种我也种，有一点收入也好，丢掉可惜。张义云以前没有学习过种植，初中毕业了以后，一直在外面打工，打工回来结婚，组建家庭以后才跟乡邻学种地，她说，反正学嘛，我在农村长大，就是你不会种，你看多了你也会，慢慢学种一点，自然就会了。

2007 年，莫万福家的消费情况是，在种植方面一共花了 700 元，一年和一年不一样，2007 年买肥料一包 180 元，两包就是 360 元，一包尿素 100 元，加上农药、种子是 700 元钱。买衣服方面，张义云说，有时候买便宜的，有时候买贵的，经常一件衣服两三百元，儿子的衣服买二三十元的只穿得了一个月，四五十元的穿一个月也就破了，一家人一年下来得 5000 元左右。在食品方面，莫万福在外面一顿饭至少 20 元，一天至少 40 元，他一个月吃饭至少 1000 元。一家人在外面买零食、水啊、水果啊，也是一笔不小的开支，一家人在家吃饭花费少点，来客人了就多点，一个月至少 1500 元。儿子上幼儿园一个学期交费 165 元，一年 330 元，一个月给孩子零花钱 60 元。2007 年红白喜事送礼，一年下来至少 3000 元，有送多送少，有的两三百元，有的 1000 元。去城里，加上去赶集的交通费，一年要花 500 元。电话费方面，莫万福的电话费多，一般 200 元，多的时候 300 多元，平均 200 多元，两个人加起来每个月平均要 300 元。

现在，莫万福跑运输的车是“东风”牌大货车，载重20吨，车是2008年6月份刚买的，花了20万多一点，并且是一次性支付。莫万福卖掉前面的“十通”车，买回了新“东风”，这是他们家的第四辆货车。

以前买车他们是贷款一部分，向亲戚朋友借一部分，靠着贷款优惠政策，靠着亲戚朋友帮助，靠着他们的艰苦创业，他们的车子越来越大，生活越来越好。张义云说，要不然他们一下子不会这样子，他们家也不会像今天这样好，亲戚朋友帮助我们不少。他们2001年结婚那时候，刚开始创业，生活很艰辛。莫万福家兄弟姐妹多，他又是长子，责任更重。结婚前，他们跟村里其他年轻人一样，也是外出去打工，张义云在浙江打了4年工，她讲述以前打工确实非常辛苦，在浙江诸暨、义乌等工业比较发达的地方都打过工，而且九阡这边打工的基本上都在浙江那边。通过打工手里面慢慢攒了钱，他俩的运输事业就从那2万块钱开始起步。

刚结婚安家的时候，他们觉得在家种田种地的话刚能够吃饱饭，在外面打工也是暂时的，家里的生活条件好起来很难，于是他们便寻找致富的门路。当时他们一开始就想到了木炭，冬天城里需要木炭烤火，城里价格要高一点，九阡这边出产木炭，木炭就便宜一点，卖到城里一斤能挣一两毛钱，所以他们一开始请别人的车运过去，请别人的车的话，加上运费，剩下就只能赚一点点。他们后来就想自己打工的时候存有一些钱，用那个钱自己买个旧车自己跑要更好。把那些钱取出来之后，他们就想，花钱雇别人的车去运还不如自己用车运，把运费就挣回来了。

刚结婚那一年，即2001年，他们买了第一辆货车，只能运5吨的“山地”车，买了这辆旧车以后，也没有什么货物运，生意很冷淡。冬天九阡产出木炭，他们就开始送木炭，从这边买了，然后运到县城或别的地方去卖。就这样慢慢地起步了之后，他们的存款多了一点。

旧的“山地”车毕竟载重量小，有时候满足不了运货需求，还要经常去维修，运营成本较高。小“山地”车开了3年，3年之后就换成了“南骏”车，“南骏”车载重15吨，当时花了9万多买下的。开“南骏”车期间，主要是从贵州运送药材到锦城江去，然后从广西都川运水泥回来。以前他们开5吨小车的时候，是从邻近的荔波运水泥过来。后来荔波水泥厂倒闭啦，而三都水泥厂规模小，三都的水泥供应不上，乡镇包括周覃、九阡的水泥供应不上，他们看到这个市场需求，就从都川运“石桥”水泥回来。

后来他们卖掉“南骏”车买回“十通”车，“十通”车载重20吨，花了14万左右。开“十通”车这两年，莫万福运送药材和木材去广西，从广西运水泥回贵州。

莫万福和张义云是初中同班同学，那时就关系不错。莫家跟张家相距得挺远的，那时莫万福在九阡读初三，后来去三都县城那边补习，补习的时候分在张义云所在的那个班，于是两人成了同班同学。张义云说，他们的感情基础很好，一直以来都是共同努力，做什么事情，她和丈夫都会商量一下子。

莫万福和张义云从相识相恋到组建家庭，在运输事业从无到有、从有到做大做强的过程中，他们相互鼓励、支持，共同奋力打拼，创造了如今属于他们的幸福小康生活。他们对现在的生活状况比较满意，但是他们相信有了现在的基础，他们家将来的生活将更加美好、富裕。

（二）水各村木材加工厂的领路人——刘志刚

刘志刚，男，1962年出生，汉族，祖籍是甘肃省兰州市，现为贵州省三都县水各村木材加工厂经理，大学文化程度，无宗教信仰。刘志刚的父亲已经于多年前去世，母亲现在甘肃兰州，妻子也在甘肃兰州，为一名普通工人。家里还有一个大约十七八岁的儿子，正在读高三，我们调研期间，刘志刚的儿子已经参加完高考，听刘志刚讲述，儿子高考成绩还不错，考上本科应该没有什么问题。

经朋友介绍，刘志刚于2007年1月份孤身一人来到三都县水各村，开始了他梦想的三都水各村木材加工业发展之旅，目前住在木材加工厂宿舍里。听他自己讲述，他是今年才开始接触这个行业的，也就是说，在来三都县水各村之前，他是没有从事过木材加工厂这个行业的。那为什么三都县政府部门放心把这个木材加工厂交给一个没有从事过该行业的人来管理呢？而且这个人还是一个外地人？原来，刘志刚经理以前在甘肃省兰州市做过建筑施工方面的工作，而且这一干就是二十多年。

20世纪80年代初，那个时候也是刘志刚正青春年少、意气风发的年代，当时的刘志刚很喜欢建筑这个行业，每每见到一座座高楼大厦的立起，心中就有一种莫名的冲动，希望有一天自己也能建造出这样雄伟壮观的高楼大厦来，或者建得还要比这个更好。激情也激励着他向建筑行业迈进。也就是从那个时候开始，刘志刚开始了他的相当漫长的建筑施工行业之路。

因为刚开始从事建筑施工，对这个领域的了解特别是专业知识的了解还是很少，尽管兴趣使然，平时对这个行业关注倒是挺多，但那也只是一个外行人看内行人的事情，根本无法与内行人相比，尤其是内行人的经验更是不可能在短时间里掌握的。当时的刘志刚不怕艰苦、不怕困难，坚持从基层学起，从提泥斗开始做起，一直干了二十多年，从中学到了很多知识，尤其是积累了很多建筑施工方面的经验，这些都是很宝贵的财富。平时在从事建筑施工实践方面的工作、积累实践经验的同时，刘志刚也没有忘记加强建筑理论方面的学习和研究，在业余时间，他经常为自己“充电”，利用每日的夜晚，在大家都因为一天的劳累而沉浸在自由休息的时候，刘志刚却一个人在灯下苦读，日复一日，年复一年，无数个彻夜苦读的辛勤汗水终于换来了丰硕的果实，他终于拿到了土木工程专业方面的大学本科自考文凭！这不是一张普通的文凭，这里面包含了刘志刚对自己梦想的执著，包含了刘志刚的汗水和心血，更包含了社会对刘志刚劳动付出的认可！

渐渐地，刘志刚在当时的建筑施工队里面成长起来了，已经不再是当年那个没有什么专业知识理论和实践经验的小伙子了，现在的刘志刚威望越来越高，已经成为了建筑施工队里面的领军人物，每天带领着他的施工队员们建造一个又一个重大的建筑项目。

就这样，刘志刚在建筑施工行业里干了二十多年，数不清在这二十多年里面有多少个建筑与他有关，但这些都并不重要，重要的是他曾经在自己青春年少的时候为自己的梦想执著过，并为之努力过、奋斗过，并且取得了很好的成绩。至于他为什么放弃了在甘肃兰州的建筑施工工作而选择了来三都县水各村木材加工厂工作，他不愿多说，那么我们也不便多问，想必自己的选择必有自己的道理。

刘志刚之所以来到三都县水各村木材加工厂工作是一个这里的朋友的邀请。他告诉我们，当初，也就是2007年，鉴于当地丰富的林业资源和外地人开办的一家木材加工厂，三都县政府部门决定成立一家自己的木材加工厂，同时还要聘请一名木材加工这方面的专业人士来做管理人员。而刘志刚虽然没有从事过木材加工生产这方面的工作，但是他以前所从事的建筑施工行业对木材加工生产特别是建筑木材的选取、生产、加工、销售都很有益处，而且他又有着丰富的理论知识和实践经验。这里的一个朋友就向当地政府部门举荐了他。经过双方的洽谈，最后刘志刚于2008年年初来到三都县水各村木材加工厂工作，担任经理一职，开始了他的新的职业征程。

刘经理告诉我们，他来到这里还有一个重要的原因，就是当地丰富的自然资源对木材加工生产很有利，他觉得很有发展前途。其实，不仅是水各村的林业资源很丰富，就是三都县甚至整个贵州省的林业资源都是异常的丰富。目前，三都县境内的主要树种为：杉树、马尾松、油桐、油茶、柏树、枫树、麻栎（青㭎）、楠木、樟木、漆树等。而水各村以马尾松最为丰富。他还告诉我们，水各村里的这些树木年复一年地越长越大，但是如果生长的时间太长，不进行深加工，那么木材卖出的价格就不会很高。他还举例说道，比如马尾松，出售出去也就是500块钱一方，但是如果做成成品，就能够达到两三千块钱一方，增长了五六倍，从这一点来讲，水各村开展木材加工很有发展前景。刘经理又告诉我们，在建筑施工领域，正是钢模板与木质模板有着很大的差别，也使得三都县水各村很适合发展木材加工业。因为在建筑施工中，如果使用钢模板来做建筑材料，由于钢模板的可塑性比较差，施工期也比较长，故而质量也就很难得到保证；而木质模板就不一样了。在多方位设计上，如弧度、模型，木质模板都可以随意割舍，而且它的周期性也比较好，施工期还比较短，如果用水泥来浇铸，因为它的透气性好，水泥成型自然比较快，质量也就比较好了。通常情况下，钢模板需要15天左右才能拆分，而木质模板只需一个星期的时间就可以拆分，节省了很多时间。而且国家现在也已经明文规定要求使用木质模板来取代曾经使用的钢模板，这是建筑方面的改革。

不仅水各村当地的自然条件为木材加工生产提供了丰富的来源，而且党和政府的相应扶持也起到了一定的保障作用。我们知道，三都县是一个少数民族的聚居区，水各村又是一个典型的水族居民的偏远村落，党中央和国务院从维护祖国统一和各民族共同繁荣发展的大局考虑，高度重视少数民族地区的经济发展和社会发展，特别是对一些诸如水各村这样的比较贫穷落后的少数民族地区出台了相关优惠政策，从资金、能源、技术等多个领域来帮助和扶持当地的经济和社会发展。水各村木材加工厂的兴建也正是由于政府部门的大力扶持才得以完成。

据刘经理介绍，在这个水各村木材加工厂里，除了他以外，还有另外一些工作人员，他们也是从事木材加工生产方面的管理人员，他们也不是当地的水各村人，他们大都来自安徽、湖北、福建等地。这些人员也是曾经从事过这方面的有着一定实践经验或者管理经验的技术人员，他们同样对水各村的木材加工的生产和管理起到了很大的作用。

木材加工厂的发展的确存在着很多的便利条件，但是它同样也存在着一些困难和不足之处。刘经理告诉我们，水各村的地理位置决定了木材加工厂的交通条件是异常的闭塞。这里没有火车通过，水路运输也几乎没有，有的也仅仅是一些当地的村民自己从外地购得的汽车，从这里把加工好的木材运到外地，比如广东、浙江一带销售。还有就是该厂的员工基本都是当地的一些水族农民，他们所从事的都是一些像晒板、排板这样的工作，他们的文化水平都不高，基本上都是小学文化程度，有的还是文盲，有的仅仅上过小学一、二年级就已经外出打工或者在家务农了。由于他们的文化水平和语言交流的局限，使得这些村民很难接受到一些先进的生产技术和生产经验，他们的素质提高自然也受到了一定的阻碍，这一点对当地木材加工厂的发展是很不利的。

刘经理还向我们提到，由于原始森林不允许砍伐，这里木材加工的取材皆来自于当地村民的人工种植，而且种植的大都是一些经济林，比如马尾松等，种植起来生长快，成活率也很高。当地的农民自己的山，种的树十来年就要砍，砍完再种，树木的成材需要一定的周期，而且取材的步伐往往快于成材的速度，所以木材加工生产具有一定的周期性。刘经理就此向我们推算了这样一个数据：按照目前的木材储量来算，一般可以做个十年左右的时间，然后木材转为生长期，这个时候他们就要改行了。我们进一步追问会从事什么行业，他告诉我们，可以从事采矿行业。

据当地的村民介绍，水各村地下富含很多矿藏，诸如铝土矿、铅锌矿、水银矿等，至今没有人去开采，政府也没有组织村民去从事这方面的工作，而且目前的状况是，厂里的员工越来越多，必然造成“僧多粥少”的状况。因此，在继续进行木材加工生产的同时，将部分木材加工厂的员工分流出去从事采矿业方面的工作不失为一计良策。这样不仅可以缓解原有木材加工厂的就业压力，而且可以解决一部分村民的就业问题，从而也发展了水各村的采矿业，搞活了农村的经济，提高了当地村民的收入。

最后，刘经理还对木材加工厂的现状提出了自己的想法和期望。他希望当地的政府能够展望未来，从水各村的社会发展的大局考虑，真正把教育放到经济和社会发展的重要位置，采取有利的措施提高当地民众的文化水平，让他们能够与外界进行广泛的沟通和交流，只有这样，外面的信息才能传播进来，才能被充分地吸收和利用，也才能真正促进水各村的经济和社会发展。

访谈临近结束时，我们还询问了刘经理的一些个人问题，比如在木材加工厂里工作月薪多少、对当地水族的饮食习惯吗、住宿习惯吗等，他都乐于回答。从他的言谈举止中我们可以看得出，刘经理是一个很平易近人的人，对自己的事业很忠诚，对自己的生活也很享受，是一个知足常乐的人。

（三）年轻有为的特色经营能手——冯兴荣

见到冯兴荣时，他正在忙着返修自己家的特色农家乐“翠竹园”，院子里放满了木材，虽然下着雨，前来帮忙的村民们还是在忙着收拾东西，于是，我们在飘着雨花的下午采访了冯兴荣。

冯兴荣擦擦手上的水，刚刚他正在收拾重修“翠竹园”留下的材料，他告诉我们：“‘翠竹园’不是我的，是我哥哥的，只是我跟我爱人一直在这里帮忙，但是，我们还是觉得‘翠竹园’就是自己的，就像自己的旅馆一样经营，这家旅馆是2005年开的，主要是我大哥开办的，主要是他投资建立的，本来是我大哥的家。”

冯兴荣的大哥当时开这家旅馆就是因为他们村有很多游客，游客们来他们村旅游，可是本村没有专门接待他们吃饭、住宿的地方，吃饭还好说，可以随便到一家农户家就可以，水族人也很好客，但是住宿就是一个大问题，因为水各村离三都县城很远，如果游客玩久了，回到县城就成了一个大问题，所以，冯兴荣的大哥就决定开一家提供吃饭和住宿的旅馆，一方面可以赚一些钱，另一方面可以为这些游客提供方便。

表 13－2 **2007 年冯兴荣家庭收入来源情况表** 单位：元

职业	收入	职业	收入
从事种植业	9000	外出打工	5000
从事林果业	0	政府补贴和社会救济	0
从事畜牧养殖业	0	出租林地、耕地、房屋	0
从事渔业	0	本乡镇就业工资	5000
从事家庭手工业	0	出租生产工具	0

除了经营“翠竹园”冯兴荣还做一些其他的工作，他说：“这家旅馆的经营其实是不正规的，因为来这里旅游的客人不是很多，所以，收入也不是很多，但是，比起一直种田的其他村民来说，我的收入还是可以的，我有两个孩子还在读书，开销很大，女儿很出息，书读得不错，我想让她考大学，这又是一笔很大的开销，所以，除了在旅馆帮忙，平时，我会出去打工，也在种田，但是，种的粮食也只是够自己一家人吃而已。”

对于自己的收入情况，冯兴荣认为自己的收入不是很多的那种，但是因为有了“翠竹园”这个副业，自己的收入还是可以的。他说：“在村子，因为只有这么一家旅馆，也没有什么竞争，前面也说过了，吃饭很好解决，我们是一个好客的民族，所以，吃饭基本是不能赚什么钱的，只有住宿了，住宿很便宜，一晚只要20块钱就好了，如果，我们跟客人谈得很开心就不会要他们的钱，再加上客源少，平均一年下来我们村子旅游的人也只有三四千人而已，一般是白天参观，晚上就回县城，住宿的很少。”

我们向他询问了，如果政府出台相关的政策来扶持村子里的服务型产业，他比较希望政府提出什么样的具体政策，他认为：“我们主要是面临着客源不足的问题，我们希望可以大力地宣传我们的村子，我们的村子在水族是很出名的，因为我们的民族英雄的原因，我们的服装虽然看起来很朴素，却是有着很大的意义，是为了纪念我们的民族英雄，还有李子、九阡酒等，虽然，这些都不构成规模经营，但是，却是很重要的特色产品，如果大力地宣传，我相信，来我们村子旅游的客人会很多，到时候，我们的经营就不会成问题了。”

冯兴荣家有4个成员，有在本村担任妇女主任的妻子，以及正在县城读书的女儿和在读技术学校的小儿子，女儿是他的骄傲，冯兴荣的女儿就读的是本县城的重点中学，而且成绩不错，是很有希望考取大学的，提起女儿，冯兴荣很自豪地说：“我这个女儿很有出息，也是她妈妈教育得好，我是希望女儿不要那么努力地读书，只要认得字就好。可是，她很爱学习，成绩也很好，对她妈妈说，一定要考上大学，出去看看，她妈妈很支持她，去年，我们家接待了一个中山大学的博士，他跟我女儿说了很多，我女儿也更加地努力，现在，我也希望自己的女儿可以考上大学，改变自己的人生，之前我是很希望自己的儿子可以多读书的，我的孩子很懂事，儿子知道姐姐的成绩比自己好，家里也只能供养一个学生，于是，他自己就主动放弃高中，读了技校，我很满足，因为我的孩子很听话、很懂事。”

冯兴荣所在的村子没有什么技术培训班之类的教育课程，平日的种田和养殖都是靠老一辈的人所传授的经验或者是自己长久种植以来的教训，如果遇到问题，一般是请教老人，不会有去询问技术人员的想法，村子里没有专门的技术人员，而县城离村子太远，也不会选择去县城咨询。

现在的情况是，村子里只要是年轻的人都外出打工了。打工的钱虽然不多，但足够供养留在村子里的老人和孩子，现在，想在村子里发展的年轻人很少，大家都觉得种一辈子的田也没有出去打工一年的收入多，所以，现在村子里剩下的都是老人和孩子，冯兴荣也想出去打工，但是，“翠竹园”的生意需要人，所以，他就留下了。

冯兴荣的“翠竹园”在本村的效益算是比较不错的，我们向他询问，本村的村民是否会仿效他们也开一家类似的住宿性质的旅馆时，他说：“不会，他们不会，一方面，我们的旅馆说实话效益一般，不是那种会赚很多钱的生意；另一方面，水族人民是一个好客和谦逊的民族，一般来说，不善于做生意，比如，有游客觉得哪家的马尾秀或者蜡染的布不错想买的话，那家的主人一般不会收取费用，即使收费的话也只是把成本收回来，不会故意抬高价钱。我们实在不是一个善于做生意的民族呢。我们不会羡慕和嫉妒别人的成就，我们经常关注的是自己的生活，也可以说我们是一个很‘安分’的民族。”

表 13－3　**2007 年冯兴荣家庭支出情况表**　单位：元

总支出	生产性支出	衣服	食品	看病	教育	娱乐	红白喜事	交通	通信	住房
12600	4000	1000	2000	500	4000	0	500	200	400	0

冯兴荣经营“翠竹园”已经有一段时间了，虽然“翠竹园”是大哥的生意，但是平时的具体经营，冯兴荣也是具体参与的，我们向他询问了经营的具体经验，他腼腆地说：“谈不上经验，我们水族是一个好客、善良、勤劳的民族，我们不善于做生意，这是我们的弱点，也是我们的优点，在我们村子里，游客可以感受到很真很真的感情，这里没有讨价还价，也没有坑蒙拐骗，这是我们吸引游客的制胜点。经营的话，就是突出我们水族自己的特色产品，在‘翠竹园’吃饭，你不但可以吃到价格优惠、质量上乘的水族农家菜肴，

还可以选择自己喜欢的食品，因为，客是来自五湖四海的，大家的口味不一样，所以有可能吃不惯我们的食物，我们准备了一些其他的食物。在我们这里住宿，可能有些地方还是不能跟城里的宾馆比，但是，我们尽量做到舒适整齐、卫生干净。让客人有一种温暖的感觉，这样下次他就会还来了。"

关于"翠竹园"经营过程中出现的问题，他也说了一些："问题很多啊，除了前面说过很多次的客源少外，还有就是，我们的用水有一定的问题，客人用起来不方便，还有，吃的东西虽然我们也在尽力地满足，但是，还是有一定的难度的。"

与冯兴荣的谈话是愉快的，他是那种很憨厚、很正直、很勤劳的中国农民，从与他的谈话中，我们看到的是一个积极向上、对未来充满美好希望和憧憬的冯兴荣，虽然他与妻子的学历都不高，但是，他们凭借着敢想敢做、吃苦耐劳的精神，用自己的双手建立起一个幸福的家庭，为了女儿的学业，两个人还准备外出打工，一定要让女儿考上大学，一定要培养女儿。在经营"翠竹园"的过程中，还是存在着资金少、客源少、设备简陋等问题，我们也真诚地希望冯兴荣可以克服这些障碍，将"翠竹园"的事业经营得红红火火。

（四）心怀梦想系全村的年轻夫妇——董岩国、戴冬

作为村中仅有的一所小学的校长，董岩国显示出村中其他同龄人所没有的成熟与稳重。董校长今年33岁，水族，无宗教信仰。小时候家里和其他水各村家庭一样存在很多困难，但是董岩国校长从小就喜欢读书，在校成绩也始终名列前茅，但是小学毕业后，由于弟弟需要上学，而家里经济条件没有办法同时供两个孩子上学，身为长子的董岩国主动把宝贵的学习机会让给弟弟，自己在家帮助父母做些力所能及的农活。两年后，董岩国觉得不甘心就这样在家务农，于是重返学校，继续小学六年级的课程，次年参加中考，并考上都匀师专，1998年毕业。同年于等扎小学任教，后又参加成人高考，以函授的方式继续学习。2000年回到水各村，于水各村小学任教，并担任该学校校长。虽然董岩国现在在教五年级数学的同时并担任校长一职，可是他的工资并不比其他老师多，谈到此，我们问他会不会觉得他干的活比别人多，

但工资待遇完全一样时，董岩国很平和地表示，这没什么，目前乡里和学校都存在很多困难，每个村民都需要有些献身精神的，能者多劳吧。乡里计划将来撤销水各村小学，并与其他村小学合并成一所软硬件条件较好的学校，但目前客观条件不够，各方面都存在很多问题。另外，学校的选址也很难确定，无论最后建在哪儿，都会有孩子需要起早贪黑地上学。

董岩国的妻子戴冬，29 岁，汉族。通过其他村民的描述和我们的了解使我们知道，戴冬不仅是一个持家有道的家庭主妇，更是一名全村闻名的养殖户。面对我们的采访，戴冬显得很羞涩，可是一说起她的养殖经验，她便神采飞扬，滔滔不绝地和我们聊了起来。她和董岩国是自由恋爱，初时在城里打工的戴冬受到丈夫董岩国的影响，决定放弃城里的工作，回村子里帮助其他人共同脱贫，共同致富。和董岩国一起回到村子后，戴冬通过看一些科学养殖的书籍和杂志，想到在鱼塘上面建养鸡场的方法，利用鸡粪做鱼的饲料，这样既解决了鱼饲料的问题，又避免了鸡粪污染，真可谓是一举两得。在丈夫董岩国的指导下，戴冬利用养鸡养鱼挣的钱，又扩建了猪圈。夫妇二人精心挑选优质种猪、优质饲料，加上戴冬平时的悉心照料，现在他们养的猪已经从最初市里发给每户的 4 头，变成了 20 头。目前，戴冬每年可以依靠养鸡养猪和搞鱼塘得到 5 万元收入，加上乡里给董岩国的工资，他们家 2008 年的总收入为 68000 元，这在村中同龄人中绝对算得上是首富了。

问到他们未来的梦想和打算，董岩国沉思了一会儿，很有条理地说，他未来有三步打算：首先，进一步学习文化知识，依靠技术手段，和戴冬真正富裕起来，为其他人起到表率作用；下一步，他想在村中普及科学种田、科学养殖，带领全村老少，共同致富，解决长期贫困的现状；最后，他希望村子富裕起来以后，可以用这些钱振兴教育，提升全村的文化素质，使村民们内在精神“富裕”起来，实现良性循环。听他说完，我们不禁佩服起董岩国校长的责任感和使命感，对此我们大加赞赏。可董岩国显得有些心事重重，他低沉地说，虽然有这样那样的想法，可是具体实施起来却有很多困难。一是缺乏启动资金，现在的收入虽说衣食无忧，可要想进一步扩大规模尚需时日；二是其他人文化程度所限，很多人并不理解他的想法；三是想彻底扭转现状，还需要上级领导的进一步扶持。我们问他是否有合理的办法解决这些问题，董岩国表示，可行的方法目前只能是自己和戴冬先富起来，进一步增强示范作用，取得其他村民的信任。再就是说服其他人和上级领导，集中资金于一小部分人身上，然后再带动剩余人共同进步，共同致富。

说到这，董岩国抬起头，露出了憧憬的目光，坚定地对我们说，不管怎样，他始终相信科技是第一生产力，依靠科学文化知识和政府扶持力度的加大，水各村的未来一定会是越来越好的！

表 13－4　　2008 年董岩国家庭收入来源情况表　　单位：元

职业	收入	职业	收入
从事种植业	0	本乡镇就业工资	18000
从事渔业	25000	外出打工	0
从事家庭手工业	0	从事运输业	0
从事畜牧业	0	政府补贴和社会救济	0
从事养殖业	25000	出租草场、耕地、房屋等	0
从事旅游业	0	其他经营收入	0

表 13－5　　2008 年董岩国家庭支出情况表　　单位：元

总支出	生产性支出	衣服	食品	看病	教育	娱乐	红白喜事	交通	通信	住房
30400	10000	1000	8000	0	1000	200	7000	2000	1200	0

表 13－6　　2008 年董岩国家庭耐用消费品情况表　　单位：个

项目	个数	项目	个数
电视	2	农用车（拖拉机）	1
电冰箱	1	卡车	0
洗衣机	0	小轿车	0
照相机	0	电话	0
影碟机	1	组合音响	1
电动车	0	手机	2
摩托车	1	自行车	0

十四、村中能人

（一）超市女能人——董艳

当我们快到水各村唯一一个小超市的时候，远远地很大的广告牌子——万村千乡市场工程水各村连锁超市就赫然映入我们的眼帘，我们怀着激动的心情越来越接近我们今天调研的主角，加紧几步走到了超市门前，透过巨大又透明的玻璃窗户我们看到了一排排整齐的货架上码放着各式商品，我们在向导的带领下穿过玻璃门走进了超市，向导向主人介绍我们的来历后主人忙给我们找位置坐下，并给我们拿来了冰镇的饮料。她说，要是你们去年来我家超市恐怕连站的位置都没有，现在的这个超市是春节前才修葺一新的，她笑着说多亏了国家的好政策，现在国家大力推行万村千乡工程，推行每村一个连锁店，将先进的管理模式向农村推进，在每个乡镇驻地设立一个总店，每个村设立一个标准化的超市，采取连锁经营、物流配送等现代流通方式，实行统一进货、统一配送、统一定价、统一标识、统一承诺的服务方式，让农民在家门口就能买到物美价廉的商品，省时省力又省钱。

通过了解，我们知道这家超市的主人是董艳，女，现年 36 岁，水族，初中文化。丈夫王启峰，现年 40 岁，水族，初中文化。现有一个儿子和一个女儿，儿子吴志国，现年 10 岁，正上小学四年级；女儿吴倩，现年 8 岁，刚上一年级。家里有 4.5 亩田地，一般都种植水稻、小麦、油菜等，每年水稻的收成作为家人的口粮，小麦和油菜一般都拿到镇上卖钱，用来补贴家用，有时候油菜榨油。家里还有 3 亩山地，一般种植玉米，一年也能收 1000 多斤，一般也都拿到镇上卖掉贴补家用，她说，家里面这些农活基本都是丈夫一个人来做，由于两个孩子现在都正在上学，需要花钱，丈夫在农闲时，也会到邻村的建筑队里打零工贴补家用。

董艳说原来的小卖部只有 20 多平方米，现在已经扩建到 90 多平方米，原来顾客来买东西时由于小卖部光线不好，即便是晴天有时候也得打开手电找东西，现在好得太多了，即使是阴天十几只白炽灯把整个超市照得如同白昼一样，而且顾客可以自选商品，大大方便了顾客购物。原来的货物也只是些日常的针线、调料、方便面、饼干、香烟、酒水、文具以及祭祀用的物品等30多种，现在货物已经达到200多种，涵盖各种副食、五金、电料及各种日杂用品。每天销售收入也从几十元增加到现在的两三百元，赶场天还会超过五百多元呢。可以说原来只有到城里才能买到的生活必需品现在我们这里一应俱全，确实方便了我们乡村百姓的购物，而且价格也不比城里贵。从董艳的话语中我们能感觉到她对现在的一切充满了希望和喜悦！

她说原来小卖部一天也就能赚十几块钱，这几年好多了，特别是超市改造之后，营业面积大了，购物环境也好了，很多人有事没事就到超市来转转，遇到老人购物不方便的，她常常叫丈夫定期给送过去，遇到家里条件不太好的，一般按进货价就卖给他们了，实在没有钱的就先拿货等有了钱再来结账。

表 14－1　　2008年董艳家庭收入来源情况表　　单位：元

职业	收入	职业	收入
从事种植业	4000	外出打工	0
从事林果业	0	政府补贴和社会救济	500
从事畜牧业养殖	0	出租耕地、林地、房屋等	0
从事渔业	0	本乡镇就业工资	3000
从事维修业	0	出租生产工具	0
从事旅游业	0	超市经营性收入	8000

表 14－2　　2008年董艳家庭支出情况表　　单位：元

总支出	生产性支出	买衣服	看病	教育	娱乐	红白喜事	交通	通信
3500	1500	300	300	200	0	900	100	200

正在我们聊天的时候，电话铃声打断了我们的谈话，原来是在外面打工的本村村民打来的，要找他的家人来接电话。主人笑着说："我就是我们村的通讯员，自从电话装上5年来，几乎每天都要接到好几个这样的电话，有时得跑好几里山路去通知他的家人来接电话，我没有时间去，就让我的丈夫去通知他们，因为我知道在外面打工不容易，隔一段时间给家里人报个平安显得是多么珍贵，我经常说我们的小超市就是村民联络感情的情感超市，而且

接电话的村民我们从不收费，我有个愿望就是希望村民打工挣到钱后都能装一部电话，到时候村民联络感情就更方便了，不过我这个通讯员也该光荣地下岗了。”

董艳深知超市要想取得长足发展，就要靠诚信经营，要靠商品的质量、要靠热情的服务，只要有了群众良好的口碑，就不愁生意的长足发展，因为大家都是农民，深知农民挣钱真的不容易，所以一定要让百姓的钱花得满意、花得值！董艳很郑重地说：“做商人，先做人，我们多年来始终以这句话来指导我们超市的经营。”

当我们快要结束调研的时候，董艳说：“现在的超市已经不像原来的小卖部那样容易经营和管理了，现在店面大了，货上的也多了，确实该学习一下超市管理方面的知识，就是不知从何做起，希望我们能推荐一些实用的超市管理方面的书籍，我们欣然答应了。

董艳应该是中国农村大多数希望致富的农民的一个缩影，渴望用知识、用技术来武装自己的头脑的新式农民越来越多，怎样帮助农民实现真正脱贫致富，怎样让农民实实在在地享受到30多年改革开放的成果，值得我们深思。

（二）村中医生——彭燕

彭燕，女，水族，42岁，中专学历，是土生土长的水各村人。1990年，她创建水各村卫生所，当时面对两间低矮、破旧的危房，仅有的“老三件”诊疗设备，彭燕也有过失落和彷徨。但当她看到农民群众那一双双渴望的眼睛时，她暗暗下定决心：硬件不足软件补，要用精湛的医术赢得病人的信任。她把在学校里学到的理论知识、把贵州医疗队专家的经验有机地和临床结合起来，开展了接生、危重病人抢救等业务，过去许多想都不敢想的外伤、急症抢救，在彭燕的努力下开展起来了。彭燕没有接受过正规的大学教育，1990年毕业于毕节卫校中专班，但为了尽可能地满足山区人民的需要，她不断地提高自己的业务能力，在枯燥的山区活动中，她的业余时间全部用来读书。几十年来，她通读了上百本医学著作。不管是中西医还是内外科，山区群众头疼脑热找，妇女分娩找她，摔伤磕破找她，中毒洗胃还是找她。

彭燕带病出诊是很常见的事情，有时候整整劳累一天后，晚上刚睡在乡亲们为她烧的热炕上，就听见窗外有人喊，原来是5公里外的里庄村一个小孩高烧不退，危在旦夕。救人要紧，她二话没说，穿上衣服，提起拐棍上路了，她在风雨弥漫的崎岖山路上整整滚爬了一夜，天快亮的时候才到达病人家中，她的衣服全湿透了，手上脚上都打了血泡，经过紧张的抢救治疗，患者终于脱离了危险。

十多年来，她对山区的家家户户都非常熟悉。哪家的孩子最聪明、谁家孩子考上大学了等都能够一一道来。十里八乡的群众都很尊敬她，谁家做了好饭，就非常自然地把彭燕医生喊到家里。她曾经和我们开玩笑说："就是把俺调到毕节的大医院俺也不去，在这里工作每年的饭钱都要省不少哩!"

彭燕家里有4亩田，每年的水稻收成作为家人的口粮，小麦一般都拿到镇上卖钱，用来补贴家用，油菜榨油，供一家人吃上一年；家里还有3亩山地，种植玉米和花生，遇上好的年景也能收1000多斤玉米，花生可以食用也可以到镇上卖钱；家里还养2头猪，每年也能收入400多元。她说，为了不影响我的工作，家里面这些工作基本都是由丈夫一个人来做，由于两个孩子现在都正在上学，需要花钱，丈夫去年购置了一些红白喜事所用餐具，出租给村民使用，她说其实出租餐具也不挣钱，主要是为了方便村民，而且他们家的租金比镇上还低。丈夫在农闲时，也会到建筑队里打工贴补家用，由于我们去的时候正值暑假，没有见到彭燕的两个孩子，彭燕说他们去舅舅家了。

表14-3　**2008年彭燕家庭收入来源情况表**　单位：元

职业	收入	职业	收入
从事种植业	4000	外出打工	0
从事林果业	0	政府补贴和社会救济	0
从事畜牧业养殖	400	出租耕地、林地、房屋等	0
从事渔业	0	本乡镇就业工资	3500
从事家庭手工业	0	出租生产工具	1000
从事旅游业	0	其他经营性收入	5000

表 14－4　　2008 年彭燕家庭支出情况表　　单位：元

总支出	生产性支出	日用品	衣服	看病	教育	娱乐	红白喜事	交通	通信	住房
10300	2500	500	500	0	5000	0	1200	300	300	0

彭燕医生取得村民的信任从来不是靠广告、靠包装，而是靠医疗技术、靠热情的服务和高尚的医德，通过病人的体会口耳相传的。她深深知道，做农民的好医生，仅有良好的医术是不够的，还得有高尚的医德。她常说："做医生，先做人，后行医。"在乡村行医生涯中，她始终把医德作为乡村医生的灵魂。村卫生所面向的是农民群众、面向的是弱势群体，在她的村卫生所里她就实施了减、缓、免的收费规定。一个普通感冒仅花上 3～5 元就可治愈，一时带钱不足的患者可先取药治病，下次来诊时再还欠款。对于特困五保户免费治疗，每年减免费用达 1000 多余元。别人问原因的时候，她是这样说的："人不能忘本，不能站在钱眼上，这些年我总是想，是乡亲们推荐我当的乡村医生，我不能事事算计自己的得失，要把工作做好。"她是这样说的，也是这样做的。

作为村卫生所的负责人，村卫生所的良性发展，一直是彭燕工作之余思考的问题，村卫生所不能走个体化路子，于是当接到毕节卫生行政部门推行乡村卫生组织一体化管理模式时，她就积极响应，在她的发动和带领下，水各村的乡村医生都加入了一体化管理，村卫生所和个体诊所统一整合，实现人、财、物统一管理，统一调配，水各村的医疗资源得到了有效整合。村卫生所的技术力量得到了充实，农民群众无不为此改革拍手称好。为了改善村卫生所的基础设施，她又反复奔走，在乡镇卫生院和村委会的支持下，修建了 80 多平方米的卫生所，彻底改善了村民的就医环境。前年，毕节全面开始推行新型农村合作医疗工作，彭燕老早就认为这是惠及农民群众的大好事，可部分村民由于多方面的原因，就是认识不到合作医疗的保障作用，于是彭燕又一次发挥了乡村医生的模范带头作用，走村串户，向老百姓解释新型农村合作医疗的好处，最后水各村的合作医疗工作还是走在了全镇的前列，受到了乡镇领导的好评。彭燕用自己的辛劳换来了山区人民千家万户的欢乐。

（三）乡村女教师——冯晓

今天我们要采访的是一位乡村女教师——冯晓，由于现在正值暑假，我们没有去水各村小学，在向导的带领下我们直奔冯晓家。由于我们在采访之前没有与冯晓老师预约，当我们到她家的时候并说明了我们的来历，她慌忙帮我们每人找位置坐下，并到厨房拿碗给我们倒上了开水，而且每个碗中都放了好多的蔗糖，从倒开水和放蔗糖的动作不难看出冯晓老师似乎有点紧张，尽管已经教书将近20个年头。

冯晓老师是水各村教学点的一位普通教师，1990年，18岁的她，作为水各村唯一的高中毕业生被推荐当上了一名民办教师，从此，她把教书育人当做了她终身奋斗的事业，开始了她亮丽的人生征程。水各村有二百多户人家，这里山峦叠嶂、交通不便。在直到20世纪90年代还是靠步行进出的深山村里，她为了村里的孩子，默默奉献19载，铁了心乐当“孩子王”。

2004年，根据上级有关文件精神，水各村只保留教学点。教学点虽年级少、学生少，但“麻雀虽小，五脏俱全”。冯晓患有严重的风湿性关节炎，当时4个教师中她的年龄最大，教龄也最长，家里人也不希望她继续留在水各村教学点，可她主动找到组织说：“我在这都任教几十年，熟悉，还是让我留在教学点吧。”她说服家人，还是留下了。为了山村30多个农民子女读好书，她只有委屈家人，把家务事全部抛给了丈夫。在学校，冯晓老师担任教学点负责人、一年级班主任，教一年级语文、数学、体育、音乐等科目，每天7节课节节要上，中午要给10多个学生热饭、辅导学生功课；晚上要批改完当天的作业，完成第二天所有学科的备课，常常忙到晚上八九点钟才能回家，就这样日复一日，年复一年，像一根拧紧的发条，没有一刻停歇。

正当我们和冯晓老师聊天的时候，来了两个村民。原来他们听说我们是大学生，是来采访冯晓老师的，就赶来了。他们说：“冯晓老师教学认真踏实，有冯晓老师教孩子，我们可以放一万个心。”其中一位村民说：“2003年秋季开学，开学后冯晓老师发现全班只有我的女儿妞妞还没来报到。放学后，冯晓老师爬山越岭去我家家访，半路上，突然雷电交加，天昏地黑，跌跌撞撞到我们家已是一身泥泞。当冯晓老师知道我丈夫得重病已卧床一年有余，当即拿出了身上仅有的50多元钱递给了我说，拿着吧，钱不多，多少能帮衬点，给孩子他爸买点营养品吧。第二天，冯晓老师和丈夫专程到镇上为我女儿买来新书包、新衣服，并替我们垫付了所有的书杂费。我真的不知道怎样表达老师的大恩大德，但我知道她是一个好人，是一个好老师。”在这个世俗的物欲横流的社会里，这位村民的表述是自己真实感情的流露，她说，当时冯晓老师的工资只有100多元，所以她经常对自己的孩子说，好好学习，将来也要成为一名老师，报答冯晓老师、报答社会。

另一位学生家长说，“都说家丑不可外扬，今天我就说说自己的孩子。我的孩子叫吴小华，2岁时他母亲去世，性格内向，再加上我们家庭经济条件不好，孩子看到其他同学吃得好、穿得好，非常羡慕，慢慢养成了小偷小摸的习惯。刚开学不久，冯晓老师和学生向我反映说他经常拿同学的铅笔和小刀等，有时还偷人家的东西吃。我听了之后很吃惊，我说怎么可能，后来从孩子口中得到证实，确有此事。但是冯老师没有直接批评他，而是和风细雨地给他讲做人的道理，关心他的学习生活，经常察看他的学习用品，发现缺什么，就给他买什么。同时发动学生都来关心、帮助他 ，找机会和他一起玩，一起做游戏……我知道冯晓老师目的只有一个：就是让孩子幼小的心灵受到母亲般的爱和集体的温暖。有一天，在上学的路上，孩子拾到2元钱，边跑边喊：‘我捡到2元钱啦！我捡到2元钱……’上气不接下气地跑到学校，将钱交给了老师。捡到钱交公，对别的学生来说是一件很平常的事，但对于我的孩子来说可是一件很了不起的事。冯老师抓住他这‘巨大的转变’，在班上进行表扬。以后，我的孩子不仅改掉了不好的习惯，而且在其他各方面都表现很出色。孩子母亲去世了，我一个人把孩子宠坏了，要是没有冯晓老师，我真不知道我的孩子这样下去会是一个什么样的结果，真的非常感激冯晓老师对我们孩子的关爱。”

这时候冯晓老师的丈夫也答话说，冯老师对学生很慷慨，可对自己却抠出了名。从教将近20年，至今没有一套像样的衣服，没有一双上百元的皮鞋，小孩今年都12岁了还没有去过县城。她每月几百元的代课工资常用来为贫困学生垫付书杂费、伙食费、医药费，甚至为学生订阅书报。有时候我笑着说：“你没交过工资给我，还得管你吃管你用。”冯晓老师也调侃说道：“谁让你是我的丈夫呢！”我们大家都笑了，谈话气氛也变得轻松了许多。

表 14－5　2008 年冯晓家庭收入来源情况表　单位：元

职业	收入	职业	收入
从事种植业	2000	外出打工	0
从事林果业	0	政府补贴和社会救济	500
从事畜牧业养殖	500	出租耕地、林地、房屋等	0
从事渔业	0	本乡镇就业工资	6000
从事家庭手工业	0	出租生产工具	0
从事旅游业	0	教学工资收入	5000

表 14－6　2008 年冯晓家庭支出情况表　单位：元

总支出	生产性支出	日用品	衣服	看病	教育	娱乐	红白喜事	交通	通信	其他
3000	800	200	100	300	150	0	400	50	0	1000

冯晓老师说："要改变山村贫困落后面貌，就要让孩子读好书、多读书。"十多年来，冯晓老师从没间断过自己"充电"。她一面勤勤恳恳地工作，研究教法；一面利用一切机会，抓紧时间学习新知识。从微薄的工资中抠出钱来订阅各种报刊，钻研教育理论。为了提高教育教学水平，她费了很多"苦心"：没有人来听课，她就请家长来听，征求家长们对教学的意见；她还用录音机录下自己的教学讲课，再自听自评、写感受、记得失；学区举行教研活动时，常常主动"亮丑"——播放自己的教学录音磁带，请同行点评。经她教过的学生，个个会画画，人人会唱歌，还会弹奏简单的乐器。这对城里的孩子来说，也许不算什么，而对大山深处的孩子来说，不能不说是一个奇迹，工夫不负有心人，她的教学成绩总是名列前茅。

一分耕耘，一分收获。她用勤劳的双手，沾着诚挚的心血绘就了她亮丽的人生画卷。十多年来，冯晓老师没有显赫的功绩，没有令人羡慕的收入，然而她无怨无悔。她说："学生是我最大的财富，他们的健康成长是我最大的快乐和回报。"

（四）农机修配专家——吴启民

今天我们一行来拜访一位农机修配专家、新时期优秀农民的代表吴启民。

在向导的带领下，我们早早地就出发了，还没有走到吴启民的农机部，就看到门前停了好多拖拉机、四轮车，走近一看原来都是等待修车的农民。今天没有见到我们要调研的主人吴启民，吴启民的妻子接待了我们，她说丈夫去县城进货了，估计到中午才能回来，外面都是等待修车的村民。由于妻子还要照顾门市，所以我们谢绝了主人邀请我们到客厅的请求。通过简单的聊天，吴启民现年 38 岁，1971 年出生，高中文化。妻子王燕，现年 35 岁，现有一个男孩刚上初一。1989 年吴启民高中毕业，刚刚成年的他面临抉择，大学的大门已经关上了，是一辈子“面朝黄土背朝天”、“日出而作，日落而息”，继续老辈们几十年、几百年走过的路，还是开拓创新，闯出一个自己的新天地，最终吴启民选择了后者。

20 世纪 90 年代初，改革与发展的大潮正在中华大地上涌动，凭借着与生俱来的商业灵感，吴启民早早地感觉到了这一切中存在的机遇。他经过艰苦的劳动、积累，筹集了 4000 元钱，1995 年，开办了水各村第一家农村配件商店。当时，农用机械刚刚开始走进农民家中，农民渴望提高农业生产效率、提高生产能力，实现农业生产的机械化，机械化就是农民最大的梦想，但偏远的农村，即使买来了拖拉机、四轮车，也没有会修车的人，没有提供配件的商家，即使一个几元钱的配件，都要往镇上跑，这极大地抑制了群众的机械化热情。吴启民的农机配件商店，正好填补了这个空白，成为当时在方圆十几里以内唯一一家农机配件商店。虽然当时村中仅有有限的十几台拖拉机，一年才有几千元的业务，收入不到 1000 元，但他还是顽强地支撑着这个配件商店。他相信，随着农村经济的不断发展，农用车辆一定会成为平常百姓家的日常用品，这里的商机无限。随着农用机械的不断增加，他的农机商店也不断扩大规模，扩大销售品种，他还自学了电焊、冲床、车床等，这样周边农民修机器不但不用再跑到十几里外的镇上，而且价格还比镇上便宜。就这样经过几年的努力，吴启民赚到了自己发展道路上的第一桶金。

他妻子说每年秋收还没有正式开始，他们已经开始了一年的忙季，因为人们已开始整修坏了的农机具，准备秋耕生产了。每天，除了到镇上、市区等地购进货物外，吴启民总是在门市部中忙里忙外，从没有一刻的闲暇。

正在笔者和吴启民妻子聊天的时候，吴启民回来了，由于修车的顾客已经等了好久，吴启民也顾不上跟我们聊天，直接就开展工作了。他妻子说，在经营中，农民有时车有毛病了，但却找不到毛病的诱因，只好东问、西问，往往几天修不好车，误工误时。于是在工作之余，他认真钻研农机修理技术，说着就去给我们拿来了好几本书，有什么汽油机、柴油机工作原理，农用三轮车、三轮汽车维修保养常识等。王燕对我们说，现在，每当附近的群众四轮车等出了难以解决的问题，总是将车弄到她家的农机配件部，请吴启民帮忙找出问题的原因，加以解决。需要换件的，他能提供价格公道的配件；需要技术修理的，他则热情地给予免费维修保养，比如上个润滑油、检测电路、换个灯泡这些都是免费的。从王燕的话语中我们能够感觉到她对丈夫的工作相当满意，而且也挺支持他。

有了群众的认可，吴启民商店的经营规模也一直是周边十几里最大的，年营业额达5万元以上，净利润也有3万多元。妻子说吴启民是一个很有上进心的青年，从来不打麻将，他老说，趁我们现在还年轻，好好干才行，年轻吃苦不算啥，只要老了不受罪就行。

在我们即将结束采访的时候，吴启民的妻子告诉了我们一个好消息，她说，农民群众的致富步伐已不断加快，拖拉机、四轮车开始走进每一户农民家中，他们发现了这个机遇，凭着自己平时修农机时给村民留下的良好口碑，现正在市区联系销售商，准备开始农用拖拉机、四轮整车的代销业务，银行贷款和营业执照正在办理当中。

社会主义新农村建设正在如火如荼地进行之中，吴启民作为先富起来的农民青年代表，正抓住这一前所未有的机遇，努力奋斗、开拓进取，我们深信：在党的好政策的带领下一定会有越来越多的新型农民创业者加入其中，用自己辛勤的汗水去谱写自己未来的华彩乐章。

十五、服务乡亲的村干部

（一）服务乡亲的水各村村委会主任——蒙炳朝

村委会主任蒙炳朝，男，水族，1963年生于贵州省三都县水各村，初中文凭，无宗教信仰，现任水各村村委会主任。作为土生土长的水各村人，蒙炳朝在村民中文化程度比较高，拥有一定的声望，与其他村民相比，家庭生活条件也相对较好，家里有2台电视机、2台电冰箱、1台洗衣机、1个电磁炉、1个影碟机、1部固定电话、2部手机、1辆摩托车和1套组合音响。

蒙炳朝的大儿子已经结婚，小孙子刚1岁多，除小儿子在外打工，一家9口人都在水各村务农和经营一些副业，并带动村民转变传统观念，发展水族的特色产业。蒙炳朝家是典型的水族建筑，建筑面积大约有200平方米，木质结构，底楼储存粮食等，二楼是客厅和卧室，院子外面是水各村为发展旅游业修建的水族卯文化陈列展览馆。家里平时做饭大多用电和木柴。蒙炳朝给我们介绍说，由于村子离县城较远，煤气、液化气都很难买到，大多数家庭都用电磁炉，一来干净、卫生，二来安全，不会担心发生木柴做饭导致家里起火的事情发生。按照家庭联产责任承包制，蒙炳朝家共承包了11亩地，5亩旱地、5.3亩田和0.7亩荒地。其中有5.3亩地种水稻，5亩旱地种玉米，0.2亩地种红薯，0.5亩地种棉花。除了承包的11亩土地之外，蒙炳朝家还养了6头牛、1匹马、2头猪和30只鸡，生产工具有1个马驴车和1个水泵。除了部分用于自家消费外，其他的拿到市场上销售，虽然数量不多，但总能为家里增添些额外收入，特别是在交通不是很便利、离县城较远的小村庄。

表15-1　**2007年蒙炳朝家庭收入来源情况表**　单位：元

职业	收入	职业	收入
从事种植业	8000	本乡镇就业工资	0
从事渔业	0	外出打工	4000
从事家庭手工业	0	从事运输业	0
从事畜牧业	2000	政府补贴和社会救济	0
从事养殖业	0	出租草场、耕地、房屋等	0
从事旅游业	0	其他经营收入	1600

表 15－2　　2007 年蒙炳朝家庭耐用消费品情况表　　单位：个

项目	个数	项目	个数
电视	2	农用车（拖拉机）	0
电冰箱	2	卡车	0
洗衣机	1	小轿车	0
照相机	0	电话	1
影碟机	1	组合音响	1
电动车	0	手机	2
摩托车	1	自行车	0

从与蒙炳朝的交谈看来，作为村主任他对发展本村的经济有些自己的想法。

种植水稻是水各村村民收入的主要来源，但由于村里只有十几台农耕机，耕作主要还是靠人力和牛车，大多数的有劳动力的青壮年都外出打工，水稻种植的产量也逐年下滑。当提及现在全国很多村都普及了机械化，如果大家都使用农耕机，就可以节省很多劳动力，蒙炳朝显得有些为难，三都作为全国的贫困县，资金比较短缺，经费补贴很少，大部分资金还是要靠村民自己解决。

蒙炳朝认为思想大胆一点是致富的首要因素。蒙炳朝向我们介绍说："水各村的致富带头人很少，村里有家人跑运输赚了些钱，盖了新房。那家人思想比较开放，敢冒险，是村里第一家自己买大卡车跑运输的。"谈到这里，蒙炳朝看了看刚修好的乡村水泥路。从县城通往水各村的公路，是由政府出资、村民自己出力修的。当时的场面很感人啊，一些在外打工的青壮年听说家里要修路了，都从外地回来为村里出一点力，当时老人和背着孩子的妇女都在一起劳动。来视察的领导看了都非常感动。现在水各村绝大多数村民家门口都是水泥路，还有少数偏远点的地方是泥巴路。"没有通水泥路的村民估计有40 名左右，我们现在在想办法争取在今年使村里的道路硬化程度达到100%。"蒙炳朝若有所思地说道。

由于在村里挣不了钱，很多青壮年都外出打工。但现在水各村开始大力发展旅游业，作为村委会主任的蒙炳朝在过水族的春节——"卯节"时，积极地向回来过节的年轻人介绍村里现在发展旅游业的情况，吸引了部分外出打工的年轻人回家，其中就包括他的儿子和儿媳。在村委会办公室的旁边就是村小学，当谈及水各村的教育情况时，蒙炳朝说："有 21 名教师，大多是中师毕业，有些是大专毕业，加上学前班总共有 10 个班 400 名学生左右。村里的孩子小学毕业后到镇上念初中。"为了扩大村民关于农业技术的知识，村办公室还特地成立了农家书屋，里面有一些关于农业技术的书，还有些其他扩展村民知识眼界的书。

关于水各村孩子受教育的问题，是蒙炳朝比较担心的问题之一。由于水各村的经济状况不好，读书对很多农户家庭来说是比较困难的，村里大部分人只上到初中就没有继续读下去了，有的妇女甚至只是小学毕业。针对这种情况，蒙炳朝也曾向镇政府或县政府反映过这一问题，希望给学习成绩优秀的学生一定的补助，帮助家里渡过难关；或者申请成立一个教育基金会，专门扶助品学兼优的学生，为家乡培养人才。但是由于三都县也是国家级贫困县，资金也十分短缺，申请资金一事一直被搁置。

作为村委会主任，蒙炳朝一直把发展村经济、提高村民的生活质量作为一件大事。旅游和果蔬是水各村的特色产业，鼓励村民种植一些销路比较好的果蔬，比如九阡李和柑橘。马尾绣①是水各村的特色工艺品，村里很多妇女都会绣，但都是妇女在家没事的时候绣一下，效率比较低。蒙炳朝想组织妇女去正宗的马尾绣之乡学技术，但是又要考虑食宿问题，马尾绣不是学习几天就能学好的技术，再加上水各村离县城远，交通不是很方便，果蔬的运输也是个问题。但最主要的还是缺少人才和劳动力。青壮年都外出打工，妇女、老人在家照顾孩子，搞种植业就有点麻烦了，说到这里蒙炳朝满脸沉重。

目前，水各村把发展旅游业作为经济发展的重中之重。水各村在政府出资、村民出力的情况下，建成了 1200 米通村、4 米宽的镶边碎石路，2 米宽混凝土路面 1300 米左右，3.4 公里的石板旅游布道，2 个公共厕所，1 个混凝土活动场地，大概有 800 平方米，1 个 2780 平方米的停车场。但是现在村里还没有路灯，资金不够。

蒙炳朝作为村主任，主要想从旅游、种植业和养殖业这三方面来发展水

---

① 马尾绣是水族最古老又最具民族特色的一种刺绣工艺。其制作过程烦琐复杂，绣出的成品古色古香，华美精致，结实耐用。马尾绣的刺绣图案具有古朴、典雅、抽象的特点，并具有固定的框架和模式。

各村的经济。

水各村是一个典型的水族村寨，离九阡镇政府有4公里左右，离三都县城有60公里，坐车到县城需要1个多小时。但是水各村旅游资源比较丰富，水族的“卯节”一直有“东方情人节”的称号，从2005年以来已成功举办了两届“中国水族卯文化风情之旅”活动。蒙炳朝初步设想是想把水族“端节”和“卯节”办成水各村旅游的特色。

水各村的九阡李和九阡酒比较出名，九阡李成熟不久，很快就卖光了。本想扩大九阡李和作为九阡酒酒渠的一些原料的种植规模，但是水各村九阡李的种植规模不大，主要是村民考虑到万一碰到病虫害或像去年那样的冰灾，收成就都没有了。村民还是比较保守，先满足粮食的种植，还有就是村里大部分青壮年都外出打工，缺乏劳动力。

蒙炳朝还有个大胆的想法，几个村干部先联合起来发展养殖业。村干部带头，下半年（2008年）在村里养100来头猪，如果村民看到能赚钱就会参加进来。

在这一系列推动经济发展的措施中，难免存在一些问题。

水各村在2005年第一次举办“中国水族卯文化风情之旅”时就发现了一些问题，由于资金、技术和村民思想没有完全解放等原因，水各村的旅游业还是在起步阶段。水各村离贵阳很远，而且大部分都是山路，至少要三四个小时才能到。很多游客来了以后没有住的地方，吃饭就在村民家里解决。马尾绣和银饰品是水各村的特色，但是村民很淳朴，并没有在过节时拿出来卖给游客，只有游客自己看见了想买，他们才拿出来，基本上是成本价卖给游客。所以，在旅游上，水各村的商品收入不是很多，观赏性的东西多一些。

在九阡李和九阡酒粮食原料的种植上，缺乏劳动力，在种植时需要机械化操作。在购买肥料和农耕机这方面政府可以给予一些贷款补贴，还有农业税补贴，但是缺乏种植技术是最主要的。村民对现在的新技术不懂，需要引进或聘请一些技术人员作技术指导。

去年（2007年），水各村很多村民养鸡，但由于没有技术，大多数村民家养的鸡都死了，蒙炳朝家的鸡也死了。这次村干部几个搞生猪养殖，村民经过上次死鸡的事情都不敢加入。蒙炳朝想这次一定要请专家指导一下。

在蒙炳朝看来，限制水各村经济发展的因素主要有以下三方面：第一个方面是，村里劳动力不足，大部分外出打工，在养殖业和种植业方面都缺乏技术，因此效益不好。第二方面就是村民受教育水平比较低，大部分年轻人读到初中就出去打工了。村、镇、县财政都比较困难，也没有资助成绩好的学生。第三方面就是水各村大多是山路，交通不便，有的种植果蔬运不出，市场信息不全，销售量比较小。水各村地形也不利于分散种植，现在正在号召村民实行集体制还是合作制的方式，使旅游业、种植业和养殖业形成一定规模。

我们相信，在村委会主任蒙炳朝的带领下，村民的生活质量肯定将得到很大提高。水各村人一定能够依靠自己的努力，创造出新农村建设的新道路，走出一条适合本村发展的致富之路。

（二）巾帼不让须眉的村干部——冯琼

见到冯琼时，她正灿烂地笑着等着我们，在水各村的访问一直都是冯琼女士陪伴着我们，她热情奔放、乐观开朗，笑容一直挂在脸上，无论是寻找访谈对象还是作为访谈对象，她都是很认真很认真地帮助我们，作为难得的女性村干部，我们对她进行了访问。

冯琼，女，40 岁，高中文凭，已婚，水族。家有 4 口人，包括大伯吴松，43 岁，初中文化，丈夫吴光荣，39 岁，高中文化，在都匀一中打工，女儿吴龙丹，17 岁，高中文化，儿子吴龙彦 15 岁，初中文化。

她于 1992 年担任水各村妇女主任，2001 年担任水各村村副主任，2007 年担任水各村妇女主任。冯琼家庭经济状况主要是有 1.8 亩水田，但租赁给本村村民经营，目前在帮助其大伯经营“翠竹园”食宿旅馆。

冯琼与丈夫的婚姻是慎重的，因为两个人是自由恋爱然后结婚的，对于两个人的婚姻，冯琼很自豪，因为在水族，姑娘嫁得远，是不容易的，但是，冯琼还是嫁给了丈夫，离开家乡，来到了水各村。

对于自己现在的村妇女主任的职务，冯琼认为自己已经是在尽力地工作了，之前冯琼曾担任过村里的党委副书记，而且是高票当选的，但是由于自己的家庭问题，还是卸任了，她说：“我还是很在乎家庭的，女儿书读得很好，我想让她读大学，所以，就要努力地工作赚钱为女儿攒学费，丈夫没有外出打工而是留在村里，帮大哥照看生意，儿子在县城里面读技校，家里也没有什么土地……”所以，冯琼除了在领取微薄的工资外，还在一家木材加工厂工作。

每天往返木材加工厂和村子之间，冯琼就要花费将近 1 个小时，她是走路往返两地的，村里有人劝她买辆自行车，何必让自己那么辛苦，冯琼只是笑笑说：我不觉得辛苦，女儿每次来回都要花掉 5 块钱的交通费，我不用骑车子，我的脚很好，能够走路，这样女儿就不用节省这 5 块钱，可以经常回家了。

在对冯琼的采访中，我们发现她是一个很有思想的人，关于本村的旅游协会她是这样介绍的：我们的旅游协会由 4 个部分组成，有迎宾组、后勤组、卫生组和老年组，由于我们村的 60% 的青年男子都出去打工了，所以这个旅游协会主要是由妇女、孩子和老人组成的，迎宾组就是在村子门口接待游客。后勤组就是安排游客的吃饭和住宿，当然这方面我们做得很不够，一般来大团就是游客人数很多的时候，我们往往安排不了；如果人数较少，我们都是把游客安排到村民家里，但是人数一多就往往要把游客安排到村里的小学里，而且还要轮流吃饭。

我们水各村还有一个优势就是号称“东方情人节”的“卯节”主要的活动场地卯坡就在我们水各村，所以，每年只要到“卯节”我们的旅游协会的后勤问题就会更加地突出出来，这也是我们“翠竹园”开办的初衷，可以缓解一下这个问题。卫生组主要负责水各村各种公用设施的卫生保洁工作，虽然我们水各村现在家家通上了自来水，但是水压不够，所以洗手间的卫生问题也是一个亟待解决的问题，其实，每次有游客向我们反映的时候我们都会说“不是我们不爱干净，而是水压不够，厕所打扫不了”，但是，我们也知道，如果想要把水各村的旅游做得更好，这方面的问题一定要解决，没有一位游客会喜欢洗手间脏乱不堪的旅游景点。老人组，是我们旅游协会的一个特色，水族是一个非常孝顺的民族，而且，想要了解水族的文化就必须要从了解水族老人做起，在旅游协会里，老人组一般负责一些古老仪式的主持和担任一些爱好水族历史文化的游客的讲解员，但是，由于水族老人一般都是讲水族方言，所以与外地游客沟通起来还是有很多不方便的地方，这些都是需要改进的地方。这是我们村主要的商业活动。

关于本村如何发展她也有一些具体的想法：其实我们也有这些想法，但是说总是要比做简单，你看，我们村的青壮年都外出打工了，而且只要出去见过世面了，一般都不会回来，只要是有些文化的都出去了，那么谁来管理这些厂子呢，最重要的是资金，没有钱怎么建厂呢？九阡酒家家都会酿，可是，酿出来卖给谁呢，没有专门的销售渠道，谁都不敢把粮食拿来酿酒，以前也有游客觉得酒不错，我们就用那些小桶之类的卖一些，但是都没有大规模地打过卖酒的念头，没有门路，根本不好卖。酒都是用粮食酿的，我们可不能糟蹋粮食。

至于九阡李，这个真的很好卖，一般是果子成熟不久就卖空了，但是，去年遇到雪灾，今年就没有什么收成了，九阡李也存在跟九阡酒一样的问题，每家的土地是定量的，你把土地拿去种李子了就会少种粮食，万一遇到病虫害还有天灾什么的，不但李子没有了，粮食也没有了，所以大家都是先把粮食种足了再去种李子，所以，也形不成规模。对于九阡李，我们政府是大力支持的，种子、化肥，还有销路什么的都帮我们一一解决，去年的雪灾，政府还给我们补助了呢，不过，大家还是观念的问题吧，都不敢贸然地放弃粮食。毕竟，吃饭还是最重要的。

表 15－3　**2007 年冯琼家庭收入来源情况表**　单位：元

职业	收入	职业	收入
从事种植业	9000	外出打工	5000
从事林果业	0	政府补贴和社会救济	0
从事畜牧养殖业	0	出租林地、耕地、房屋等	0
从事渔业	0	本乡镇就业工资	5000
从事家庭手工业	0	出租生产工具	0

表 15－4　**2007 年冯琼家庭支出情况表**　单位：元

总支出	生产性支出	衣服	食品	看病	教育	娱乐	红白喜事	交通	通信	住房
12600	4000	1000	2000	500	4000	0	500	200	400	0

通过对冯琼的访问，我们感到很欣慰，因为有这样优秀、出色的女性村干部的存在，水各村一定会有更好的明天，我们也祝愿冯琼女士的女儿能够金榜题名、梦想成真！

（三）德高望重的退休老干部——李瑞林

我们今天访问的李瑞林老先生，是水各村党员中年龄最大的一位。李瑞林，男，62 岁，工读学校毕业，1966 年曾在民干校进修一年半，无宗教信仰。共有子女 4 人，其中前妻所生 3 个；1990 年与前妻离婚，和比他小 26 岁的现任妻子结婚并育有一个女孩，今年 9 岁，名叫李咪，目前在水各村小学读二年级，成绩优秀，喜欢画画，我们看见墙上也贴着很多李咪关于画画和学习上的获奖证书。对此，李瑞林自豪地表示，孩子读书是好事，只要她愿意读书就一直供下去。

李瑞林不光是村中德高望重的老干部，而且还具有多重身份。首先，他不仅是村中年龄最大的老党员、老村长、老年组组长、水各村小学的老校长和村中唯一的公务员，还是目前村中最高学历拥有者李萍的姥爷。

李瑞林从小在生产队的工读学校半工半读，1966 年被选到都匀市民干校进修，一年半后被招工到县公安局，4 年后由于文化大革命斗争复杂，跑回村中，到水各村小学教书，当时水各村小学只有两名老师，20 余名学生。他教语文，还有一名老师教数学。每天生产队给他们每人 7 个工分。1977 年李瑞林光荣地成为了一名共产党员，1989 年李瑞林又被调到都匀市林业局的木材监测站工作，于 2001 年在林业局退休并担任水各村村长。由于李瑞林是公职人员没有分到土地，目前家中主要经济来源为每个月 2000 元的退休金。2008 年以每头 150 元的价格共出售 12 头小猪，另养鸡 6 只。2001 年建成 70 平方米房屋，现已通自来水。一家三口在生活上虽没什么负担，但一年到头也积累不了多少钱，说到未来的打算，李瑞林说自己岁数大了也没什么想法了，主要是小女儿的教育问题，李瑞林承认，村中的文化程度普遍非常低，他们这两代人是没希望了，但是下一代的培养却是至关重要的，村子未来的发展就看现在这批娃娃的了，虽然自己的小孩是个女孩子，但只要她争气肯读书，就一定全力支持她，好好培养，哪怕将来去借钱、去砸锅卖铁也要供她完成学业，能读到什么程度就供到什么程度。现在，小女儿仍在接受义务教育阶段，花费还很低，每年的教育费用大概在 500 元左右，但是以后上中学，甚至将来读大学的话，这都会是一笔不小的开销。谈及此，李瑞林陷入了深思和忧虑中……

表 15－5　　2008 年家庭收入来源情况表　　单位：元

职业	收入	职业	收入
从事种植业	500	本乡镇就业工资	2000
从事渔业	0	外出打工	0
从事家庭手工业	0	从事运输业	0
从事畜牧业	0	政府补贴和社会救济	0
从事养殖业	1800	出租草场、耕地、房屋等	0
从事旅游业	0	其他经营收入	200

表 15－6　　2008 年李瑞林家庭支出情况表　　单位：元

总支出	衣服	食品	看病	教育	红白喜事	交通	通信
24300	800	20000	600	500	1500	400	500

从表中可以看出，李瑞林的退休金和养殖所得基本上全用于日常开销上了，家中的积蓄只能靠妻子平时上山采野菜和竹笋获得，存款非常有限。

谈到村子未来发展，李瑞林说，村民文化程度太低，经济跟不上去，也就没有钱供子女读书，逐渐形成现在的恶性循环，短时间之内很难改变这种局面，只能靠一代又一代的人，不断转变思想，不断进步。将来有文化的人越来越多，村子才能有好的发展。目前他认为就村中的种植业来说九阡李收成较好，可惜肥料太贵，村中的土地水分又低，而且坡地很多无法浇灌，造成产量跟不上去。我问他可不可以借助地理优势和本民族风情发展旅游业，他表示这个想法对他很有启发性，但是经济上存在很大的困难，并且缺少有文化、有能力的人主导这个项目，期望日后能得到政府和相关部门的有效扶持。

十六、民间艺人

（一）亮相上海滩的民间艺人——张弄青

在我们采访五保户老大娘时，隔壁的小伙子张弄青主动加入我们的谈话，又热情地问我们想不想试穿水族的服装，见我们表示出极大的兴趣，张弄青立刻拿来了自己的服装和全套配饰，并告诉笔者如何穿戴。我们了解到，张弄青是当地铜鼓队的成员，这套漂亮的衣服是他的演出服，而做这样一套衣服，要花大概500元钱，这可以说是村中最贵的一套衣服了。面对陌生的访客，弄青可以毫不犹豫地拿出自己最贵重的衣服给人试穿，水各村的热情好客，由此可见一斑。

张弄青，男，30岁，水族，无宗教信仰。已婚并有一对可爱的双胞胎小女孩，今年3岁；妻子吴玉门，也是水族。张弄青是初中文化，妻子吴玉门家境较好，念到了高中。可以说他们俩是村中文化程度较高的夫妇，这也为日后双胞胎的培养和教育打下了良好的基础。

张弄青家中共有兄妹4人，他排行老二，还有个哥哥和两个妹妹，一个在贵阳打工，一个在都匀市里打工，也是村中为数不多的在外打工人员。哥哥被评为民间非物质遗产传承人，正是受哥哥的熏陶，弄青也喜欢上了音乐，他们兄弟俩和村中的另两个小伙子在市文化站的老师的指导下，组成了一个极富水族民间特色的铜鼓组合，并多次参加比赛取得优秀成绩。水族的铜鼓可以说是最具有他们民族特色的乐器。据说在1700年前，母权社会的女王统治着诸多部落，但这些部落往往各行其是，不相统一。一个叫阿龙国扎的男青年，作战勇猛，一身好武艺。一天，他打死了一只很大的老虎，将皮剥下晒在洞口横倒的楠木树上。由于猛虎凶残暴虐，伤人过多，部落里的人非常气愤，每天用石头和木棒敲击虎皮。因楠木树老心空，覆盖的虎皮发出恢弘的“咚咚”之声，响彻四方，鼓舞人心。7天后，虎皮干了，声音变小，人们就用水泼在上面，潮湿后再击之，声音依然洪大。如此反复多次，形成了部落召集人员的信号。鼓声统一了一个部落的思想行动，创始人阿龙国扎的威望与日俱增，成为了水族历史上第一个男性大首领。后来，水族人就用兽皮和楠木制成一种风格独特的圆木大鼓。其制作方法是取一段楠木挖制，头大尾小，两端糊上兽皮，鼓身用皮条连接，用以调节鼓面的紧松，鼓身中部有小孔。

所以说，张弄青他们身上还担负着传承水族传统文化的重任，我们问到他们出去比赛的奖金和外出表演的报酬，张弄青略显羞涩地说，附近村子有什么活动都会请他们去表演助兴，一般都是帮别人忙，拿不了几个钱的，要是外面有大型的商业活动他们还会拿一点，不过也非常少。像上次上海一个商场开业，请他们去表演，除了报销往返差旅费外，每天可以拿到 30 元的误工费，一次大概会去 10 天左右。所以每年靠表演的收入并不多，主要经济来源还是在家务农所得。张弄青属于上门女婿，因为还没有属于自己的房子，现在暂时种岳父借给的 12 亩水稻，另有 70 亩九阡李租给邻村朋友，收成的时候拿四成利。除此之外，还养有 3 头小猪和一个自给自足的小鱼塘。目前因为家里面孩子还小，没有出去打工的想法，近期的计划就是赶快攒些钱，盖个房子，这样就可以再分些地，把整个家支撑起来。

我们问他去上海有什么感受，他说到上海看见那些高大的建筑和繁华的景象，并不是没有想过留下来找份工作，挣点钱再回家。可是这些想法对于来自山区农民的他来说非常困难，自己不知道能在那里做些什么，与当地人沟通起来又很困难，也没有熟人帮忙，所以只能感慨一下外面世界的精彩，之后换下华丽漂亮的演出服，换上自己朴实无华的衣服，回到现实，种自己的一亩三分地。也想过去一些培训学校，学习专业的音乐知识，好把铜鼓这些民间艺术发扬光大，可是又苦于没钱，无法实施，这大概也是很多和他一样怀有梦想的年轻人共同的无奈吧。

谈及民间文化的传承问题，弄青说现在水族本民族的东西相比过去是在一点点流失，年轻人觉得这些都是过时的东西，都没有什么兴趣，很多民间艺术和文化不能得以好好保留。比如说铜鼓的传承目前就有很大的问题，年轻人很多都不会打铜鼓，会做的人就更少了，又很少有音乐细胞。希望有关部门能更多地关注这一问题，给些资金、请些老师多加培训，加大人才的培养，保护好这些非物质的文化遗产。弄青表示，不管怎么说，他和哥哥不会放弃这份对民间文化传播的执著和热爱。

（二）外出打工的手工艺人——吴翠菊

采访手工艺人吴翠菊是在她自己家的院子里进行的。这是个整洁干净的小院，新盖的几间砖瓦房不同于水族本地居民的木房，透着新农村的面貌。有些好奇，问到吴翠菊是不是水家族，吴翠菊有些腼腆地笑着说："我不是啦，我是汉族的，从外地嫁过来的，我丈夫是水族的。"吴翠菊今年 39 岁，健谈，热情好客，接着她自己讲起来了和丈夫年轻时恋爱结婚的经历，透着幸福的回忆。"我当时和我丈夫是同班同学，在班上的关系还可以，我这人比较外向，和谁都聊得来，也没特别注意我丈夫其实，但是他当时可能对我有意思（不好意思地笑了），后来水族不是有对歌吗，每年都举行的，热闹得很呢，我丈夫就在那次对歌跟我说了（笑），我们当时也算是你们说的自由恋爱吧，后来就一直好了，就结婚了。"

不同于采访其他人的惯例开场白，这次开场白是个幸福的回忆呢，大家都不约而同地感叹。吴翠菊目前和丈夫、孩子住在一起，一儿一女，女儿已经上班工作，儿子小些在读高中。问到女儿怎么没有继续读书而选择上班，不会是偏向吧，吴翠菊又爽朗地笑了，"其实我女儿的成绩比儿子还好呢，是她自己决定要上班的，她毕业后说要上班可以补贴家用，另外省下钱来好供弟弟上学，将来考大学。我们就尊重了她的决定。她啊，从小就疼她弟弟。""真是懂事啊！"我们都齐声感叹道，虽然采访的时候没有见到吴翠菊的两个孩子，但可以想象姐姐的懂事与弟弟的聪明。

吴翠菊的工作基本是外出打工，在村里的一家木材厂打工，每月有固定的收入，平时也兼任村委会的妇女主任。据吴翠菊自己介绍说，因为是邻村嫁过来的，自己不太会种庄稼，所以就没有从事种植业，加上自己性格外向，善于与他人打交道，正好村里就有个私营的木材厂，离家也不太远，所以就打工补贴家用了。问到丈夫会不会支持她打工，她说："他还是支持的，因为我不太会种庄稼嘛，所以家的几亩地都是他在种着，比我辛苦些了，但是我的收入还是可以的，所以他也就不说什么了。"这家木材厂我们也有采访过，吴翠菊在木材厂里还是把好手，是车间的副主任，采访木材厂经理的时候，经理也夸到吴翠菊很能干，和同事的关系都很好。我们在采访吴翠菊的时候也能感到她不同于一般的农村家庭妇女，她很健谈，在回答问题时不会不好意思或者有所掩饰，她很有自己的一套想法和对生活的计划，天生性格的外向和善于与人打交道，使得她在妇女主任这个职位上也做得有声有色，尽管她有着自己在木材厂的工作，妇女主任是兼任，但村委会的领导也是对她赞赏有加。如果吴翠菊在城市中生活和工作，以她的能力，应该会干得更出色的。

吴翠菊的家庭收入来源除了她自己和大女儿在外打工挣钱，剩下就是丈夫在家种植和经营果树。田地不多，面积有 1.7 亩，种植着这一带的特产——九阡李。果园有约 40 棵九阡李，平时基本都靠丈夫一个人打理。问到这两年的收成怎么样，吴翠菊有些无奈："这些完全靠老天爷呀，去年还可以的，我们收了有 200 斤，一斤的话可以卖到 5 元，加起来有 2000 元的收入；今年过年不是有雪灾吗，我们也遭殃啦，基本都没什么收成的。这种庄稼地的就靠老天爷吃饭呀，要是我和女儿不在外面打工，就没法过啦。"在这个家里，吴翠菊的打工收入撑起了半边天啊。问到家庭的开支，吴翠菊说："家里的开销基本都是孩子上学的费用，这个是大部分，去年花了有近 1 万元，今年还多点，大概 12000 元，我和丈夫吃穿都花不了几个钱的，身体也还算结实。大女儿自己挣钱了不管家里要还能给家里补贴点儿。所以就是小儿子上学花的钱多。"

对于自己家庭和村子将来的发展，吴翠菊可有一套自己的想法，说起来的时候滔滔不绝，也着实让我们佩服她的智慧与能干。

对于自己的家庭发展，吴翠菊给我们透露了她正在筹备开个民族特色的住宿村。她说："你们看我们这个水族的村寨，近几年来游客越来越多，不仅有国内的，还有很多外国人来我们这里旅游参观呢，可是我们村子里面别说旅店、旅馆了，连个像样的住宿的地方都没有，全是自己水族的农民住户，而且一般的水族老人比较封闭和保守的，也不会接待外人来自己的家里住，所以来这里的游客们都是住在县城，而我们水各村又是离县城最远的村子，路也不好走，于是我就琢磨着在水各村开个咱自己的住宿村，弄成水族特色的木房子，提供水族特色的饮食，可以接待客人，能吃住，也有娱乐活动。这样一来可以赚到钱，也方便了游客。"讲到这里，我们也不由得佩服吴翠菊灵活的经商头脑。问到资金的来源，吴翠菊说自己的家里有些存款，丈夫的哥哥也准备投资些钱在这个住宿村，剩下的可以管村子里的亲戚朋友借些。至于开业后能否赚钱，这个吴翠菊也自己算过一笔账，冬天天冷的话，生意会冷淡些，但是春秋和夏天的时候，贵州的气候还是很宜人的，除去成本，还是可以赚到些钱的，一年能赚到千八百元。吴翠菊的思想比较开通，问到孩子的将来工作，她说希望孩子们能到城市里找些好工作，能见些世面，如果实在不成，回家里帮忙经营这个住宿村也好。

最后，问到关于水各村的发展和如何带领农民致富的问题，吴翠菊讲起来比自家的发展的兴致还要高，由于是村委会的妇女主任，吴翠菊对村子里大大小小的问题和现在都有很深的了解，讲起来也头头是道。

吴翠菊说，制约水各村发展和村民致富的问题很多，方方面面都有。总体来说我们农村的基础设施还有待提高，需要政府的投入。关系到村民首要生计的问题就是水源，村子里比较缺水，虽然各家各户都有了自来水，但是水少、水量小，像我们这卫生用水、洗澡的水都很少。用水要很节省的，一般厕所和洗澡水我们都舍不得用自来水的。

还有就是农民普遍存在的问题：知识文化水平低。我们这村子里的人们文化水平都比较低，基本就是小学水平，能识字写字的已经不错了。年轻人也最多是初中、高中毕业。如果能修建些技校，让村民接受些有关农业或者技术方面的教育，我想应该会很好的，很多农民其实想学些先进的农业技术，可是没有地方呀。

吴翠菊说最重要的就是村子需要招商引资，水各村比较封闭，基本没有外来的投资。希望能在粮食加工方面引进些投资，比如农民种的经济作物，需要有外面的公司来回收、指导、打开销路，采用“公司＋农户”的方式，要不农民种的经济作物找不到市场和销路，往往自己亏本，主要就是农民没有信息渠道。旅游方面村子里也需要硬件的提高和政府的大力宣传。比如水族的传统节日卯文化节和著名景点情人谷，都是可以开发和吸引游客的旅游项目。以及开发旅游周边的民族文化手工艺品和九阡地区特产的九阡酒，这类旅游的附加产业还有发展的空间。

另外就是村子里的医疗设施和医疗制度。医疗设施太落后，小病小灾的能看，遇上大病就只能往县城里跑了。虽然村民现在都有医疗保险，但是村民普遍反映医疗保险定点的医院的药不好，疗效不大，还是得去私人医院，但费用高，村民有些承担不起。村子里现在还没有24小时的诊所，应该建个规模相对集中、大的医院，既能给村民，又能给外地来的游客万一有突发情况医治。

吴翠菊认为要想加快水各村的经济发展，提高农民的收入水平，主要还是需要资金的投入、政府的支持与大力宣传，以及农民自身素质的提高等。

通过采访吴翠菊这位普通而又智慧的农村妇女，我们可以感受到她对自己的家庭、自己的村寨的热爱与迫切想改变农村落后的心情，希望她能在自己的工作岗位上继续发光发亮，同水各村的人民一起迈向富裕的道路。

十七、村中其他村民

（一）外出打工者——吴家明

很容易就从家里的家具看出这个家庭的生活质量比之前的都要好一些，院里有辆自行车，客厅里不但有电话电视，还有一台影碟机，这样的家庭在水各村是很少的，那么让我们来认识一下家庭的主人：吴家明现在在水各村的一家木材厂打工，男，水族，1962 年出生，初中文化水平，无宗教信仰。初中文化在这里已经算是“文化人”，也是大伙眼里的能人，家里只有 3 口人，却也能把日子过得有声有色。

2007 年吴家明家的全年收入为 5600 元钱，下表能够很好地显示出吴家明家的收入情况：

表 17－1　**2007 年吴家明全家收入来源情况表**　单位：元

职业	收入	职业	收入
从事种植业	2000	本乡镇就业工资	0
从事渔业	0	外出打工	600
从事家庭手工业	500	从事运输业	0
从事畜牧业	0	政府补贴和社会救济	0
从事养殖业	2500	出租草场、耕地、房屋等	0
从事旅游业	0	其他经营收入	0

不过这大概是去除了一部分的成本费用之后的结果，因为在调查表下面的农作物、牲畜、家禽的填写情况（表 17－2）表明了，他的收入不止这些。

表 17－2 **2007 年吴家明家族农作物、牲畜、家禽情况表** 单位：亩、元、个

种类	亩数	折算价值	种类	亩数	折算价值	种类	个数	折算价值
玉米	3	2000	瓜果	0	0	羊	0	0
麦类	0	0	花草	0	0	牛	6	8000
薯类	0	0	烟草	0	0	马	1	2000
棉花	1	100	油料	1	500	驴	0	0
蔬菜	0	0	糖类	0	0	猪	0	0
水稻	0	0	桑麻	0	0	禽类	20	400
大豆	1	200	药材	0	0			

3 口人种了 8 亩地，里面有玉米、棉花、水稻、油料、大豆等多种农作物，这些农作物可以搭配种植，节省时间、空间，可以收到很好的种植效果，很明显，所谓的能人，其实就是脑子活、思路广，善于学习利用先进的经验，当然这也是需要一定的文化基础的。同时，在农闲的时候，吴家明还会去不远的县城做点零活，收入的多样性保证了不会因为一些特殊情况而对家庭生活质量有太大的影响，同时可以根据当年的市场调整种植情况。

了解了收入，我们再来看支出，下表是 2007 年吴家明的家庭支出情况：

表 17－3 **2007 年吴家明家庭支出情况表** 单位：元

总支出	生产性支出	衣服	食品	看病	教育	娱乐	红白喜事	交通	通信	住房
7500	1500	500	200	100	4000	0	500	200	500	0

从表中可以看出除了比别的一般家庭多了 500 的通信费用外，其他一切都是尽量节俭，以全家的力量来供养一个在上大学的孩子，每年高达 4000 元的学费，让这个村里的“能人”也有点吃不消，但是该读书的还是要读书，只有上大学孩子才能有出息，吴家明心里有一丝犟强：我就不信供不出一个大学生出来！

不过无论如何，吴家明的家庭条件是在村子里很好的，自己花钱盖的砖瓦房，“看那大门，多气派！”带我们来的村民眼里都是羡慕，屋子是 70 平方米的屋子，3 口之家绰绰有余，屋里有炉子来取暖，这样湿冷的天气可以在客

厅里烤火，而不用直接上炕了。院子里是自己花钱打的水井，喝水方便也干净。烧的也还是木柴，这里没有煤矿，天然气、煤气也不现实，电价还是太贵，不过吴家明想了，等以后有钱了，可以弄一个沼气池，烧饭也用上气儿。说这话的时候，吴家明抽着烟满脸笑意，话语中全是对未来美好的憧憬。

在问及是什么限制家庭收入的时候，吴家明想了想，选了自然灾害、市场、土地少3个原因。水各村没有什么水利设施，旱涝的日子，只能靠人力来补救，但是面对大自然，人力总还是渺小的。土地少是想要扩大种植规模，吴家明已经有了相当的市场观念，提前判断好市场走向，要是有更多的地，可以雇人种更多的农作物，每亩地的收益都是很可观的。或许他（们）相对相较富裕的原因，就在于他们对市场的了解，摆脱了靠天吃饭，而成为靠市场养人。

谈起自己的生活，吴家明还是比较满意的，闲暇时间可以看电视、看书（农业技术书），因为要不断补充知识，才能跟得上发展。唯一觉得困难的是孩子的学费实在太高，但是没办法，全国的高校教育都是如此，水各村的孩子要是想走出村子，必须要承担比他们以前生活高出很多的各种费用。

知识决定命运，吴家明的初中文化水平，帮助他在村子里走在了前面，他希望自己的孩子能够生活得更好。但是对于那些无力供养孩子在学校深造的家庭，将如何应对这个正在加速的社会，如何才能不被社会越抛越远，这是一个问题。我倒是希望，那些吴家明们，能够真正地做好村里的能人，带着大家走向富裕。

（二）勤劳朴实的木材加工厂工人——吴启住

当我们来到吴启住家门口的时候，他非常热情地上前迎接，我们细细打量了他一番，发现站在我们面前的是一个上身穿着深蓝色上衣、下身穿着浅灰色裤子、脚上是一双黑色布鞋的中年男子，这就是吴启住的一贯穿着，可能这和其他很多水各村村民没有什么特别之处，但正是这样一副简单穿着体现了吴启住的真实品质——勤劳与质朴，而这也正是水各村人民的真实写照。

吴启住，男，水族，1973年出生，一名普通的木材加工厂工人，小学文化程度，信仰天主教。家里有四口人，妻子和两个孩子。妻子现在家里务农，两个孩子都外出打工去了，一个远去浙江，一个南下广东，平日里只有他们老两口待在家中。

吴启住现在是水各村木材加工厂的一名普通工人。其实，原先的时候，吴启住跟妻子一样，只是在家里务农，平时种种地、养养家禽什么的。说起为什么当起木材加工厂的工人，其实还是源于村支书的功劳。当初的吴启住只知道自己是一个普普通通的农村人，要么就做一个老老实实的农民，农民就应该好好地种地，种地是农民的本分；要么就外出打工，就是后来两个孩子所走的路，从来没有想过在自己的家门口能干什么工业、商业，而且也不相信。

当时，三都县政府部门正酝酿着成立一家自己的木材加工厂，这时不仅要聘请这方面的专家和技术人员，同时还要有一批从事木材加工生产的普通工人。这批工人从哪里来，肯定是要从自己的水各村的村民中来。接下来的困难就是动员一部分村民放下手中的农活，来加入木材加工厂的生产。因为水各村的民众普遍文化素质都比较低，没有受过什么正规的教育，传统思想很落后，特别是对一些新鲜事物的出现总是很冷淡，甚至排斥，这就需要有人来进行疏通和开导。很显然，这项重担就落在了村支书的身上。

那段时间村支书和村里的其他干部每天走门串户，给村民们做思想工作，很是艰辛。听吴启住自己讲述，村支书给他做思想工作的时候，给他讲了很多关于木材加工生产的有利条件，说是村民自己种树，等树木长大以后，木材加工厂把树木收购回来，同时村民得到的除了树木的收购价以外，还会得到一些政府的补贴。这些树木在木材加工厂生产之后，将由村民用汽车运送到外地，一般出售给广东、浙江一带。可以说，这是一条快速致富的好路子，同时政府还给予政策上和措施上的大力支持，包括财力上、技术上、管理上等环节，因此可以说是一个难得的好机会，希望大家都能够参与其中。尽管村支书的“游说”很充分，但是，当时吴启住的信心还并不是很坚定，私底下他和妻子及两个孩子又沟通了一下，最后自己又经过了一番长期的思想斗争，这才下定决心把家里的农活交给了妻子，自己来木材加工厂做工人。

刚来到木材加工厂，吴启住和其他的村民一样，什么都不懂，什么都不会。不过不要紧，水各村的村民都是善良朴实的劳动人民，他们有着一副勤劳的双手，而且这里又有着专门的技术人员和管理人员，他们每天会手把手地指导他们，给他们传授木材加工生产每一个环节的工作要领和注意事项。很快地，这些水各村的村民就把这些木材加工生产的基本操作步骤掌握熟练了。这样一来，大家无须旁人的指导，只需独立操作分配的环节，履行自己的职责，木材加工生产的工作几近成为了流水线作业，大大提高了工作效率和工作质量。

随后，我们询问了吴启住的月工资情况，他都很爽快地告知。他还说，这里的老板对他们挺好，厂子的销路也挺好，他还说，距离他们厂子附近还有一家木材加工厂，由福建人开办，他还高兴地告诉我们，他们厂子的销路比福建人开办的那家要好，说着，脸上洋溢着孩童般的喜悦。

尽管吴启住的个人收入主要来自于厂里的工资待遇，但是他全家的整体收入还包含了其他几个方面。以 2007 年全年为例，吴启住的种植业收入为 1500 元，孩子们外出打工挣得收入 10000 多元，政府补贴和社会救济 5000 元，还有其他经营收入 1500 多元。当我们问及制约他家农副业收入增长的主要原因是什么的时候，他告诉我们主要是缺少劳动力、土地少以及缺少资金技术信息等。

表 17－4　　2007 年吴启住家庭农作物、牲畜、家禽情况表　　单位：亩、元、只

种类	亩数	折算价值	种类	只数	折算价值
玉米	2	1000	牛	2	3500
棉花	1	500	鸡	4	60
蔬菜	1	200	鸭	4	80
水稻	2	2800			

同时，吴启住的每年开销也不少，他向我们罗列了在 2007 年全家具体的支出情况。

表 17－5　　2007 年吴启住家族全年支出具体情况表　　单位：元

总支出	生产性支出	衣服	食品	看病	教育	红白喜事	交通	通信	住房
9500	800	50	500	200	150	3000	2500	300	2000

在吴启住家中，我们看到，整个房子大概 100 多平方米，基本是用钢筋水泥砌成。房间布置虽然并不奢华，但非常整洁。正屋里面摆放着一台电视机和一台影碟机，院子里停放着一辆摩托车。平时做饭都用电磁炉，因为这

里使用电做饭比使用煤炭要划算很多。饮水大都是统一的自来水，已经告别了以前的井水或河水。

吴启住告诉我们，他家的经济状况并不好，其主要原因在于劳动力少，因为自己的孩子都外出打工了，家里只剩下他自己和妻子老两口；自然灾害的困扰，每年这里都要发生一些洪涝灾害，这些都直接影响着农作物的收成；还有就是最重要的一点——文化水平低，他说自己虽说是小学文化程度，但是很惭愧，刚刚上了小学二年级就不再上了，因此，他认为，教育是社会发展的根本，只有把教育搞好了，才能真正把经济社会的发展搞好，不仅是现在，也是未来。

访谈结束后，我们希望能和他及其家人合影留念，他愉快地接受了邀请。回头看着那张记录那次访谈历史的相片，希望我们记住的不仅是相片中吴启住他那憨厚淳朴的容貌，还有他那质朴的语言，以及折射出的种种发人深省的思考……

（三）外出打工者——蒙泽威

蒙泽威，男，17 岁，水族，初中文化，无宗教信仰。蒙泽威是我们访谈中年龄最小的一位，见到他时他正在忙着准备过“卯节”时需要的物品。蒙泽威家里有 9 口人，3 个老人，还有哥哥、嫂子和侄子。由于年轻力壮，蒙泽威 16 岁初中毕业就到温州打工，主要做一些零工。由于家里干农活需要年轻人，家里就蒙泽威一个人出去打工，哥哥在家照顾老人。

表 17－6　　**2007 年家庭收入来源情况表**　　单位：元

职业	收入	职业	收入
从事种植业	2000	本乡镇就业工资	0
从事渔业	0	外出打工	20000
从事家庭手工业	0	从事运输业	0
从事畜牧业	0	政府补贴和社会救济	0
从事养殖业	1000	出租草场、耕地、房屋等	0
从事旅游业	0	其他经营收入	0

表 17－7　　2008 年蒙泽威家庭耐用消费品情况表　　单位：个

项目	个数	项目	个数
电视	1	农用车（拖拉机）	0
电冰箱	0	卡车	0
洗衣机	0	小轿车	0
照相机	0	电话	1
影碟机	1	组合音响	1
电动车	0	手机	1
摩托车	1	自行车	0

蒙泽威平时很少回家，只有在过水族春节——“卯节”的时候才从温州赶回水各村老家。过几天就是水族的传统节日了，蒙泽威一家都在为节日而作准备。蒙泽威一边弄着过节食用的糯米，一边跟我们聊天。每年 7 月份有水族传统的节日——“卯节”，在外面打工的人基本都要回来，跟汉族过春节差不多，非常热闹。“卯节”也被水族人称为“东方情人节”，“卯节”一般要过 7 天，村里的年轻男女就到卯坡上对歌。那时还有很多游客到水各村来看“卯节”怎么过。为此，村里还成立了“卯文化旅游协会”。在游客来参观时，接待游客、导游参观、餐饮住宿等全部由协会负责操作和开展服务。每年“卯节”期间，由协会唱主角，举行隆重的水族习俗迎宾、原生态水族歌舞表演、水族民俗婚礼、水族农家乐、参观水族文化展厅、祭碑、祭水、敬霞、卯坡情歌放送、卯坡情歌擂台赛、游览卯坡景点等系列活动，接待国内外的游客。在水族民俗婚礼表演时，由迎宾接待组安排一对年轻男女扮演新郎、新娘，新郎、新郎身穿水族传统服饰，头戴传统头饰，接待组其他成员来演奏民族乐器，并装扮成迎亲队伍，让游客真正感受到水族人结婚时浓厚的民族风情。水族在迎亲时，新娘打扮得端庄而又漂亮，长发盘结挽于头顶，上面插满了银花……说到“卯节”，小伙子就滔滔不绝。

在谈到“卯节”时，小伙子异常兴奋。水各村现在旅游业相对来说发展得不错，当问到有没有想过回来加入村里的旅游协会时，蒙泽威告诉我们自己以前也想过在外打工照顾不了父母，要不回家，但是深思熟虑后，他认为村里的旅游协会刚成立不久，不是很挣钱，主要是在宣传水族的“卯节”文化。蒙泽威想多挣点钱后再回来，“我还年轻，以后的路还长着呢!”

蒙泽威在温州一个小区做保安，一个月有2000元左右的收入，除去个人花销，还能为家里补贴家用。在温州打工一年多，蒙泽威感触最深的就是“外面的世界很精彩，外面的世界也很无奈”！在水各村土生土长的蒙泽威以前没有出过远门，到了东部发达地区，见到、听到他之前从未接触的事物，他明显感觉到家乡经济的落后。在感叹外面世界很精彩的同时，只有初中文凭的他，明显感觉到知识的重要性。虽然周围也有很多打工者年龄和学历跟蒙泽威差不多，但是由于没有文化，自己只能干一些体力活，工资不高还很辛苦。他感叹说：“早知道就多读点书了。我们是给私人老板打工，基本上都没有医疗保险，这次也希望你们回京城能反映一下，保障我们出去打工人的权益。我们村现在也没有养老保险。”

当我们问到，出去一年多，现在最大的感触是什么时，蒙泽威若有所思地说：“最大的感觉是村里经济实在太落后了，思想观念跟外界也有很多的差距。在这个小村庄里生活了十几年，村民都很淳朴，但缺乏经商的头脑，温州人很会做生意。跟家里最大的不同是，工友一听说我是水族的，就非常地惊讶，他们似乎没有听说过还有水族这个民族，这显得我跟他们有很大的不同。”但是在谈到村里的变化时，小伙子还是很高兴，脸上洋溢着满意的微笑。现在水各村变化非常大，村里公路以前是泥巴路，雨天满路泥泞，晴天灰尘满天飞。现在村庄都铺上了水泥路，晴天雨天都一样，方便了村民的出行，特别是村里上了年纪的村民，以后再也不用为出行伤脑筋了。“现在村里好多人都加入了农村医疗保险，我们村的“卯节”风情游搞得也不错。”

谈到以后的打算，蒙泽威告诉我们说，还想回到水各村，这里毕竟是他从小长大的地方。想凭借自己在外面的见识和学到的一些技能为家乡的乡亲做点力所能及的事情。村里有很好的自然资源，只是交通不是很方便。虽然已经修通了一些公路，但质量不是很好，很多村民还是依靠马驮来运输，水各村的旅游资源和九阡李和马尾绣非常出名。蒙泽威认为，“大家应该形成集体经营，要是以后在外打工的人都回来了，村里就有足够的劳动力了，现在村里很多人都在外面打工，留在村里的都是老人、妇女和孩子。我还想以后赚了钱，回家买车跑运输，我们村有户人家就是跑运输，家里的房子盖得很漂亮。”

与蒙泽威聊天，我们明显感觉到了，他身上有那股敢拼敢闯的年轻人应有的朝气。离开蒙泽威家时，他们还是忙碌地准备着“卯节”用的物品。我们衷心地祝福，蒙泽威能早日实现自己的梦想，用自己学到的技能，带动村民致富！

（四）村中的孤儿——王培

在一个偶然的情况，我们碰见了一个热心帮忙的小伙子，虽然他不太会说普通话，但是我们还是很顺利地开始了对他的访谈。王培，男，水族，无宗教信仰，仅在小时候上过一个月的学，由于父母早亡，为了生存，他 12 岁那年一个人徒步跑到都匀，后来在都匀遇到一个水族同乡，随他来到水各村安顿下来。据他自己所说今年大概 28 岁，但是我们从他瘦弱的身躯和稚嫩的眼神中完全看不出一个接近而立之年的男子的痕迹，完全是一副高中生的相貌，猜想王培由于从小逃难到此，小时候对时间的模糊，也许并不记得自己的年龄了。因为和村子里大部分村民一样都是水族，并且水族人生来热情好客，性格随和，所以王培在村中的生活还算顺利，他说在水各村从来不觉得自己是个外来人，村里的人们也没把他当做外来人看待。据他说来村子将近 20 年了，虽然并没有固定的住所，但是村子里谁家需要劳动力，需要人手帮忙的时候，他就会在谁家住，所以对王培来讲，村里每一户都像自己的家一样，每个人都像自己沾亲带故的家人。他平时的收入来源也全靠帮村里人打工、帮人家干活，住是不要钱的，但是吃还是要交每顿 2 元的伙食费。由于村里的劳动力普遍缺乏，王培为人真诚，又肯于吃苦，一年下来大概能挣到 7000 元左右，要知道，这可是水各村去年人均收入的 3 倍还多，虽然积蓄不了太多的钱，但是对于一人吃饱、全家不愁的王培来说也足够日常开销了。

王培和村中其他青年的关系都十分融洽，看着他们在一起嘻嘻哈哈、打打闹闹的样子，突然觉得，有时候快乐成本的高低完全不在于物质上的富足与否。他们脸上这种无忧无虑的快乐表情，不知道在城里那些升学压力下的孩子们脸上又能看见几分。我们眼前的王培，虽然几乎没受过什么教育，但是他的精神世界并不空虚。虽然他也许并没有相对崇高的远大理想，但是他每天的生活充实而又充满乐趣。身在他乡的孤儿，虽然过着居无定所的生活，每天忙忙碌碌、起早贪黑地干活，但王培丝毫不觉得这有多艰辛、有多辛苦，相反地，而是很享受这种苦中作乐的状态和自己现在的生活。

闲暇时间，王培喜欢和村子其他的年轻人在一起，听听音乐、弹弹吉他、打打扑克，偶而也会小赌上几把，为平淡的生活找些乐趣，说到这，他不好意思地笑了笑。赌钱显然不是一种好的休闲方式，但对于他们几毛钱一把赌局的苦中作乐，我们也并不该对此指责什么，因为他们打牌也好，赌钱也罢，计较的并不是输赢，而是为每天平淡无奇的生活添些乐趣以及在牌局中找到一些为数不多的对自己财产支配的机会。

我们问他以后有机会的话想不想回家，他毅然地摇头说，不想回去。我们问他为什么，他说近几年曾经回去过几次，找到了一个亲戚，但是不愿意在那常住，因为那里“很破旧，不好玩，什么都没有，没有这里（水各村）好，在这习惯了。”

当谈及他未来的打算和想法，王培想了想，有些不好意思地回答我们，说自己没读过书，又不认识字，没想过太远的事情，自己要求的也很少。只是想趁着自己有力气的时候多干些活，多攒点钱，将来在水各村当个上门女婿。

（五）憨厚老实的种地农民——老赣

老赣全名赣世荣，他性格淳朴、善良，是村里有名的“大好人”，所以认识他的人都亲切地称他为“老赣”。

51 岁的老赣，是贵州省三都县水各村人。妻子李三三，女，48 岁，和他是同乡；他们有 3 个孩子，大女儿小玲，28 岁，现居山西省大同市，在山西省市环保局工作；儿子小伟 24 岁，现居贵州省贵阳市；小女儿小芳，23 岁，中专毕业后，现在在北京市海淀区打工。

老赣的父亲现年 73 岁，原是村供销社的工人，现已退休享受退休金每月 1008 元；母亲 71 岁，无工作，和老赣的妻子一样，是地地道道的村妇，可是老赣的母亲在 1993 年因为一场意外，不幸将右腿股骨头摔坏，行动不便，自从那场手术后，身体一直很虚弱，经常生病。老赣弟兄姐妹共 5 人，他在家中排老大，弟弟妹妹们现居内蒙古、山西等地，都是工薪阶级的家庭，有固定的收入，每家月收入均在 1000 元左右，弟弟妹妹们发展得好，都劝说父母以及大哥大嫂到城市里居住生活，可两位老人都不愿意去，还是比较喜欢村里恬静舒适的生活，怎么劝都不肯出去，老人们觉得在城里生活特别憋屈，没说话的地儿，也和城市里人聊不到一块儿，不像在村里，大家都是几十年的老邻居了，彼此都有照应，也习惯了，生活得很舒服了，不愿意折腾，自已不适应还给儿女找罪受。父母留在村里的意念特别坚定，老赣的弟弟妹妹们也很为难，因为父母都年迈了，身边没人照顾是不行的，老赣最后挺身而出，他觉得自己一来没什么文化，在去城里打工或是找点活儿干肯定会特别难，自己也50多岁了，不想再奋斗了；二来因为自己的孩子比弟妹们的孩子都大，老赣的孩子们都已有了固定工作收入，马上都成家了，而老赣弟弟妹妹的孩子，因为从小受的教育比较多、比较好，都奋斗在高考等一系列考试之中，弟弟妹妹照顾孩子和家庭的精力很大，老赣知道他们在城里生活，竞争特别激烈。

老赣对弟弟妹妹许诺，自己担负起照顾家里老人的生活起居等所有一切，就这样，父母就由老赣夫妇照顾，每逢过年过节，弟弟妹妹们也回来探望父母和老赣，给带点好酒好肉、钱或营养滋补品。

老赣放弃了出城打工的机会，在村里靠种地解决家中的饮食等问题，其实一年四季庄稼人也是很劳苦的，表17－8反映老赣家劳作情况：

表17－8　　2008年赣世荣家庭劳作情况表

春	犁地、浇地、播种（主要由老赣夫妇及其父亲3人）
夏	拔苗、锄地、浇水（一亩旱地浇3次水）
秋	掰玉米、割玉米秆、刨土豆再装袋、拔豆苗、割黍子（主要由老赣夫妇及其父亲）
冬	晒玉米（主要由老赣父母及其妻子）

老赣家种了大约20亩地，其中5亩玉米、4亩土豆、3亩黍子、3亩谷子、5亩黑豆，一年收入大约6000元，但加上一年四季的花销，纯收入就远远不及这么多了，表17－9就一年四季的花销进行说明：

表17－9　　2008年赣世荣家庭支出情况表

春	买肥料：2000元左右
夏	机井浇水：1000元左右（浇一亩旱地300元）；买种子：300元左右
秋	收割时租车费用：600元左右；谷子收割后用碾床来剥皮的费用：50元一床（看收割情况）
冬	买碳：每吨大约800元（每年大约需五六吨）

表 17－10 反映老赣家各种作物的收成情况：

表 17－10 **2008 年赣世荣收入来源情况表**

玉米	论斤卖：8 毛 8 分钱（玉米在第二年春天才能卖，前一年秋收，冬天剥下来晒干，卖种子）
黍子	不外卖，给家里的弟弟妹妹磨成“糕”吃
土豆	论斤卖：4 毛 2 分
谷子	自己食用
黑豆	用来做豆腐，在村里做豆腐一锅可做 36 块，共 40 元

这样一来，我们大体算一下老赣的纯收入大约 2000 元。

老赣现在和妻子担任起照顾年迈父母的重担，他们 4 个老人，除了老赣的父亲有退休金，其他都是普通农民，他们全家人都参加了新型农村合作医疗，每人每年交 10 元，虽说在报销的时候，过程比较繁杂，但是在经济上政府确实给予了一定的帮助，新农合很好。

老赣家离县城 40 多公里，每次进城坐村里的班车，每位 5 元，大约得一个多小时，也挺方便。

老赣家一来有自己家种的地做主要生活来源，二来弟弟妹妹们在外工作也给予父母和大哥一家帮助，帮大哥盖了 4 上 4 下宽敞明亮的向阳房，家里生活条件也不错，表 17－11 是老赣家的生活用品情况：

表 17－11 **2008 年赣世荣家庭耐用消费品情况表** 单位：台、辆

项目	个数	项目	个数
电视机（32 寸和 29 寸）	2	VCD 影碟机	1
手机（用于秋天浇地时）	1	冰柜	1
木质平板车	1	电风扇	1
洗衣机	1	固定电话	1
自行车	1		

老赣家还有一只黄毛犬和一头黑毛驴。

虽说没有在城里生活，但是在村里有宽敞明亮的大屋子可以居住确实多了一丝惬意，少了城市里喧杂的汽车声，多了几分田园小道里翠鸟的歌声；少了大城市繁华的夜市街景，却也多了几分乡间月色荷塘的淡雅与寂静。老赣很满足现在的生活，自己可以通过自己的双手为家里作点贡献，二来他很庆幸，自己有团结的弟弟妹妹们，互相帮助、互相照顾，一家人其乐融融地生活在一起，老话说：家和万事兴。不错的，一个好的家庭有团结互爱的兄弟姐妹就是最大的财富，祝福老赣全家健康平安，继续生活在属于他们的和谐家庭中。

附录：水各村调查问卷选

中央民族大学国家“985 工程”

经济社会系列问卷调查之一：

村庄家庭户问卷

地　区　别	
贵州　自治区、省	
黔南　自治州、盟、市、地区	
水三都　自治县、旗、市、区	
九阡　乡、镇、苏木	
水各　村委会、嘎查	
调查时间	08.7.6

一、姓名 [illegible] 二、性别 1. 男 2. 女 三、年龄 22

四、文化程度 1. 大专及以上 2. 高中（中专） 3. 初中 4. 小学 5. 文盲半文盲

五、婚姻状况 1. 未婚 2. 初婚有配偶 3. 再婚有配偶 4. 离婚 5. 丧偶

六、你是哪个民族 水族

七、你信仰什么宗教 1. 佛教 2. 伊斯兰教 3. 基督 4. 道教 5. 天主教 6. 撒满教 7. 不存在

八、你家共有几口人（包括户籍人口和外来半年以上人口数） 4 人

九、去年以来，你和你家人是否患过大病（达到住院程度的疾病） 1. 是 2. 否

十、2007 年你家的收入为 4000 元（包括政府补贴和社会救济）

十一、 2007 年你全家收入来源情况

职业	收入（元）	职业	收入（元）
从事种植业		本乡镇就业工资	
从事渔业		外出打工	
家庭手工业		从事运输业	
从事畜牧业		政府补贴和社会救济	60
从事养殖业		出租草场耕地房屋等	
从事旅游业		其他经营收入	

十二、 制约你家农副业收入增长主要原因（限选三项） 1. 自然灾害 2. 市场（销路、价格） 3. 政策 4. 缺少劳动力 5. 土地少 6. 缺少资金技术信息等 7. 缺少项目 8. 不存在

十三、 2007 年你家的农作物、牲畜、家禽情况

种类	亩数	折算价值（元）	种类	亩数	折算价值（元）	种类	个数	折算价值（元）
玉米	8亩	3000斤	瓜果			羊		
麦类			花草			牛	1	5000
薯类			烟草			马		
棉花			油料			驴		
蔬菜	0.1		糖茶			猪		
水稻	2亩		桑麻			禽类	20	

大豆			药材					

十四、 你家住房主要建筑类型是什么

1. 砖瓦石房 2. 窑洞 3. 土坯房 4. 钢筋水泥房 5. 其他 木房

十五、 你家住房建筑面积是 100 平方米

十六、 你家住房取暖设施 1. 炉子 2. 火炕 3. 土暖气 4. 其他 木炭 5. 不存在

十七、 你家饮用水主要类型是什么 ✓1. 自来水 2. 水窖水 3. 井水 4. 河湖水

十八、你家做饭主要燃料是什么

1. 煤气液化汽 2. 电 3. 煤炭 ✓4. 木柴 5. 其他______

十九、你家承包土地情况（单位：亩）

总面积	水浇地面积	旱地面积	良田面积	荒地面积
10	2	8		

二十、你家农业生产水源情况

1. 湖泊水库水 2. 降雨 3. 井水 ✓4. 河流水 5. 泉水 6. 其他______

二十一、你家主要生产性固定资产数量情况 （单位；个）

汽车	拖拉机	打草机	收割机	机动三轮车	牛车	马驴车	水泵	其他

二十二、2007 年你家支出情况（单位：元）

总支出	生产性	衣服	食品	看病	教育	娱乐	红白喜事	交通	通讯	住房
	10000	2000	300	600			500	300		

二十三、目前你家耐用消费品情况（单位：个）

项目	个数	项目	个数
电视		农用车（拖拉机）	
电冰箱		卡车	
洗衣机		小轿车	
照相机		电话	
影碟机		组合音响	
电动车		手机	
摩托车		自行车	

二十四、如果你们这里有新型合作医疗制度，你是否参加了

1. 已参加 2. 没参加 3. 不存在

二十五、如果你们这里有社会养老保险，你是否参加了

1. 已参加 2. 没参加 3. 不存在

二十六、近三年你家接受政府、社会补贴救济金(包括低保金) 187 元.

二十七、 如果你家是贫困家庭，难以脱贫的主要原因（限选三项） 1. 疾病或工伤 2. 教育费用 3. 建房或结婚负债 4. 劳动力少 5. 自然灾害及自然条件差 6. 失去土地 7. 文化水平低 8. 不存在

二十八、你闲暇时间主要做什么（限选三项） 1. 看电视 2. 聊天 3. 文体活动 4. 下棋 5. 看书 6. 打牌 7. 上网 8. 闲逛 9. 其他________

二十九、你家外出劳动力情况

姓名	性别 （男填1，女填2）	年龄	外出距离（公里）	如没有外出劳工力填零

三十、你感觉村庄整体自然和人文环境如何？

（1）很好 （2）一般 （3）较差 （4）很差

三十一、你对你自已当前的生活状况是否满意？

（1） 很满意 （2）比较满意 （3）一般 （4）不满意

三十二、你是否愿意为村庄发展出谋划策？

（1）愿意 （2）不愿意 （3）不知道

三十三、你家出现家庭纠纷一般找什么人调解？

（1）村干部（2）家族长辈（3）德高望重者（4）朋友

你家是否有电话，请留下电话号码：( )

中央民族大学国家“985 工程”

经济社会系列问卷调查之一：

村庄家庭户问卷

地 区 别	
贵州 自治区、省	
黔南 自治州、盟、市、地区	
三都 自治县、旗、市、区	
九阡 乡、镇、苏木	
水各 村委会、嘎查	
调查时间	08.7.6

一、姓名韦爱芝　二、性别　1. 男　2. 女　三、年龄 40

四、文化程度　1. 大专及以上　2. 高中（中专）　3. 初中　4. 小学　5. 文盲半文盲

五、婚姻状况　1. 未婚　2. 初婚有配偶　3. 再婚有配偶　4. 离婚　5. 丧偶

六、你是哪个民族 水

七、你信仰什么宗教　1. 佛教　2. 伊斯兰教　3. 基督　4. 道教　5. 天主教　6. 撒满教　7. 不存在

八、你家共有几口人（包括户籍人口和外来半年以上人口数） 4 人

九、去年以来，你和你家人是否患过大病（达到住院程度的疾病） 1. 是　2. 否

十、2007 年你家的收入为 1万5 元（包括政府补贴和社会救济）

十一、 2007 年你全家收入来源情况

职业	收入（元）	职业	收入（元）
从事种植业	7000	本乡镇就业工资	
从事渔业		外出打工	
家庭手工业		从事运输业	
从事畜牧业	1500	政府补贴和社会救济	60
从事养殖业	1800	出租草场耕地房屋等	
从事旅游业	[illegible]	其他经营收入	

十二、 制约你家农副业收入增长主要原因（限选三项）　1. 自然灾害　2. 市场（销路、价格）　3. 政策　4. 缺少劳动力　5. 土地少　6. 缺少资金技术信息等　7. 缺少项目　8. 不存在

十三、 2007 年你家的农作物、牲畜、家禽情况

种类	亩数	折算价值（元）	种类	亩数	折算价值（元）	种类	个数	折算价值（元）
玉米	4	3000	瓜果			羊		
麦类	0.2	200	花草			牛	4	5000
薯类	0.2	300	烟草			马	1	2000
棉花	0.5	800	油料			驴		
蔬菜	0.1		糖茶			猪		
水稻	3.5	14000	桑麻			禽类		

大豆			药材					

十四、 你家住房主要建筑类型是什么

1. 砖瓦石房 2. 窑洞 3. 土坯房 4. 钢筋水泥房 5. 其他 木房

十五、 你家住房建筑面积是 100 平方米

十六、 你家住房取暖设施 1. 炉子 2. 火炕 3. 土暖气 4. 其他 木炭 5. 不存在

十七、 你家饮用水主要类型是什么 1. 自来水 2. 水窖水 3. 井水 4. 河湖水

十八、你家做饭主要燃料是什么

1. 煤气液化汽 2. 电 3. 煤炭 4. 木柴 5. 其他

十九、你家承包土地情况（单位：亩）

总面积	水浇地面积	旱地面积	良田面积	荒地面积
11.5	3.5	8		

二十、你家农业生产水源情况

1. 湖泊水库水 2. 降雨 3. 井水 4. 河流水 5. 泉水 6. 其他

二十一、你家主要生产性固定资产数量情况 （单位；个）

汽车	拖拉机	打草机	收割机	机动三轮车	牛车	马驴车	水泵	其他
			1			1		

二十二、2007 年你家支出情况（单位：元）

总支出	生产性	衣服	食品	看病	教育	娱乐	红白喜事	交通	通讯	住房
	[illegible]	1000	1500	700	1.5万			500	1000	

二十三、目前你家耐用消费品情况（单位：个）

项目	个数	项目	个数
电视	1	农用车（拖拉机）	
电冰箱		卡车	
洗衣机		小轿车	
照相机		电话	1
影碟机	1	组合音响	
电动车		手机	1
摩托车		自行车	

二十四、如果你们这里有新型合作医疗制度，你是否参加了

1.已参加 2.没参加 3.不存在

二十五、如果你们这里有社会养老保险，你是否参加了

1.已参加 2.没参加 3.不存在

二十六、近三年你家接受政府、社会补贴救济金(包括低保金)180元.

二十七、 如果你家是贫困家庭，难以脱贫的主要原因（限选三项） 1.疾病或工伤 2.教育费用 3.建房或结婚负债 4.劳动力少 5.自然灾害及自然条件差 6.失去土地 7.文化水平低 8.不存在

二十八、你闲暇时间主要做什么（限选三项） 1.看电视 2.聊天 3.文体活动 4.下棋 5.看书 6.打牌 7.上网 8.闲逛 9.其他________

二十九、你家外出劳动力情况

姓名	性别 （男填1，女填2）	年龄	外出距离（公里）	如没有外出劳工力填零

三十、你感觉村庄整体自然和人文环境如何？

（1）很好 （2）一般 （3）较差 （4）很差

三十一、你对你自己当前的生活状况是否满意？

（1） 很满意 （2）比较满意 （3）一般 （4）不满意

三十二、你是否愿意为村庄发展出谋划策？

（1）愿意 （2）不愿意 （3）不知道

三十三、你家出现家庭纠纷一般找什么人调解？

（1）村干部（2）家族长辈（3）德高望重者（4）朋友

你家是否有电话，请留下电话号码：08542061278 ）

中央民族大学国家“985 工程”

经济社会系列问卷调查之一：

村庄家庭户问卷

地 区 别	
贵州 自治区、省	
黔南 自治州、盟、市、地区	
三都 自治县、旗、市、区	
九阡 乡、镇、苏木	
水昔 村委会、嘎查	
调查时间	08.7.5

一、姓名吴兴福　　二、性别 1.男 2.女　　三、年龄35

四、文化程度 1.大专及以上 2.高中（中专） 3.初中 4.小学 5.文盲半文盲

五、婚姻状况 1.未婚 2.初婚有配偶 3.再婚有配偶 4.离婚 5.丧偶

六、你是哪个民族水族

七、你信仰什么宗教 1.佛教 2.伊斯兰教 3.基督 4.道教 5.天主教 6.撒满教 7.不存在

八、你家共有几口人（包括户籍人口和外来半年以上人口数）4人

九、去年以来，你和你家人是否患过大病（达到住院程度的疾病）1.是 2.否

十、2007年你家的收入为8000元（包括政府补贴和社会救济）

十一、 2007年你全家收入来源情况

职业	收入（元）	职业	收入（元）
从事种植业	2000	本乡镇就业工资	
从事渔业		外出打工	
家庭手工业	2000	从事运输业	
从事畜牧业	2000	政府补贴和社会救济	40
从事养殖业		出租草场耕地房屋等	
从事旅游业		其他经营收入	

十二、 制约你家农副业收入增长主要原因（限选三项） 1.自然灾害 2.市场（销路、价格）3.政策 4.缺少劳动力 5.土地少 6.缺少资金技术信息等 7.缺少项目 8.不存在

十三、 2007年你家的农作物、牲畜、家禽情况

种类	亩数	折算价值（元）	种类	亩数	折算价值（元）	种类	个数	折算价值（元）
玉米	3	1000	瓜果	4	2000	羊		
麦类			花草			牛	3	8000
薯类	0.3	150	烟草			马		
棉花	0.5	200	油料			驴		
蔬菜	0.2	300	糖茶			猪	2	3000
水稻	1.5	1500	桑麻			禽类		

大豆	0.6	100	药材					

十四、 你家住房主要建筑类型是什么

1. 砖瓦石房 2. 窑洞 3. 土坯房 4. 钢筋水泥房 5. 其他________

十五、 你家住房建筑面积是44____平方米

十六、 你家住房取暖设施 1. 炉子 2. 火炕 3. 土暖气 4. 其他木炭5. 不存在

十七、 你家饮用水主要类型是什么 1. 自来水 2. 水窖水 3. 井水 4. 河湖水

十八、你家做饭主要燃料是什么

1. 煤气液化汽 2. 电 3. 煤炭 4. 木柴 5. 其他________

十九、你家承包土地情况（单位：亩）

总面积	水浇地面积	旱地面积	良田面积	荒地面积
6	0.8	3	0.7	0.7

二十、你家农业生产水源情况

1. 湖泊水库水 2. 降雨 3. 井水 4. 河流水 5. 泉水 6. 其他________

二十一、你家主要生产性固定资产数量情况 （单位；个）

汽车	拖拉机	打草机	收割机	机动三轮车	牛车	马驴车	水泵	其他

二十二、2007年你家支出情况（单位：元）

总支出	生产性	衣服	食品	看病	教育	娱乐	红白喜事	交通	通讯	住房
4000	1500	1800	300	50	500		1000	1200	300	

二十三、目前你家耐用消费品情况（单位：个）

项目	个数	项目	个数
电视	1	农用车（拖拉机）	
电冰箱	1	卡车	
洗衣机		小轿车	
照相机		电话	
影碟机		组合音响	
电动车		手机	
摩托车		自行车	

二十四、如果你们这里有新型合作医疗制度，你是否参加了

1. 已参加 2. 没参加 3. 不存在

二十五、如果你们这里有社会养老保险，你是否参加了

1. 已参加 2. 没参加 3. 不存在

二十六、近三年你家接受政府、社会补贴救济金(包括低保金) 40 元.

二十七、 如果你家是贫困家庭，难以脱贫的主要原因（限选三项） 1. 疾病或工伤 2. 教育费用 3. 建房或结婚负债 4. 劳动力少 5. 自然灾害及自然条件差 6. 失去土地 7. 文化水平低 8. 不存在

二十八、你闲暇时间主要做什么（限选三项） 1. 看电视 2. 聊天 3. 文体活动 4. 下棋 5. 看书 6. 打牌 7. 上网 8. 闲逛 9. 其他________

二十九、你家外出劳动力情况

姓名	性别（男填1，女填2）	年龄	外出距离（公里）	如没有外出劳工力填零

三十、你感觉村庄整体自然和人文环境如何？

（1）很好 （2）一般 （3）较差 （4）很差

三十一、你对你自己当前的生活状况是否满意？

（1） 很满意 （2）比较满意 （3）一般 （4）不满意

三十二、你是否愿意为村庄发展出谋划策？

（1）愿意 （2）不愿意 （3）不知道

三十三、你家出现家庭纠纷一般找什么人调解？

（1）村干部（2）家族长辈（3）德高望重者（4）朋友

你家是否有电话，请留下电话号码：( )

参考文献

[1] 莫时仁主编，《三都水族自治县综合农业区划》编写组编．三都水族自治县综合农业区划．贵阳：贵州人民出版社，1990.

[2] 韦绍凯主编，《三都水族自治县概况》修订本编写组编．三都水族自治县概况．北京：民族出版社，2007.

[3]《三都水族自治县志》编纂委员会编．三都水族自治县志．贵阳：贵州人民出版社，1992.

[4] 杨德勇主编，中共三都水族自治县委党史研究室编著．中共三都水族自治县历史．第一卷：1949—1978．北京：中共党史出版社，2006.

[5] 三都水族自治县年鉴编纂委员会编．2006年三都年鉴．北京：中国文化出版社，2007.

[6] 张跃．中国民族村寨研究．昆明：云南大学出版社，2004.

[7] 三都水族自治县概况编委会．三都水族自治县概况．贵阳：贵州人民出版社，1986．

[8] 杨庭硕．三都水族人家．昆明：云南人民出版社，2003.

[9] 朱有志，胡正杨，郑昌华主编．中国乡村发现．总第1辑．长沙：湖南人民出版社，2006.

[10] 张春富，王宝琦，梁中凯．中国农村经济变革．北京：北京出版社，1991.

[11] 水族简史编委会．水族简史．贵州：贵州民族出版社，1985.